파이썬으로 배우는

응용 텍스트 분석

Applied Text Analysis with Python

Applied Text Analysis with Python
by Benjamin Bengfort, Rebecca Bilbro, and Tony Ojeda

ⓒ 2019 J-Pub Co., Ltd.
Authorized Korean translation of the English edition of Applied Text Analysis with Python
ISBN 9781491963043 ⓒ 2018 Benjamin Bengfort, Rebecca Bilbro and Tony Ojeda.
This translation is published and sold by permission of O'Reilly Media, Inc.,
which owns or controls all rights to publish and sell the same.

이 책의 한국어판 저작권은 에이전시 원을 통해 저작권자와의 독점 계약으로 제이펍에 있습니다.
저작권법에 의해 한국 내에서 보호를 받는 저작물이므로 무단전재와 무단복제를 금합니다

파이썬으로 배우는 **응용 텍스트 분석**

1쇄 발행 2019년 11월 29일
2쇄 발행 2020년 11월 30일

지은이 벤자민 벵포트, 레베카 빌브로, 토니 오제다
옮긴이 박진수
펴낸이 장성두
펴낸곳 주식회사 제이펍

출판신고 2009년 11월 10일 제406-2009-000087호
주소 경기도 파주시 회동길 159 3층 3-B호 / **전화** 070-8201-9010 / **팩스** 02-6280-0405
홈페이지 www.jpub.kr / **원고투고** submit@jpub.kr / **독자문의** help@jpub.kr / **교재문의** textbook@jpub.kr

편집팀 김정준, 이민숙, 최병찬, 이주원 / **소통·기획팀** 민지환, 송찬수, 강민철, 김수연 / **회계팀** 김유미
진행 이 슬 / **교정·교열** 배규호 / **내지디자인 및 편집** 최병찬
용지 에스에이치페이퍼 / **인쇄** 한승인쇄 / **제본** 광우제책사

ISBN 979-11-88621-77-4 (93000)
값 27,000원

제이펍은 독자 여러분의 아이디어와 원고 투고를 기다리고 있습니다. 책으로 펴내고자 하는 아이디어나 원고가 있는
분께서는 책의 간단한 개요와 차례, 구성과 저(역)자 약력 등을 메일(submit@jpub.kr)로 보내 주세요.

파이썬으로 배우는

응용 텍스트 분석
Applied Text Analysis with Python

벤자민 벵포트, 레베카 빌브로, 토니 오제다 지음 | 박진수 옮김

제이펍

차례

CHAPTER 1 언어와 계산　1

CHAPTER 2 사용자 정의 말뭉치 구축　21

CHAPTER 3 말뭉치의 전처리와 가공　41

응용 텍스트 분석 기술을 다룬 이 책에는 다양한 학문(언어학, 통계학, 수학, 컴퓨터 과학, 데이터 과학, 철학)에서 유래한 첨단 기술이 녹아 있습니다. 이에 따라 번역과 관련하여 독자에게 양해를 구해야 할 일이 몇 가지 생겼습니다.

첫째, 철학/수학/통계학/언어학 용어를 쓰지 않을 수 없었다는 점입니다

제가 얼마 전에 만난 후배는 어느 기업 연구소의 연구소장으로 있습니다. 그는 영어를 음차해 표현하는 것이 애써서 우리말(한자어 포함)로 번역하는 것보다 의사소통이 더 편하다고 했습니다. 실제로도 최첨단 기술에 속하는 컴퓨터 과학 분야, 데이터 과학 분야, 전산언어학 분야 등 이 책과 관련된 학문 분야의 최신 강의나 각종 발표 자료를 보면 영어를 그대로 음차하는 경우가 아주 많고 최근에는 그런 경향이 더해지고 있습니다.

조금만 그런 강의를 들어 보면 이미 국내에서 널리 사용되는 철학/수학/통계학/언어학 용어조차 영어로 음차한다는 점을 알 수 있습니다(예를 들면, 수학의 '매장'에 해당하는 '임베딩', '합성곱'에 해당하는 '컨볼루션', '병합'에 해당하는 '풀링', '다양체'에 해당하는 '매니폴드', 통계학의 'k겹'에 해당하는 'k 폴드' 등). 그런 강의를 들은 분들이 이 책을(또는 제가 번역했던 책들을) 볼 때는 컴퓨터 과학이 아닌 분야의 용어나 이미 익숙해진 음차 용어가 아닌 학술 용어를 새삼스럽게 사용해야(또는 익혀야) 한다는 점이 불편할지 모르겠습니다. 하지만 음차한 용어가 편리하긴 해도 중/고급 수준으로 나아갈수록 그게 지식을 넓히거나 신조어를 만드는 데 방해가 되기도 하며, 실제로도 그런 예를 보았습니다.

위상수학 등에 쓰이는 '매장'이라는 개념을 그저 '임베딩'으로, '합성곱'을 그저 '컨볼루션'으로, '병합'을 그저 '풀링'으로, '다양체'를 그저 '매니폴드'로, '다봉분포'를 그저 '멀티모달 디스트리뷰션'이나 '멀티모달 분포'로만 배운 사람들이 그 수학적 의미나 통계학적 의미를 깊이 이해하지 못하거나 심지어 '임베딩'을 컴퓨터 과학 용어인 줄만 알고 '삽입'이나 '내장'이라고 이해하는 경우도 보았습니다. 그리고 임베딩에 해당하는 수학 용어가 '매장'이라는 것을 모르니 더 고도한 수학 개념을 이해하지 못하거나 관련 이론이나 지식을 알아내지 못하기도 합니다. 예를 들어, 매장을 잘 이해하고 있다면 매장을 바탕으로 '위상 공간'을 이해하고, 이에 따라 '다양체'를 이해할 수 있고, 나아가서는 '매끄러운 다양체(smooth manifold)'를 이해하고, 더 나아가서는 '미분 가능 다양체(differentiable manifold)'를 이해하게 되며, 마침내는 '미분 가능 다양체'로 신경망 적합 시의 경사 하강(gradient descent, 언덕 내려가기) 연산에 필요한 가상의 언덕을 나타낼 수 있다는 생각을 해낼 수 있습니다. 반면에 음차한 용어인 '워드 임베딩'만 접한 사람은 이 책에 나오는 여러 매장 개념을 지칭하는 합성어를 이해하기 힘들고, 그런 합성어를 만들어 내기도 어렵게 됩니다.

그래서 이 책에서는(이전에 번역한 책에서도 대체로) 대응하는 수학/통계학/철학/언어학 등의 우리말 용어가 있다면 해당 용어를 소개(또는 도입거나 차용)하였습니다. 이게 당장은 불편하게 느껴질 수도 있겠지만, 개념을 더 확실히 익히고 더 고급스런 기술로 나아갈 수 있을 것이라 생각합니다. 이 점에 대해서 독자 여러분이 이해해 주시기를 바랍니다.

둘째, 원어를 음차하기만 해서는 번역하기 곤란한 면이 있어 우리말로 번역할 수밖에 없었다는 점입니다

이는 음차하기보다는 우리말로 번역했다는 점에서 첫 번째 이야기와 중복되긴 하지만, 앞에서는 이미 쓰이는 학술 용어를 차용했다는 뜻이고, 여기서는 기존에 없던 번역 용어를 만들어 내기 위해 우리말을 쓸 수밖에 없었다는 점이 다릅니다.

이 책에는 마땅한 번역어가 아직 없는 다양한 합성어가 나옵니다. 예를 들면, 다음 예에서 괄호 안에 적힌 용어들이 그렇습니다. 괄호 앞에 있는 용어는 제가 새로 만든 번역어입니다(누군가가 이렇게 번역해 두었는지는 모르겠으나 제가 번역하는 시점에서 검색할 때는 이런 번역어가 나오지 않았습니다).

- 확률적 이웃 매장(stochastic neighbor embeddings): '스토캐스틱 네이보 임베딩'이나 '확률적 이웃 임베딩'보다는 개념을 이해하기 더 쉽습니다. 무엇보다 이게 한 공간에서 다른 공간으로 무언가를 묻는데(매장하는데) 가까운 곳(즉, 이웃인 곳)에 확률적으로 그렇게 한다는 개념을 아주 쉽게 이해할 수 있습니다.

- t 분포 확률적 이웃 매장(t-SNE, t-distributed stochastic neighbor embedding): 't 디스트리뷰티드 스토캐스틱 네이보 임베딩'이나 't 분포 스토캐스틱 네이보 임베딩'이나 't 분포 확률

적 이웃 임베딩'이라고 호칭한다면 머리가 아플 만하지만, 새로 만든 합성어는 '매장'이라는 수학 용어만 알면 무슨 뜻인지 금방 이해가 됩니다.

- t-SNE 매장(t-SNE embedding): 앞에 나온 말의 줄임말인데, 't-SNE 임베딩'보다는 't-SNE 매장'이라고 하는 편이 앞에 나온 말의 줄임말이라는 점을 금방 알 수 있어 좋습니다.

이처럼 새로운 용어들을 합성하려면 앞에서 예를 들었듯이(합성하지 않고 영어 그대로 적거나 우리말로 음차해서 쓰는 분들도 많지만) '임베딩'이라고 음차하기보다는 우리말인 '매장'을 쓰면 더 편리하고, 합성한 용어도 더 이해하기 쉽습니다. '스토캐스틱'보다 '확률적'이 낫고, '네이보'보다 '이웃'이 나아 보입니다. 이처럼 우리말로 번역하면 개념도 잘 와닿을 뿐만 아니라 이어지는 단어들과 자연스럽게 문맥이 이어집니다(참고로 말씀드리면 제가 번역한 어떤 책에서는 출판사의 요청으로 '임베딩'으로 번역한 경우도 있기는 합니다만, 그 책은 이 책처럼 다양한 합성어, 다양한 신조어, 다양한 학제 간 용어가 나오지는 않았습니다).

또 다른 사례로는 주머니(bag)를 들 수 있습니다. 단어 주머니(bag-of-words)를 '백오브워즈'처럼 음차하면 이 책에 나오는 주머니 관련 합성어들을 만들어 내기가 곤란해집니다. 반면에 bag을 주머니로 번역하면 다음과 같이 새로운 합성어들을 쉽게 만들 수 있습니다.

- 연속 단어 주머니(CBOW, continuous bag-of-words): '컨티뉴어스 백 오브 워즈'나 '연속 백 오브워즈'보다는 개념이 더 와닿습니다.
- 엔그램 주머니(bag-of-n-grams): '백 오브 엔그램스'보다는 개념이 더 와닿습니다.
- 키프레이즈 주머니(bag-of-keyphrase): '백 오브 키프레이즈'보다는 개념이 더 와닿습니다.
- 엔터티 주머니(bags-of-entities): '백 오브 엔터티즈'보다는 개념이 더 와닿습니다.

셋째, 같은 용어라도 서로 다르게 번역하는 경우가 있었다는 점입니다

종종 '같은 단어인데 우리말로는 왜 다르게 번역하느냐'는 문의를 받곤 합니다. 이 책도 그렇긴 하지만, 한 가지 원어를 여러 번역어로 번역해야 할 때가 있습니다. 이는 학술 분야가 달라서 그런 경우도 있고, 같은 학술 분야임에도 서로 다른 용어로 표현하는 경우도 있고, 저자가 여러 명이어서 그런 경우도 있고, 그리고 학제 간 연구를 바탕으로 구현한 기술이 많아서 더욱 그렇기도 합니다. 그러다 보니 원문에서는 한 단어인데 우리말로 옮길 때는 각 학문 분야에서 통용되는 말에 맞춰 번역해야 했습니다. 예를 들면, 다음과 같은 단어들이 대표적입니다.

- attribute: 특성(컴퓨터 과학), 속성(수학, 통계학). 다음에 나오는 property와 대조해 보세요.

- class: 클래스(컴퓨터 과학), 계급(데이터 과학, 인공지능). 참고로 '계급'이라는 말보다는 '부류'라는 말이 더 개념에 맞는 말이기는 하지만, 컴퓨터 과학의 '클래스'와 겹치지 않으면서도 개념을 가장 잘 나타내는 통계학 용어인 '계급'을 차용했습니다.

- classifier: 분류기(컴퓨터 과학), 분류사(언어학)

- cluster: 클러스터(컴퓨터 과학), 군집(데이터 과학, 통계학)

- clusturing: 클러스터링(컴퓨터 과학), 군집화(데이터 과학, 통계학)

- component: 구성 요소(일반), 컴포넌트(컴퓨터 과학), 성분(데이터 과학, 언어학, 통계학, 수학)

- dictionary: 딕셔너리(컴퓨터 과학), 사전(일반, 언어학)

- domain: 분야(일반: 예를 들면, '전문 분야'), 영역(데이터 과학: 예를 들면, '영역 특정')

- example: 예제(컴퓨터 과학, 일반), 사례(데이터 과학)

- feature: 기능(일반), 특징(데이터 과학), 자질(언어학), 특성(수학)

- instance: 인스턴스(컴퓨터 과학), 사례(데이터 과학)

- list: 리스트(컴퓨터 과학), 목록(일반, 데이터 과학)

- mapping: 매핑(컴퓨터 과학), 사상(데이터 과학, 수학, 통계학)

- method: 메서드(컴퓨터 과학), 방법(데이터 과학, 통계학, 수학)

- model: 모델(컴퓨터 과학, 데이터 과학, 통계학), 모형(통계학, 수학)

- parser: 문장을 이해하는 데 필요하다면 문맥에 맞춰 '파서'나 '구문분석기'로 번역

- parsing: 파싱(컴퓨터 과학 중 컴파일러), 구문분석(언어학), 분석(언어학)

- process: 프로세스(컴퓨터 과학), 과정(일반, 수학, 통계학)

- property: 속성(컴퓨터 과학), 성질(통계학)

- sample: 샘플(일반, 컴퓨터 과학), 표본(데이터 과학, 인공지능, 통계학, 수학)

- set, -set: 세트(일반, 컴퓨터 과학: 예를 들면, '한 세트'), -셋(데이터 과학: 예를 들면, '데이터셋'), 집합(데이터 과학, 수학: 예를 들면, '부분 집합', '집합', '훈련 집합')

여기서 각 학술 분야를 나열했지만, 이는 어디까지나 예시일 뿐입니다. 예를 들면, model selection은 '모형 선택'이라는 통계학 용어에 해당합니다. 그렇지만 이 책에서는 model을 거의 '모델'로 번역하므로 '모델 선택'으로 번역했습니다(물론 원어도 표기했고, 통계학 용어도 괄호 안에 병기했습니다). 이 밖에도 다음의 단어를 비롯한 원어 여러 개를 문맥에 맞춰 여러 번역어로 번역했습니다.

- context: 맥락, 상황, 문맥

- distribution: 분포, 분산(distributed)

- network: 네트워크(통신 분야), 망(신경망, 그래프 이론)

- process: 과정, 프로세스

- type: (데이터의) 형식, 유형, 종류

특히 '노드(node)'와 '에지(edge)'에 대해서도 미리 밝혀 둘 것이 있습니다. 트리가 그래프의 한 형태이므로 '마디점'과 '변'으로 번역해도 되지만, 트리 구조에 한해서는 고착된 것으로 보이는 관행에 맞춰 '노드'와 '에지'로 번역했습니다. 그래야만 '리프 노드'처럼 이미 정착한 합성어에 맞출 수 있기 때문입니다.

그리고 클러스터 컴퓨팅과 관련해서도 마찬가지로 '노드'와 '에지'라는 용어로 번역했습니다. 이것 또한 기존의 관행에 맞추기 위한 것이었습니다. 사실 클러스터도 그래프로 표현할 수 있으므로 마디점과 변으로 번역해도 되겠지만, 이 영역 또한 용어가 고착된 면이 있어 그렇게 하지 않았습니다.

반면에 그 밖의 그래프 이론과 관련이 있을 때는(트리도 그래프의 일종이지만 특별한 예외로 취급) 각기 마디점(node)과 변(edge)으로 번역했습니다(이는 각기 '정점(vertex, 꼭짓점)'과 '간선(link, line, 연결선)'으로도 부르지만, 이 책에서는 사용하지 않았습니다). 그래프 이론이 수학 이론 중 하나이므로 수학 용어를 차용한 것입니다.

또한 신경망은 그래프의 일종이므로 신경망과 관련해서도 각기 마디점과 변으로 번역했습니다. 다른 책에서는 '노드'와 '에지'로 번역한 경우도 있는데, 그러다 보니 그래프 이론이 부각되지 않는 면이 있어서 이번에는 신경망도 그래프로 표현될 수 있다는 점을 부각하고자 마디점과 변으로 번역했습니다.

넷째, 기존 학술 용어가 잘못된 것으로 보임에도 해당 용어를 채택한 경우도 있다는 점입니다

예를 들면, 'perflexity'라는 단어는 '혼탁도'라고 번역해야 그 개념을 가장 잘 전달하는 것임에도 언어학의 용례를 따라 '복잡도'로 번역하기도 했습니다. 이는 언어학에서 '언어 복잡도(linguistic perflexity)'라는 말이 상당한 무게감을 지닌 단어로 보였기 때문입니다.

어쩌면 지금까지 이야기한 것들이 번역어 선정에 있어 다소 무원칙인 것처럼 보일 수도 있습니다. 그렇지만 사실은 뚜렷한 지향점이 있었고, 그게 바로 원칙이자 기준이었습니다. 그 지향점이란 '(당장은 와닿지 않는 용어가 있다고 느낄지라도 시간이 흐를수록) 본문의 맥락을 더 잘 이해할 수 있게 한다'는 것이었습니다.

전문 용어, 널리 통용되는 언어일지라도 본문의 맥락을 이해하는 데 문제가 있으면 다른 용어로 대체했고, 추상적인 단어나 잘 쓰이지 않는 용어일지라도 본문을 이해하는 데 꼭 필요하면 사용했습니다(독자가 본문을 이해하는 데 방해가 될 것 같으면 안 썼습니다. '복잡도'라는 말 대신에 '혼탁도'라는 생소한 번역어로 대체하지 않은 이유입니다).

다섯째, 이 책에는 역주가 많습니다

번역하다 보니 이 책에 상당히 많은 학제적 지식이 필요하다는 점을 알 수 있었습니다. 저자들은 이 책을 익히는 데 선행지식이 딱히 필요하지 않다고 말하지만, 이 책에는 최소한 철학(존재론, 이항주의, 조작주의, 기호주의, 연결주의), 수학(매장, 합성곱, 병합, 그래프, 텐서 등), 통계학이나 수리통계학(분포, 분산, 표본 등), 언어학이나 전산언어학(자질, 구 구조, 의미론 등), 컴퓨터 과학(클러스터, 클라우드, 클래스, 객체 등), 데이터 과학(특징 등), 두뇌 과학이나 신경생리학(신경망, 뉴런 등)이 다방면으로 서로 엮여 있습니다. 그래서 꼭 필요한 역주를 달아 독자가 이 책을 이해하는 데 보탬이 되고자 하였습니다. 예를 들어, '조작주의'라는 것이 목차에 나오는데, 실용 기술 위주로 학습을 해온 사람에게 이 단어는 무슨 뜻인지조차 가늠하기 어려운 단어가 아닐까 싶습니다. 이런 경우 역주를 달아 설명을 보충하였습니다. 또한 영어로는 같은 단어인데 우리말로는 맥락에 따라 다른 용어로 번역하였을 때도 종종 역주를 달아 설명해 두었습니다.

끝으로 이 책이 아무쪼록 독자에게 잘 이해되기를 바라며, 이 책이 나오기까지 애써 주신 모든 분께 감사의 마음을 전합니다.

2019년 **박진수**

지은이 소개

벤자민 벵포트

벤자민 벵포트(Benjamin Bengfort)는 미국의 수도인 워싱턴 특별구의 순환도로(일명 벨트웨이) 안쪽에 살고 있지만, 기술을 선호하고 정치(수도권에서 이뤄지는 정상적인 업무)를 무시하는 데이터 과학자다. 현재 메릴랜드 대학에서 머신러닝 및 분산 컴퓨팅을 연구하는 박사 과정을 마치기 위해 애쓰고 있다. 그의 연구실에는 로봇들이 있는데(이 연구 분야는 그가 선호하는 분야는 아니지만), 애석하게도 로봇들이 끊임없이 무장하는, 말하자면 칼과 연장을 갖춰 가는 중인 것으로 보인다. 로봇이 이러는 이유는 아마도 요리를 잘해서 칭찬을 받으려고 그런 것일 게다. 로봇이 토마토를 잘라 내려는 모습을 본 뒤로 벤자민은 프랑스 요리와 가이아나 요리뿐만 아니라 모든 유형의 바베큐 요리를 전문으로 삼아 부엌에서 자신만의 모험을 펼치곤 한다. 직업은 전문 프로그래머이지만 소명은 데이터 과학자인 벤자민은 자연어 처리에서부터 파이썬을 이용한 데이터 과학, 하둡과 스파크를 이용한 분석에 이르기까지 다양한 주제에 관해 글을 쓴다.

레베카 빌브로

레베카 빌브로(Rebecca Bilbro) 박사는 워싱턴 특별구에 사는 데이터 과학자이자 파이썬 프로그래머이자 교사이자 연사이자 작가다. 특징분석에서 모델 선택 및 하이퍼파라미터 조율에 이르기까지 시각적 진단용 머신러닝을 전문으로 하고, 자연어 처리, 의미 망 추출, 엔터티 분해 및 고차원 정보에 관해 연구했다. 그는 오픈소스 소프트웨어 공동체에 적극적으로 참여하고 있는데, 블랙박스 영상을 바탕으로 예측 작업을 모델화하는 순수 파이썬 패키지인 옐로우브릭(Yellowbrick) 프로젝트에서 보여준 것처럼 포괄적인 프로젝트와 관련하여 다른 개발자들과 활발히 협력하고 있다. 여가 시간에는 가족과 함께 야외에서 자전거를 타거나 우쿨렐레를 연습하기도 한다. 일리노이 대학의 어바나 캠퍼스에서 박사 학위를 받았으며, 레베카 박사의 연구는 공학 분야의 커뮤니케이션 및 시각화 관행을 중심으로 수행되었다.

토니 오제다

토니 오제다(Tony Ojeda)는 업무 과정 최적화 분야의 전문가이자 혁신적인 데이터 제품 및 솔루션을 만들고 구현하는, 10년 이상의 경력이 있는 데이터 과학자이자 저자이자 사업가다. 그는 데이터 과학 자문 및 기업 훈련, 연구 및 오픈소스 공동 작업을 수행하는 회사인 디스트릭트 데이터 랩스(District Data Labs)의 창립자인데, 이 회사에는 다양한 배경을 지닌 사람들이 함께 모여 흥미로운 프로젝트를 수행하면서 저마다 현재의 능력을 뛰어넘는 데이터 과학자로 성공할 수 있도록 서로 돕는다. 그는 또한 데이터 과학자와 그들이 하는 일을 지원하고 장려하는 전문 단체인 데이터 공동체 특별구(Data Community DC)를 공동으로 설립했다. 여가 시간에는 수영과 달리기 및 무술 연습을 즐기고, 맛있는 음식점을 발견해 후원하고, 매혹적인 텔레비전 쇼 프로그램을 즐긴다. 플로리다 국제 대학교에서 석사 학위를 받았으며, 시카고에 있는 드폴대학교에서 전략 및 기업가 정신 분야를 연구해 석사 학위를 받았다.

감사의 말

우리는 기술 교정자들이 이 책의 초고를 다듬으며 의견을 내는 데 들인 시간과 노력에 고마움을 전한다. Dan Chudnov와 Darren Cook은 우리가 경로에서 벗어나지 않게 기술적 의견을 잘 제시했으며, Nicole Donnelly는 우리가 쓴 내용을 독자의 눈높이에 맞춰 주었다. 우리가 토의하는 내용이 최신 기술이었다는 점을 보증하는 학술적 의견을 보태 준 Lev Konstantinovskiy와 Kostas Xirogiannopoulos에게도 감사한다.

늘 미소를 지으며 실패하지 않게 격려해 준 편집자인 Nicole Tache에게는 말만으로는 감사를 다 표할 수 없을 것이다. 양을 기르듯이 처음부터 이 프로젝트를 이끌면서 종착역이 점점 더 멀어져만 가는데도 우리를 믿어 주었다. 우리와 우리의 글쓰기 과정에 관한 조언과 귀중한 의견과 충고 그리고 시의적절한 제안 덕분에 이 책이 나올 수 있었다.

우리의 친구와 가족에게도 감사를 전하고 싶은데, 그들의 지지와 격려가 없었다면 이번 작업을 진행할 수 없었을 것이라고 말할 수 있다. 우리들의 부모님인 Randy와 Lily, Carla와 Griff, Tony와 Teresa는 우리에게 창조적 정신, 직업 윤리, 기술적 능력 그리고 사랑을 부어 주어 이 책을 쓸 수 있게 하셨다. 우리들의 배우자인 Jacquelyn, Jeff, Nikki는 마감 기한이 지나는 바람에 밤 늦게 일하며 주말에 글을 쓰는 동안에도 확고부동한 결심을 보여 주었고, 이로 인해 우리는 온 세상을 얻은 것 같았다. 마침내 우리 아이들인 Irena, Henry, Oscar와 아기 Ojeda에게 고마움을 전할 차례가 되었는데, 언젠가는 우리 아이들이 이 책을 발견하고는 "와, 우리 부모님들은 컴퓨터가 사람처럼 말할 줄도 모르던 시절에 이런 책까지 다 쓰셨었네. 도대체 얼마나 연세를 드신 거야?"라고 말할 날이 오기를 바란다.

우리는 방대한 정보가 넘쳐나는 세상, 다른 사람들과 연결할 수 있게 해주는 디지털 방식 비서들이 점점 더 많아지는 세상에 살고 있다. 이러한 **스마트 디바이스**(smart device, **지능형 장치**)들은 그저 정보를 전하기만 하는 것이 아니라는 점에서 제법 매력적이다. 제한적으로 생각한다면 스마트 디바이스를 이해하기 쉬운데, 이러한 디바이스들은 데이터를 사람이 **이해하기 쉬운** 형태로 집계하고 선별하고 요약함으로써 인간과 상호작용을 잘해 보려는 것이라는 말이다. 기계 번역 시스템, 질문/답변 시스템(문답 시스템), 음성 녹음 시스템, 텍스트 요약 시스템 및 챗봇 시스템과 같은 애플리케이션은 컴퓨터를 사용하는 데 필수 요소가 되어 가고 있다.

여러분이 이 책을 선택했다면 자연어 이해 컴포넌트를 다양한 애플리케이션과 소프트웨어에 집어넣을 수 있다는 점을 알아차리고 흥분할지도 모르겠다. 언어 이해 컴포넌트들은 최신 텍스트 분석 프레임워크를 기반으로 하는데, 이러한 프레임워크로는 문자열 조작 방식, 용어집 데이터, 전산언어학을 결합하는 기법과 방법을 모아 놓은 도구 모음이 있고, 언어 데이터를 기계가 이해할 수 있는 형태로 변환하거나 그 반대로 변환하는 머신러닝 알고리즘들도 있다. 그러나 이러한 방법과 기법을 논의하기 전에 이 프레임워크와 관련된 도전과 기회를 파악하고, 이런 일이 왜 벌어지는지에 대한 질문에 답할 수 있어야 한다.

미국의 전형적인 고등학교 졸업생은 약 6만 개 단어와 수천 가지 문법 개념을 암기하기 때문에 충분히 전문 용어로 의사소통을 할 수 있다. 이 정도 분량의 단어와 문법 개념이 많아 보일지는 모르겠지만, 파이썬 스크립트를 쓴다면 온라인 사전에서 용어의 정의와 어원 및 용법까지 아주 빠르고 간단하게 알아낼 수 있는 분량에 불과하다. 실제로 미국인이 일상적으로 사용하는 다양한 어학상의 개념은 옥스퍼드 사전에 포착된 단어 수의 10분의 1에 불과한데, 이는 현재 구글에서 인지하고 있는 분량과 비교하면 5%에 불과하다.

그렇지만 규칙이나 정의를 즉시 알아낼 수 있다고 해서 텍스트를 잘 분석할 수 있는 것은 아니다. 그런 일이 가능했다면 '시리'와 '알렉사'가 사람을 완벽하게 이해했을 테고, 구글은 꼭 필요한 검색 결과만 표시할 수 있었을 테고, 우리는 어떤 언어로든 전 세계 누구와도 바로 대화할 수 있었을 것이다. 사람이라면 아주 어린 시절부터 자연스럽게 할 수 있는 일을, 컴퓨터를 사용해서는 하기 힘든 이유가 뭘까? 확실히 그저 외운다고 해서 자연어를 구사할 수 있지는 않아 보인다. 그렇기 때문에 결정론적 컴퓨터 처리 기법들만으로는 불충분하다.

자연어 전산 처리의 과제

자연어는 **규칙(rule)**에 의해 정의되는 것이 아니라 **용례(use)**에 의해 정의되며, 자연어를 전산 처리하려면 역공학을 동원해야 한다. 전반적으로 생각해 보면 우리가 사용하는 단어의 의미를 우리가 정할 수는 있지만, 이런 **의미 형성(meaning-making)**은 반드시 여러 사람이 동의해야만 가능한 일이다. 해양 동물 중에서 '게'를 예로 들어 보자. 이 게가 옆으로만 걷는 동물이라는 점을 넘어 신성한 성향을 지녔다는 식의 의미(일반적으로 알려지지 않은 의미)를 여러분이 알게 하려면 **화자(話者, speaker)**인 나와 **청자(聽者, listener)**인 여러분이 의사소통에 사용되는 의미에 서로 동의하고 있어야만 한다. 그러므로 언어는 일반적으로 언어 사용 공동체와 언어 사용 지역에 따라 제약을 받는다고 말할 수 있다. 비슷한 생활 환경에 처한 사람끼리는 특정 낱말이 지닌 의미에 쉽게 동의할 수 있기 때문이다.

형식 언어(formal language)에서는 반드시 **영역 특정(domain specific)**[1]을 해야 하는데, 이에 반해 **자연어(natural language)**는 범용적이고 보편적이다. 우리는 점심을 먹기 위해 해산물을 주문하고, 불만족스러움에 관한 시를 쓰고, 천문학에서 다루는 성운을 토론하는 상황에서도 모두 같은 단어를 사용한다. 이와 같이 다양한 담론(discourse)을 펼칠 때 표현 범위를 구체화하려면 언어[2]가 중복될 수밖에 없다. 바로 이런 **중의성(redundancy, 중복성)** 때문에 풀어야 할 과제가 생기기 마련인데, 우리가 모든 **연관성(association)**에 맞춰 일일이 문자 기호를 지정할 수 없으므로

---

1 [옮긴이] 원문에 나오는 'domain specific'이라는 단어를 살리기 위해 직역했다. 의역하면 '형식 언어란 특정 분야에만 한정되어 사용되는 데 반해'라는 뜻이다. 여기에 나오는 '영역 특정'이라는 단어는 분야를 한정한다는 의미이지만, 언어를 전산 처리하려면 '영역(domain)'이라는 개념이 중요하기 때문에 '영역 특정'으로 직역했다. 여기서 영역이란 수학에서 말하는 바로 그 영역(치역과 정의역 포함)과 일맥상통한다. 따라서 영역을 특정하면 정의역과 치역의 범위를 줄일 수 있고, 이에 따라 전산화가 더 쉬워진다. 이 '영역 특정'이라는 말이 이 책뿐만 아니라 데이터 과학 및 머신러닝 분야의 여러 책에 자주 나오니 기억해 두자.

2 [옮긴이] 즉, 단어의 의미.

기본적으로 모든 기호는 모호하다. **어휘적 모호성(lexical ambiguity)**[3]이나 **구조적 모호성(structural ambiguity)**은 인간 언어가 이뤄 온 주요 업적이다. **모호성(ambiguity)**은 우리에게 새로운 아이디어를 창출할 수 있는 능력을 부여할 뿐만 아니라 때로는 오해가 있을 수 있음에도 불구하고 다양한 경험을 가진 사람들이 국경과 문화를 초월해 의사소통을 할 수 있게 한다.

어학 데이터: 토큰과 단어

언어로 **인코딩(encoding, 부호화)**된 데이터를 최대한으로 활용하려면 언어를 직관적이고 자연스럽지만 임의적이고 중의적이지 않은 것으로 생각하도록 우리의 마음을 다시 훈련해야 한다. 텍스트 분석의 단위는 **토큰(token)**인데, 토큰이란 텍스트를 나타내기 위해 바이트로 인코딩된 문자열을 말한다. 반면에 **단어(word)**는 의미를 나타내는 기호이며, **글의 구성(textual construct)** 또는 **말의 구성(verbal construct)**을 소리 성분이나 시각 성분에 사상(mapping)한다. 토큰은 단어가 아니다(토큰이 단어가 아니라고 여기기가 힘들기는 하지만). 그림 0-1에 표시된 'crab'이라는 토큰을 생각해 보자. 이 토큰은 crab-n1이라는 **어감(word sense, 단어 감각)**을 나타낸다. 해당 토큰의 명사형에 대한 첫 번째 정의를 내린다면 '음식이 될 수 있는 갑각류이며, 바다 근처에 살며, 집을 수 있는 발톱이 있다'가 된다.

그림 0-1 단어는 기호(symbol)를 관념(idea)에 사상한다

그 밖의 이 모든 관념이 어떻게든 이러한 기호에 부착되어 있기는 해도 기호는 완전히 자의적이다. 그리스어를 사용하는 독자에게 이와 같은 **사상(mapping, 대응, 매핑)**을 적용한다면 의미 자체는 크게 변하지 않겠지만 **함의(connotation)**[4]는 조금 다를 것이다. 이것은 단어가 문화나 언어와 같은 **맥락(context)**에서 독립되어 있지도 않고, 단어의 의미가 고정적이지도 않고 보편적이지도 않기 때문이다. 영어를 사용하는 독자는 적응형 단어 형태에 익숙해져 있는데, 이러한

---

3 옮긴이 언어학에서는 '어휘적 중의성'이라고 부르는 경향이 있지만, 이 책에서는 중의성(redundancy)과 모호성(ambiguity)을 서로 구분하므로 이에 맞춰 '어휘적 모호성'으로 번역했다.

4 옮긴이 함축된 의미. 즉, 말이나 글과 같은 언어로는 드러나지 않는 의미(언외지의, 言外之意).

형태에서는 접두사를 붙여 **시제**(tense)나 **성별**(gender) 등을 바꾼다. 반면, 중국어를 사용하는 독자는 많은 상형 문자를 보고 각 문자 간의 순서에 맞춰 의미를 알아차린다.

이를 통해 자연어에는 중의성과 모호성이 있을 뿐만 아니라 관점에 따라서 동적으로 변화할 수 있다는 점을 알 수 있고, 사람들이 현재 경험하는 바에 맞춰서도 빠르게 변한다는 점도 알 수 있다. 우리는 《모비딕(Moby Dick)》을 번역하기에 충분할 만큼 **이모티콘**(emoticons, 감정 표현 부호)을 언어학적으로 연구해 보려는 생각을 하지 못한다![5] 우리가 체계적으로 이모티콘의 작동 방식을 정의하는 문법을 만들 수 있다고 할지라도 그동안에 언어가 진화해 버릴 것이다.

심지어 그런 진화의 결과로 이모티콘만으로 이뤄진 언어가 나올 수도 있다. 예를 들어, 이 책을 쓰기 시작한 이래 권총을 나타내는 **이모지 기호**(emoji symbol)인 🔫은 무기에서 완구(적어도 스마트폰에서 렌더링한 경우)로 진화한 사례이며, 그 상징을 사용하는 방식에 있어서 문화적 변화가 있음을 반영한다.

이처럼 언어가 적응하는 과정에서 새로운 상징과 구조에만 적응하는 것이 아니라 새로운 정의나 문맥 및 용법에까지 적응한다. '배터리'라고 하는 토큰의 의미는 전자 시대가 열리면서 화학적 에너지를 전기로 변환하기 위한 저장장치라는 식으로 바뀌었다. 그러나 구글 북스 엔그램 뷰어(Google Books Ngram Viewer)[6]에 따르면 '배터리'는 훨씬 더 다양한 의미로 사용되었는데, 19세기 말부터 20세기 초에 이르기까지는 서로 연결된 기계의 배열이나 중무장 병사를 요새화하듯이 배치한 상태를 의미했다. 언어는 **맥락**에 맞춰 이해되는데, 맥락이란 해당 단어를 둘러싼 문장들뿐만 아니라 해당 단어가 사용된 시기까지 포함하는 개념이다. 그러므로 단어의 의미를 분명히 식별하고 인식하려면 사전에서 특정 항목을 찾을 때 필요한 계산 작업보다 더 많은 계산 작업을 해야만 한다.

머신러닝 입문

인간끼리는 의사소통을 하는 동안에 자연어를 더욱 풍부한 도구가 되게 하는 경향이 있어서[7] 결정론적 규칙을 사용해 구문을 분석하기 어려워진다. 인간은 언어를 융통성 있게 해석할 수

---

5   Fred Benenson, Emoji Dick, (2013) http://bit.ly/2GKft1n
6   Google, Google Books Ngram Viewer, (2013) http://bit.ly/2GNlKtk
7   옮긴이 '사람들은 말을 주고받는 동안에 말에 다른 의미를 가져다 붙이거나, 다른 어감을 갖게 한다거나, 용법을 바꿔서 사용한다거나, 줄여서 쓴다거나 하는 식으로 자신들이 쓰는 언어, 즉 자연어를 변형하거나 확대해 나가기 때문에'

있으므로 6만 개나 되는 상징적 표현을 사용할지라도 언어를 곧바로 이해할 수 있다. 이런 면에서 보면 인간은 컴퓨터보다 훨씬 뛰어난 능력을 지닌 셈이다. 그러므로 소프트웨어 환경에서는 퍼지(fuzzy) 기술이나 유연성을 다루는 컴퓨터 계산 기술이 필요하고, 이에 따라 현재로서는 통계학적 머신러닝 기술이 텍스트 분석을 위한 최신 기술이 되어 있다. 자연어 처리 애플리케이션이 수십 년 동안이나 사용되어 왔지만, 여기에 머신러닝 기법을 추가함으로써 그 밖의 방법으로는 구현하기가 불가능에 가까웠을 유연성과 응답성을 얻게 되었다.

머신러닝의 목표는 기존 데이터를 사용해 어떤 모델을 적합(fit)하게 하는 과정에서 발견된 패턴을 기반으로 의사 결정을 하거나, 새로운 데이터를 바탕으로 무언가를 예측하는 식으로 현실 세계를 표현하는 데 있다. 실제로 이런 일은 **표적 데이터**(target data, **목표 데이터**)와 입력 데이터의 관계를 결정하는 모델군을 선정한 다음, 파라미터와 특징을 포함하는 형태를 지정하고 나서 약간의 최적화 과정을 거치며, 훈련 데이터에 대한 모델의 오차를 최소화하는 식으로 이뤄진다. 이렇게 해서 적합하게 된 모델을 다시 신규 데이터를 대상으로 적용하면 이 모델은 신규 데이터를 사용해 예측할 수 있는데, 모델의 형태를 어떻게 정해 두었느냐에 따라 그 예측 결과가 레이블일 수도 있고, 확률일 수도 있고, 소속 여부일 수도 있고, 값일 수도 있다. 문제는 알려진 데이터의 패턴을 정확하게 학습할 수 있는 능력과 일반화할 수 있는 능력 사이에서 모델이 균형을 잡게 함으로써 이전에 본 적이 없는 **사례**(example)[8]를 사용할 때에도 모델이 제역할을 해내게 하는 데 있다.

많은 언어 인식 소프트웨어 애플리케이션은 단순히 기계로 훈련된 단일 모델이라기보다는 서로 상호작용하며 영향을 미치는 형태, 즉 풍부한 **태피스트리**(tapestry)[9] 모델 형태로 구성되어 있다. 모델은 신규 데이터를 바탕으로 다시 훈련을 받고 새로운 의사 결정 공간을 표적으로 삼을 수 있으며, 새로운 정보나 시간의 흐름에 맞춰 애플리케이션의 또 다른 측면이 발현할 수 있도록 사용자마다 자신에게 맞는 모델로 수정해 나갈 수 있다. 그러한 애플리케이션의 이면에서 모델들은 서로 순위를 다투며 경쟁하다가 낡아 버린 모델은 결국에 사라지기도 한다. 즉, 머신러닝 애플리케이션은 일상적인 유지관리 및 모니터링이라는 작업흐름(workflow)을 통해 언어와 관련된 역동성과 지역성으로 인한 수명주기를 보여 주게 되는 것이다.

---

8 **옮긴이** 데이터 과학 분야에서 example은 특별히 사례라는 개념으로 사용된다. 이 사례란 여러 개의 특징(항목)으로 구성된 한 가지 관측치를 의미한다. 엑셀을 예로 든다면 1개 데이터 행이 이 사례에 해당된다. 파일 개념에서는 레코드가 이 사례에 해당된다. instance라고도 한다. 흔히 쓰는 의미의 단순한 '예'나 '보기'라는 개념이 아니라는 뜻이다.
9 **옮긴이** '여러 실을 섞어 무늬를 짜 넣은 천'이라는 뜻이다. 그러나 저자가 언급하고 있지는 않지만, 저자는 ESRI라는 업체가 만든 인구통계학적 데이터셋인 'Tapestry'를 언급하려고 한 것으로 보인다. 이 데이터셋은 미국의 인구 통계 데이터에 그 밖의 여러 곳에서 가져온 데이터셋을 짜 넣어 만든 것이다.

텍스트 분석 도구

텍스트 분석 기술은 주로 응용 머신러닝(applied machine learning)에 해당하므로 풍부한 과학 계산 라이브러리 및 수치 계산 라이브러리를 갖춘 언어가 필요하다. 파이썬 언어에는 텍스트를 대상으로 머신러닝을 수행하는 데 필요한 도구들인 사이킷런, NLTK, Gensim, SpaCy, NetworkX, Yellowbrick을 갖추고 있다.

- 사이킷런(Scikit-Learn)은 일반적인 머신러닝용 API를 제공하던 SciPy(과학용 파이썬)를 확장한 것이다. 사이썬(Cython)의 최상단에 구축됨으로써 고성능 C 라이브러리(LAPACK, LibSVM, Boost 및 그 밖의 것들)가 들어 있게 된 셈이었으므로 높은 성능을 낼 뿐만 아니라 사용하기 쉽다. 따라서 이것을 사용하면 중소 규모 데이터셋 정도는 쉽게 분석할 수 있다. 사이킷런은 오픈소스인데다 상업적으로 사용할 수 있으며, 교차검증 및 하이퍼파라미터 조율을 위한 유틸리티뿐만 아니라 많은 회귀, 분류, 군집화 및 차원성 축소 모델에 대한 단일 인터페이스를 제공한다.

- 자연어 처리 도구 모음(NLTK, Natural Language Tool-Kit)은 학계의 전문가가 파이썬으로 작성한 것으로, 자연어 처리(NLP)를 위한 '배터리 포함' 리소스 역할을 한다. 원래 자연어 처리를 가르치기 위한 훈련용 도구로서, 말뭉치(corpora)[10], 용어 데이터, 문법, 언어 처리 알고리즘과 사전 훈련 모델이 저마다 다양하게 들어 있다. 파이썬 프로그래머는 이를 사용하면 다양한 언어로 된 텍스트 데이터를 빠르게 처리할 수 있다.

- 젠심(Gensim)은 강력하고 효율적일 뿐만 아니라 번잡하지도 않은 라이브러리로서 비지도학습 방식으로 텍스트를 의미론적 모형화(semantic modeling)를 하는 데 초점을 맞춘 것이다. 처음에는 문서 간에 유사성(similarity, 닮음, 유사도)을 알아내기 위해 설계된 것이었지만, 잠재 의미 분석 기술을 위한 토픽 모델링 방법을 공개했고, word2vec 같은 그 밖의 비지도학습 방식 라이브러리들도 제공한다.

- 스페이시(spaCy)는 학술적으로 최첨단에 해당하는 기술을 간단하고 사용하기 쉬운 API 형태로 구현한 것으로, 상용 제품 수준의 언어 처리 기능을 제공한다. 특히, SpaCy는 딥러닝을 할 수 있게 텍스트를 전처리하거나, 대용량 텍스트에서 정보를 추출하거나, 자연어를 이해하는 시스템을 구축하는 데 초점을 맞춘 것이다.

---

10 옮긴이 corpora는 corpus의 복수형이다. 즉, '말뭉치들'이라는 뜻이다.

- 네트웍스(NetworkX)는 복잡한 망(network)[11]을 생성하고 직렬화하고 분석하고 조작하기 위한 포괄적인 그래프 분석 패키지다. 특별한 머신러닝 라이브러리도 아니고 특별한 텍스트 분석 라이브러리도 아니지만, 그래프 알고리즘이 순회(traverse, 횡단)하거나 의미를 찾을 수 있도록 성분 간의 복잡한 관계를 그래프 자료구조를 사용해 인코딩할 수 있다. 따라서 그래프 자료구조는 이 텍스트 분석 툴킷에서 핵심 부분에 해당한다.
- 옐로우브릭(Yellowbrick)은 머신러닝 작업흐름(workflows)을 분석하고 해석할 수 있도록 시각적으로 진단할 수 있게 한 도구 모음이다. 사이킷런 API를 확장한 옐로우브릭을 사용하면 특징 선택, 모델화 및 하이퍼파라미터 조율을 직관적이고 시각적으로 이해하며 모델 선택(model selection)[12] 과정을 조정할 수 있기 때문에 텍스트 데이터에 가장 좋은 효과를 보이는 모델을 찾는 데 도움이 된다.

이 책을 통해 배울 수 있는 것들

이 책에서는 방금 설명한 파이썬 라이브러리를 사용해 텍스트 분석을 할 수 있도록 머신러닝을 응용하는 데 초점을 맞춘다. 이 책이 응용에 관한 도서인 이유는 언어학이나 통계 모델과 같이 학술적인 성격을 내포한다기보다는 텍스트를 사용해 훈련된 모델을 소프트웨어 애플리케이션 내부에 효과적으로 배치하는 방법을 다룬 책이기 때문이다.

우리가 제안하는 텍스트 분석용 모델은 머신러닝 작업흐름과 직접 관련이 있다. 이런 작업흐름 중에서 검색 과정에서는 특징과 알고리즘 및 학습 데이터에서 가장 잘 작동하는 하이퍼파라미터로 구성된 모델을 찾아 알려지지 않은 데이터에 대한 추정치를 산출한다. 텍스트 분석 시에 이 작업흐름은 말뭉치라고 하는 훈련 데이터셋을 작성하고 관리하는 일로 시작된다. 그런 다음에 머신러닝이 이해할 수 있는 숫자 데이터로 텍스트를 구성하는 특징추출 방법 및 전처리 방법들을 찾아본다. 우리는 몇 가지 기본 특징을 사용해 책의 처음 몇 장에 대한 결론을 지으면서 텍스트 분류 및 텍스트 군집화 기술을 살펴볼 것이다.

나중에 나올 여러 장에서는 풍부한 특징들을 갖춘 모델을 확장해 텍스트 인식 애플리케이션

---

11 **옮긴이** network란 단어를 우리말로는 '망'이라고 부를 수 있고, 보통은 '네트워크'라고 음차해 부르기도 하지만, 이런 경우에 정보통신, 신경망, 그래프망 등의 다양한 의미를 드러낼 수 없으므로 이 책에서는 망(일반적인 경우, 신경망, 그래프 이론), 네트워크(정보통신) 등으로 번역했다.

12 **옮긴이** 통계학 용어로는 '모형 선택'에 해당한다.

들을 만드는 데 중점을 둔다. 먼저, 어떻게 하면 맥락을 특징에 **매장**(embedding)[13]할 수 있는지를 탐색한 후에 텍스트를 시각적으로 해석해 모델 선택 과정을 조정한다. 다음으로, 그래프 분석 기법들을 사용해 텍스트에서 추출한 복잡한 관계를 분석하는 방법을 살펴본다. 그런 다음에 **대화형 에이전트**(conversational agents, 대화 행위자)를 탐구하고, 텍스트의 구문론적 분석 및 의미론적 분석을 보다 깊이 이해하기 위해 논점을 바꾼다. 우리는 멀티프로세싱(multiprocessing, 다중처리) 그리고 스파크를 사용해 텍스트 분석을 확장하는 일이라는 두 가지 주제를 실용적으로 논의하는 일로 이 책을 마무리하면서 텍스트 분석의 다음 단계인 딥러닝을 살펴본다.

이 책의 대상 독자

이 책은 자연어 처리 기술이나 자연어 처리용 머신러닝 기술을 소프트웨어 개발 툴킷에 적용하는 데 관심이 있는 파이썬 프로그래머를 대상으로 한다. 우리는 독자에게 특별한 학문적 배경이나 수학적 지식이 있어야 한다고 가정하지 않았을 뿐만 아니라 장황하게 설명하기보다는 도구와 기법들에 더 초점을 맞추고자 하였다. 이 책에서는 주로 영어를 분석하므로 명사/동사/부사/형용사와 같은 기초적인 영문법 지식이 도움이 된다. 머신러닝 및 언어학에 아주 익숙하지 않을지라도 파이썬 프로그래밍을 확실히 이해하고 있다면 우리가 제시하는 개념에 압도당하지는 않을 것이다.

예제 코드

이 책에 실린 예제 코드들은 특정 작업을 수행하는 데 필요한 파이썬 코드를 구현하는 방법을 설명하기 위한 것이다. 이 코드들은 독자를 위한 것이므로 종종 실행하는 데 필요한 핵심 문(statements)이 생략되어 있기도 하다. 표준 라이브러리에 들어 있는 import 문이 그러한 예다. 또한 어떤 코드는 책의 다른 부분이나 다른 장에 실린 코드가 있어야만 빌드되는 경우도 있고, 때로는 새로운 맥락에 맞춰 작업할 수 있게 조금 수정해야만 하는 경우도 있다. 예를 들

---

13 옮긴이 이 embedding이라는 단어를 그냥 '임베딩'이라고 부르는 경우가 많은데, 그러다 보니 '삽입'이란 개념으로 여기는 경우도 있다. 옮긴이도 때로는 '임베딩'이라고 번역하기도 했지만, 이 책에서는 개념을 정확히 나타내는 수학 용어인 '매장'으로 번역했다. '매장' 또는 '묻기'라는 뜻이며, 일반적으로 한 공간에서 다른 공간으로 무언가를 사상(mapping)하는 행위를 말한다. 그리고 때로는 그렇게 묻혀져서 새로 생긴 공간 그 자체를 의미하기도 한다(이런 경우에는 '매장지'라고 불러야 맞지만, 그렇게 부르는 경우는 거의 없다). 위키백과 등에서 매장이란 단어를 검색해 보면 그 의미를 더 잘 알 수 있다.

어, 우리는 다음과 같이 클래스를 정의할 수 있다.

```
class Thing(object):

    def __init__(self, arg):
        self.property = arg
```

이 클래스 정의 부분은 클래스의 기본 속성을 설명하고 구현 세부 사항에 대한 더 큰 대화 구조를 설정하는 역할을 담당한다. 나중에 가서 우리는 다음과 같이 클래스에 메서드를 추가할 수 있다.

```
    ...
    def method(self, *args, **kwargs):
        return self.property
```

이 코드의 제일 위쪽에 나오는 줄임표는 이전에 나온 코드(즉, 클래스 정의 부분)에서 이어진다는 점을 가리킨다. 즉, 예제 코드를 단순히 복사해 붙여넣기만 해서는 코드가 실행되지 않을 수 있다는 말이다. 그리고 또한 이 코드가 작동하려면 실행 중인 파이썬 프로그램이 데이터를 읽어들이는 디스크에 데이터가 있어야 한다는 점에도 주목해야 한다. 일반화를 하려고 시도했지만 모든 운영체제나 모든 데이터 소스를 고려할 수는 없었다.

이 책에 나오는 예제를 실행해 보고 싶어 하는 독자를 지원하기 위해 완전하게 실행되는 예제를 깃허브 저장소(https://github.com/foxbook/atap)에 실어 두었다. 깃허브 저장소에 있는 예제들이 이 책의 본문에 나오는 코드와 약간 다를 수는 있지만, 파이썬 3를 사용한다면 대다수 컴퓨터에서 잘 실행될 것이다. 또한 최근에 수정한 코드가 있다면 깃허브 저장소에 올려 둘 생각이다. 바뀐 부분을 알고 싶다면 깃허브 저장소에 들어 있는 README 파일을 읽어 보기 바란다. 물론 저장소를 포크(fork)하여 자신의 환경에서 실행 코드를 수정할 수 있다. 우리는 여러분이 이렇게 해보기를 강력히 권한다!

예제 코드 사용 권한

이 책은 여러분이 하는 일을 돕는 것을 목적으로 삼는다. 그러므로 이 책에서 제공하는 예제 코드를 여러분의 프로그램과 문서에서 사용할 수 있을 것이다. 코드의 상당 부분을 복제하지 않는 한 우리에게 따로 허가를 받지 않아도 된다. 예를 들어, 이 책에 나오는 코드 중 대여섯 개 정도를 사용하여 프로그램을 작성해도 문제가 되지 않는다. 그렇지만 오라일리 책에 나오는 예제를 담은 CD-ROM을 판매하거나 배포하려면 허가를 받아야 한다. 이 책을 인용하거나 예제 코드를 인용해 질문에 답변하는 일을 할 때는 따로 허락을 받지 않아도 된다. 반면에 이 책의 예제 코드를 제품 설명서에 첨부하려면 허락을 받아야 한다.

저작자 표시를 해주면 고맙겠지만 반드시 그래야 하는 것은 아니다. 저작자 표시에는 일반적으로 제목, 저자, 발행인 및 ISBN이 포함된다. 예를 들면 이렇다. 'Applied Text Analysis with Python by Benjamin Bengfort, Rebecca Bilbro, and Tony Ojeda (O'Reilly). 978-1-491-96304-3.'

코드 예제를 사용할 때 공정한 사용 범위나 위에 명시한 사용 범위를 벗어난 것으로 생각되면 permissions@oreilly.com으로 연락해 언제든지 문의하기 바란다.

이 책에 사용된 규칙

이 책에는 다음과 같은 규칙이 사용된다.

강조체(Bold)
본문 중에서 새로운 용어나 주요 용어, 해당 단락에서 강조될 용어를 나타낸다.

고정폭 서체(Constant width)
프로그램 목록뿐만 아니라 변수 또는 함수 이름, 데이터베이스, 데이터 유형, 환경 변수, 명령문 및 중요어와 같은 프로그램 요소를 참조하는 단락 내에서 사용된다.

 이 요소는 팁 또는 제안을 나타낸다.

 이 요소는 일반적인 참고 사항을 나타낸다.

 이 요소는 경고나 주의를 나타낸다.

표지에 대하여

표지에 나오는 동물은 미국 남서부와 멕시코 북부에 서식하는 작은 포유 동물인 키트 여우(kit fox, 학명 Vulpes macrotis)다. 북아메리카에서 가장 작은 여우 종으로 무게는 1.6~2.7킬로그램이고 키는 45.5~53.6센티미터다. 키트 여우는 불균형해 보일 정도로 큰 귀가 있어서 청력이 뛰어나고 체온을 조절할 수 있다. 털은 회색인데 종종 붉은 색과 주황색을 띤다.

건조한 사막 지대에 서식하며 밤에 먹이를 사냥하며 이동한다. 곤충이나 도마뱀과 새뿐만 아니라 쥐나 토끼 또는 벌레 같은 작은 포유류를 먹는다. 해마다 12월부터 2월 사이에 짝짓기를 하며, 일부일처제 사회를 유지한다. 새끼는 3~4월에 태어나며, 보통 한 마리에서 일곱 마리를 낳는다. 어미와 아비 모두 새끼를 돌보며, 새끼는 5~6개월이 지나면 굴에서 나와 독립한다.

현재 멸종 위기에 처한 것으로 기록되지는 않았지만 몇 마리나 있는지 추정하기 어렵다. 이전에 야생이었던 지역까지 농경지가 확대되면서 그 수가 줄고 있는 것으로 보인다. 키트 여우는 또한 코요테, 보브캣, 황금 독수리 같은 여러 포식자들과 치열하게 먹이 경쟁을 한다.

오라일리 표지에 나오는 많은 동물들은 멸종 위기에 처해 있으며, 모두 세상에 소중한 존재들이다. 도움을 줄 방법을 자세히 알아보려면 animals.oreilly.com을 방문하자.

표지에 나온 그림은 《Lydekker's Royal Natural History》에서 가져온 것이다.

베타리더 후기

김지훈(삼성SDS)

이 책은 텍스트 분석을 위한 도구와 기법에 관해 주로 설명합니다. 코드에 주석이 친절히 작성되어 있고, 옮긴이가 달아 둔 용어에 관한 세심한 각주들은 이 책을 이해하는 데 큰 도움이 됩니다. 다만, 이 책이 파이썬만 알아서는 이해하기 어려울 만큼 쉽지 않은 책인 것은 분명합니다. 데이터 과학에 대한 기초 지식이 있다면 더 좋을 것 같습니다.

김진영(야놀자)

분석 모델에 대한 사전 지식이 없고, 파이썬 문법을 모르는 분이 보기에 이 책은 하나의 암호처럼 느껴질지도 모릅니다. 다루는 분야가 분야인 만큼 사용되는 용어 자체도 낯설고 어려웠습니다. 다만, 앞서 언급한 것들을 감수하고도 이 책을 읽고 따라 해볼 마음의 준비가 되어 있다면, 기본적인 텍스트 데이터 분석에 대한 개요를 단계별로 배울 수 있을 것입니다.

이요셉(지나가던 IT인)

챗봇, 기계 번역, 질문/답변 시스템 등에 적용할 수 있는 자연어 분석 기능을 탑재한 앱을 만들고자 하는 사람들이 읽어야 할 책입니다. 머신러닝을 이용한 자연어 처리를 처음부터 끝까지 체험해 볼 수 있습니다. 다만, 자연어 처리 대상과 방법이 모두 영어라는 점이 아쉽습니다.

🐦 이종우(uvaper korea)

텍스트 기반의 머신러닝 책을 많이 봤지만, 이렇게 자세한 예제와 설명이 있는 책은 많지 않습니다. 초급부터 중급 이상까지 텍스트 기반의 머신러닝을 공부하려는 분께 추천합니다.

🐦 이호준(유라코퍼레이션)

한 번에 이해하기에는 책의 내용이 어렵습니다. 그만큼 많은 내용을 꼼꼼하게 담고 있습니다. 오랫동안 곁에 두고 찾아보는 책이 될 것 같습니다. 엄청나게 많은 양의 역주를 보니, 옮긴이가 이 책에 얼마나 많은 정성을 쏟았는지 느껴집니다. 다양한 용어에 대한 옮긴이의 주석만으로도 이 책은 읽을 가치가 있습니다.

제이펍은 책에 대한 애정과 기술에 대한 열정이 뜨거운 베타리더의 도움으로
출간되는 모든 IT 전문서에 사전 검증을 시행하고 있습니다.

1

언어와 계산

자연어 처리를 활용해 텍스트 데이터와 오디오 데이터를 이해하는 애플리케이션이 생활 필수품처럼 되어 간다. 이런 비품들은 우리를 대신해 인간-컴퓨터 상호작용에 대한 새롭고 개인화된 메커니즘을 제공하면서 웹에서 인간이 생성한 무수한 정보를 관리한다. 이러한 애플리케이션은 매우 널리 퍼져 있어서, 우리는 이메일 트래픽을 정리하는 스팸 필터부터 우리가 가고자 하는 곳으로 우리를 데려갈 검색 엔진이라든가 언제든 우리가 하는 말을 들을 준비가 된 가상 비서 같은 것에 이르기까지, 무척 다양하면서도 드러나지 않게 작동하는 애플리케이션들에 익숙해져 있다.

언어 인식 기능(language-aware features)이란 실험용 소프트웨어나 연구용 소프트웨어 또는 실용 소프트웨어 개발 행위들이 서로 겹치는 분야에서 쌓아 올린 데이터로부터 산출해 낸 기능을 말한다. (이런 기능을 접목한 애플리케이션의 예인) 텍스트 분석 애플리케이션과 음성 분석 애플리케이션을 사용자들은 직접 체험해 볼 수 있는데, 이러한 애플리케이션에서 사용자는 자신의 응답이 피드백처럼 작용해 애플리케이션과 분석 내역이 점점 적응해 가는 점을 알 수 있다. 이와 같은 선순환이 종종 단순하게 시작되지만, 시간이 흐를수록 보람 있는 성과가 나타나기 때문에 심층적인 능력을 보여 주는 시스템으로 발전할 수 있다.

역설적이게도 **언어 기반 기능(language-based features)**을 애플리케이션에 통합할 가능성이 점점 커지고 있지만, 생각 밖으로 상당히 많은 애플리케이션이 이른바 '권력자'라고 부를 만한 사람들에 의해 밀려나고 있다. 상승세를 타고 있는 데이터 과학이 아직까지는 지배적인 소프트웨어 개발 문화에 스며들지 않았기 때문일 것이다. 그렇다면 왜 더 많은 대중은 애플리케이션을 거부하지 않는 것일까? 아마도 이러한 기능들이 점차 보급될수록 해당 기능을 구현하는 데 필요한 복잡성이 감춰져 점차 사람들에게 드러나지 않아도 되기 때문일 수도 있다.

우리는 자연어 인터페이스에 의존하는 애플리케이션들이 더 흔해질 것이라고 믿으며, 서식에 맞춰야 한다거나 클릭을 해야만 이뤄지는 일들을 대체하게 될 것이라고 생각한다. 이러한 미래형 애플리케이션을 개발하려면 가설 중심으로 이뤄진 데이터 과학 기술을 소프트웨어 개발 분야에서 수용해야 한다. 언어 인식 데이터 제품이 더 강력해지게 하려면 데이터 과학자는 상용 제품 수준 코드를 작성하는 데 쓰이는 소프트웨어 공학의 관행을 채택해야 한다. 이런 노력이 새롭게 진화하고 있는 데이터 과학 패러다임에 통합될 테고, 그러다 보면 이 책에서 집중적으로 다룰 **언어 인식 데이터 제품(language-aware data products)**을 창출할 수 있게 될 것이다.

데이터 과학 패러다임

지난 10년 동안 머신러닝 기술의 혁신과, 확장 가능 데이터 처리 기술의 혁신 덕분에 '데이터 과학'과 '데이터 제품'이 가정에서도 쓰이는 용어로 금방 떠올랐다. 그러한 혁신으로 인해 **데이터 과학자(data scientist)**라는 새로운 직업이 생겼다(데이터 과학자는 통계학자이자 컴퓨터 과학자이자 특정 분야 전문가의 역할을 모두 담당하는 과학자다). 데이터 과학자가 정보화 시대의 핵심 가치를 생산해 내므로 이 새 직업이 21세기에 가장 중요하고 매력 있는 직업 중 하나가 되었지만, 가장 오해받는 직업 중 하나이기도 하다.

데이터 과학자는 전통적으로 학문적 맥락(연구 및 실험)에서 이루어진 작업 성과를 상업적 제품으로 만드는 작업흐름에 연결하는 역할을 한다. 이렇게 되는 이유는 많은 데이터 과학자들이 이전에는 대학원 수준의 연구(데이터 과학을 하는 데 필요한 것들과 창조적인 기술을 모두 제공하는 연구)에 시간을 썼기 때문이기도 하지만, 그보다는 주로 데이터 제품을 개발해 내는 과정이 어쩔 수 없이 실험적이기 때문이기도 하다.

현장의 목소리가 크게 들리는 이유는 데이터 과학 업무 흐름이 소프트웨어 개발 사례의 흐름과 늘 똑같지는 않기 때문이다. 데이터는 예측할 수 없으며, 신호가 항상 기대한 대로 나오는 것만은 아니기 때문이다. 힐러리 메이슨(Hilary Mason)이 데이터 제품을 개발하는 일에 관해 말했듯이 데이터 과학이 항상 민첩(agile)하지만은 않다.[1]

---

[1] Hillary Mason, The Next Generation of Data Products, (2017) http://bit.ly/2GOF894

이 말을 다르게 표현하면 이렇다.

> "제품이라고 할 만한 소프트웨어를 공급하는 일과, 실행 가능한 통찰력을 얻었을 때 민첩한 과정을 거쳐 어떤 제품으로 만들어 전달하는 일 간에는 근본적인 차이가 있다. 실행 가능한 통찰력이 필요하다는 말은 데이터 과학으로 인해 나오는 공예품에 불확실함이라는 요소가 깃들 수 있다는 말이기도 하다. 그렇게 나온 공예품들이 소프트웨어적인 의미에서는 '완전'해 보일 수는 있겠지만, 실제적이고 실행 가능한 통찰력을 산출해 내지는 못하기 때문에 쓸모가 없는 것이 되고 만다."
>
> —러셀 저니(Russell Jurney), 《애자일 데이터 과학 2.0(Agile Data Science 2.0)》 중에서

결과적으로, 데이터 과학자와 데이터 과학 담당 부서는 그림 1-1에서 설명한 업무 패러다임에서 보면 개발팀과 별개로 운영되는 경우가 많다. 이런 맥락에서 보면 데이터 과학 업무란 고위 경영진을 대상으로 사업을 분석해 내고 기술의 변화나 제품 주도권 변화 정보를 전달하는 것이 되어 버리고, 결국 이런 정보에 맞출 수 있게 소프트웨어를 구현하도록 개발팀에 지시가 내려가는 꼴이 되고 만다.

그림 1-1 현재의 데이터 과학 패러다임

이런 조직 구조가 일부 조직에는 잘 들어맞을 수도 있겠지만 딱히 효율적이지는 않다. 그림 1-2에서 볼 수 있는 것처럼 데이터 과학자와 개발팀을 처음부터 통합했을 때는 제품이 더 빠르게 개선될 뿐만 아니라 회사 경쟁력도 훨씬 더 높아졌다. 같은 일을 두 번씩이나 할 만큼 여유로운 회사는 그리 많지 않다! 더욱 중요한 점은 데이터 과학 실무에서는 사용자를 대상으로 하기 때문에 프런트엔드(즉, 전단부 또는 앞단)를 개발해야 할 뿐만 아니라 몇 번이고 앞단과 뒷단을 반복해서 돌 듯이 개발하는 노력을 기울여야 한다는 점이다.

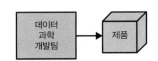

그림 1-2 데이터 과학 발전을 위한 더 나은 패러다임을 향하여

통합이 더 잘 된 데이터 과학 개발 패러다임에 있어서 장애물이 되는 것 중 하나는 애플리케이션 중심의 데이터 과학 콘텐츠가 부족하다는 점이다. 머신러닝 및 자연어 처리에 관해 게시된 자료들 중 대부분은 그저 연구를 뒷받침하기 위해 작성된 것이기 때문에 실용 애플리케이

션 개발로 확장해 적용하기는 어렵다. 예를 들어, 머신러닝 방식으로 텍스트를 처리하는 데 쓸 만한 도구는 많지만, 리소스나 문서 또는 자습서 및 블로그 게시물은 주로 장난감 같은 데이터셋이나 데이터 탐색 도구 및 연구 코드에 크게 의존하고 있다. 애플리케이션을 지원할 수 있을 만큼 충분히 큰 데이터를 형성하는 방법, 시간의 흐름에 맞춰 크기와 구조를 관리하는 방법, 가공하지 않은 문서를 사용 가능한 데이터로 변환하는 방법 등을 설명하는 데 필요한 자료는 거의 없다. 실제로도 이런 일들이 의심할 여지 없이 확장 가능한 언어 기반 데이터 제품을 구축하는 데 관련된 작업 중 대부분을 차지한다.

이 책은 텍스트 분석에 대한 개발 중심 접근 방식을 보강함으로써 이러한 격차를 해소하는 데 목적을 두고 있다. 여기서 우리는 쓸 만한 오픈소스 기술을 활용해, 모듈식으로 되어 있고 테스트를 할 수 있고 조정도 할 수 있으며 확장성까지 뛰어난 데이터 제품을 만드는 방법을 보여 줄 생각이다. 이러한 도구와 더불어 이 책에 제시된 응용 기술을 활용함으로써 데이터 과학자가 차세대 데이터 제품을 개발할 수 있기를 바란다.

이번 장은 책의 나머지 부분을 이루는, 더 실질적이고 프로그램 작성을 중심으로 하는 여러 장들의 토대 역할을 한다. 그러기 위해 우리는 먼저, 언어 인식 데이터 제품이 의미하는 바를 짜 맞춰 보고 그것을 미개척지에서 찾아내는 방법부터 논의한다. 다음으로, 텍스트 분석 애플리케이션에 적합한 아키텍처 디자인 패턴을 살펴본다. 마지막으로, 계산을 위해 모델링하는 데 사용할 수 있는 언어의 **자질(feature)**[2]을 살펴보겠다.

언어 인식 데이터 제품

데이터 과학자들은 데이터 제품을 구축한다. 데이터 제품이란 데이터에서 가치를 끌어내고 새로운 데이터를 생성하는 애플리케이션(application)을 말한다.[3] 우리의 관점에서 텍스트 분석의 목적은 **언어 인식 데이터 제품**(사용자가 직접 사용하는 애플리케이션)을 만들 수 있게 하는 데 초점이 맞춰져 있다. 사람이 입력하는 바에 반응하고 변화에 적응할 수 있어야 할 뿐만 아니라, 정확하다는 인상을 주어야 하고, 비교적 간단하게 설계할 수 있어야 한다. 이와 같은 애플리케이션들은 텍스트 데이터를 입력으로 받아들여 복합적인 부분들로 파싱(parsing, 구문분석)하고,

---

2 [옮긴이] 특징(feature)을 언어학에서는 '자질'이라고 부른다. 이 책에서는 이에 맞춰 문맥으로 보아 언어학과 연관이 있을 때는 '자질'로 번역했다.

3 Mike Loukides, What is data science?, (2010) https://oreil.ly/2GJBEoj

그렇게 해서 나온 각 복합체를 계산해 내어, 의미가 있게 잘 다듬은 텍스트 데이터로 다시 결합한 다음에, 이 결과를 전달해야 한다.

우리가 가장 좋아하는 예 중 하나는 Yelpy Insights인데, 이것은 정서 분석이나 유의한 **병치**(collocation)[4] 기술 및 검색 기술을 조합해 검토하고 선별해 내는 애플리케이션으로, 이 애플리케이션은 어떤 식당이 여러분의 입맛이나 식이 제한에 적합한지를 결정하는 일을 돕는다. 이 애플리케이션은 풍부한 영역 특정(domain specific, 전문 분야) 말뭉치를 사용하고 특정 음식점을 후원할지 여부를 결정하는 데 도움이 되는 직관적인 방식으로 사용자에게 결과를 제공한다. 이 애플리케이션은 **평판**(review)이나 **이용조건**(terms)을 강조하면서, 의미가 있는 문장들을 자동으로 식별해 내기 때문에, 잠재적인 식당 손님들은 상당히 많은 텍스트 정보를 재빠르게 간파하고 무엇을 먹을지를 쉽게 결정할 수 있다. 언어 분석이 옐프(Yelp)의 핵심 사업은 아니지만 이 기능이 사용자의 경험에 미친 영향은 부인할 수 없다. 2012년에 Yelpy Insights를 소개한 이후로도 옐프는 꾸준히 새로운 언어 기반 기능들을 펼쳐냈는데, 같은 기간 동안에 연간 매출이 6.5배나 성장했다.[5]

스택오버플로, 넷플릭스, 아마존, 유튜브 및 그 밖의 업체들의 데이터 제품에 통합된 '태그 추천(suggested tag)' 기능도 언어 분석과 긴밀하게 연결되고 효과가 큰, 간단한 예 중 한 가지다. **태그**(tag)는 검색 및 추천에 필수적인 것으로서 내용에 대한 메타 정보인데, 특정 사용자가 어떤 내용을 보는지 결정하는 데 중요한 역할을 한다. 태그는 설명하고 있는 내용의 속성을 식별하며, 유사한 항목을 하나의 그룹으로 모은다거나, 그룹에 대한 설명적인 토픽 이름들을 제안하는 데 사용할 수 있다.

그 밖에도 아주 많은 것이 있다. 리버브(Reverb)는 Wordnik라는 용어집으로 훈련해 둔 맞춤식 뉴스 판독기를 제공한다. 슬랙(Slack)의 챗봇은 상황에 맞춰 자동으로 상호작용을 한다. 구글의 스마트 리플라이(Smart Reply)는 여러분이 답장하려는 이메일 텍스트를 기반으로 답변을 제안할 수 있다. 텍스트라(Textra), 아이메시지(iMessage) 및 기타 인스턴트 메시징 도구는 방금 입력한 텍스트를 바탕으로 다음에 입력할 내용을 예측할 뿐만 아니라 맞춤법 오류를 자동으로 고치려고 시도한다. 알렉사, 시리, 구글 어시스턴트 그리고 오디오 데이터에 대해 훈련을 받은 코타나(Cortana)는 음성을 분석해 적절한 답변을 할 수 있는 새 음성 인식 가상 비서의 호스트다.

---

4 옮긴이 단어가 함께 나타나는 경향.
5 Market Watch, (2018) https://on.mktw.net/2suTk24

음성 데이터와 관련해서는 어떨까? 이 책은 오디오 분석이나 음성 분석보다는 텍스트 분석에 더 중점을 두고 있지만, 오디오 데이터는 일반적으로 텍스트로 변환된 다음에 이 책에서 설명하는 분석에 적용된다. 전사(transcription)[6] 그 자체는 머신러닝 과정과 다름없는데, 점점 더 보편화되고 있다.

이와 같은 특징들을 살펴보면 언어 인식 애플리케이션에서는 기본 방법론이 중요함을 알 수 있다. 즉, 비슷한 텍스트를 유의한 그룹으로 군집화하거나 텍스트를 특정 레이블에 해당한다고 분류하거나 그 밖의 방법들(지도학습이나 비지도학습)을 머신러닝이라고 한다.

다음 절에서는 머신러닝 모델 수명주기를 지원하는 아키텍처 설계 패턴을 살펴보겠다.

데이터 제품 파이프라인

그림 1-3에 나와 있는 표준 데이터 제품 파이프라인은 머신러닝 파이프라인을 반영한 것으로, 구축 및 배포의 두 단계로 구성된 반복 과정이다.[7] 구축 단계 동안에 모델을 적합하게 하고 테스트해 볼 수 있는 형태로 데이터가 수집(ingest)되고 가공(wrangle, 정리)되어 어떤 형태를 갖추게 된다. 배포 단계에서 모델은 선택되어 사용자가 직접 참여하도록 추정하거나 예측하는 데 사용된다.

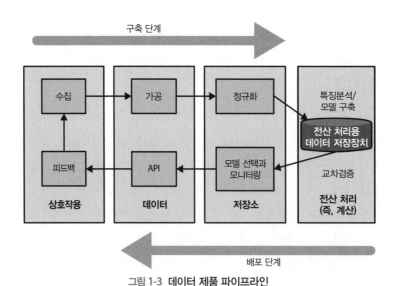

그림 1-3 데이터 제품 파이프라인

---

6 옮긴이 즉, 한 가지 정보 형식을 다른 정보 형식으로 변환하는 일. 여기서는 오디오 데이터를 텍스트 데이터로 변환하는 일을 가리킴.

7 Benjamin Bengfort, The Age of the Data Product, (2015) http://bit.ly/2GJBEEP

사용자는 모델의 출력에 반응해 피드백을 생성하고, 이 피드백을 재수집(reingest, 재섭취)해 모델을 적합하게 하는 데 사용된다. 상호작용, 데이터, 저장, 계산이라는 네 가지 단계에서는 각단계에 필요한 아키텍처 구성 요소를 설명한다. 예를 들어, 상호작용을 하는 동안에 구축 단계에서는 사용자가 일부 프런트엔드를 요구하는 동안 데이터를 수집하는 스크레이퍼(scraper)나 유틸리티가 필요하다. 데이터 단계는 일반적으로 저장 단계에 접착제 역할을 하는 내부 구성 요소들로 이뤄져 있는데, 일반적으로 데이터베이스가 이에 해당한다. 계산 단계는 간단한 SQL 쿼리, 주피터 노트북 또는 심지어 스파크를 사용하는 클러스터 컴퓨팅에서 다양한 형태를 취할 수 있다.

적합 모델의 선택과 사용을 요구하는 일 이외의 전개 단계는 더 직접적인 소프트웨어 개발과 크게 다르지 않다. 종종 데이터 과학 산물은 다른 API 또는 사용자 프런트엔드에서 사용되는 API 수준에서 그치기도 한다. 그러나 데이터 제품의 구축 단계에서는 텍스트 분석 시에 더 많은 주의를 기울여야 한다. 언어 인식 데이터 제품을 구축할 때 우리는 배포된 애플리케이션이 의존할 수 있는 추가 어휘 자원과 공예품(예: 사전, 번역기, 정규 표현식 등)을 만들어 볼 것이다.

견고한 언어 인식 머신러닝 애플리케이션을 지원하는 파이프라인을 구축하는 과정을 자세히 설명하자면 그림 1-4와 같다. 원시 데이터에서 배포된 모델로 바뀌는 과정은 본질적으로 일련의 증분적인 데이터 변환과 다름없다. 먼저, 데이터를 원본 상태에서 가져와 데이터 컬렉션으로 변환해 영구 데이터 저장소에 저장하고 관리한다. 그런 후에 수집된 데이터를 집계하고 정제하고 정규화한 다음에 벡터로 변환해 의미 있는 계산을 수행할 수 있다. 최종 변환 중에 모델(또는 모델들)은 벡터화된 말뭉치에 들어맞게(fit, 적합하게) 되어 애플리케이션 내에서 사용할 수 있는 원본 데이터의 일반화된 뷰를 산출해 낼 수 있게 한다.

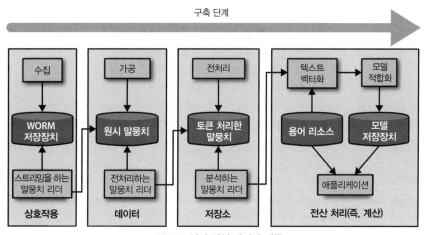

그림 1-4 언어 인식 데이터 제품

3중 모델 선택

제품을 효율적으로 테스트하고 조율함으로써 차별화된 머신러닝 제품이 되게 구성하려면, 데이터 변환 과정을 지원하고 이 과정이 이치에 맞는 것이 되게 하는 아키텍처여야 한다. 데이터 제품이 더욱 성공적이게 되면, 더 빠르게 더 자동적으로 모델을 구축할 수 있게 머신러닝 작업흐름을 더 일반화하는 데 관심이 커지게 된다. 이에 따라 검색 공간이 확장되지만, 안타깝게도 아직까지는 자동으로 최적화를 하는 기법이 충분히 나와 있지 않다.

특징공학 적용, 모델 선택(알고리즘 선택), 하이퍼파라미터 조율이라는 과정을 순환하듯이 반복해서 처리하게 함으로써 최적 모델을 선택해 볼 수도 있겠지만, 이런 식의 모델 선택 과정은 복잡할 뿐만 아니라 반복 과정이 지속될 수도 있다. 다행히 각 반복 과정을 한 차례 거친 후에 그 결과를 평가해서 특징, 모델, 파라미터를 최적으로 조합하면 이런 문제를 해결할 수 있다. 이를 **3중 모델 선택(model selection triple)**[8] 작업흐름이라고 한다. 그림 1-5에서 볼 수 있는 이 작업흐름에서는 머신러닝 시에 반복해서 학습하게 하는 기술을 핵심으로 삼고 있다.

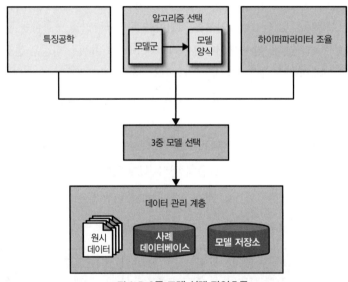

그림 1-5 3중 모델 선택 작업흐름

2015년에 게재한 논문에서 위컴(Wickham) 등[9]은 의미가 중첩되어 사용되는 용어인 '모델'을 통계적 머신러닝에서 세 가지 주 용도인 **모델군(model family), 모델 양식(model form), 적합 모델**

---

8 Arun Kumar, Robert McCann, Jeffrey Naughton, and Jignesh M. Patel, Model Selection Management Systems: The Next Frontier of Advanced Analytics, (2015) http://bit.ly/2GOFa0G

9 Hadley Wickham, Dianne Cook, and Heike Hofmann, Visualizing Statistical Models: Removing the Blindfold, (2015) http://bit.ly/2JHq92J

(fitted model)로 설명함으로써 모호한 이 낱말의 의미를 깔끔하게 정리했다. '모델군'은 관심 대상(예: '선형 모델' 또는 '반복적인 텐서 신경망')에 대한 변수의 관계를 느슨하게 설명한다. '모델 양식'은 3중 모델 선택의 특정 사례 생성(기능들의 집합, 알고리즘, 특정 하이퍼파라미터들)을 의미한다. 마지막으로, '적합 모델'은 특정 훈련 데이터셋에 맞춰 예측할 수 있는 모델 양식을 말한다. 데이터 제품은 모델 양식을 작성하고 평가하는 모델 선택 작업흐름을 통해 구성된 많은 적합 모델로 구성된다.

우리가 언어를 데이터로 생각하는 일에 익숙하지 않으므로 텍스트 분석에서는 각 변환 과정에서 일어나는 일을 해석하는 것이 주요한 과제가 된다. 연속적인 변형이 있을 때마다 텍스트는 점점 더 언어와 비슷해지기 때문에 우리가 유의할 부분이 줄어든다. 언어 인식 데이터 제품을 효과적으로 구축하려면 언어에 대한 생각을 바꾸어야 한다.

이번 장의 나머지 부분에서는 언어를 **계산 가능 데이터**라고 여기는 방법을 살펴보겠다. 그러는 동안, 우리는 다음 장에서 텍스트 데이터에 대해 수행할 변환의 종류를 분명히 할 수 있는 작은 어휘를 만들 것이다.

데이터로서의 언어

언어란 다른 사람들이 이해할 수 있도록 사람들이 만든 **비정형 데이터**(unstructured data, 구조화되지 않은 데이터)다. 반대로 **정형 데이터**(structured data)나 **반정형 데이터**(semistructured data)에는 컴퓨터에서 구문분석하기 쉽도록 하는 필드나 마크업이 들어 있다. 그러나 쉽게 읽을 수 있는 구조가 없다는 특징이 있기는 해도, 비정형 데이터라고 해서 무작위 데이터인 것은 아니다. 오히려 비정형 데이터도 언어적 속성들에 의한 제약을 받고 있는데, 이에 따라 사람들이 이해하기 쉬워 하는 면이 있다.

머신러닝 기술, 특히 **지도학습 방식 머신러닝**은 현재로서는 언어 처리 방식 중 가장 잘 연구되고 있는 방식이자 유망한 방식이다. 머신러닝은 언어 변화에 따라 통계 모델을 훈련(및 재훈련)할 수 있게 해준다. **맥락 특정 말뭉치**(context-specific corpora)[10]를 사용해 언어 모델을 구축하게 되면, 이 애플리케이션은 말뭉치에 담긴 의미를 좁혀서 볼 수 있게 되는데, 이로 인해 마치 지렛대를 쓰듯이 특정한 맥락이라는 지렛대를 활용해 의미 해석이라는 과중한 짐을 수월하게,

---

10 옮긴이 즉, 특정 맥락(즉, 상황)에서 쓰이는 대화 등을 모은 말뭉치. '특정 상황'에 오고가는 말이나 글을 모은 뭉치라고 여기면 된다. 예를 들면, 의료 기록 사본은 의료 행위라는 상황에 특정된 말뭉치이며, 영화 지문은 해당 영화 플롯이라는 맥락에 특정된 말뭉치다.

다시 말하면 의미를 깊이 해석하지 않고 들어 올릴 수 있게 된다. 예를 들어, 의료 기록을 읽는 자동 처방 애플리케이션을 제작하려면 뉴스를 요약하고 개인화하는 애플리케이션과는 매우 다른 모델이 필요하다.

언어의 계산 모델

언어 인식 데이터 제품을 구축하는 데이터 과학자인 우리로서는 언어를 서술하고 해당 서술 내역을 바탕으로 삼아 추론할 수 있는 모델을 만드는 것이 주된 임무다.

언어 모델을 공식적으로 정의하자면 '불완전한 **구**(phrase)를 입력받더라도 그 발화를 완료할 가능성이 가장 높은 후속 단어를 추론하는 것'이라고 할 수 있다. 이러한 종류의 언어 모델은 언어 애플리케이션의 기본 메커니즘(의미를 추측하는 문맥 사용)을 보여 주기 때문에 텍스트 분석에 엄청난 영향을 미친다. 언어 모델은 또한 텍스트에 적용된 머신러닝의 기본 가설인 '**텍스트로 예측을 할 수 있다**(text is predictable)'는 점을 보여 준다. 사실 학문적 맥락에서 언어 모델의 점수 산정에 사용되는 기법인 **복잡도**(perplexity, 난독성)[11]는 언어 모델의 확률분포 **엔트로피**(불확실성 또는 놀람 정도)를 평가함으로써 텍스트가 얼마나 예측 가능한지를 측정한 것이다.

다음에 나오는 부분적인 구를 생각해 보자. '남자의 가장 친한 …' 또는 '마녀가 …를 타고 날아 갔다'. 엔트로피가 낮은 이 문구들은 언어 모델이 각각 '친구'와 '빗자루'를 추측할 가능성이 높다는 것을 의미한다(실제로 '친구'와 '빗자루'라는 문구가 들어가지 않는다면 한국어 사용자는 놀랄 것이다). 다른 한편으로, '나는 오늘 밤 내 …와 저녁 식사를 할 거야'와 같은 문구는 엔트로피가 높아서 많은 가능성('친구', '어머니', '직장 동료' 모두가 똑같이 가능할 수 있음)을 지니게 된다. 인간인 청자는 문구에 나오는 빈 공간을 채우기 위해 경험, 상상력 및 기억뿐만 아니라 맥락을 이용할 수 있다. 계산 모델이 반드시 같은 맥락을 알고 있으리란 법은 없으므로 결과적으로 계산 모델은 더 제한적이어야 한다.

언어 모델은 인간 청자와 인간 독자가 유의한 단어로 식별하는, UTF-8로 인코딩된 데이터 문자열인 토큰 간의 관계를 추론하거나 정의하는 능력을 보여 준다. 모델은 단지 몇 가지 가능성이 존재하는 좁은 의사 결정 공간을 형식에 맞춰 정의함으로써 맥락을 이용할 수 있게 된다.

이런 식으로 통찰해 냄으로써 우리는 기계번역이나 정서 분석과 같은 애플리케이션에서 작동하는 그 밖의 언어 모델을 바탕으로 삼아 공식 모델을 더욱 일반화해 볼 수 있다. 텍스트의 **예**

---

11 [옮긴이] 언어학의 다수 용례에 맞춰 '복잡도'로 번역하기는 했지만, 그 의미로 보아 '혼탁도(혼란하고 탁해서 정보가 잘 전달되지 않는 정도)'라는 조어가 필요해 보이며, 조어를 쓰지 않는다면 '혼잡도(혼란하고 복잡한 정도)'가 더 적절한 번역어로 보인다.

측가능성(predictability)을 이용하려면 모델이 계산 처리를 할 수 있게 공간 내 데이터 점들을 숫자로만 제한한 의사 결정 공간을 정의해야 한다. 이렇게 함으로써 우리는 지도학습 기반 또는 비지도학습 기반 통계적 머신러닝 기법을 이용해 데이터에 들어 있는 의미를 드러내는 언어 모델을 구축할 수 있다.

머신러닝의 첫 단계는 **표적**(target, 목표)을 예측하는 데 쓰이는 **데이터 특징**(data features, 데이터 특성)[12]을 확인하는 것이다. 텍스트 데이터라면 단순히 문자열을 분리하기만 하는 얕은 수준의 처리만으로도 특징을 추출할 수 있는 기회를 얻을 수 있으며, 텍스트를 파싱(parsing, 구문분석)해 데이터에서 형태론적 표현이나 구문론적 표현 또는 의미론적 표현을 추출하는 더 깊은 수준까지도 나아갈 수 있다.

다음 절에서는 모델링을 할 수 있게 언어 데이터의 복잡한 특징들을 노출할 수 있는 간단한 방법을 살펴보겠다. 먼저, 특정 언어의 언어 속성(예: 성)을 통해 텍스트에 대한 통계 계산을 빠르게 수행할 수 있는 방법을 알아본다. 그런 다음에 맥락에 따라 해석이 어떻게 바뀌게 되는지, 그리고 이것이 일반적으로 전통적인 **단어 주머니**(bag-of-words) 모델을 만드는 데 어떻게 사용되는지 자세히 살펴볼 것이다. 마침내 우리는 형태론, 구문론, 의미론에 맞춘 자연어 처리를 사용해 해석되는 더 풍부한 **자질**(feature, 특징)을 탐구할 것이다.

언어 자질

텍스트의 주요 성별을 식별하기 위해 **언어적 자질**(linguistic feature)을 사용하는 간단한 모델을 생각해 보자. 2013년에 노스 캐롤라이나 채플 힐 대학의 사회학 조교수인 닐 카렌(Neal Caren)은 남성형과 여성형이 서로 다른 맥락에서 생기는지를 결정하기 위해 뉴스에서 성 역할을 조사한 블로그 포스트를 썼다.[13] 그는 〈뉴욕타임스〉 기사에서 성에 기초한 텍스트 분석을 적용해 사실 남성형 단어와 여성형 단어가 매우 다른 상황에 나타나 잠재적으로 성 인지 편견을 강화시킬 수 있다고 결론지었다.

이 분석에서 특히 흥미로운 점은 남성형이나 여성형의 빈도에 기반한 점수를 만들기 위해 성별을 드러내는 단어를 사용했다는 점이다. 파이썬에서 비슷한 분석을 구현하기 위해 우리는

---

12 옮긴이 여기서 특징을 언어학 용어로는 '자질'이라고 한다. 예를 들어, 어떤 문장을 이루는 토큰별로 구분한다고 할 때 각 토큰은 문장의 자질인 것이다. 반면에 이 토큰을 계산 공간에 두어 데이터로 취급한다면 토큰은 해당 데이터의 특징인 것이다.

13 Neal Caren, Using Python to see how the Times writes about men and women, (2013) http://bit.ly/2GJBGfV

문장을 남성형과 여성형으로 구별하는 **단어 집합**(word set)[14]을 구축하는 일부터 할 것이다. 간단히 말하면 문장은 네 가지 상태 중 하나일 수 있다. 즉, 남성형이거나 여성형이거나 남성형이면서 여성형이거나 또는 알 수 없는 경우다(문장이 남성형일 수도 없고 여성형일 수도 없는 경우이거나, 우리가 지닌 MALE_WORDS 집합과 FEMALE_WORDS 집합이 완벽하지 않는 경우에 해당).

```python
MALE = 'male'
FEMALE = 'female'
UNKNOWN = 'unknown'
BOTH = 'both'

MALE_WORDS = set([
    'guy','spokesman','chairman',"men's",'men','him',"he's",'his',
    'boy','boyfriend','boyfriends','boys','brother','brothers','dad',
    'dads','dude','father','fathers','fiance','gentleman','gentlemen',
    'god','grandfather','grandpa','grandson','groom','he','himself',
    'husband','husbands','king','male','man','mr','nephew','nephews',
    'priest','prince','son','sons','uncle','uncles','waiter','widower', 'widowers'
])

FEMALE_WORDS = set([
    'heroine','spokeswoman','chairwoman',"women's",'actress','women',
    "she's",'her','aunt','aunts','bride','daughter','daughters','female',
    'fiancee','girl','girlfriend','girlfriends','girls','goddess',
    'granddaughter','grandma','grandmother','herself','ladies','lady',
    'lady','mom','moms','mother','mothers','mrs','ms','niece','nieces',
    'priestess','princess','queens','she','sister','sisters','waitress',
    'widow','widows','wife','wives','woman'
])
```

이제 우리는 성별 단어 집합을 지니게 되었으므로 성별을 한 문장에 할당하는 방법이 필요하다. MALE_WORDS 리스트와 FEMALE_WORDS 리스트에 나타나는 문장의 단어 수를 검사하는 genderize 함수를 만든다. 만약 어떤 문장에 MALE_WORDS(남성형 단어들)만 있다면 우리는 **남성형**(male) 문장이라고 부를 것이고, FEMALE_WORDS(여성형 단어들)만 있다면 **여성형**(female) 문장이라고 부를 것이다. 문장에 남성형 단어와 여성형 단어의 개수가 모두 0이 아니라면 **양성형**(both)이라고 부를 것이다. 남성형 단어나 여성형 단어의 개수가 모두 0이라면 **알 수 없음**(unknown)이라고 부를 것이다.

---

14 옮긴이 set을 '집합'으로 번역했는데, 이는 수학에서 다루는 집합론에 근거한 용어이기 때문이다. 여기 나오는 단어 집합에서 각 단어는 집합의 원소(element)가 된다. 이에 근거하여 파일성을 강조할 때는 '셋'으로, 집합성을 강조할 때는 '집합'으로 번역했다. 예를 들면, '데이터셋', '훈련 집합', '단어 집합' 등이 그러한 예다. 이는 일반적인 관례이지만 통일되어 있지 않은 표기 방식인 '데이터세트'나 '훈련셋' 또는 '단어 세트' 등에 비해 더 일관성도 있고 근거도 있고 외래어 표기법에도 맞다. 참고로, 이 집합을 나타내기에 가장 적합한 자료 형식(data type)이 파이썬의 경우에는 set이기 때문에, 코드에서는 set 형식으로 된 변수에 이 집합을 담고 있다.

```
def genderize(words):

    mwlen = len(MALE_WORDS.intersection(words))
    fwlen = len(FEMALE_WORDS.intersection(words))

    if mwlen > 0 and fwlen == 0:
        return MALE
    elif mwlen == 0 and fwlen > 0:
        return FEMALE
    elif mwlen > 0 and fwlen > 0:
        return BOTH
    else:
        return UNKNOWN
```

전체 기사 텍스트 내에서 성별 단어와 문장의 빈도를 세는 방법이 필요하다. 우리는 collections.Counters라는 파이썬 내장 클래스를 사용해서 이렇게 할 수 있다. count_gender 함수는 sentences라는 리스트를 취하고 genderize 함수를 적용해 성별 단어와 성별 문장의 총 수를 계산한다. 각 문장의 성별이 세어지며 문장의 모든 단어도 해당 성별에 속하는 것으로 간주된다.

```
from collections import Counter

def count_gender(sentences):

    sents = Counter()
    words = Counter()

    for sentence in sentences:
        gender = genderize(sentence)
        sents[gender] += 1
        words[gender] += len(sentence)

    return sents, words
```

마지막으로, 성별을 세려면 기사의 원본 텍스트를 성분 문장들과 단어들로 구문분석하는 메커니즘이 필요하다. 그리고 이렇게 하기 위해 우리는 NLTK 라이브러리(이번 장과 그 다음 장에서 더 자세히 다룬다)를 사용해 단락을 문장별로 나눌 것이다. 문장별로 분리한 상태에서, 문장들을 토큰화함으로써 문장 속에서 개별 단어와 구두점을 식별하고, 토큰화된 텍스트를 성별 카운터(counter, 계수기)에 전달해 문서 속의 남성형(male) 단어, 여성형(female) 단어, 양성형(both) 단어, 알 수 없음(unknown) 단어의 비율을 출력할 수 있다.

```
import nltk

def parse_gender(text):

    sentences = [
        [word.lower() for word in nltk.word_tokenize(sentence)]
        for sentence in nltk.sent_tokenize(text)
    ]

    sents, words = count_gender(sentences)
    total = sum(words.values())

    for gender, count in words.items():
        pcent = (count / total) * 100
        nsents = sents[gender]

        print(
            "{0.3f}% {} ({} sentences)".format(pcent, gender, nsents)
        )
```

〈뉴욕타임스〉에서 가져온 기사인 'Rehearse, Ice Feet, Repeat: The Life of a New York City Ballet Corps Dancer'를 대상으로 삼아 parse_gender 함수를 실행하면 다음과 같은 놀랄 만한 결과를 산출한다.

```
50.288% female (37 sentences)
42.016% unknown (49 sentences)
4.403% both (2 sentences)
3.292% male (3 sentences)
```

점수 매기기 함수(scoring function)는 여기에 포함된 단어의 수를 기준으로 문장의 길이를 고려한다. 따라서 전체 여성형 문장은 적지만, 기사의 50% 이상이 여성형이다. 이 기법을 확장하면 여성형 문장 대 남성형 문장을 분석해 기본적으로 남성과 여성이라는 성별과 관련된 보조 용어가 있는지 확인할 수 있다. 이 분석을 파이썬에서 비교적 쉽게 구현할 수 있는데, 카렌은 이 결과를 보고 크게 놀랐다.

> 지난 주에 발행된 〈뉴욕타임스〉를 보고 남성과 여성의 사회적 역할에 대한 편견을 지니게 되었다면, 여러분은 남성이란 운동을 하고 정부를 운영하는 존재이고, 여성이란 조신하게 가사에 힘쓰는 존재라고 생각하게 되었을 것이다. 솔직하게 말하면, 나는 여성 주제 문장들에 사용된 단어가 얼마나 틀에 박혀 있는지를 알고 나서 약간 충격을 받았다.
>
> – 닐 카렌(Neal Caren)

그렇다면 정확히 여기서 무슨 일이 일어나고 있는 걸까? 이 메커니즘은, 결정론적인 의견이기는 하지만, 문맥을 보고 예측할 수 있을 가능성에 단어가 어떤 식으로 기여하게 되는지를 보여 주는 아주 좋은 예다. 그렇지만 성별은 언어로 직접 인코딩(encoding, 부호화)되는 자질이기 때문에 이 메커니즘이 특히 효과적이다. 그 밖의 언어들(예: 프랑스어)에서는 성별이 훨씬 더 두드러진다. 생각이나 무생물이나 심지어 신체 부위에까지 성이 부여된다(직관에 반하는 경우에도 마찬가지임). **언어 자질**(language feature)이 반드시 정의적인 의미를 전달하지는 않지만, 종종 그 밖의 정보를 전달한다. 예를 들어, 복수형(plurality)과 시제(tense)는 언어에서 추출할 수 있는 다른 자질이다. 우리는 과거, 현재 또는 미래의 언어를 탐지하기 위해 잠재적으로 유사한 분석을 적용할 수 있다. 그러나 언어 자질은 텍스트의 의미를 예측하는 일과 관련해서는 방정식의 일부에 불과하다.

맥락 자질

12장에서 더 깊이 논의할 **정서 분석**(sentiment analysis)[15]은 텍스트의 톤이 주제의 관점에 대한 많은 정보를 전달할 수 있고 평판(reviews), 메시지 극성, 반응을 종합적으로 분석할 수 있기 때문에 매우 인기 있는 텍스트 분석 기술이다. 어떤 사람은 이전 절에 나온 성별 분석과 유사한 기술로 정서 분석을 수행할 수 있다고 가정하기도 한다. 이런 식으로 가정한다면 그는 긍정 단어('awesome,' 'good,' 'stupendous')와 부정 단어('horrible,' 'tasteless,' 'bland')를 수집한 다음에 이것들의 맥락에 맞춰 상대적인 빈도(즉, 상대도수)를 계산할 수 있다. 불행히도 이 기술은 순진하고 종종 매우 부정확한 결과를 만들어 낸다.

정서 분석 시에 **정서**(sentiment)는 언어 자질이 아니기 때문에 성별 분류와 근본적으로 다르지만 대신 **어감**(word sense)에 의존한다. 예를 들어, 'that kick flip was sick.'라는 문장은 긍정적인 반면에 'the chowder made me sick.'라는 문장은 부정적이며, 'I have a sick pet iguana.'라는 문장은 다소 모호하다. 'sick'라는 단어의 정의가 바뀌고 있기 때문이다. 더욱이 정서는 정의가 일정하게 유지되는 경우에도 맥락에 의존한다. '담백한(bland)'은 매운 고추에 대해 이야기할 때 부정적일 수 있지만, 액상 기침약을 설명할 때는 긍정적인 용어일 수 있다. 마지막으로, 성별이나 시제와 달리 정서는 부정될 수 있다. 즉, '좋지 않다'는 것은 나쁘다는 뜻이다. **부정**(negation)은 많은 양의 긍정적인 텍스트의 의미를 바꿀 수 있다. 'I had high hopes and great expectations for the movie dubbed wonderful and exhilarating by critics, but was

---

15 옮긴이 감성 분석, 감상 분석, 감정 분석 등으로 다양하게 불린다.

hugely disappointed.'는 문장을 생각해 보자. 여기에서 'high hopes', 'great', 'wonderful and exhilarating' 및 심지어 'hugely'와 같은 긍정 정서를 나타내는 단어가 'disappointed'라는 부정 정서를 나타내는 유일한 단어보다 많지만, 긍정 단어가 부정 단어의 영향을 줄이지 않을 뿐만 아니라 오히려 부정 단어의 영향을 높이기도 한다.

그러나 이러한 모든 예는 예측할 수 있는 것이다. 긍정적이거나 부정적인 감정이 명확하게 전달될 것으로 보이며, 머신러닝 모델은 감정을 감지하고 시끄럽거나 모호한 발화를 강조할 수 있을 것으로 보인다. **사전 확률(a priori, 즉 선험적인)** 결정론적 접근 방식,[16] 즉 구조적 접근 방식을 따르면 상황 및 감각에 따른 유연성을 잃어 버리게 된다. 대신 대부분의 언어 모델은 머신러닝 방법을 사용해 예측을 생성하며, 상황에 맞춰 단어의 **현지화**(localization)를 고려한다.

그림 1-6은 **단어 주머니**(bag-of-words) 모델이라고 부르는, 간단한 언어 모델을 개발하는 기본 방법을 보여 준다. 이 모델은 단어가 특정 상황에서 다른 단어와 함께 발생하는 빈도를 평가한다. **동시출현**(co-occurrence)이란 어떤 단어가 서로 연동되어 나타나기 쉬운지를 보여 주며, 제한된 텍스트 조각들을 대상으로 추론함으로써 상당히 많은 의미를 포착할 수 있다. 그런 다음에 통계적 추론 방법을 사용해 단어 순서에 대한 예측을 할 수 있다.

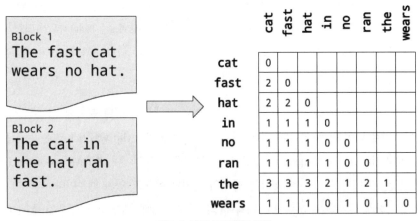

	cat	fast	hat	in	no	ran	the	wears
cat	0							
fast	2	0						
hat	2	2	0					
in	1	1	1	0				
no	1	1	1	0	0			
ran	1	1	1	1	0	0		
the	3	3	3	2	1	2	1	
wears	1	1	1	0	1	0	1	0

그림 1-6 **단어 동시출현 행렬**

단어 주머니 모델을 확장하면 단일 단어의 동시출현을 고려할 수 있을 뿐만 아니라 상호 연관성이 높은 구(phrase)까지 고려해 의미를 나타낼 수 있다. 'withdraw money at the bank(은행에서 돈을 인출하다)'라는 구는 'bank'라는 의미에 많은 정보를 제공하는데, 이는 'fishing by the river bank(강둑에서 하는 낚시)'라는 구에서도 마찬가지다. 이를 **엔그램 분석**(n-gram analysis)이라

---

16 옮긴이 미리 결정을 내린 다음에 결정을 수정해 가는 방식.

고 하며, 여기서 n으로는 읽어들일 문자의 개수나 단어들로 이뤄진 순서열의 크기를 지정한다. 예를 들어, ('withdraw', 'money', 'at')은 3그램인 반면에 ('withdraw', 'money', 'at', 'the', 'bank')는 5그램이다. 엔그램이 재미난 기회를 만들어 내는 이유는, 예를 들면, ('bucket', 'jumps', 'fire works')처럼 있음직한 엔그램이 대부분 현실적이지 못하지만 언어 자질이 진화하면 결국 3그램조차도 현실적인 게 될 수 있기 때문이다. 따라서 이 방식으로 문맥을 이용하는 언어 모델은 텍스트와 대상 변수의 관계를 학습할 수 있는 능력이 필요하다.

언어 자질(language feature)과 **맥락 자질**(contextual feature)은 모두 분석이라는 목적에 맞춰 언어를 전반적으로 예측할 수 있게 한다. 그러나 이러한 자질을 식별하려면 단위별로 언어를 **파싱**(parsing, **구문분석**)하고 정의할 수 있어야 한다. 다음 절에서는 언어 자질과 맥락 자질을 선형적 관점에서 보는 **의미**(meaning)에 맞게 조정하는 일을 논의해 보자.

구조적 자질

마지막으로, 언어 모델들과 **텍스트 분석학**(text analytics)은 전산언어학(computational linguistics)의 발전에 영향을 받았다. 우리가 맥락 자질을 가진 모델을 만들든 언어 자질을 지닌 모델을 제작하든(또는 두 가지 자질을 모두 지닌 모델을 구축하든) 언어학자가 사용하는 상위 수준 언어 단위를 고려해야 하는데, 이와 같이 고려하면 다음 장에서 우리가 텍스트 말뭉치에서 수행할 작업에 대한 어휘를 제공받을 수 있다. 다양한 수준에서 계산할 수 있게 다양한 언어 단위가 사용되며, 머신러닝에 사용되는 언어 처리 기술을 이해하려면 반드시 언어적 맥락을 이해해야 한다.

의미론(semantics, **어의학**)에서는 **의미**(meaning)에 대해 언급한다. 의미는 언어 속으로 깊게 인코딩되어 있어 추출해 내기 어렵다. 우리가 발화('그 여자가 도서관에서 책을 빌렸다'처럼 전체 단락이 아닌 간단한 구절)라는 것을 추상적으로 생각해 본다면 우리는 해당 구절에 템플릿(template)이 있다는 점을 볼 수 있다. 여기서 템플릿이란 주어, 본동사, 목적어, 그리고 목적어와 다시 관련되는 장치(주어-서술어-목적어)라는 점을 알 수 있다. 이러한 템플릿을 사용해 **엔터티**(entity)[17] 간의 관계를 구체적으로 정의하는 **온톨로지**(ontology)를 구성할 수 있지만, 이러한 작업에는 **맥락**(context)과 **영역**(domain)에 대한 상당한 지식이 필요하므로 확장성은 좋지 않다. 그럼에도

---

17 [옮긴이] 철학적으로는 '존재'를 의미하며, 그 밖의 과학에서는 '본질'이나 '실재'로 번역해서 쓰기도 하며, 컴퓨터 과학에서는 '개체'로 번역해서 쓰기도 한다. 어떻게 부르든지 이 책에서는 '다른 것과 구분할 수 있고, 자체 속성들을 지닌 것'이라는 정도로 이해하면 되겠다. 이러한 엔터티와 관련되는 용어로는 클래스, 인스턴스 등이 있는데, 이런 용어까지 아울러서 심도 있게 연구해 보려면 '온톨리지'를 다룬 도서를 읽어 보는 게 좋다.

불구하고 위키피디아(Wikipedia)나 디비피디아(DBPedia)와 같은 출처에서 온톨로지를 추출하는 연구가 최근에 유망하다(예: 디비피디아의 라이브러리 항목은 'A library is a collection of sources of information and similar resources, made accessible to a defined community for reference or borrowing(도서관은 정보 및 유사한 자원의 출처이며 참조 또는 인용을 위해 정의된 커뮤니티에 접근한 정보 및 유사한 자료의 집합이다)'라는 문장으로 시작된다).

의미 분석(semantic analysis)이란 단순히 텍스트의 의미를 이해하는 것이 아니라 논리적 추론을 적용할 수 있는 데이터 구조를 생성하는 일을 말한다. 텍스트 의미 표현, 즉 **주제 의미 표현**(TMR, thematic meaning representations)은 문장을 **일차 논리**(first-order logic)나 **람다 미적분학**(lambda calculus)을 적용할 수 있는 **술어 구조**(predicate structures)로 인코딩하는 데 사용될 수 있다. 망(network)[18]과 같은 다른 구조는 텍스트 내에 있는 흥미로운 자질들의 술어 상호작용을 인코딩하는 데 사용될 수 있다. 그런 다음에 순회(traverse, 횡단)를 사용해 용어나 주제의 중심성을 분석하고 항목 간의 관계에 대한 이유를 분석할 수 있다. 의미 분석을 반드시 완전하게 할 필요는 없을지라도 **그래프 분석**(graph analysis)을 통해 중요한 통찰력을 얻을 수 있다.

구문론(syntax, 통사론, 문장론, 통어론)에서는 일반적으로 문법에 의해 정의된 문장 형성 규칙을 다룬다. **문장**(sentences)이란 의미를 구축하고 단어보다 훨씬 많은 정보를 인코딩하는 데 사용되는 것을 말하며, 이러한 이유로 문장을 언어의 가장 작은 단위로 취급한다. 의미 분석은 단어의 유의한 관계를 보여 주기 위해 설계된 것으로 대개 문장을 **청크**(chunk) 형태로 다듬는 일을 한다거나, 트리 구조에 토큰의 관계를 표시하는 일을 지칭한다(여기서 트리 구조란 여러분이 문법을 배울 때 작성해 보았던 문장 구조도와 비슷하다). 구문은 담론을 형성할 때에 단어가 **구**(phrase)로 이뤄진 형식 속에서 서로 간에 어떻게 수정되는지를 이해하는 데 필수적인 도구이기 때문에 담론이나 의미를 추론하는 데 필수적인 전제 조건이다. 예를 들어, **구문론적 분석**(syntactic analysis)을 하게 된다면 이를 통해 전치사구 'from the library'와 명사구 'a book from the library'을 동사구 'borrowed a book from the library'의 하위 성분으로 식별할 수 있어야 한다.

형태론(morphology)에서는 사물의 형태를 논하는데, 이를 텍스트 분석에 대입해 본다면 개개의 단어나 토큰의 형태를 논한다는 말이 된다. 단어의 구조는 복수형(plurality, '아내'와 '아내들'), 성별(gender, '신랑'과 '신부'), 시제(tense, '달렸다'와 '달린다'), 활용(conjugation, '달리려고'와 '달리니') 등을 식별하는 데 도움이 될 수 있다. 대부분의 언어에 많은 예외와 특별한 경우가 있기 때문에

---

18 옮긴이 원문의 의미로 보아 여기서는 '그래프 연결망'을 지칭하는 것으로 보인다.

형태론은 도전적이다. 예를 들어, 영어 구두점에는 단어의 끝(puppy – puppies)을 조정하는 구조적 규칙뿐만 아니라 규칙변화(goose – geese)를 일으키는 형태학적 규칙도 있다. 영어는 **부착어(affixal language, 접미사 첨가어)**인데, 이는 단어의 처음이나 끝에 단순히 문자를 추가해 단어를 수정하는 언어라는 뜻이다. 그 밖의 언어는 형태학적 상태가 다르다. 히브리어는 의미를 만들기 위해 모음으로 채워진 자음 템플릿을 사용하지만 중국어는 반드시 직접 수정해서 쓸 수가 없는 그림 기호를 사용한다.

형태학의 주된 목표는 단어의 품사를 이해해 종종 **품사 태그(part-of-speech tags)**라고 하는 **계급(class)**[19]에 할당할 수 있도록 하는 것이다. 예를 들어, 단어가 단수 명사인지 복수 명사인지, 또는 고유 명사인지를 알고 싶어 한다고 하자. 아니면 동사가 부정사인지 과거시제인지, 또는 동명사인지를 알고 싶어 할 수도 있다. 그런 다음에 이러한 품사는 청크나 구 또는 심지어 완전한 트리와 같은 더 큰 구조를 구축하는 데 사용되며, 그런 다음에 의미론적 추론 데이터 구조를 구축하는 데 사용될 수 있다.

의미론,[20] 구문론,[21] 형태론을 동원하면 단순한 텍스트 문자열에 언어의 의미라는 데이터를 추가할 수 있다. 3장에서는 텍스트를 **생각(reason)**의 단위로 조각해 토큰화하고 분할함으로써 논리 및 의미 단위로 분리하고 품사 태그를 할당하는 방법을 살펴본다. 4장에서는 이러한 구조에 벡터화를 적용해 숫자로 된 **자질 공간(feature space, 특징공간)**을 생성한다(이렇게 했을 때 얻는 이점 한 가지를 예를 들면, 어간 추출 및 표제어 추출을 통해 텍스트를 정규화함으로써 자질의 개수를 줄일 수 있다는 점[22]을 들 수 있다). 마지막으로, 7장에서 우리는 머신러닝 프로토콜에 이와 같은 구조 정보들을 바로 인코딩해 넣음으로써 모델의 성능을 높이는 동시에 더 구체적인 유형을 분석해 볼 것이다.

---

19 옮긴이 이 책에서는 class를 프로그래밍 언어론에 나오는 '클래스'라는 의미와, 데이터 과학에서 쓰는 '클래스'라는 의미를 모두 지칭하므로 이를 구분하기 위해 후자를 '계급'으로 번역했다. 사실, 통계학 용어인 계급이라는 말보다는 '부류'라는 말이 더욱 적절한 번역어이기는 하지만 데이터 과학 등에서 이 '부류'라는 말을 잘 쓰지 않으므로 일단 '계급'으로 번역해 '클래스'와 구분되게 하였다. 그러므로 이 책에 '클래스'와 '계급'이라는 용어가 모두 나타난다.

20 옮긴이 의미론을 어의학이라고 부르기도 한다.

21 옮긴이 구문론을 통사론이라거나 문장론이라고도 부르며, 그냥 '신택스'라고 부르기도 한다.

22 옮긴이 언어학적인(또는 전산언어학적인) 측면에서 '자질 개수를 줄인다는 건, 데이터 과학적인 (또는 컴퓨터 과학적인) 측면에서 '특징 개수를 줄인다는 의미이며, 이는 곧 '차원성 축소'에 해당한다.

결론

자연어는 오늘날 이용 가능한 가장 미개척된 형태의 데이터 중 하나다. 자연어에는 유용한 데이터 제품을 더 유용하고 필수적인 데이터 제품으로 만들 수 있게 하는 능력이 있다. 데이터 과학자들은 이러한 유형의 언어 인식 데이터 제품을 개발하기 위해 독창적인 태도를 취하면서, 텍스트 데이터를 머신러닝과 결합해 정보의 가치가 경쟁 우위와 동일시되는 세계에서 강력한 애플리케이션을 구축할 수 있다. 이메일에서부터 지도 검색에 이르기까지 우리의 현대 생활은 자연어 데이터 소스에 의해 제공되며, 언어를 인식하는 데이터 제품은 그 가치를 높이기 위해 만들어졌다.

다음 몇 장에서는 텍스트 처리 머신러닝에 필요한 선구자격인 말뭉치 관리(2장), 전처리(3장) 및 벡터화(4장)를 설명한다. 그런 다음에 분류(5장)와 군집화(6장)라는 머신러닝 문제를 공식화하는 방법을 실험할 것이다.

7장에서는 모델의 효과를 극대화하기 위해 특징추출(자질추출)을 구현하고, 8장에서는 텍스트 시각화를 사용해 결과를 표시하고 모델링 오류를 진단하는 방법을 살펴보겠다. 9장에서는 그래프 자료구조를 사용해 단어와 그 관계를 표현하는 언어 모델링에 대한 다른 접근 방법을 살펴보겠다. 그런 다음에 10장에서 챗봇에 더 특화된 검색 방법, 추출 방법 및 생성 방법을 살펴보겠다. 마지막으로, 11장과 12장에서는 스파크에서 처리 능력을 조율하고, 인공 신경망으로 모델 복잡성을 조율하는 기술을 조사할 것이다.

다음 장에서 살펴보겠지만, 텍스트를 대상으로 삼아 확장 가능한 분석이나 머신러닝을 수행하려면 먼저 전문 지식과 해당 분야에 특화된(즉, 영역 특정인) 데이터가 모두 필요하다. 예를 들어, 금융 분야 업무를 처리하는 애플리케이션이라면 주식 기호, 재정 조건 및 회사 이름을 인식할 수 있어야 한다. 즉, 생성하는 말뭉치의 문서에 이러한 엔터티가 있어야 함을 의미한다. 즉, 언어 인식 데이터 제품 개발 과정은 올바른 텍스트 데이터 유형을 획득해, 작업 중인 분야의 구조적 자질 및 문맥적 자질을 담고 있는 사용자 정의 말뭉치를 구축하는 일로부터 시작된다.

2

사용자 정의 말뭉치 구축

모든 머신러닝 애플리케이션에서와 마찬가지로, 텍스트 분석 애플리케이션의 주요 도전 과제 또한 잡음(noise, 소음, 노이즈) 속에 신호라고 할 만한 게 들어 있는지 여부를 알아내고, 그러한 신호가 어디에 들어 있는지를 식별해 내는 것이라고 할 수 있다. 이는 **특징분석**(feature analysis) 과정을 거쳐 이루어진다. 즉, 우리는 텍스트 분석을 통해 어떠한 **특징**(feature)과 **속성**(property) 또는 **차원**(dimensions)이 의미와 기본 구조를 가장 잘 나타내는지를 결정하게 된다는 말이다. 이전 장에서는 자연어의 복잡성과 유연성에도 불구하고 구조적 자질 및 문맥적 자질을 추출할 수 있는지를 모델링해 볼 수 있다는 점을 알게 되었다.

이어지는 여러 장에서 다루는 작업의 대부분은 '**특징추출**'과 '**지식공학**'이다. 여기서는 고유한 어휘 단어, 동의어 집합, 엔터티 간의 상호 관계 및 유의한 문맥의 식별에 관심을 기울일 것이다. 이 책에 전반적으로 드러나는 생각이지만, 우리가 사용하는 근본적인 언어 구조를 어떻게 표현하느냐에 따라 우리의 성공 여부가 정해진다. **표현**(representation)을 결정하려면 **언어 단위** 를 정의해야 하는데, 언어 단위란 계산하고 측정하고 분석하고 학습하는 대상을 의미한다.

어떤 면에서 보면 텍스트 분석이란 독특한 어휘 단어, 일반적인 구, 구문론적 패턴을 **성분**(components)별로 분해한 후에 통계적 메커니즘을 적용하는 작업이다. 이러한 성분을 학습함으로써 예측 모델을 사용해 애플리케이션을 확장할 수 있는 언어 모델을 생성할 수 있다. 우리는 분석을 적용할 수 있는 수준[1]이 다양함을 곧 알게 될 것이다. 이 모든 것은 중심이 되는 텍스트 데이터셋, 즉 **말뭉치**를 중심으로 이루어진다.

---

1 옮긴이 즉, 단위 수준.

말뭉치란 무엇인가?

말뭉치(corpora)[2]는 자연어가 들어 있는 관련 문서들의 **모음집(collection)**이다. 말뭉치가 클 수도 있고 작을 수도 있지만, 일반적으로 말뭉치 한 개에 수천 개의 **문서(document, 문헌)**가 들어 있게 되며, 데이터 크기는 보통 수십 기가바이트(GB, Gigabytes)에서 수백 기가바이트에 이른다. 예를 들면, 이메일 수신함 용량이 평균적으로 2GB인 점을 고려하면(참고로 말하면, 현재를 기준으로 대략 15년이 된 Enron 말뭉치의 전체 버전을 살펴보면 118명의 사용자 사이에 100만 개 이메일이 오고 갔으며, 크기는 160GB에 이른다[3]), 직원이 200명에 이르는 회사에는 약 0.5TB에 이르는 이메일 말뭉치가 있을 수 있다. 말뭉치에 **주석(annotate)**을 달 수 있다면 이는 지도학습 알고리즘(예: 스팸 메일을 탐지하기 위한 필터)에 쓰일 적절한 응답을 사용해 텍스트나 문서들에 **레이블**을 달 수 있다는 뜻이지만, 주석을 달 수 없는 경우라면 이는 해당 말뭉치가 **토픽 모델링**이나 **문서 군집화** 대상이 될 수 있다는 점을 의미한다(예: 시간의 흐름에 따라 달라지는 메시지에서 잠재된 주제가 어떻게 변화하는지를 탐구하는 일).

말뭉치는 문서들의 범주, 즉 개별 문서들의 범주로 분류할 수 있다. 말뭉치에 포함된 문서는 트윗에서 책에 이르기까지 크기가 다를 수 있지만, 텍스트(때로는 메타데이터) 및 텍스트와 관련된 일련의 **관념(ideas, 덩어리진 생각)**이 들어 있다. **문서**들에 담긴 내용을 각기 순서를 따라 단락으로 나눌 수 있다. **단락(paragraph)**이란 일반적으로 각기 하나의 관념을 표현하는 **담론 단위(units of discourse)**다. 단락은 **구문 단위(units of syntax)**인 문장으로 쪼갤 수 있다. 완전한 문장은 구조적으로 보면 특정한 표현식처럼 보일 수 있다. **문장(sentences)**은 단어와 구두점으로 구성되어 있는데, **어휘 단위(lexical units)**가 일반적인 의미를 나타내지만 어휘 단어들을 조합하면 의미를 나타내기에 훨씬 더 유용하다. 마지막으로, **단어(words)** 자체는 **음절(syllables)**, **음소(phonemes)**, **접사(affixes)** 및 **문자(characters)**로 구성되며, 이와 같은 단위들은 단어로 조합될 때만 의미가 있게 된다.

영역 특정 말뭉치

포괄적인 말뭉치로 자연어 모델을 테스트하는 것이 아주 일반적이다. 예를 들어, 브라운(Brown) 말뭉치, 위키피디아(Wikipedia) 말뭉치 또는 코넬(Cornell) 영화 대사 말뭉치와 같이 쉽게 사용할 수 있는 데이터셋을 활용하는 많은 예제와 연구 논문이 있다. 그러나 최상의 언어 모델은 종종 큰 제약을 받기도 하는데, 이런 면은 애플리케이션에 따라 달라진다.

---

2 옮긴이 copora는 corpus의 복수형이다. data가 datum의 복수형이듯이 라틴어에서 비롯된 단어라 이런 꼴을 띤다.
3 Federal Energy Regulatory Committee, FERC Enron Dataset. http://bit.ly/2JJTOIv

언어의 특정 분야(field)나 특정 영역(domain)에서 훈련된 모델이 일반 언어로 훈련된 모델보다 잘 작동하는 이유는 무엇인가? 영역마다 다른 언어를 사용하기 때문에(즉, 같은 언어를 쓸지라도 어휘나 약어 또는 일반적인 어구 등이 전문 분야별로 서로 다르므로), 상대적으로 순수하게 해당 영역에 관한 문서 위주로 이뤄진 말뭉치는 여러 영역의 문서가 들어 있는 말뭉치보다 더 잘 분석되고 모델링될 수 있다.

'bank'라는 용어는 경제, 금융 또는 정치 영역에서 재정 및 금전적 도구를 생산하는 기관(즉, 은행)을 의미할 가능성이 높지만, 항공 또는 운송 수단 영역에서는 차량이나 항공기의 방향을 변경하는 행동 양태를 의미한다. 모델을 좁은 영역에 집중하게 하면 예측 공간이 작아지고 더 구체적이어서 언어의 유연한 측면을 더 잘 처리할 수 있다.

잘 작동하는 언어 인식 데이터 제품을 생산하려면 **영역 특정 말뭉치**(domain specific corpora)를 획득하는 것이 필수적이다. 당연하게도 다음 질문은 '언어 모델을 구축할 데이터셋을 어떤 식으로 구성해야 하는가?'가 되어야 한다. 스크래핑(scraping, '긁어 모으기')을 하든 RSS를 모으든 또는 API를 통해 수행되든 원시 텍스트 말뭉치를 데이터 제품 구성을 지원하는 형태로 처리하는 작업은 간단하지 않다.

종종 데이터 과학자는 정적인 단일 문서 집합을 수집한 다음에 일상적 분석부터 해본다. 그러나 루틴 방식이나 프로그래밍 방식으로 데이터를 처리할 생각이 아니라면 그와 같은 분석 작업은 정적이어서 새로운 피드백이나 언어의 동적인 특성에 응답할 수 없다.

이번 장에서 우리의 주된 목표는 데이터를 획득하는 방법이 아니라 머신러닝을 지원하는 방식으로 어떻게 구조화되고 관리되어야 하는지를 알아내는 데 있다. 그렇지만 일단 다음 절에서는 Baleen이라고 하는 처리 엔진을 위한 프레임워크를 간략하게 소개하는 일부터 하고자 한다. 이 프레임워크는 응용 텍스트 분석을 위해 영역 특정 말뭉치를 구성하는 데 특히 적합하다.

Baleen 수집 엔진

Baleen[4]은 사용자 지정 말뭉치를 작성하기 위한 오픈소스 도구다. 블로그 및 뉴스 아티스트와 같은 전문 및 아마추어 작가의 담론에서 추출한 자연어 데이터를 분류된 방식으로 수집해 작동한다.

---

4 District Data Labs, Baleen: An automated ingestion service for blogs to construct a corpus for NLP research, (2014) http://bit.ly/2GOFaxI

RSS 피드의 **OPML 파일**(뉴스 리더의 공통 내보내기 형식)이 제공되면 Baleen은 해당 피드의 모든 게시물을 내려받아 **MongoDB** 저장소에 저장한 다음, 분석에 사용할 수 있는 텍스트 말뭉치를 내보낸다. 함수 한 개만으로 이 작업을 쉽게 완료될 수 있는 것처럼 보일 수도 있겠지만, 실제 수집 기능을 구현하는 일은 복잡할 수 있다. 이는 API와 RSS 피드가 종종 변경될 수 있기 때문이기도 하고, 실제로도 자주 변경되기 때문이다. 견고하고 자율적인 수집뿐만 아니라 안전한 데이터 관리를 수행할 수 있는 애플리케이션을 가장 잘 결합하는 방법을 진지하게 생각해 본 후에 결정을 내려야 한다.

RSS를 통한 일상적인 텍스트 처리가 복잡하다는 점이 그림 2-1에 나와 있다. 수집할 **피드**[5]를 제공하고 범주를 지정하는 방법을 지정하는 장치는 디스크에서 읽어야 하는 OPML 파일이다. MongoDB 저장소에 게시물, 피드 및 기타 정보를 연결하거나 끼워 넣으려면 **객체 문서 매핑**(ODM, object document mapping)이 필요하며, 전체 피드를 동기화한 다음, 개별 게시물이나 기사를 가져와서 **가공**(wrangling, 정리)하는 단일 처리 작업을 정의하는 도구가 필요하다.

이러한 메커니즘을 통해 Baleen은 데이터베이스 연결 파라미터와 실행 빈도를 지정하기 위해 일상적으로(예: 매시간) 수집 작업을 실행할 수 있도록 유틸리티를 노출한다(구성 작업이 일부 필요함). 이 과정이 수행되는 데 오래 걸리므로 Baleen은 오류에 대한 스케줄링, 로깅 및 모니터링을 지원하는 콘솔도 제공한다. 마지막으로, Baleen의 export 도구는 데이터베이스에서 말뭉치를 내보낸다.

 현재 구현된 Baleen 수집 엔진은 스포츠, 게임, 정치, 요리 및 뉴스 등 12개 범주에서 RSS 피드를 수집한다. 이와 같이 Baleen은 한 개가 아닌 12개의 영역 특정 말뭉치를 산출하며, 이런 식으로 수집해 둔 예가 이 책의 깃허브 저장소(https://github.com/foxbook/atap/)에 수록되어 있다.

문서가 정기적으로 수집되는지 또는 고정적으로 수집된 것의 일부인지에 상관하지 않고 데이터를 관리하고 분석 처리하고 모델 계산을 하기 위해 데이터를 준비하는 방법을 고려해야 한다. 다음 절에서는 수집 루틴이 계속되고 데이터가 변경되고 커질 때마다 말뭉치들을 모니터링하는 방법을 설명한다.

---

5 _{옮긴이} 원문대로 번역하면 섭취할 먹이.

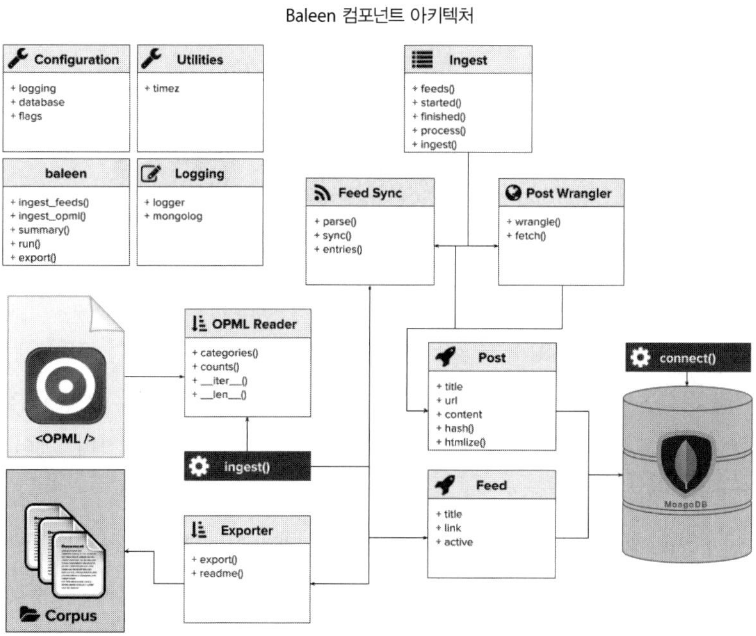

Baleen 컴포넌트 아키텍처

그림 2-1 Baleen RSS 수집 아키텍처

말뭉치 데이터 관리

우리가 첫 번째로 가정해야 할 점은 우리가 다루는 말뭉치들의 크기가 자명하지 않다는 점이다. 다시 말하면, 말뭉치들에는 기가바이트 크기 데이터에 견줄 만한 수천 개 문서 또는 수만개 문서가 들어 있을 수도 있다는 말이다. 두 번째로 가정해야 할 점은 언어 데이터는 우리가분석을 수행할 수 있을 만한 데이터 구조가 되도록 **정제**되고 **처리**되어야 하는 원천에서 나온다는 점이다. 첫 번째 가정을 따르자면 **확장 가능한 컴퓨팅 방법론**이 필요해지며(11장에서 좀 더자세히 살펴볼 것임), 두 번째 가정에 따르면 우리가 데이터에 **돌이킬 수 없는 변형**을 수행할 것임을 암시한다(3장에서 보듯이).

데이터 제품은 그림 2-2와 같이 처리 및 전처리 사이의 중간 데이터 관리 계층으로 WORM(write-once, read-many) 저장장치를 사용한다. WORM 저장장치를 때때로 **데이터 레이크**(data lake, **데이터 호수**)라고도 부르는데, 이 장치를 사용하면 원시 데이터를 확장 가능한 방식으로 저장해두고는 이 데이터의 스트림을 반복적으로 읽을 수 있기 때문에 대규모 계산 작업 시 필요한 기준을 충족할 수 있다. 또한, WORM 저장장치에 데이터를 보관하면 전처리된 데이터를 재처리하지 않고도 다시 분석할 수 있으므로 원시 데이터 형식에서 새로운 가설을 쉽게 탐색할 수 있다.

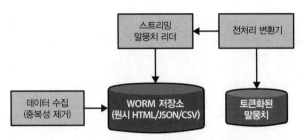

그림 2-2 WORM 저장소가 중간 가공 단계를 지원한다

데이터 수집 작업흐름에 WORM 저장장치를 추가한다는 것은 데이터를 전처리된 말뭉치와 원래 말뭉치라고 하는 두 곳에 모두 저장해야 한다는 것을 뜻한다. 데이터는 어디에 저장해야 할까? 우리는 데이터 관리를 생각할 때 대개 데이터베이스를 먼저 생각한다. 데이터베이스는 언어 인식 데이터 제품을 구축하는 데 중요한 도구이며, 대부분 전체 텍스트 검색 기능과 다른 유형의 인덱싱을 제공한다. 그러나 대부분의 데이터베이스는 트랜잭션당 두 행만 검색하거나 갱신(update)하도록 구성된다. 이와는 대조적으로, 텍스트 말뭉치에 대해 컴퓨터 방식으로 액세스하면 모든 문서를 완전히 읽게 되며, 문서에 대한 내부 갱신은 발생하지 않고, 개별 문서를 검색하거나 선택하지 않는다. 따라서 데이터베이스는 실제 이점 없이 계산에 오버헤드를 추가하는 경향이 있다.

 관계형 데이터베이스 관리 시스템은 특히 행이 자주 갱신될 때나 한 번에 작은 행 집합에서 작동하는 트랜잭션에 유용하다. 텍스트 말뭉치를 대상으로 머신러닝을 할 때에는 전체 데이터셋을 순차적으로 많이 읽는 일처럼, 트래잭션 처리 시와는 계산 프로파일이 다르다. 결론적으로 말해서 말뭉치들을 관계형 데이터베이스가 아닌 디스크(또는 문서 데이터베이스)에 저장하는 편이 더 바람직하다.

텍스트 데이터 관리의 경우, 최소한의 오버헤드로 문서를 스트리밍할 수 있는 **NoSQL 문서 저장 데이터베이스**에 데이터를 저장하거나 각 문서를 디스크에 간단하게 작성하는 것이 최선의 선택이다. 애플리케이션 규모가 크다면 NoSQL 애플리케이션으로 만드는 것이 더 낫겠지만, **파일 기반 접근 방식**을 사용할 때 얻을 수 있는 장점도 고려하는 것이 바람직하다. 디렉터리 압축 기술은 텍스트 정보에 적합하고 파일 동기화 서비스를 사용하면 자동으로 복제할 수 있다. 데이터베이스 내에 말뭉치를 구축하는 일은 이 책의 범위를 벗어나지만, 이번 장의 뒷부분에서 **Sqlite 말뭉치**를 간단히 살펴보겠다. 대신 우리는 우리 말뭉치에 대한 체계적인 액세스를 지원하는 유의한 방식으로 디스크에 데이터를 구조화한다.

말뭉치 디스크 구조

텍스트 기반 말뭉치를 구성하고 관리하는 가장 간단하고 일반적인 방법은 개별 문서를 디스크의 파일 시스템에 저장하는 것이다. 말뭉치를 하위 디렉터리로 구성해 날짜와 같은 메타 정보로 분류하거나 의미 있게 분할할 수 있다. 각 문서를 자체 파일로 유지함으로써 말뭉치 리더는 서로 다른 문서의 **부분집합**(subsets, 서브셋)을 신속하게 검색할 수 있으며, 각 과정은 서로 다른 문서 집합을 사용해 처리가 병렬화될 수 있다.

 다음 절에서 살펴볼 NLTK CorpusReader 객체는 디렉터리 경로 또는 Zip 파일 경로를 읽을 수 있다.

또한, 텍스트 형식은 가장 많이 압축할 수 있는 형식이기 때문에 디스크의 디렉터리 구조를 활용하는 Zip 파일을 이상적인 배포 형식과 저장 형식이 되게 한다. 마지막으로, 디스크에 저장된 말뭉치들은 일반적으로 정적이며 전체적으로 처리되므로 이전 절에서 설명한 WORM 저장장치의 요건을 충족해야 한다.

그러나 1개 파일에 문서를 1개씩만 저장하면 몇 가지 문제가 발생할 수 있다. 이메일이나 트윗과 같은 작은 문서는 개별 파일로 저장하지 않는 것이 좋다. 대안으로 이메일은 일반적으로 텍스트, HTML, 이미지 및 첨부 파일이 포함된 멀티파트 MIME 메시지를 구분하기 위해 구분자를 사용하는 일반 텍스트 형식인 **MBox 형식**으로 저장한다. 이것들을 일반적으로 이메일 서비스 안에 포함된 카테고리(받은 편지함, 별표 편지함, 보관함 등) 등으로 정리할 수 있다. 트윗은 일반적으로 트윗 텍스트뿐만 아니라 사용자 또는 위치와 같은 다른 메타데이터를 포함하는 작은 **JSON 데이터 구조**다. 여러 개의 트윗을 저장하는 일반적인 방법은 줄 바꿈으로 구분된 JSON(JSON 행 형식이라고도 함)을 사용하는 것이다. 이 형식을 사용하면 한 번에 한 줄만 구문 분석을 함으로써 한 번에 하나의 트윗을 읽고 파일의 다른 트윗을 쉽게 찾을 수 있다. 단일 트윗 파일이 커질 수 있으므로 사용자, 위치 또는 요일별로 파일의 트윗을 구성하면 전체 파일 크기가 줄어들고 여러 파일의 유의한 디스크 구조가 만들어진다.

일부 **논리 구조**에 데이터를 저장하는 또 다른 기술은 최대 크기를 제한한 파일로 작성하는 것이다. 예를 들어, 파일 크기 제한(예: 128MB)에 도달할 때까지 **문서 경계**를 지키면서 파일에 데이터를 쓰고 새 파일을 열어 계속 작성할 수 있다.

디스크에 저장된 말뭉치에는 반드시 하나 이상의 문서를 나타내는 많은 파일이 필요하다. 이 파일은 범주와 같이 유의한 분할을 나타내는 하위 디렉터리로 분할되는 경우가 있다. 또한, 문서 및 메타 정보는 문서와 함께 저장해야 한다. 결과적으로 디스크상의 자료구조는 파이썬 프로그램에서 데이터를 의미 있게 읽을 수 있게 하는 데 필수적이다.

문서가 **다중 문서 파일**로 집계되든 아니면 자체 파일로 저장되든 간에 말뭉치는 정리해야 할 많은 파일을 나타낸다. 시간의 흐름에 맞춰 말뭉치가 수집된다면 연, 월, 일별로 하위 폴더를 만들어 각 폴더에 문서를 두는 것이 의미 있는 조직 방식이 될 수 있다. 문서가 정서에 따라 긍정적이거나 부정적으로 분류된다면 각 유형의 문서는 함께 자신의 범주를 나타내는 하위 디렉터리로 그룹화할 수 있다. 사용기를 작성한다거나 트윗을 작성하는 일과 같이 사용자 고유의 글쓰기를 자체적으로 생성하는 시스템에 여러 사용자가 있다면 각 사용자는 자신만의 하위 디렉터리를 지닐 수 있다. 모든 하위 디렉터리는 하나의 말뭉치 루트 디렉터리에 서로 나란히 저장해야 한다. 중요한 것은 라이선스, 매니페스트, README 또는 인용과 같은 말뭉치 메타 정보도 문서와 함께 저장해 해당 말뭉치를 개별적으로 취급할 수 있어야 한다는 것이다.

Baleen 디스크 구조

디스크의 저장 구조를 선택하는 일이 CorpusReader 객체로 문서를 읽는 방법에 큰 영향을 미친다. 다음 절에서 살펴보겠다. Baleen 말뭉치 처리 엔진은 다음과 같이 HTML 말뭉치를 디스크에 쓴다.

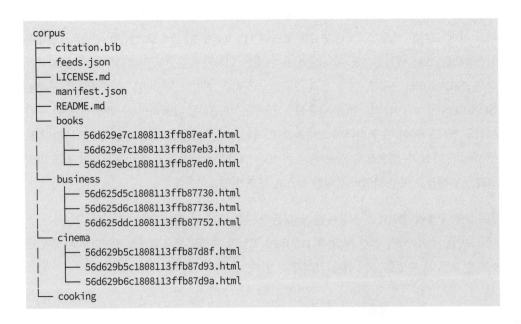

```
corpus
├── citation.bib
├── feeds.json
├── LICENSE.md
├── manifest.json
├── README.md
├── books
│     ├── 56d629e7c1808113ffb87eaf.html
│     ├── 56d629e7c1808113ffb87eb3.html
│     └── 56d629ebc1808113ffb87ed0.html
├── business
│     ├── 56d625d5c1808113ffb87730.html
│     ├── 56d625d6c1808113ffb87736.html
│     └── 56d625ddc1808113ffb87752.html
├── cinema
│     ├── 56d629b5c1808113ffb87d8f.html
│     ├── 56d629b5c1808113ffb87d93.html
│     └── 56d629b6c1808113ffb87d9a.html
└── cooking
```

```
    ├── 56d62af2c1808113ffb880ec.html
    ├── 56d62af2c1808113ffb880ee.html
    └── 56d62af2c1808113ffb880fa.html
```

여기서 유의해야 할 몇 가지 중요한 사항이 있다. 첫째, 모든 문서는 HTML 파일로 저장되며, **MD5 해시**(중복 방지)에 따라 이름이 지정되며, 각기 고유 범주에 해당하는 하위 디렉터리에 저장된다. 어떤 파일이 문서이고 어떤 파일이 디렉터리 구조와 각 파일의 이름으로 구분되는지 간단하게 알 수 있다. 메타 정보의 관점에서 보면 **citation.bib 파일**은 저작자에 대한 속성을 제공하고, **LICENSE.md 파일**은 다른 사람이 이 말뭉치를 사용하는 데 필요한 권리를 지정한다. 이 두 가지 정보는 일반적으로 공개 말뭉치들을 위해 예약되어 있지만, 개인 소프트웨어 저장소에 이러한 유형의 정보를 추가하는 것과 같은 이유로 말뭉치를 사용할 수 있는 방법이 명확하도록 포함하는 것이 좋다. **feeds.json 파일** 및 **manifest.json 파일**은 두 가지 말뭉치 관련 파일로 각 범주 및 각 특정 파일에 대한 정보를 식별하는 데 사용된다. 마지막으로, **README.md 파일**은 사람이 읽을 수 있게 말뭉치를 설명해 둔 것이다.

이들 파일 중 citation.bib, LICENSE.md 및 README.md는 citation(), license() 및 readme() 메서드를 사용해 NLTK CorpusReader 객체에서 자동으로 읽을 수 있기 때문에 특수 파일에 해당한다.

말뭉치 관리 및 저장에 대한 구조화된 접근 방식은 응용 텍스트 분석이 **과학적 재현성**(scientific reproducibility)을 거친다는 것을 의미하는데, 이는 분석 방법의 **해석 가능성**과 결과에 대한 **신뢰도**를 기르는 방법이다. 게다가 위와 같이 말뭉치를 구조화하면 **CorpusReader 객체**를 사용할 수 있으며, 다음 절에서 자세히 설명할 것이다.

이러한 메서드를 수정해 마크다운(Markdown)을 처리하거나 매니페스트와 같은 말뭉치 관련 파일을 아주 간단하게 읽을 수 있다.

```python
import json

    # 사용자 지정 말뭉치 리더 클래스에서
    def manifest(self):
        """
        말뭉치가 존재한다면 말뭉치의 manifest.json 파일을 읽고 구문분석한다.
        """
        return json.load(self.open("README.md"))
```

이러한 메서드는 프로그래밍 방식으로 노출되어 있기 때문에 압축을 유지하면서도 읽을 수 있으므로 디스크상에 필요한 저장소 분량을 최소화할 수 있다. README.md 파일은 말뭉치의 구성에 대해 다른 사용자나 개발자뿐만 아니라 세부 사항을 기억하지 못할 수도 있는 '미래의 여러분'에게까지 전달하는 데 필수적이며, 어떤 모델이 어떤 기업과 그 모델에 어떤 정보가 들어 있는지 식별할 수 있도록 하는 데 필수적이라고 간주한다.

말뭉치 리더

일단 말뭉치가 디스크에 맞게 구조화되고 조직화되면 프로그래밍 맥락에서 말뭉치에 액세스하는 체계적인 접근 방식과 말뭉치의 변경 사항을 감시하고 관리할 수 있는 두 가지 기회가 있다. 이번 장의 마지막 부분에서는 후자에 관해 논의할 것이지만, 지금은 분석에 사용할 문서를 적재(load)하는 방법에 대해 다루겠다.

대부분의 **비자명 말뭉치**(nontrivial corpora, 자명하지 않은 말뭉치)에는 잠재적으로 기가바이트 크기인 텍스트 데이터가 포함된 수천 개의 문서가 포함되어 있다. 그런 다음에 문서에서 적재된 원시 텍스트 문자열을 미리 처리하고 분석에 적합한 표현으로 파싱(parsing)해야 하는데, 이 방법을 따르면 데이터를 생성하거나 복제하는 데 필요한 작업 메모리 양이 늘어날 수 있다. 계산 관점에서 보면 이건 심각하게 고려해 보아야 할 문제다. 디스크에서 문서를 스트리밍하고 선택하는 방법이 없으면 텍스트 분석이 단일 시스템의 성능에 빠르게 고착되는 셈이 되어 흥미로운 모델을 생성할 수 없기 때문이다. 다행히 디스크에서 말뭉치에 대한 액세스를 스트리밍하는 도구가 NLTK 라이브러리로 잘 정비되어 있는데, 이 라이브러리는 CorpusReader 객체들을 통해 파이썬 내 말뭉치들을 노출한다.

하둡과 같은 분산 컴퓨팅 프레임워크는 검색 엔진에서 쓸 텍스트를 웹 크롤러가 엄청나게 많이 생성해 내어도 감당할 수 있도록 만들어졌다(두 개의 구글 논문에서 영감을 얻은 하둡은 Nutch 검색 엔진에 대한 후속 프로젝트였다). 11장에서는 하둡 분산 컴퓨팅을 계승한 스파크를 사용해 클러스터 컴퓨팅 기술을 설명한다.

CorpusReader는 문서를 읽고 검색하고 스트리밍하고 필터링하는 프로그래밍 인터페이스이며, 말뭉치 내의 데이터에 액세스해야 하는 코드의 인코딩 및 전처리와 같은 **데이터 가공**(data wrangling) 기술을 노출한다. CorpusReader는 말뭉치 파일들과 문서 이름을 검색하기 위한 서명 및 파일 인코딩(기본적으로 UTF-8)을 포함하는 디렉터리에 루트 경로를 전달해 인스턴스화된다.

말뭉치에는 분석용 문서(예: README, 인용문, 라이선스 등)가 아닌 파일도 있기 때문에 어떤 문서가 말뭉치의 일부인지 정확하게 식별할 수 있는 정보를 리더에게 제공해야 한다. 이 메커니즘은 파일 확장자 .txt 앞에 있는 파일 이름에서 하나 이상의 문자나 숫자와 일치하는 이름 목록으로 명시하거나 루트 아래에 있는 모든 문서(예: \w+\.txt)와 일치할, 일반 확장자로 암시적으로 지정할 수 있는 파라미터 형태로 구성되어 있다. 예를 들어, 다음 디렉터리에서 이 **정규 표현식(regex)** 패턴은 세 개의 연설문(speeches)과 필사본(transcript)에 일치하지만, 라이선스 파일(LICENSE)과 부외정보(README) 파일 및 메타데이터(metadata) 파일과는 일치하지 않는다.

```
corpus
├── LICENSE.md
├── README.md
├── citation.bib
├── transcript.txt
└── speeches
    ├── 04102008.txt
    ├── 10142009.txt
    ├── 09012014.txt
    └── metadata.json
```

이 세 가지 간단한 파라미터는 말뭉치의 모든 문서의 절대 경로를 나열하고, 각 문서를 올바르게 인코딩할 수 있게 하고, 프로그래머가 별도로 메타데이터에 액세스할 수 있는 능력을 CorpusReader에 부여한다.

기본적으로 NLTK의 CorpusReader 객체는 Zip 파일로 압축된 말뭉치들에 액세스할 수 있으며, 간단히 확장하면 Gzip 또는 Bzip 압축 파일도 읽을 수 있다.

CorpusReader라는 개념 그 자체만으로는 특별히 눈에 띄지 않을 수도 있겠지만, 수많은 문서를 다룰 때 이 객체의 인터페이스를 사용하면 프로그래머는 문서를 한 개 이상 메모리로 읽어들일 수도 있고, 불필요하게 문서를 열거나 읽지 않고도 말뭉치의 특정 위치를 앞뒤로 탐색해 분석 전문가에게 데이터를 스트리밍해 줄 수도 있고, 말뭉치에서 한 번에 특정 문서만을 선별하거나 선택할 수도 있다. 이러한 기술은 한 번에 메모리에 있는 단 몇 개의 문서에만 작업을 적용하기 때문에 **비자명 말뭉치(non-trivial corpus)**에 대한 메모리 내 텍스트 분석을 가능하게 한다.

따라서 여러분이 구축하려고 하는 바로 그 모델을 표적으로 삼아 특정 영역에 속한 텍스트 말뭉치를 분석하려면 애플리케이션별 말뭉치 리더가 필요하다. 이번 장의 나머지 부분 중 대부분에서 주제로 삼을 '응용 텍스트 분석'을 해보려고 한다면 이게 매우 중요하다! 이번 절에서는 NLTK와 함께 제공되는 말뭉치 리더와 여러분의 말뭉치를 구성할 수 있는 가능성을 논의함으로써 그러한 말뭉치들 중 하나를 바로 사용할 수 있게 하려고 한다. 그런 다음에 애플리케이션 관련 작업을 수행하는 사용자 지정 말뭉치 리더를 정의하는 방법, 즉 처리 과정 중에 수집된 HTML 파일을 처리하는 방법을 설명한다.

NLTK를 사용한 스트리밍 데이터 액세스

NLTK로 내려받을 수 있는 텍스트 말뭉치들과 어휘 자원에 액세스할 수 있도록 특별히 설계된 다양한 말뭉치 리더(이 글을 쓰는 당시 66가지)가 있다. 거기에는 또한 약간 더 일반적인 유틸리티인 CorpusReader(말뭉치 리더) 객체들도 들어 있는데, 이 객체들은 말뭉치 구조가 상당히 엄격하게 정의되어 있는 이유로 인해, 예상할 수 있겠지만 신속하게 말뭉치들을 만들고 리더와 연결할 수 있다. 이 객체들은 또한 애플리케이션별 목적에 맞춰 CorpusReader를 사용자에 맞게 지정하는 방법에 대한 힌트를 제공한다. 주목할 만한 몇 가지 말뭉치 리더 유틸리티를 예로 들면 다음과 같다.

- PlaintextCorpusReader

  빈 줄로 단락을 구분한 텍스트 문서, 즉 일반적인 텍스트 문서로 구성된 말뭉치들에 쓸 수 있는 리더다.

- TaggedCorpusReader

  문장이 한 줄을 이루고, 문장을 이루는 토큰들이 태그로 구분되는 말뭉치, 즉 간단한 품사 태그가 있는 말뭉치들에 대한 리더다.

- BracketParseCorpusReader

  괄호로 구분된 파스 트리(parse tree)로 구성된 말뭉치용 리더다.

- ChunkedCorpusReader

  괄호로 묶인 청크(선택적으로 태그가 지정된) 모음의 리더다.

- TwitterCorpusReader

  줄 구분 JSON으로 직렬화된 트윗으로 구성된 말뭉치용 리더다.

- WordListCorpusReader

  단어들이 한 줄에 한 개씩 목록처럼 되어 있는 말뭉치용 리더다. 빈 줄은 무시된다.

- XMLCorpusReader

  문서가 XML 파일인 말뭉치용 리더다.

- CategorizedCorpusReader

  문서가 범주별로 정리된 말뭉치 리더를 위한 혼합체다.

태그가 지정되고 대괄호를 기준으로 구문이 분석되어 청크화된 말뭉치용 리더들은 주석이 달린 말뭉치를 읽기 위한 리더다. 그러므로 여러분이 머신러닝을 진행하기 전에 전문 영역별 주석 처리를 수작업으로 할 생각이라면 이러한 리더기에 의해 노출되는 형식이 중요하다. 트위터, XML 및 일반 텍스트 말뭉치 리더는 모두 '파싱 가능 형식'이 서로 다른 디스크 데이터를 다루는 방법에 대한 힌트를 제공해, CSV 형식으로 된 말뭉치나 JSON 또는 데이터베이스와 관련해서 확장할 수 있게 해준다. 말뭉치가 이미 이런 서식 중 하나에 해당한다면, 여러분이 따로 할 일은 별로 없다. 예를 들어, 다음과 같이 구성되어 있는 〈스타워즈(Star Wars)〉 및 〈스타트렉(Star Trek)〉 영화의 일반 텍스트 대본으로 구성된 말뭉치를 생각해 보자.

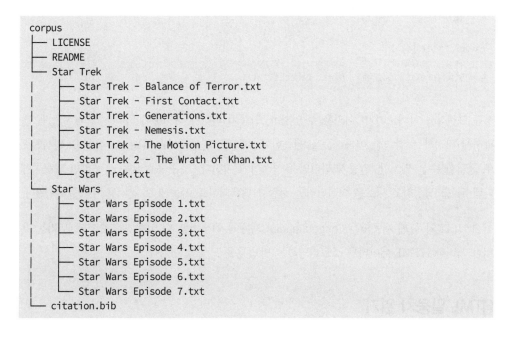

문서들의 형식이 .txt인 파일이고 'Star Wars'와 'Star Trek'이라고 하는 두 가지 범주가 있기 때문에 이 영화 대본 데이터에 액세스하기에는 CategorizedPlaintextCorpusReader(범주화된 평문 형식 말뭉치 리더)가 알맞다. CategorizedPlaintextCorpusReader를 사용하려면 리더가 파일 식별부호(fileids)와 범주(categories)를 자동으로 결정할 수 있게 정규식을 지정해야 한다.

```
from nltk.corpus.reader.plaintext import CategorizedPlaintextCorpusReader

DOC_PATTERN = r'(?!\.)[\w_\s]+/[\w\s\d\-]+\.txt'
CAT_PATTERN = r'([\w_\s]+)/.*'

corpus = CategorizedPlaintextCorpusReader(
    '/path/to/corpus/root', DOC_PATTERN, cat_pattern=CAT_PATTERN
)
```

문서 패턴 정규 표현식(document pattern regular expression)[6]은 말뭉치 루트 아래에 하나 이상의 문자, 숫자, 공백 또는 밑줄이 있고 그 뒤에 / 문자가 있고 하나 이상의 문자, 숫자, 공백 또는 하이픈이 '.txt' 뒤에 오는 경로가 있는 것으로 문서를 지정한다. 이는 Star Wars/Star Wars Episode 1.txt에는 일치하게 되지만, episode.txt와 같은 문서에는 일치하지 않는다. **범주 패턴 정규 표현식**(categories pattern regular expression)[7]은 범주가 디렉터리 이름임을 나타내는 포착군(capture group)을 사용하여 원래 정규 표현식을 자른다(예: Star Wars/anything.txt라면 Star Wars가 범주로 포착된다). 다음 이름을 포착하는 방법을 검사해 디스크의 데이터에 액세스할 수 있다.

```
corpus.categories()
# ['Star Trek', 'Star Wars']

corpus.fileids()
# ['Star Trek/Star Trek - Balance of Terror.txt',
#  'Star Trek/Star Trek - First Contact.txt', ...]
```

정규 표현식을 알아보기가 어려울 수 있지만, 말뭉치 리더가 적재해야 하는 대상과 방법을 정확하게 지정하는 강력한 메커니즘을 제공한다. 대안으로 범주 및 fileids 목록을 명시적으로 전달할 수는 있지만, 말뭉치 리더의 유연성이 떨어진다. 정규 표현식을 사용하면 말뭉치에 디렉터리를 생성하고 새로운 디렉터리를 적절한 디렉터리로 이동해 새 문서를 추가할 수 있다.

이제 NLTK와 함께 제공되는 CorpusReader 객체에 액세스할 수 있게 되었으므로 우리는 우리가 처리한 HTML 데이터를 스트리밍하는 방법론을 모색할 것이다.

HTML 말뭉치 읽기

인터넷에서 데이터를 수집한다면 해당 데이터는 **HTML 형식**으로 되어 있는 것이 확실하다. 스트리밍 말뭉치 리더를 만드는 옵션 중 하나는 HTML에서 모든 태그를 제거해 일반 텍스트로 작성한 다음에 CategorizedPlaintextCorpusReader를 사용하는 것이다. 하지만 우리가 그렇게 한다면 우리는 컴퓨터로 구문분석을 할 수 있을 뿐만 아니라 **정형 텍스트**(structured text)라고 볼 수 있는 HTML의 장점(정형화되어 있으므로 전처리를 할 때 유리한 면이 있다)을 잃게될 것이다. 따라서 이번 절에서는 다음 장에서 확장할 사용자 지정 HTMLCorpusReader를 디자인하기 시작한다.

6 　옮긴이 　위 코드에서 DOC_PATTERN에 대입되는 정규 표현식.
7 　옮긴이 　위 코드에서 CAT_PATTERN에 대입되는 정규 표현식.

```
from nltk.corpus.reader.api import CorpusReader
from nltk.corpus.reader.api import CategorizedCorpusReader

CAT_PATTERN = r'([a-z_\s]+)/.*'
DOC_PATTERN = r'(?!\.)[a-z_\s]+/[a-f0-9]+\.json'
TAGS = ['h1', 'h2', 'h3', 'h4', 'h5', 'h6', 'h7', 'p', 'li']

class HTMLCorpusReader(CategorizedCorpusReader, CorpusReader):
    """
    원시 HTML 문서들을 전처리하기 위한 말뭉치 리더.
    """

    def __init__(self, root, fileids=DOC_PATTERN, encoding='utf8', tags=TAGS,
                 **kwargs):
        """
        말뭉치 리더를 초기화한다. 범주 인수들인
        ('cat_pattern', 'cat_map' 및 'cat_file')는
        'CategorizedCorpusReader'라는 생성자(constructor)로 전달된다.
        남은 인수들은 'CorpusReader'라는 생성자로 전달된다.
        """

        # 기본 카테고리 패턴이 클래스로 전달되지 않는다면 기본 카테고리 패턴을 추가한다.
        if not any(key.startswith('cat_') for key in kwargs.keys()):
            kwargs['cat_pattern'] = CAT_PATTERN

        # NLTK 말뭉치 리더 객체들을 초기화한다.
        CategorizedCorpusReader.__init__(self, kwargs)
        CorpusReader.__init__(self, root, fileids, encoding)

        # 특별히 추출하기를 바라는 태그들을 저장한다.
        self.tags = tags
```

우리의 HTMLCorpusReader 클래스는 CategorizedPlaintextCorpusReader가 범주를 섞어 사용하는 방식과 비슷하게 CategorizedCorpusReader와 CorpusReader를 모두 확장한다. **다중 상속**(multiple inheritance) 때문에 복잡해질 수 있으므로 init 함수들 속의 코드 중 대부분은 단순히 어떤 클래스에 전달할 인수들이 무엇인지를 드러내는 역할만 한다. 특히 CategorizedCorpusReader는 일반적인 키워드(keyword) 인수를 취하며, CorpusReader 는 말뭉치의 루트 디렉터리뿐만 아니라 fileids 및 HTML 인코딩 체계로 초기화된다. 그러나 사용자 정의를 추가해 사용자가 독립적인 단락으로 간주되어야 하는 HTML 태그를 지정할 수 있도록 했다.

다음 단계는 범주 목록을 지정하거나 파일 이름 목록을 지정해 디스크에서 텍스트 데이터를 읽는 방법을 **선별**(filter)할 수 있는 메서드로 HTMLCorpusReader를 보강하는 것이다.

```
    def resolve(self, fileids, categories):
        """
        각 내부 말뭉치 리더 기능으로 전달되는 항목에 따라
        fileid 또는 범주의 목록을 반환한다.
        NLTK의 'CategorizedPlaintextCorpusReader'와 유사하게 구현된다.
        """
        if fileids is not None and categories is not None:
            raise ValueError("Specify fileids or categories, not both")

        if categories is not None:
            return self.fileids(categories)
        return fileids
```

이 메서드는 범주가 분류되었는지 여부에 상관없이 **fileids** 리스트를 반환한다. 이런 면에서 보면 이 메서드는 유연성을 더할 뿐만 아니라 우리가 거의 모든 리더 메서드에 사용할 **메서드 시그니처**(method signature)를 노출한다. 우리의 resolve 메서드에서 categories와 fileids 가 모두 지정해 버리면 메서드는 불편해 할 것이다. 그것들을 지정하지 않으면 메서드는 CorpusReadermethod를 사용해 특정 범주와 관련된 파일 ID를 계산한다. 범주는 단일 범주 또는 범주 목록일 수 있다. 그렇지 않다면 우리는 단순히 **fileids**를 반환한다. 이 값이 None 이면 CorpusReader는 필터링 없이 말뭉치의 모든 단일 문서를 자동으로 읽는다.

 말뭉치의 일부만 읽을 수 있는 기능은 머신러닝으로 옮겨 갈 때 필수적이다. 특히 말뭉치를 훈련용 분할부(split, 분할해 둔 것들 중 한 부분)와 테스트용 분할부로 나눠서 교차검증을 해야 하는 경우라면 더욱 그렇다.

현재 **HTMLCorpusReader**에는 전체 문서들을 대상으로 삼아 한 번에 한 문서씩 스트림을 읽어내는 메서드가 없다. 대신에 모든 문서별 텍스트의 전부를 스트리밍 방식으로 우리 메서드에 노출할 것이다. 그러나 우리는 한 번에 하나의 HTML 문서를 구문분석하기를 원하므로 다음 방법을 사용하면 문서별로 텍스트에 액세스할 수 있다.

```
import codecs

    def docs(self, fileids=None, categories=None):
        """
        HTML 문서의 전체 텍스트를 반환하고, 문서를 읽고 난 후에는 문서를 닫고
        메모리에 안전한 방식으로 저장한다.
        """
        # fileid들과 범주들을 분해한다.
        fileids = self.resolve(fileids, categories)

        # 생성기를 만들어 한 번에 1개 문서를 메모리에 적재한다.
```

```
for path, encoding in self.abspaths(fileids, include_encoding=True):
    with codecs.open(path, 'r', encoding=encoding) as f:
        yield f.read()
```

우리의 사용자 지정 말뭉치 리더는 이제 한 번에 하나의 문서에서 말뭉치의 개별 문서를 다루는 방법을 알게 되었으므로 말뭉치의 다른 위치를 선별하고 검색할 수 있다. 이 리더는 파일 ID(fileids)와 범주(categories)를 처리할 수 있으며, NLTK에서 가져온 모든 도구를 사용해 디스크 액세스를 더 쉽게할 수 있다.

말뭉치 모니터링

지금까지 이번 장에서 설정했듯이 응용 텍스트 분석에서는 실질적인 데이터 관리와 전처리가 필요하다. 데이터 수집, 관리 및 전처리를 기술하는 메서드들을 작성하는 데 노력과 시간이 많이 들지만, 머신러닝을 하기 전에 미리 준비해 두어야 할 요소들이다. 꼭 필요한 시간이나 에너지 및 디스크 저장장치 보증기간을 감안할 때 나머지 데이터에는 말뭉치 구성 방법에 대한 메타 정보가 포함되는 것이 좋다.

이번 절에서는 데이터를 **수집**(ingestion)하고 **전처리**(preprocessing)하기 위한 모니터링 시스템을 만드는 방법을 설명한다. 이 일을 시작하려면 수집 일자나 출처와 같이 모니터링할 특정 종류의 정보를 고려해야 한다. 우리가 작업할 말뭉치들의 엄청난 크기를 고려해 본다면 적어도 디스크상의 각 파일의 크기를 추적해야 한다.

```
def sizes(self, fileids=None, categories=None):
    """
    파일의 튜플, 파일 식별자 및 디스크의 크기 목록을 반환한다.
    이 함수는 말뭉치 중에 유별나게 큰 파일을 탐지하는 데 사용된다.
    """
    # 필드와 범주를 분해한다.
    fileids = self.resolve(fileids, categories)

    # 생성기를 만들고, 모든 경로를 얻고 파일 크기를 계산한다.
    for path in self.abspaths(fileids):
        yield os.path.getsize(path)
```

실제로 RSS HTML 말뭉치들로 작업할 때 우리가 관찰한 사실 중 하나는 상당히 많이 수집된 파일들의 안에는 텍스트 외에도 이미지, 오디오 트랙 및 비디오가 포함되어 있다는 것이다. 이렇게 파일 안에 끼워 넣어진 미디어 파일을 처리하면 메모리를 금방 차지해 버려 전처리에 지장을 준다. 위의 sizes 메서드는 부분적으로 현업에서 이러한 종류의 경험을 하게 되면서 나온 반응 결과인데, 진단을 수행하고 예상보다 훨씬 큰 말뭉치 내의 개별 파일을 식별하는 데 도움이 된다(예: 텍스트로 인코딩된 이미지 및 비디오). 이 메서드를 통해 우리는 말뭉치의 전체 크기를 계산하고 시간 경과에 따라 추적하며 성장과 변화 추이를 확인할 수 있다.

데이터베이스에서 말뭉치 읽기

두 개의 말뭉치들이 아주 똑같은 경우는 전혀 없으며, 모든 새로운 애플리케이션에 새로운 영역 특정 말뭉치가 필요하기 때문에 각 말뭉치별로 애플리케이션(응용 분야)에 특정된 말뭉치 리더가 필요하다. 12장에서는 Pitchfork.com이라는 웹사이트에서 약 1만 8,000개 음악에 대한 앨범 감상평을 사용하는 정서 분석 애플리케이션을 살펴본다. 추출된 데이터셋은 그림 2-3에 표시된 스키마(schema)와 함께 Sqlite 데이터베이스에 저장된다.

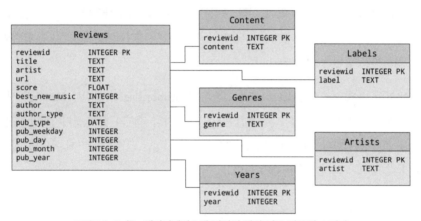

그림 2-3 Sqlite 데이터베이스에 저장된 앨범 검토 자료의 스키마

이 말뭉치와 상호작용하기 위해 우리는 사용자 지정 SqliteCorpusReader 클래스를 만들어 다양한 구성 요소에 액세스하고 NLTK CorpusReader의 동작을 모방하지만 상속하지는 않는다.

우리는 SqliteCorpusReader가 데이터베이스에서 결과를 메모리 방식으로 가져올 수 있기를 바란다. 이는 이전 절의 HTMLCorpusReader와 마찬가지로 효율적이고 간소화된 방법으로 가공(wrangling, 정리), 정규화(normalization) 및 변환(transformation)을 수행할 때(3장에서 설명함) 한 번에 하나의 레코드에 액세스할 수 있어야 하기 때문이다. 이런 이유로 SQL 꼴로 된 fetchall() 명령을 사용하지 않는 것이 바람직한데, 해당 명령을 사용하면 반복과정이 시작되기 전에 결과가 다시 나올 때까지 오래 기다려야 할 수도 있다. 대신에 이런 경우에 우리의 ids(), scores() 및 texts() 메서드에서는 좋은 대안이 될 수 있는 fetchone()을 사용한다. 그렇지만 데이터베이스가 더 크다면 배치(batches)별 처리 방식(예를 들면, fetchmany()를 사용해 일괄 처리하는 방식)이 더 나은 성과를 낼 것이다.

```python
import sqlite3

class SqliteCorpusReader(object):

    def __init__(self, path):
        self._cur = sqlite3.connect(path).cursor()

    def ids(self):
        """
        다른 감상평 메타데이터에 대한 조인을 활성화하는 감상평 ID들을 반환한다.
        """
        self._cur.execute("SELECT reviewid FROM content")
        for idx in iter(self._cur.fetchone, None):
            yield idx

    def scores(self):
        """
        나중에 지도학습 문제의 표적으로 사용할 감상평 점수를 반환한다.
        """
        self._cur.execute("SELECT score FROM reviews")
        for score in iter(self._cur.fetchone, None):
            yield score

    def texts(self):
        """
        지도학습을 위해 전처리되고 벡터화한 전체 감상평 텍스트를 반환한다.
        """
        self._cur.execute("SELECT content FROM content")
        for text in iter(self._cur.fetchone, None):
            yield text
```

HTMLCorpusReader 및 SqliteCorpusReader라는 예에서 볼 수 있듯이 새로운 데이터셋마다 새로운 말뭉치 리더를 작성할 준비가 되어 있어야 한다. 그러나 우리는 이러한 예들이 리더들의 유용성뿐만 아니라 그 유사성을 보여 주기를 바란다. 다음 장에서는 전처리 및 특징공학에 유용하게 텍스트의 세부적인 구성 요소에 액세스할 수 있게 하는 HTMLCorpusReader를 확장할 것이다.

결론

이번 장에서는 텍스트 분석에 크고 튼튼한 **영역 특정 말뭉치**(domain specific corpus, **전문 분야별 말뭉치**)가 필요하다는 사실을 알게 되었다. 이것들이 매우 커지고 예측할 수 없는 데이터셋이 될 것이므로 이러한 말뭉치들을 시간 경과에 맞춰 구조화하고 관리하는 방법을 설명했다. 우리는 말뭉치 리더가 어떤 식으로 이러한 구조를 활용하고 스트리밍 데이터를 적재함으로써 메모리 부족 문제를 해결할 수 있을지를 배웠다. 마지막으로, 우리는 사용자 정의 말뭉치 리더를 구축하기 시작했다. 하나는 디스크에 저장된 HTML 문서들로 이뤄진 말뭉치이고, 다른 하나는 Sqlite 데이터베이스에 저장된 문서들을 위한 말뭉치다.

다음 장에서는 메모리에 안전한 방식으로 스트리밍되는 원시 HTML을 전처리하고, 머신러닝을 하기 전에 먼저 최종 텍스트 데이터 구조(문장들의 목록이 단락을 이루고, 단락들의 목록이 문서를 이루고, 이런 여러 문서들이 모여 한 말뭉치를 이루는 구조. 여기서 문장이란 토큰 한 개와 이 토큰에 대한 품사 태그를 담고 있는 튜플들로 이뤄진 목록을 의미한다)를 이루는 방법을 통해 이번 장에서 수행한 작업을 더 확장하는 방법을 배우게 될 것이다.

CHAPTER

3

말뭉치의 전처리와 가공

이전 장에서는 사용자 지정 영역 특정 말뭉치를 작성하고 구조화하는 방법을 배웠다. 불행히도 원시 형식으로 된 모든 실제 자료는 중요한 전처리와 압축을 하지 않고는 제대로 분석해낼 수 없다. 사실, 이 책을 쓰는 중요한 동기는 의미 있는 데이터 제품에 힘을 실어 줄 만큼 충분히 크고 풍부한 자료를 만들고 다룰 수 있기 위해 노력하는 과정에서 우리가 겪었던 엄청난 어려움 때문이었다. 우리의 일상적인 시간과 노력이 텍스트 전처리와 **가공(wrangling, 정리)**에 얼마나 많은 노력을 기울이고 있는지를 감안할 때 이러한 단계를 지원(또는 심지어 인정하는 것)하는 리소스가 거의 없다는 점이 놀라웠다.

이번 장에서는 수집된 원시 텍스트를 계산하고 모델링을 하기 좋은 형태에 맞게 체계적으로 변환하는 데 사용할 수 있는 **다목적 전처리 프레임워크**를 제안한다. 우리의 프레임워크는 그림 3-1에 나와 있는 다섯 가지 핵심 단계인 **내용 추출, 단락 블록 지정, 문장 분할, 단어 토큰화** 및 **품사 태깅(tagging, 테그 달기)**을 포함한다. 이 단계들 각각에 대해 우리는 이전 장에서 정의된 HTMLCorpusReader 클래스의 메서드로 여겨지는 함수들을 제공할 것이다.

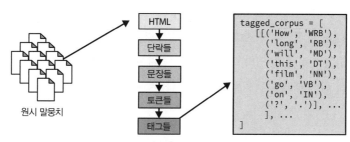

그림 3-1 문서 분할, 토큰화 및 태깅 분석

문서 쪼개 보기

이전 장에서는 사용자 정의 HTMLCorpusReader를 구성하기 시작하면서 문서를 선별하고 액세스하고 계수하기 위한 메서드들인 resolve(), docs(), sizes()를 다뤄 보았다. 사용자 지정 말뭉치 리더는 NLTK의 CorpusReader 객체를 상속하므로 표준 전처리 API도 구현하며 다음과 같은 메서드도 제공한다.

- raw()
  전처리 없이 원시 텍스트에 대한 액세스를 제공한다.
- sents()
  본문에 있는 개별 문장의 생성자다.
- words()
  텍스트를 개별 단어로 토큰화한다.

우리의 텍스트에 머신러닝 기술을 사용해 모델을 적합화하려면 이러한 방법을 특징추출 과정의 일부로 포함시켜야 한다. 이번 장의 나머지 부분에서는 전처리의 세부 사항을 논의하고, 문서에 포함된 내용들에 액세스하고 특징들을 탐색하기 위해 이러한 메서드들을 활용하고 수정하는 방법을 보여 준다.

 여기에서는 웹에서 수집한 HTML 문서를 처리하도록 설계된 말뭉치 리더의 언어 처리 메서드들에 초점을 맞추겠지만, 말뭉치의 형식에 따라서는 그 밖의 메서드가 더 편리할 수 있다. NLTK CorpusReader 객체가 다른 사용 사례에 대해 이미 다른 많은 메서드를 노출하고 있다는 점은 주목할 가치가 있다. 예를 들어, 문장에 자동으로 태그를 달거나 구를 분석하거나, 주석을 단 텍스트를 Tree 객체와 같은 의미 있는 데이터 구조로 변환하거나, 개별 XML 요소와 같은 형식별 유틸리티를 제공한다.

핵심 내용 식별 및 추출

웹은 참신하고 유용한 말뭉치들을 제작하기에 정말 좋은 텍스트 원천(source)이지만, 웹 페이지의 기본 구조가 설정된 표준을 따르지 않아도 된다는 점에서 상당히 불편한 원천이기도 하다. 결과적으로 HTML 콘텐츠는 구조화된 상태에서 수많은 방식으로, 그리고 때로는 엉뚱한 방식으로 제작되고 렌더링될 수 있다. 이러한 예측 불가능성으로 인해 체계적인 방식으로 프로그램을 사용해서 원시 HTML 텍스트에서 데이터를 추출하기가 무척 어렵다.

Readability-lxml 라이브러리는 웹에서 수집된 문서의 높은 변동성을 다루기에 정말 좋은 자원이다. Readability-lxml은 Arc90에 의한 자바스크립트 가독성 실험용 파이썬 래퍼(wrapper)다. 사파리나 크롬 같은 브라우저와 마찬가지로 읽기 모드를 제공하므로 Readability-lxml은 페이지의 내용에서 잡다한 것들을 제거해 텍스트만 남긴다.

HTML 문서가 주어진 경우 Readability는 일련의 정규 표현식을 사용하여 탐색 모음, 광고, 페이지 스크립트 태그 및 CSS를 제거한 다음, 새로운 **문서 객체 모델**(DOM, document object model) 트리를 작성하고, 원래 트리에서 텍스트를 추출하고, 새로 재구성된 트리 내에서 텍스트를 재구성한다. 다음 번에 나오는 **HTMLCorpusReader**를 확장한 예제에서 우리는 **Unparseable** 및 **Document**라는 두 가지 가독성 모듈을 가져와 전처리 작업흐름의 첫 번째 단계에서 원시 HTML 텍스트를 추출하고 정리한다.

html 메서드는 각 파일을 반복하고 **readability.Document** 클래스의 **summary** 메서드를 사용해 스크립트가 아닌 모든 텍스트 콘텐트와 sty-listic 태그를 제거한다. 또한, 가장 자주 잘못 사용되는 태그(예: <div>와 <br>)를 수정하고, 원래의 HTML이 비교 불가능한 것으로 판명될 때만 예외를 던진다. 이러한 예외의 가장 큰 이유는 구문분석할 이유가 없는 빈 문서를 함수가 전달받는 경우다.

```python
from readability.readability import Unparseable
from readability.readability import Document as Paper

    def html(self, fileids=None, categories=None):
        """
        각 문서의 HTML 내용을 반환하고, readability-lxml 라이브러리를 사용하여 정제한다.
        """
        for doc in self.docs(fileids, categories):
            try:
                yield Paper(doc).summary()
            except Unparseable as e:
                print("Could not parse HTML: {}".format(e))
                continue
```

위에 나온 메서드는 readability라는 로거(logger, 로그 기록기)에 대한 경고를 생성할 수 있으므로 다음 코드를 추가해 여러분이 선호하는 바에 따라 경고 내역을 얼마나 자세하게 나타낼지를 조정할 수 있다.

```
import logging
log = logging.getLogger("readability.readability")
log.setLevel('WARNING')
```

새로운 `html()` 메서드의 결과는 깨끗하고 잘 구성된 HTML 텍스트다. 다음 몇 절에서는 이 텍스트를 점진적으로 분해(단락을 문장으로 분해하고 나서 해당 문장을 토큰으로 분해)하는 메서드들을 추가한다.

문서를 단락별로 나누기

이전 장에서 처리한 원시 HTML 텍스트를 필터링할 수 있게 되었으므로 머신러닝을 용이하게 하는 방식으로 구성된 전처리 자료를 작성해 보자. 그림 3-2에서 우리는 의미가 〈뉴욕타임스〉 뉴스 기사의 요소들에 어떻게 분산되는지를 볼 수 있다.[1] 우리가 볼 수 있듯이 이 문서를 '대중 스포츠' 기사로 분류하든 아니면 '개인 건강'(또는 둘 다)에 관한 기사로 분류하든 우리가 이 문서를 검사하는 세분성은 극적으로 영향을 미칠 수 있다.

그림 3-2 단락, 문장 및 개별 토큰에서의 의미 분포를 보여 주는 문서 분해

이 예제는 후속 장에서 수행할 벡터화, 특징추출 및 머신러닝 작업이 왜 원래의 구조를 유지하면서 문서를 구성 요소로 효과적으로 분할할 수 있는지에 크게 의존한다.

 모델의 정확도와 민감도는 토큰이 나타나는 문맥과, 토큰을 얼마나 효과적으로 연계할 수 있는지에 달려 있다.

---

1 Tara Parker-Pope, How to Manage Stress Like a Biathlete, (2018) https://nyti.ms/2GJBGwr

단락은 문서 구조의 단위로 기능하는 완전한 한 가지 관념을 담아 낸 부분을 말하며, 첫 번째 단계로 우리는 텍스트의 단락을 나눠 보려고 한다. PlaintextCorpusReader와 같은 일부 NLTK 말뭉치 리더는 paras() 메서드를 구현한다. paras() 메서드는 이중 줄바꿈으로 구분된 텍스트 블록으로 정의된 단락을 생성한다.

그러나 여기서 우리가 다루려고 하는 텍스트는 일반적인 의미의 텍스트가 아니므로 우리는 HTML에서 단락을 추출하는 메서드를 만들어야 한다. 다행히도 우리의 html() 메서드는 HTML 문서의 구조를 유지한다. 즉, HTML 태그를 공식적으로 정의하는 <p> 태그를 검색해 파라미터 내에서 나타나는 내용을 격리할 수 있다. 내용을 다른 방식으로 표시할 수도 있으므로(예: 제목 및 목록과 같이 문서 내의 다른 구조 안에 포함됨) 우리는 BeautifulSoup를 사용해 텍스트를 광범위하게 검색할 것이다.

2장에서 리더 객체가 HTML 문서 태그를 클래스 속성으로 지닐 수 있도록 HTMLCorpus Reader 클래스를 정의했음을 상기해 보자. 이 태그 집합은 문맥에 따라 늘려지거나 줄여지거나 고쳐질 수 있다.

우리는 paras() 메서드를 정의해 각 fileid를 반복하고, 각 HTML 문서를 BeautifulSoup 생성자에 전달함으로써, lxml이라는 HTML 구문분석기를 사용해 HTML을 구문분석하도록 지정한다. 그 결과로 나온 soup는 원래 HTML 태그와 요소를 사용해 탐색할 수 있는 중첩 트리 구조다. 각 문서 soup에 대해 미리 정의된 집합의 각 태그를 반복해 해당 태그 내에서 텍스트를 산출한다. 우리는 BeautifulSoup의 decompose 메서드를 호출해 메모리를 확보하기 위해 각 파일 작업을 마쳤을 때 트리를 파괴할 수 있다.

```python
import bs4

# HTML 텍스트에서 단락을 추출해 낼 때 쓰는 태그들
tags = [
    'h1', 'h2', 'h3', 'h4', 'h5', 'h6', 'h7', 'p', 'li'
]

    def paras(self, fileids=None, categories=None):
        """
        BeautifulSoup를 사용해 HTML에서 단락들을 대상으로 구문분석을 한다.
        """
        for html in self.html(fileids, categories):
            soup = bs4.BeautifulSoup(html, 'lxml')
            for element in soup.find_all(tags):
                yield element.text
            soup.decompose()
```

paras() 메서드의 결과는 문서 경계가 없는 처음부터 마지막까지 모든 문서의 원시 텍스트 단락을 가진 생성기다. 특정 fileid가 전달되면 paras는 해당 파일의 단락만 반환할 것이다.

 PlaintextCorpusReader와 같은 많은 NLTK 말뭉치 리더를 위한 paras() 메서드들은 서로 다르게 작동하며 단락을 분리(isolating)하는 일 외에 분할(segmentation)하고 토큰화(tokenization, 토큰 수준 나눔)하는 일을 자주 수행한다. 이것은 NLTK 메서드들이 이미 주석이 달린 말뭉치를 기대하는 경향이 있고, 따라서 단락을 재구성하는 것에 관심이 없기 때문이다. 대조적으로 우리의 메서드들은 원본이 아닌 주석이 달린 말뭉치에서 작업하도록 고안되었으며 말뭉치 재구성을 지원해야 한다.

분할: 문장별로 나누기

단락을 문서 구조의 단위로 여긴다면 문장을 담론의 단위로 보는 것이 유용하다. 문서 내의 한 단락이 하나의 관념으로 구성되는 것과 마찬가지로 문장은 완전한 언어 구조를 포함하고 있다. 우리는 이를 식별하고 인코딩할 수 있기를 원한다.

이번 절에서는 우리의 텍스트를 문장으로 구문분석하기 위해 **분할(segmentation)**을 수행할 텐데, 이렇게 하면 이번 장의 뒷부분에서 조금 사용해 보게 될(내부적으로 일관된 형태에 의존하는) 품사 태깅 메서드들을 사용하기 쉽게 해준다. 문장을 만들기 위해 paras()를 감싸고 모든 단락의 각 문장을 생성하는 생성자(일종의 반복자)를 반환하는 sents()라는 새로운 메서드를 작성한다.

 구문 분해가 품사 태깅을 위한 전제 조건일 필요는 없다. 사용 사례(use case)에 따라, 문장 경계가 명확하지 않은 음성 또는 녹음된 음성 데이터와 마찬가지로 텍스트를 문장으로 나눌 수 있다. 글의 형태로 작성된(즉, 서면 형식으로 된) 텍스트(written text)에서 세분화를 먼저 하게 되면 품사 태그를 달기가 쉬워진다. SpaCy에 들어 있는 도구들은 종종 음성 데이터에서 더 잘 작동하지만 NLTK는 서면 언어에서 더 잘 작동한다.

우리의 sents() 메서드는 내장된 NLTK sent_tokenize 메서드를 사용해 paras 메서드로 분리된 각 단락을 반복해 가며 분해 작업을 수행한다. 이면에서 보면 send_tokenize는 PunktSentenceTokenizer를 사용하는데, 이 토크나이저(tokenizer, 토큰화기)는 문장의 시작과 끝을 알리는 단어와 구두점(예: 마침표, 물음표, 느낌표, 대문자 등)의 종류에 대해 변환 규칙(기본적으로 일련의 정규 표현)을 배운 사전 훈련 모델이다. 모델을 문장에 적용해 문장의 생성기를 산출해 낼 수 있다.

```
from nltk import sent_tokenize

    def sents(self, fileids=None, categories=None):
        """
        내장된 문장 토크나이저를 사용해 단락에서 문장을 추출한다.
        이 메서드는 BeautifulSoup를 사용해 HTML을 대상으로 구문분석을 한다는 점에 유념하자.
        """
        for paragraph in self.paras(fileids, categories):
            for sentence in sent_tokenize(paragraph):
                yield sentence
```

NLTK의 PunktSentenceTokenizer는 영어 텍스트에 대한 훈련을 받았으며 대부분의 유럽
언어에서 잘 작동한다. 표준 단락을 제공하면 잘 수행된다.

```
['Beautiful is better than ugly.', 'Explicit is better than implicit.', 'Simple is
better than complex.', 'Complex is better than complicated.', 'Flat is better than
nested.', 'Sparse is better than dense.', 'Readability counts.', "Special cases
aren't special enough to break the rules.", 'Although practicality beats purity.',
'Errors should never pass silently.', 'Unless explicitly silenced.', 'In the face of
ambiguity, refuse the temptation to guess.', 'There should be one-- and preferably
only one -- obvious way to do it.', "Although that way may not be obvious at first
unless you're Dutch.", 'Now is better than never.', 'Although never is often better
than *right* now.', "If the implementation is hard to explain, it's a bad idea.", 'If
the implementation is easy to explain, it may be a good idea.', "Namespaces are one
honking great idea -- let's do more of those!"]
```

그러나 구두점(punctuation marks)이 모호할 수 있다. 마침표(periods)가 문장의 끝을 알리
는 경우가 많지만 띄우기(floats)나 약어(abbreviations) 또는 줄임말(ellipses)에도 구두점이 나
타날 수 있다. 즉, 문장 사이의 경계를 식별하기가 쉽지 않을 수 있다는 말이다. 따라서
PunktSentenceTokenizer를 비표준 텍스트에 사용하게 되면 반드시 유용한 결과를 얻을
수 있다고 기대하기는 어렵다.

```
['Baax baa, black sheep,\nHave you any wool?', 'Yes, sir, yes, sir,\nThree bags
full;\nOne for the master,\nAnd one for the dame,\nAnd one for the little boy\nWho
lives down the lane.']
```

NLTK는 탐구할 만한 대안 문장(예: 트윗)에 대한 토큰화를 제공한다. 그럼에도 불구하고 영역
공간에 문장이 구분되는 방식에 특이한 것이 있다면 영역별 내용을 사용해 자체 토크나이저
를 훈련하는 것이 좋다.

토큰화: 개별 토큰 식별

우리는 문장을 담론(discourse)의 단위로 정의하고 단락을 문서 구조의 단위로 정의했다. 이번 절에서 우리는 문자 시퀀스 내에서 의미 정보를 인코딩하는 언어의 구문론적 단위인 **토큰**(token)을 분리할 것이다.

토큰화(tokenization)는 이러한 토큰에 도달하는 과정이며, 우리는 텍스트에서 공백과 구두점을 모두 떼어내고 영문자 및 비영문자 목록을 반환하는 정규 표현식 기반 토크나이저인 WordPunctTokenizer를 사용한다.

```
from nltk import wordpunct_tokenize

    def words(self, fileids=None, categories=None):
        """
        내장된 문장 토크나이저를 사용해 문장에서 토큰을 추출한다.
        이 메서드는 BeautifulSoup를 사용해 HTML을 대상으로 구문분석을 한다는 점에 유념하자.
        """
        for sentence in self.sents(fileids, categories):
            for token in wordpunct_tokenize(sentence):
                yield token
```

문장 구획화(sentence demarcation)와 마찬가지로 토큰화가 항상 쉽지는 않다. 우리는 다음과 같은 점들을 고려해야 한다. 토큰에서 구두점을 제거하고 싶다면 구두점 토큰을 만들어야 하는가? 하이픈으로 연결해 만든 단어를 **합성어**(compound)로 봐야 하는가, 아니면 따로 떼어서 보아야 하는가? 우리는 **축약형**(contraction)을 토큰 한 개 또는 두 개로 접근해야 하는가? 그리고 토큰이 두 개라면 어디에서 나누어야 하는가?

우리는 이 질문에 대한 우리의 반응에 따라 다른 토크나이저를 선택할 수 있다. NLTK에서 사용할 수 있는 많은 단어 토크나이저(예: TreebankWordTokenizer, WordPunctTokenize, PunktWordTokenizer 등) 중에서 토큰화와 관련해서는 일반적으로 word_tokenize를 선택하는 것이 일반적인데, 이것이 Treebank 토크나이저를 호출하고 Penn Treebank에서와 같이 정규 표현식을 사용해 텍스트를 토큰화한다. 여기에는 **표준 축약형**(standard contraction)을 분리하는 것(예: 'wouldn't'와 'would')과 구두점(쉼표, 작은따옴표 및 공백 다음에 오는 마침표와 같은)을 별도의 토큰으로 처리하는 것이 포함된다. 반대로 WordPunctTokenizer는 정규 표현식인 \w+|[^\w\s]+을 사용해 문자열을 분할하고, 토큰 사이에 토큰이나 구분 기호의 일치 여부를 따져서 일련의 영문자와 비영문자를 생성하는 RegexpTokenizer 클래스를 기반으로 한다. RegexpTokenizer 클래스를 사용해 사용자 정의 토크나이저를 만들 수도 있다.

품사 태깅

이제 문서 단락의 문장 내에서 토큰에 액세스할 수 있으므로 우리는 각 토큰에 품사를 태그로 지정해 볼 것이다. **품사(part-of-speech)**는 문장의 내용 내에서 단어가 어떻게 작동하는지를 나타낸다. 품사의 예로는 동사(verbs), 명사(nouns), 전치사(prepositions), 형용사(adjectives)를 들 수 있다. 영어로는 다른 많은 언어와 마찬가지로 한 단어가 여러 가지 방식으로 작동할 수 있는데, 우리는 이러한 용도(예: 'building'은 명사가 될 수도 있고 동사가 될 수 있음)를 구별할 수 있기를 원한다. **품사 태깅(part-of-speech tagging)**은 각 토큰에 적절한 태그를 붙이는 일을 말하며, 이럼으로써 단어의 정의와 문맥에서의 사용에 관한 정보를 모두 인코딩할 수 있다.

이 글을 쓰는 시점에서 PerceptronTagger()와 펜 트리뱅크 태그셋을 사용하는 기성 NLTK 태거인 pos_tag를 사용할 것이다. **펜 트리뱅크(Penn Treebank)** 태그셋은 36개 품사와 구조적 태그(명사는 NN, 복수 명사는 NNS, 형용사는 JJ, 부사는 RB, 동사는 VB, 인칭대명사는 PRP 등등으로 표시), 시제 표시기로 구성된다.

tokenize 메서드는 문단 목록을 포함하는 단락을 포함하는 목록들로 이뤄진 리스트 한 개를 제공할 수 있는 생성기를 반환하는데, 결국 이건 품사 태그가 달린 토큰 목록이다. 태그가 지정된 토큰은 (태그, 토큰) 꼴로 된 튜플로 표시된다. 여기서 태그는 문맥에서 토큰이 어떻게 작동하는지 지정하는 대소 문자를 구분하는 문자열이다.

```
from nltk import pos_tag, sent_tokenize, wordpunct_tokenize

    def tokenize(self, fileids=None, categories=None):
        """
        말뭉치 안에 있는 문서를 대상으로 분할하고, 토큰화하고, 태그화한다.
        """
        for paragraph in self.paras(fileids=fileids):
            yield [
                pos_tag(wordpunct_tokenize(sent))
                for sent in sent_tokenize(paragraph)
            ]
```

'The old building is scheduled for demolition. The contractors will begin building a new structure next month.(오래된 건물은 철거 예정이다. 계약자는 다음 달에 새로운 구조물을 짓기 시작한다)'라는 문장을 생각해 보자. pos_tagmethod는 'building'이라는 단어가 문맥에서 처음으로 단수 명사로 사용된 다음 'to build' 동사의 현재 분사로 사용되는 방식을 구분한다.

```
[[('The', 'DT'), ('old', 'JJ'), ('building', 'NN'), ('is', 'VBZ'),
('scheduled', 'VBN'), ('for', 'IN'), ('demolition', 'NN'), ('.', '.')],
[('The', 'DT'), ('contractors', 'NNS'), ('will', 'MD'), ('begin', 'VB'),
('building', 'VBG'), ('a', 'DT'), ('new', 'JJ'), ('structure', 'NN'),
('next', 'JJ'), ('month', 'NN'), ('.', '.')]]
```

 여기 일부 언어 태그를 해독하기 위한 경험 법칙을 말하자면 명사는 N으로 시작하고, 동사는 V로, 형용사는 J로, 부사는 R로 시작한다. 그 밖에 어떤 것이든 구조적인 요소가 될 가능성이 있다. 태그의 전체 목록은 http://bit.ly/2JfUOrq에서 찾을 수 있다.

NLTK는 품사 태거(예: DefaultTagger, RegexpTagger, UnigramTagger, BrillTagger)를 위한 몇 가지 옵션을 제공한다. BrillTagger와 같은 조합을 사용해 초기 태그를 향상시키는 **브릴 변형 규칙**(Brill transformational rules)을 사용할 수도 있다.

중간 말뭉치 분석론

우리의 HTMLCorpusReader에는 이제 이후 장에서 필요할 문서 분해를 수행하는 데 필요한 모든 메서드가 있다. 2장에서 우리는 리더에 sizes() 메서드를 제공하여, 시간이 지남에 따라 어떻게 말뭉치가 변화하는지를 대략적으로 알 수 있었다. 이제 우리는 변화하는 범주, 어휘 및 복잡성에 대한 중간 말뭉치 분석을 수행할 수 있는 새로운 메서드인 describe()를 추가할 수 있다.

먼저, describe()가 클럭을 시작하고 두 개의 **빈도분포(즉, 도수분포)**를 초기화한다. 첫 번째, 카운트는 문서 하부 구조의 개수를 유지하고, 두 번째는 토큰을 포함한다. 빈도분포에 관해서는 7장에서 훨씬 더 자세하게 논의하고 활용할 것이다. 우리는 각 단락, 문장, 단어의 개수를 세고 또한 우리의 어휘집에 독특한 토큰을 각기 저장할 것이다. 그런 다음에 우리는 말뭉치에 있는 파일과 범주의 수를 계산하고, 말뭉치에 대한 통계적 요약을 담은 딕셔너리를 반환한다. 통계적 요약으로는 ❶ 파일 및 범주의 총 수, ❷ 단락, 문장 및 단어의 총 수 및 고유 용어의 수, ❸ 어휘적 다양성(전체 단어에 대한 고유 용어의 비율), ❹ 문서당 평균 단락 수, ❺ 단락당 평균 문장 수, ❻ 총 처리 시간이 있다.

```
import time

    def describe(self, fileids=None, categories=None):
        """
        말뭉치를 1회 전달하고 말뭉치의 상태에 관한 다양한 측정기준이 있는 딕셔너리를 반환한다.
```

```
"""
started = time.time()

# 횟수를 세는 구조.
counts = nltk.FreqDist()
tokens = nltk.FreqDist()

# 단락들에 대해 단일한 전달을 수행하고, 토큰화한 후에 센다.
for para in self.paras(fileids, categories):
    counts['paras'] += 1

    for sent in para:
        counts['sents'] += 1

        for word, tag in sent:
            counts['words'] += 1
            tokens[word] += 1

# 말뭉치에 들어 있는 파일과 범주의 개수를 계산한다.
n_fileids = len(self.resolve(fileids, categories) or self.fileids())
n_topics  = len(self.categories(self.resolve(fileids, categories)))

# 정보와 더불어 데이터 구조를 반환한다.
return {
    'files':  n_fileids,
    'topics': n_topics,
    'paras':  counts['paras'],
    'sents':  counts['sents'],
    'words': counts['words'],
    'vocab': len(tokens),
    'lexdiv': float(counts['words']) / float(len(tokens)),
    'ppdoc': float(counts['paras']) / float(n_fileids),
    'sppar': float(counts['sents']) / float(counts['paras']),
    'secs':   time.time() - started,
}
```

우리의 말뭉치는 **수집**, **전처리** 및 **압축**을 통해 성장하므로 describe()를 통해 이러한 **계량**(metrics)[2]을 다시 계산해 시간 경과에 따른 변화를 확인할 수 있다. 이것은 애플리케이션의 문제점을 진단하는 데 도움이 되는 중요한 모니터링 기술이 될 수 있다. 머신러닝 모델은 문서당 어휘 다양성 및 단락 수와 같은 데이터의 특징이 일관성을 유지할 것으로 기대하며, 말뭉치가 변경되면 성능에 큰 영향을 미칠 수 있다. 따라서 describe() 메서드를 사용해 모든 하위 스트림 벡터화 및 모델링을 다시 작성하기에 충분히 큰 말뭉치 변경 사항을 감시할 수 있다.

---

2 **옮긴이** 측정 기준, 측정 항목, 메트릭 등 다양하게 불린다.

말뭉치 변환

이제 리더는 보기 3-3에 나온 것처럼 말뭉치의 원본 문서에 대해 **내용 추출**, **단락 구분**, **문장 분할**, **단어 토큰화**, **품사 태깅**이라는 단계들을 거쳐 전달할 수 있으며, 그림과 같이 결과 처리된 문서를 머신러닝 모델로 전송할 수 있다.

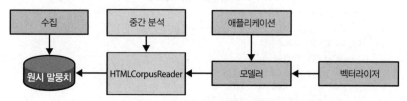

그림 3-3 원시 말뭉치에서 전처리된 말뭉치로 이어지는 파이프라인

불행히도 이 전처리를 수행하는 비용이 싸지 않다. 더 작은 말뭉치 또는 많은 가상머신이 전처리에 할당될 수 있는 경우 HTMLCorpusReader와 같은 원시 말뭉치 리더로 충분할 수 있다. 그러나 대략 30만 건의 HTML 뉴스 기사가 있는 이 전처리 단계에는 12시간이 걸렸다. 이것은 우리가 모델을 실행하거나 새로운 하이퍼파라미터 세트를 테스트할 때마다 해야 할 일이 아니다.

실제로 우리는 두 가지 클래스를 추가해 이 문제를 해결하게 되는데, 즉 HTMLCorpus Reader(HTML 말뭉치 리더)를 감싸서 중간 변환된 말뭉치 공예품을 저장하기 위해 원시 말뭉치를 가공하는 Preprocessor(전처리기) 클래스와, 다운스트림 벡터화 및 분석을 위해 표준화된 방식으로 변환된 문서를 디스크에서 스트리밍할 수 있는 PickledCorpusReader(피클링 처리한 말뭉치 리더)를 추가한다(그림 3-4 참조).

그림 3-4 전처리된 말뭉치의 중간 저장 공간을 가진 파이프라인

중간 전처리 및 저장

이번 절에서는 그림 3-5에서와 같이 HTMLCorpusReader를 취하는 전처리기를 작성하고, 전처리기가 밟는 단계들을 실행하고, 새 텍스트 말뭉치를 디스크에 작성해 넣는다. 이 새로운 말뭉치는 텍스트 분석을 수행할 말뭉치다.

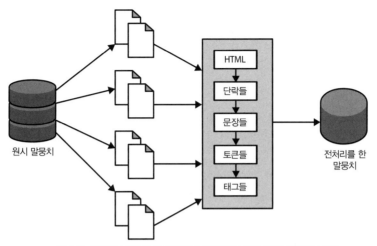

그림 3-5 변환된 말뭉치 아티팩트를 생성하기 위한 중간 전처리 단계

우리는 말뭉치 리더를 감싸고 문서의 상태 저장 토큰화 및 품사 태깅을 관리할 새로운 클래스인 Preprocessor(전처리기)를 정의하는 일부터 한다. 객체들은 **원시 말뭉치**의 경로인 corpus, **후처리 말뭉치**를 저장할 디렉터리의 경로인 target으로 초기화된다. fileids() 메서드는 HTMLCorpus Reader 객체의 fileid에 대한 편리한 액세스를 제공하고, abspath()는 각 원시 말뭉치 fileid에 대한 대상 fileid의 절대 경로를 반환한다.

```
import os

class Preprocessor(object):
    """
    전처리기는 'HTMLCorpusReader'를 감싸고(wrap) 토큰화와 품사 태깅을 수행한다.
    """
    def __init__(self, corpus, target=None, **kwargs):
        self.corpus = corpus
        self.target = target

    def fileids(self, fileids=None, categories=None):
        fileids = self.corpus.resolve(fileids, categories)
        if fileids:
            return fileids
        return self.corpus.fileids()

    def abspath(self, fileid):
        # 말뭉치 루트와 관련 있는 디렉터리를 찾는다.
        parent = os.path.relpath(
            os.path.dirname(self.corpus.abspath(fileid)), self.corpus.root
        )
```

```
    # 재구성하기 위해 이름 부분들을 계산한다.
    basename = os.path.basename(fileid)
    name, ext = os.path.splitext(basename)

    # 피클 파일 확장자를 만든다.
    basename = name + '.pickle'

    # 표적과 관련 있는 파일의 경로를 반환한다.
    return os.path.normpath(os.path.join(self.target, parent, basename))
```

다음으로 우리는 Preprocessor에 tokenize() 메서드를 추가한다. 이 메서드는 이전 절에서 살펴본 NLTK 메서드를 사용해 원시 문서가 주어지면 **분할**, **토큰화** 및 **품사 태깅**을 수행한다. 이 메서드는 문장 목록을 포함하는 각 문서에 대한 단락의 **생성자**를 반환하며, 이 문장은 차례로 품사 태그가 지정된 토큰의 목록이다.

```
from nltk import pos_tag, sent_tokenize, wordpunct_tokenize

...

    def tokenize(self, fileid):
        for paragraph in self.corpus.paras(fileids=fileid):
            yield [
                pos_tag(wordpunct_tokenize(sent))
                for sent in sent_tokenize(paragraph)
            ]
```

 우리가 필요한 텍스트 데이터 구조(한 개의 토큰 목록과 태그 튜플들이 모여 문장을 이루고, 문장들이 모여 단락을 이루고, 단락들이 모여 문서를 이루는 구조)를 점차 쌓아 가는 동안에 우리는 우리가 삭제한 것보다 훨씬 더 많은 내용을 원문에 추가하고 있다. 이러한 이유로 우리는 디스크 저장장치를 통제하에 유지하기 위해 압축 방법을 적용할 준비가 되어 있어야 한다.

피클링 처리를 위해 쓰기

전처리된 말뭉치를 변형하고 저장하기 위한 몇 가지 옵션이 있지만, 우리가 선호하는 방법은 **피클**(pickle)을 사용하는 것이다. 이 접근 방식에서는 한 번에 하나의 문서를 메모리에 적재(load)하고 대상 데이터 구조로 변환한 다음 해당 구조의 문자열 표현을 디스크의 작은 파일에 덤프하는 **이터레이터**(iterator, 반복자)를 작성하게 된다. 그 결과로 나온 문자열 표현을 사람이 읽을 수 없지만, 압축되고 적재하기 쉽게 **직렬화**(serialize)되거나 **직렬해제**(deserialize)되므로 매우 효율적이다.

변환된 문서를 저장하기 위해 우리는 preprocess() 메서드를 추가할 것이다. 원래 파일을 검색하고 처리되고, 절여지고(pickled), 압축된 사본을 저장하기 위해 디스크에 위치를 설정한 후에는 튜플 데이터 구조 리스트들로 이뤄진 리스트들의 리스트를 만드는 임시 문서 변수를 만든다. 그런 다음에 가장 높은 압축 옵션을 사용해 문서를 직렬화하고 디스크에 기록한 후에 다음 파일로 이동하기 전에 삭제해 메모리에 불필요한 내용이 없는지 확인한다.

```python
import pickle
...

    def process(self, fileid):
        """
        단일한 파일이라면 디스크상의 위치를 파악하여 오류가 없는지를 확인하고,
        +tokenize()+를 사용해 전처리를 수행한 다음에 변환된 문서를 대상 위치에 피클로 기록한다.
        """
        # 파일을 쓸 출력 경로를 계산한다.
        target = self.abspath(fileid)
        parent = os.path.dirname(target)

        # 디렉터리가 존재하는지를 확인한다.
        if not os.path.exists(parent):
          os.makedirs(parent)

        # 상위 경로가 파일이 아닌 디렉터리인지를 확인한다.
        if not os.path.isdir(parent):
            raise ValueError(
                "Please supply a directory to write preprocessed data to."
            )

        # 피클에 대한 데이터 구조를 만든다.
        document = list(self.tokenize(fileid))

        # 피클을 열고 디스크에 직렬화한다.
        with open(target, 'wb') as f:
            pickle.dump(document, f, pickle.HIGHEST_PROTOCOL)

        # 문서를 깨끗하게 한다.
        del document

        # 표적 필드를 반환한다.
        return target
```

preprocess() 메서드는 다음과 같은 transform() 실행기(runner)에 의해 여러 번 호출된다.

```
...
    def transform(self, fileids=None, categories=None):
        # 대상 디렉터리가 존재하지 않으면 만든다.
        if not os.path.exists(self.target):
            os.makedirs(self.target)

        # 처리를 시작하기 위해 필드들을 분해한다.
        for fileid in self.fileids(fileids, categories):
            yield self.process(fileid)
```

11장에서는 신속한 전처리와 중간 저장을 가능하게 하는 이 transform() 메서드를 병렬 처리하는 방법을 살펴보겠다.

처리된 말뭉치 읽기

압축되고 전처리되고 피클링한(절여진) 말뭉치가 있으면 토큰화 메서드들이나 문자열 구문분석을 다시 적용할 필요없이 신속하게 말뭉치 데이터에 액세스할 수 있다. 대신 파이썬 데이터 구조를 직접 적재하므로 많은 시간과 노력을 절약할 수 있다.

우리 말뭉치를 읽으려면 pickle.load()를 사용해 한 번에 한 문서에서 파이썬 구조를 빠르게 검색하는 PickledCorpusReader 클래스가 필요하다. 이 리더는 HTMLCorpusReader의 모든 기능을 포함하고 있다(HTMLCorpusReader를 확장한 이후). 그러나 HTMLCorpusReader가 원시 텍스트와 함께 작동하지 않으므로 몇 배나 더 빠르다. 여기에서는 HTMLCorpusReader의 docs() 메서드를 피클(pickle)에서 문서를 적재하는 것으로 대체한다.

```
import pickle

PKL_PATTERN = r'(?!\.)[a-z_\s]+/[a-f0-9]+\.pickle'

class PickledCorpusReader(HTMLCorpusReader):

    def __init__(self, root, fileids=PKL_PATTERN, **kwargs):
        if not any(key.startswith('cat_') for key in kwargs.keys()):
            kwargs['cat_pattern'] = CAT_PATTERN
        CategorizedCorpusReader.__init__(self, kwargs)
        CorpusReader.__init__(self, root, fileids)

    def docs(self, fileids=None, categories=None):
        fileids = self.resolve(fileids, categories)
        # 피클 처리한 문서를 메모리에 한 번에 한 개 적재한다.
        for path in self.abspaths(fileids):
            with open(path, 'rb') as f:
                yield pickle.load(f)
```

각 문서는 파이썬의 단락 목록으로 표현되기 때문에 다음과 같이 paras() 메서드를 구현할 수 있다.

```
...
    def paras(self, fileids=None, categories=None):
        for doc in self.docs(fileids, categories):
            for para in doc:
                yield para
```

각 단락은 문장 목록이기도 하므로 sents() 메서드를 유사하게 구현해 요청된 문서의 모든 문장을 반환할 수 있다. docs() 메서드 및 paras() 메서드에서 그랬던 것처럼 이 메서드에서 fileids와 categories 인수는 정보를 가져올 문서를 정확하게 지정할 수 있게 해준다. 두 인수가 모두 None이면 전체 자료가 반환된다. 하나의 문서는 말뭉치 루트에 대한 상대 경로를 fileids 인수로 전달해 검색할 수 있다.

```
...
    def sents(self, fileids=None, categories=None):
        for para in self.paras(fileids, categories):
            for sent in para:
                yield sent
```

문장은 (토큰, 태그) 꼴 튜플로 이뤄진 리스트이므로 문서 또는 문서를 구성하는 순서가 지정된 단어 집합에 액세스하려면 두 가지 방법이 필요하다. 첫 번째 tagged() 메서드는 토큰과 태그를 함께 반환하고, 두 번째 words() 메서드는 문제의 토큰만 반환한다.

```
...
    def tagged(self, fileids=None, categories=None):
        for sent in self.sents(fileids, categories):
            for tagged_token in sent:
                yield tagged_token

    def words(self, fileids=None, categories=None):
        for tagged in self.tagged(fileids, categories):
            yield tagged[0]
```

대형 말뭉치를 다룰 때 PickledCorpusReader를 쓰면 무척 편리하다. multiprocessing이라는 파이썬 라이브러리(11장에서 살펴볼 것이다)를 사용해 전처리 및 데이터 액세스를 병렬 처리할 수 있지만, 일단 말뭉치를 사용해 모델을 작성하면 벡터화 전에 모든 문서를 한 번 순차적으로 스캔해야 한다. 이 과정이 병렬화될 수도 있지만, 탐색적 모델링의 실험적 특성 때문에 그렇게 하는 것은 일반적이지 않다. 피클 방식으로 **직렬화**를 하면 모델링 및 탐색 과정의 속도가 빨라진다!

결론

이번 장에서는 머신러닝을 준비하기 위해 분할, 토큰화 및 품사 태깅을 수행해 말뭉치를 전처리하는 방법을 배웠다. 다음 장에서는 머신러닝을 위한 공통 어휘를 설정하고, 텍스트에 대한 머신러닝이 이전 애플리케이션에 대해 수행한 통계 프로그래밍과 다른 점을 논의할 것이다.

먼저, 우리의 입력 데이터가 텍스트인 현재, 학습 문제를 어떻게 프레임화할 것인지를 고려한 것이다. 즉, 우리가 사용하는 사례(intance)들이 각기 완전한 문서들이기 때문에 우리는 차원이 아주 높은 공간에서 작업하고 있는 셈이며, 우리의 자질(특징)에는 어휘 및 토큰 빈도와 같은 단어 수준 속성이 포함될 수 있지만, 작성자와 날짜 및 출처와 같은 메타데이터도 포함될 수 있다는 점을 고려할 것이다. 다음 단계는 전처리된 텍스트 데이터를 벡터로 인코딩해 머신러닝을 위해 준비하는 것이다. 우리는 벡터 인코딩을 위한 몇 가지 기술을 평가하고, 체계적인 적재, 정규화 및 특징추출을 위해 해당 인코딩 과정을 파이프라인으로 래핑하는 방법을 논의한다. 마지막으로, 복잡한 분석과 더 정교한 모델링을 위해 추출된 특징을 재결합하는 방법을 논의할 것이다. 이러한 단계를 통해 우리는 말뭉치에서 유의한 패턴을 추출하고, 이러한 패턴을 사용해 새로운, 아직 보이지 않는 데이터에 대한 예측을 할 수 있다.

텍스트 벡터화와 변환 파이프라인

머신러닝 알고리즘은 행이 **사례**(instance)이고 열이 **특징**(feature)인 2차원 배열일 것이라고 기대하는, 숫자들로 이뤄진 특징공간에서 입력이 작동한다. 텍스트를 바탕으로 삼아 머신러닝을 수행하려면, 텍스트로 된 문서를 벡터 표현으로 변환함으로써 머신러닝 시에 숫자로 처리할 수 있게 해야 한다. 이 과정을 **특징추출**(feature extraction)이라고 부르거나 더 간단하게 **벡터화**(vectorization)라고 하며, **언어 인식 분석**을 위해 반드시 걸어야만 하는 첫걸음이다.

문서를 숫자로 표현하면 유의한 분석을 수행할 수 있으며, 머신러닝 알고리즘이 작동하는 사례도 생성된다. 텍스트 분석 시, 전체 문서 또는 발화가 사례에 해당하므로 텍스트의 길이는 따옴표 길이에서 시작해서 트윗 정도의 길이를 거쳐 도서 내용 전체를 아우르는 길이에 이르기까지 그 길이가 저마다 다를 수 있지만, 벡터의 길이는 항상 일정하게 된다. 벡터 표현을 이루는 각 속성에 해당하는 것이 **특징**(feature)이다. 텍스트라면 특징은 문서의 길이와 작성자, 출처 및 게시 날짜와 같은 메타 속성뿐만 아니라 내용을 포함해 문서의 **특성**(attributes)과 **속성**(property)[1]을 나타낸다. 특징과 특성과 속성을 모두 고려해 볼 때, 문서의 특징이란 머신러닝 방법을 적용해 볼 수 있는 **다차원 특징공간**(multidimensional feature space)을 설명하는 요인이라

---

1 옮긴이 수학과 통계학에서는 attributes를 주로 속성으로 번역했고, 통계학에서는 property를 주로 성질로 번역해서 쓴다는 점, 그리고 feature를 수학에서는 '특성'으로 번역해서 쓴다는 점에 유의하자.

는 점을 알 수 있다.[2]

이런 이유로 우리는 언어에 대해 생각을 할 때 단어로 이뤄진 시퀀스를 고차원적인 의미 공간을 차지하는 점으로 바꿔 생각할 수 있어야만 한다. 공간상의 점들은 서로 가깝거나 멀리 떨어지거나, 단단히 밀집되거나 균등하게 분포될 수 있다. 따라서 **의미 공간**(semantic space)은 유사한 의미를 가진 문서가 서로 가깝고 다른 문서가 더 멀리 떨어져 있는 방식으로 **사상**(mapping)된다. **유사성**(similarity)을 **거리**(distance)로 인코딩함으로써[3] 우리는 의미 공간에서 문서의 주요 성분을 추출하고 **결정 경계**(decision boundaries)를 도출할 수 있다.

의미 공간을 가장 간단한 방식으로 인코딩한 것이 **단어 주머니**(bag-of-words) 모델이다. 이 모델을 기본적으로 통찰해 본다면 의미와 유사성을 어휘로 인코딩한다는 점을 들 수 있다. 예를 들어, 야구와 베이브 루스(Babe Ruth)에 관한 위키피디아의 기사는 아마도 매우 유사할 것이다. 동일한 단어가 두 기사에 많이 나타날 뿐만 아니라 두 기사는 캐서롤(casserole)이나 양적 완화를 다룬 기사와는 공통점이 별로 없다. 이런 모델은 간단하면서도 무척 효과적이며 더 복잡한 모델의 출발점을 형성한다.

이번 장에서는 **벡터화 과정**을 사용해 NLTK의 언어 기술과 사이킷런 및 Gensim의 머신러닝 기술을 결합해 반복해서 재사용할 수 있는 파이프라인에서 쓸 만한 사용자 정의 **변환기**(transformer)를 만드는 방법을 보여 준다. 이번 장의 끝에서 우리는 미리 작성한 자료를 모델 공간으로 변환해 예측을 시작할 수 있도록 준비할 것이다.

---

2 [옮긴이] 이러한 다차원 특징공간을 수학적으로는 다양체(manifold)라고 부르며, 이러한 다양체는 뭉쳐서 구긴 종이에 비유해 볼 수 있고, 이렇게 구겨진 공간을 종이를 펼치듯 펴서 더 단순하게 표현할 수 있는 공간으로 만드는 것이 머신러닝의 역할이다. 공간이 단순해지면(즉, 펴지면) 그 공간 속 점들을 구분하기가 쉽다. 복잡한 다양체에서 3개 이상의 차원(즉, 수십~수백만 개 이상의 특징)으로 된 수식이 있어야 점들을 구분할(분류하거나 군집화할) 선을 표현할 수 있다고 한다면, 머신러닝을 통해서 다양체를 펼침으로써 단순한 2차원 평면 공간이 되게 할 수만 있다면 단 1개 차원(즉, 1개 특징)으로 된 수식(즉, 1차 방정식 또는 선형 방정식)만으로도 점들을 구분할 선을 표현할 수 있다. 저자들이 말하는 '특징공간'의 배경이 되는 이러한 원리를 이해하고 있어야 저자들이 말하는 바를 쉽게 이해할 수 있기 때문에 조금 장황해 보이는 역주를 달았다.

3 [옮긴이] 유사성을 거리로 인코딩한 것을 '유사도'라고 부른다. 영어 표현은 같다.

공간 내 단어

단어 주머니 접근 방식으로 말뭉치를 벡터화하기 위해 우리는 말뭉치의 모든 문서를, 길이가 말뭉치 내의 어휘 개수와 같은 벡터로 표현한다. 그림 4-1과 같이 벡터의 토큰 위치를 알파벳순으로 정렬해 계산을 단순화할 수 있다. 또는 토큰을 벡터 위치에 사상하는 사전을 유지할 수 있다. 어느 쪽이든 우리는 모든 문서를 고유하게 나타낼 수 있는 말뭉치의 벡터 사상에 도달한다.

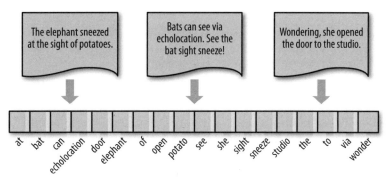

그림 4-1 문서를 벡터로 인코딩

문서 벡터의 각 요소는 무엇이 되어야 하는가? 다음 몇 절에서는 의미 공간을 설명하기 위해 단어 주머니 모델을 확장하거나 수정하는 몇 가지 선택 사항을 살펴보겠다. 우리는 벡터 인코딩의 네 가지 유형인 **빈도**, **원핫**(one-hot), **TF-IDF** 및 **분산**이라는 표현을 살펴보고 사이킷런(Scikit-Learn), Gensim 및 NLTK로 구현하는 방법을 논의한다. 우리는 예제 그림에서 세 문장 중 작은 말뭉치에 대해 작업할 것이다.

이를 설정하기 위해 문서 목록을 작성하고 진행 중인 벡터화 예제에 대해 토큰화한다. tokenize 메서드는 문자열을 사용해 일부 **경량 정규화**를 수행하고 string.punctuation 문자 집합을 사용해 구두점을 제거하고, 텍스트를 소문자로 설정한다. 이 함수는 또한 SnowballStemmer를 사용해 복수형 문자 's'('bats'와 'bat'는 같은 토큰임)와 같은 접미사를 제거하기 위해 일부 **특징 축소(feature reduction)**[4]를 수행한다. 다음 절의 예제는 이 예제 말뭉치를 활용하고 일부는 토큰화 방법을 사용할 것이다.

---

4 **[옮긴이]** 특징은 데이터 테이블에서는 열(column)에 해당하지만, (수학적) 공간에서는 이 특징이 곧 차원(dimension)에 해당하고, 특징 개수는 차원 수에 해당하므로, 특징 축소란 곧 차원성 축소(dimensionality reduction)와 같은 의미임을 알 수 있다. 데이터 테이블 관점(view)에서는 특징 축소라고 부르고, 수학적 공간 관점에서는 차원성 축소라고 부르는 경향이 있다.

```
import nltk
import string

def tokenize(text):
    stem = nltk.stem.SnowballStemmer('english')
    text = text.lower()

    for token in nltk.word_tokenize(text):
        if token in string.punctuation: continue
        yield stem.stem(token)

corpus = [
    "The elephant sneezed at the sight of potatoes.",
    "Bats can see via echolocation. See the bat sight sneeze!",
    "Wondering, she opened the door to the studio.",
]
```

특정한 벡터화 기법의 선택은 주로 문제 공간에 의해 주도된다. 마찬가지로 NLTK, 사이킷런 또는 Gensim과 같은 구현 방식을 선택할 때는 애플리케이션의 요구 사항에 맞춰야 한다. 예를 들어, NLTK는 텍스트 데이터에 특히 적합한 많은 메서드들을 제공하지만 큰 의존성이 있다. 사이킷런은 텍스트를 염두에 두고 고안된 것이 아니라서 강력한 API 및 적용 분야에서 특히 유용할 만한 편의 기능을 다양하게 많이 제공한다(이번 장의 뒷부분에서 살펴보겠다). Gensim은 딕셔너리와 레퍼런스를 **행렬 마켓 포맷**(matrix market format)[5]으로 직렬화할 수 있으므로 여러 플랫폼에서 더욱 유연하게 사용할 수 있다. 그러나 사이킷런과 달리 Gensim은 토큰화나 **어간 추출**(stemming)[6]을 위해 문서를 대신해 작업을 수행하지 않는다.

이러한 이유로 인코딩의 네 가지 접근 방식을 살펴볼 때 'NLTK를 사용해', '사이킷런에서', 'Gensim 방식'과 같은 단원들을 통해 각 구현 옵션을 보여 준다.

빈도 벡터

가장 간단한 **벡터 인코딩 모델**(vector encoding model, 벡터 부호화 모형)은 문서에 나타나는 대로 각 단어의 빈도를 벡터에 간단하게 채우는 것이다. 이 인코딩 체계에서 각 문서는 이를 구성하는 토큰의 **다중집합**(multiset, 중복집합)으로 표현되며,[7] 벡터의 각 단어 위치 값은 개수다. 이 표현은 그림 4-2에서와 같이 직선적인 카운트(정수) 인코딩이거나 각 단어가 문서의 총 단어 수

---

[5] 옮긴이 데이터를 사람이 읽을 수 있는 행렬 형식에 담아 서로 교환할 수 있게 한 포맷. 따라서 플랫폼 종류에 상관 없이 데이터를 주고받을 수 있다.

[6] 옮긴이 stemming을 형태소 분석이라고도 부르기도 하지만, 형태소 분석의 외연이 더 넓고, 여기서 다루는 개념에 따르면 stemming은 어간 추출 행위를 가리킨다.

[7] 옮긴이 즉, 토큰이 중복해서 들어 있는 집합으로 표현된다는 뜻이다.

에 의해 가중되는 정규화된 인코딩일 수 있다.

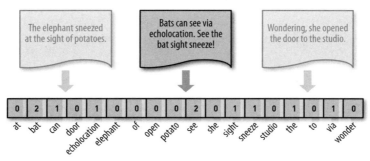

그림 4-2 벡터 인코딩으로서의 토큰 빈도

NLTK를 사용해

NLTK는 특징에 대해서 그 키(key)가 특징의 이름이고, 값(value)이 부울이거나 숫자인 딕셔너리 객체 형식일 것이라고 예상한다. 이러한 방식으로 문서를 인코딩하기 위해 우리는 키가 문서 내에 있는 토큰이고 값이 문서에 나타나는 토큰 횟수인 딕셔너리를 만드는 vectorize 함수를 만들 것이다.

defaultdict 객체를 사용하면 아직 할당되지 않은 키에 대해 딕셔너리에서 반환할 내용을 지정할 수 있다. defaultdict(int)를 설정하면 0을 반환하도록 지정하므로 간단한 계산 딕셔너리를 만들 수 있다. 마지막 코드 행을 사용해 말뭉치의 모든 항목에 이 함수를 매핑해 벡터화된 문서의 반복 가능 벡터를 만들 수 있다.

```
from collections import defaultdict

def vectorize(doc):
    features = defaultdict(int)
    for token in tokenize(doc):
        features[token] += 1
    return features

vectors = map(vectorize, corpus)
```

사이킷런에서

sklearn.feature_extraction 모델의 CountVectorizer 변환기에는 고유의 내부 토큰화 메서드와 정규화 메서드가 있다. 벡터라이저(vectorizer, 벡터화기)의 fit 메서드는 반복 가능한 문자열이나 문자열의 리스트 또는 파일 객체의 리스트를 기대하고, 말뭉치에 어휘 사전을 작

성한다. transform을 호출하면 각 개별 문서는 인덱스 튜플이 행(문서 ID)이고 딕셔너리의 토
큰 ID이며, 값이 카운트인 희소 배열(sparse array, 희박 배열)로 변환된다.

```
from sklearn.feature_extraction.text import CountVectorizer

vectorizer = CountVectorizer()
vectors = vectorizer.fit_transform(corpus)
```

 벡터는 아주 희박(sparse, 희소)해질 수 있다(즉, 벡터를 이루는 각 원소의 값이 어쩌다가 한
번씩 나타나는 꼴일 수 있다). 특히 어휘가 커지면 머신러닝 모델의 속도와 성능에 중요한 영
향을 미칠 수 있다. 말뭉치가 아주 크다면 해시 트릭을 사용해 특징 인덱스 매핑(인덱스 사상)
에 대한 토큰 문자열 이름을 찾는 사이킷런 HashingVectorizer를 사용하는 것이 좋다. 즉,
전체 어휘를 저장할 필요가 없으므로 큰 데이터셋에 대해 매우 낮은 메모리와 비율을 사용하
며, 상태가 없으므로 빠르게 피클링을 하고 적합화할 수 있다. 그러나 벡터에서 텍스트로의
역변환은 없으며 충돌이 있을 수 있으며 역문서빈도가 없다.

Gensim 방식

Gensim의 빈도 인코더(frequency encoder, '빈도 부호기')는 doc2bow라고 한다. doc2bow를 사용
하기 위해서 먼저 관찰된 순서에 따라 토큰을 인덱스에 매핑하는 딕셔너리를 작성한다(사전 분
류의 오버헤드 제거). 딕셔너리 객체는 디스크에 적재되거나 저장될 수 있으며, **사전 토큰화 문서**
(**pretokenized document**)를 허용하는 doc2bow 라이브러리를 구현하고, 딕셔너리로부터 토큰의
ID인 id(count, count) 튜플의 희소 행렬을 반환한다. doc2bow 메서드는 하나의 문서 인스
턴스만 취하기 때문에 우리는 리스트 컴프리헨션을 사용해 전체 말뭉치를 복원하고, 토큰화
된 문서를 메모리에 적재해 생성기가 고갈되지 않도록 한다.

```
import gensim

corpus = [tokenize(doc) for doc in corpus]
id2word = gensim.corpora.Dictionary(corpus)
vectors = [
    id2word.doc2bow(doc) for doc in corpus
]
```

원핫 인코딩

빈도 기반 인코딩 방법들이 문법과 문서에서의 단어의 상대적 위치를 무시하기 때문에 이 방법
을 쓰면 자연어를 특징짓는 **긴꼬리**(long tail), 즉 **지프 분포**(Zipfian distribution)로 인해 고통을 겪

게 된다. 결과적으로 무척 자주 출현하는(occur, 발생하는) 토큰은 다른 토큰보다 빈번한 토큰이라 할 수 있다. 이는 정상적으로 분포하는 특징들을 기대하는 일부 모델(예: 일반화된 선형 모델)에 상당한 영향을 미칠 수 있다.

이 문제에 대한 해결책은 특정 벡터가 문서에 존재한다면 해당 벡터를 true(1)로 표시하고, 그렇지 않으면 false(0)로 표시하는 부울 벡터 인코딩 방법인 **원핫 인코딩**(one-hot encoding)[8]이다. 다시 말해서, 원핫 인코딩 처리를 한 벡터의 각 요소는 그림 4-3과 같이 설명된 텍스트에 토큰의 **존재** 또는 **부재**를 반영한다.

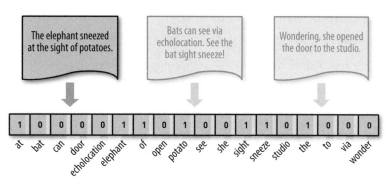

그림 4-3 원핫 인코딩

원핫 인코딩은 토큰 분포의 불균형 문제를 줄여 문서를 **구 구조 성분**(constituent components)으로 단순화한다. 이러한 축소[9]는 반복된 요소가 아주 많이 들어 있지 않은 매우 작은 문서(문장, 트윗)에 가장 효과적이며, 일반적으로 매우 우수한 **평활 성질**(smoothing property)을 갖는 모델에 적용된다. 원핫 인코딩은 또한 인공 신경망에서 일반적으로 사용되며, 활성 함수는 입력이 [0, 1] 또는 [-1, 1]의 불연속 범위에 있어야 한다.

NLTK를 사용해

원핫 인코딩의 NLTK 구현은 키가 토큰이고 값이 True인 딕셔너리다.

```
def vectorize(doc):
    return {
        token: True
        for token in doc
```

---

8 옮긴이 굳이 우리말로 번역하자면 '1개 활성 인코딩'이라고 할 수 있다.

9 옮긴이 즉, '차원성 축소는'.

```
    }

vectors = map(vectorize, corpus)
```

딕셔너리들에서는 **부재 단어**(absent word)를 나타내는 False를 모두 표시할 필요가 없으므로 NLTK라면 단순한 희소 행렬(sparse matrix, 희박 행렬)로 작용한다. 부울 딕셔너리 값들 외에도 정숫값을 사용할 수도 있다. **존재**(present)는 1로 나타내고 **부재**(absent)는 0으로 나타낸다.

사이킷런에서

사이킷런에서는 preprocessing 모듈의 Binarizer라는 변환기를 사용해 원핫 인코딩을 구현한다. Binarizer는 숫자 데이터만 가져오므로 텍스트 데이터는 원핫 인코딩보다 앞서서 CountVectorizer를 사용해 숫자 공간으로 변환되어야 한다. Binarizer 클래스는 문턱값(기본적으로 0)을 사용하므로 모든 **문턱값**보다 작거나 같은 벡터의 값은 0으로 설정되고, 문턱값보다 큰 값은 1로 설정된다. 따라서 기본적으로 Binarizer[10]는 0 값의 빈도를 유지하면서 모든 빈도 값을 1로 변환한다.

```
from sklearn.preprocessing import Binarizer

freq   = CountVectorizer()
corpus = freq.fit_transform(corpus)

onehot = Binarizer()
corpus = onehot.fit_transform(corpus.toarray())
```

corpus.toarray() 메서드는 선택 사항이다. 이것은 희소 행렬 표현을 조밀 행렬 표현으로 변환한다. 큰 어휘를 가진 말뭉치들에서는 희소 행렬 표현이 훨씬 낫다. 우리는 또한 CountVectorizer(binary = True)를 사용해 위의 원핫 인코딩을 달성해 Binarizer를 제거할 수 있다.

 그 이름에도 불구하고, sklearn.preprocessing 모듈에 있는 OneHotEncoder 변환기는 이 작업에 꼭 맞는 것은 아니다. OneHotEncoder는 각 벡터 성분(열, column)을 독립적인 범주형 변수로 처리해 각 열의 관찰된 각 값에 대한 벡터의 크기를 확장한다. 이 경우 성분 (sight, 0)와 (sight, 1)은 단일 이진 인코딩 벡터 성분이 아닌 두 개의 범주형 차원으로 처리된다.

---

10 옮긴이 이는 언어학 등에서 다루는 '이항대립 원리(binarism)'에서 비롯된 용어로서 이항 대립이란 '모' 아니면 '도'라는 말과 상통하는데, 0과 1로 이야기한다면 0 아니면 1인 상태라는 의미이며, 이는 원핫 인코딩에서 각 부호 값을 0 아니면 1로 유지하게 하는 데 쓰는 기본 원리다.

Gensim 방식

Gensim에는 특정 원핫 인코딩 인코더가 없지만, doc2bow 메서드는 우리가 즉시 관리할 수 있는 튜플 목록을 반환한다. 이전 절의 Gensim 빈도 벡터화 예제에서 코드를 확장하면 id2word 딕셔너리로 벡터를 원핫 인코딩 처리할 수 있다. 우리의 벡터를 얻기 위해 안쪽 리스트 컴프리헨션(list comprehension)[11]인 doc2bow 메서드에서 반환된 튜플 리스트를 (token_id, 1) 튜플 리스트로 변환하고, 바깥쪽 컴프리헨션은 말뭉치의 모든 문서에 변환기를 적용한다.

```
corpus = [tokenize(doc) for doc in corpus]
id2word = gensim.corpora.Dictionary(corpus)
vectors = [
    [(token[0], 1) for token in id2word.doc2bow(doc)]
    for doc in corpus
]
```

원핫 인코딩은 문서 수준의 유사성과 차이점을 나타내지만, 모든 단어가 등거리로 렌더링되기 때문에 단어별 유사성을 인코딩할 수 없다. 게다가 모든 단어들이 똑같이 멀기 때문에 단어 형태는 믿을 수 없을 정도로 중요해진다. 토큰은 '적'이나 '자전거'와 같이 관련 없는 토큰과 똑같이 멀어질 것이다! 이번 장의 뒷부분에서 설명할 **어간 추출**이나 **명사화**를 통해 토큰을 단일 단어 클래스로 정규화하면 **복수형, 대소문자, 성별, 집합의 크기**(cardinallity, 농도), **시제** 등을 포함하는 다양한 형식으로 된 토큰을 단일한 벡터 성분으로 취급할 수 있기 때문에 특징공간이 줄어들고 모델의 성능도 높아진다.

용어빈도-역문서빈도

우리가 지금까지 탐구해 온 단어 주머니 표현은 말뭉치의 문맥을 고려하지 않고 독립된 방식으로만 문서를 설명한다. 그런데 문서의 토큰이 다른 문서의 빈도와 비교해 상대도수가 높은지, 즉 상대적 빈도가 높은지를 고려하는 접근 방식이 더 낫다. 의미가 문서에서 더 희박한 용어로 인코딩될 가능성이 높다는 것이 핵심적인 통찰이다. 예를 들어, 스포츠 텍스트의 말뭉치에서 야구를 다루는 문서에는 '심판', '베이스' 및 '덕아웃'과 같은 토큰이 자주 표시되는 반면, 말뭉치 전체에 자주 나타나는 다른 토큰인 '뛴다'나 '점수' 또는 '플레이'는 덜 중요하다.

---

11 [옮긴이] 컴프리헨션이란 파이썬에서 리스트나 집합(set) 같은 자료구조를 일일이 나열하는 대신에 해당 자료구조를 생성하는 수식을 표현한 문장을 가리킨다. 그러므로 리스트 컴프리헨션이란 '리스트를 나열하는 대신에 리스트를 함축해서 나타낸 문'이란 뜻으로서 줄이면 '리스트 함축문'이라고 부를 수 있을 것이다. 다만 아직까지는 그냥 '리스트 컴프리헨션'이라고 부르거나 아니면 '리스트 축약'이라는 식으로 부르기도 한다.

용어빈도-역문서빈도(TF-IDF, term frequency-inverse document frequency) 방식 인코딩은 나머지 말뭉치와 관련해 문서에서 토큰의 빈도를 표준화한다. 이 인코딩 방식은 그림 4-4와 같이 특정 사례와 매우 관련이 있는 용어를 강조한다. 여기서 studio라는 토큰은 이 문서에만 표시되기 때문에 이 문서와의 관련성이 높다.

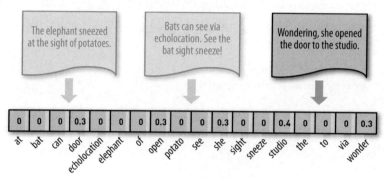

그림 4-4 TF-IDF 인코딩

TF-IDF는 용어 단위로 계산되어, 문서에 대한 토큰의 관련성은 문서 내의 용어의 크기 조정 빈도에 의해 측정되고, 전체 말뭉치의 크기 조정 빈도의 역수로 정규화된다.

TF-IDF 계산

문서에서 주어진 용어의 용어빈도 $tf(t, d)$는 부울 빈도(원핫코딩에서와 같이, t가 d에 출현했다면 1로 하고 그렇지 않다면 0으로 함), 또는 횟수(count)가 될 수 있다. 그러나 일반적으로 용어빈도와 역문서빈도는 다른 용어와 비교해 훨씬 더 자주 나타나는 더 긴 문서나 용어의 편향을 방지하기 위해 대수적 크기로 조정된다.

$$tf(t, d) = 1 + \log f_{t, d}$$

마찬가지로 문서 집합이 주어지는 용어의 역문서빈도는 다음과 같이 대수적 크기에 맞게 조정될 수 있는데

$$idf(t, D) = \log 1 + \frac{N}{n_t}$$

여기서 N은 문서의 개수이고 n_t는 모든 문서에서 용어 t의 발생 횟수다. 그런 다음에 TF-IDF는

$$tfidf(t, d, D) = tf(t, d) \cdot idf(t, D) \text{ 로 완전하게 계산된다.}$$

idf에 대한 로그 함수의 비율이 1보다 크거나 같기 때문에 TF-IDF 점수는 항상 0보다 크거나 같다. 우리는 점수가 TF-IDF 점수가 1에 가까울수록 해당 용어가 더 유익하다는 것을 의미한다고 해석한다. 점수가 0에 가까울수록 용어가 덜 유익하다.

NLTK를 사용해

NLTK를 사용해 이런 식으로 텍스트를 벡터화하려면 텍스트 리스트 또는 하나 이상의 텍스트로 구성된 말뭉치의 래퍼인 TextCollection 클래스를 사용한다. 이 클래스는 **세기**(couting), **일치화**(concordancing), **병치 발견**(collocation discovery) 및 더 중요한 컴퓨팅 tf_idf를 지원한다.

TF-IDF는 전체 말뭉치를 필요로 하기 때문에 새로운 버전의 **vectorize**는 단일 문서가 아니라 모든 문서를 허용한다. 토큰화 함수를 적용하고 텍스트 컬렉션을 작성한 후에는 함수가 말뭉치의 각 문서를 검토하고, 용어가 키이고 해당 값이 특정 문서의 용어에 대한 TF-IDF 점수인 딕셔너리를 생성한다.

```python
from nltk.text import TextCollection

def vectorize(corpus):
    corpus = [tokenize(doc) for doc in corpus]
    texts = TextCollection(corpus)

    for doc in corpus:
        yield {
            term: texts.tf_idf(term, doc)
            for term in doc
        }
```

사이킷런에서

사이킷런은 TF-IDF 점수로 문서를 벡터화하기 위해 feature_extraction.text라는 모듈에서 TfidfVectorizer라는 **변환기**(transformer)를 제공한다. 그 이면에서 TfidfVectorizer는 토큰 출현 횟수를 세기 위해 단어 주머니를 인코딩하는 데 사용한 CountVectorizer라는 **추정기**(estimator)를 사용하며, 그 다음 TfidfTransformer를 사용하여 이러한 발생 횟수를 역문서빈도에 의해 정규화한다.

TfidfVectorizer에 대한 입력은 파일 이름, 파일 유사 개체 또는 CountVectorizer와 비슷한 원시 문서 모음이 포함된 문자열로 구성된다. 따라서 다른 함수가 지정되지 않으면 기본 토큰화 및 전처리 메서드가 적용된다. 벡터라이저는 ((doc, term), tfidf) 형태로 희소 행렬 표현을 반환한다. 여기서 각 키는 문서 및 용어 쌍이고 값은 TF-IDF 점수다.

```python
from sklearn.feature_extraction.text import TfidfVectorizer

tfidf  = TfidfVectorizer()
corpus = tfidf.fit_transform(corpus)
```

Gensim 방식

Gensim에서 TfidfModel 자료구조는 용어 및 벡터 위치를 관찰된 순서대로 사상하는 것을 저장하지만, 요구에 따라 문서를 벡터화할 수 있도록 해당 용어의 말뭉치 빈도를 저장한다는 점에서 Dictionary 객체와 유사하다. 이전과 마찬가지로 Gensim은 토큰 목록들로 구성된 리스트인 말뭉치를 예상해 자체 토큰화 방법을 적용할 수 있다. 우리는 먼저 어휘를 구성하고 이것을 사용해 정규화된 역문서빈도를 계산하는 TfidfModel을 인스턴스화한다. **lexicon(용어집)**을 사용해 각 문서에 doc2bow 메서드를 적용한 후 딕셔너리와 비슷한 구문 형식을 띠는 **getitem**을 사용해 각 벡터에 대한 TF-IDF 표현을 가져올 수 있다.

```
corpus  = [tokenize(doc) for doc in corpus]
lexicon = gensim.corpora.Dictionary(corpus)
tfidf   = gensim.models.TfidfModel(dictionary=lexicon, normalize=True)
vectors = [tfidf[lexicon.doc2bow(doc)] for doc in corpus]
```

Gensim은 문서를 압축 형식으로 디스크에 작성하는 도우미 함수를 제공하므로 나중에 TF-IDF 모델과 딕셔너리를 디스크에 저장해 나중에 새 문서를 벡터화하기 위해 적재할 수 있다. 사이킷런과 더불어 **pickle** 모듈을 사용해 같은 결과를 얻을 수 있다(작업 분량이 약간 더 많음). Gensim 모델을 디스크에 저장하려면 다음처럼 한다.

```
lexicon.save_as_text('lexicon.txt', sort_by_word=True)
tfidf.save('tfidf.pkl')
```

이렇게 하면 용어집이 텍스트로 분리된 텍스트 파일로 사전순으로 정렬되고, TF-IDF 모델은 피클링 처리를 한(즉, 절인) 희소 행렬로 저장된다. Dictionary 객체는 save 메서드를 사용해 바이너리 형식으로 간단하게 저장할 수 있지만, save_as_text를 사용해 저장해 두면 나중에 어떤 작업을 해야 할 때일지라도 딕셔너리를 쉽게 살펴볼 수 있다. 디스크에서 모델을 적재하려면 다음과 같이 한다.

```
lexicon = gensim.corpora.Dictionary.load_from_text('lexicon.txt')
tfidf = gensim.models.TfidfModel.load('tfidf.pkl')
```

TF-IDF의 한 가지 이점은 **불용어(stopwords)**, 즉 말뭉치의 모든 문서에 나타날 가능성이 가장 높은 단어(예: 'a', 'the', 'of' 등)와 관련된 문제를 자연스럽게 해결함으로써 이 인코딩 체계하에서 가중치를 아주 적게 써도 되게 한다. 이것은 TF-IDF 모델을 아주 희소한 단어로 편향시킨다. 결과적으로 TF-IDF는 단어 주머니 모델에 널리 사용되며, 대부분의 텍스트 분석을 위한 훌륭한 출발점이다.

분산 표현

빈도 인코딩, 원핫 인코딩 및 TF-IDF 인코딩을 사용하면 문서를 벡터 공간에 배치할 수 있지만, 같은 벡터 공간이라는 맥락에 맞춰 문서 간의 유사성을 인코딩하는 것이 종종 유용하다. 불행히도 이러한 벡터화 방법을 쓰게 되면 **음이 아닌 원소**(non-negative elements)가 포함된 문서 벡터가 생성된다. 이로 인해 용어를 서로 공유하지 않는 문서끼리는 비교할 수 없게 된다 (말뭉치들 간의 거리가 1인 두 벡터가 멀리 떨어져 있다고 간주되기 때문에 의미상 유사하다).

애플리케이션의 맥락에서 문서 유사성이 중요할 때는 그림 4-5와 같이 분산된 표현에 맞춰 연속된 스케일로 텍스트를 인코딩한다. 이것은 결과로 나온 문서 벡터가 토큰 위치에서 토큰 점수로의 단순 사상(mapping)이 아니라는 것을 의미한다. 대신 문서는 단어 유사성을 나타내기 위해 **매장된**(embedded)[12] 특징공간에 표시된다. 이 공간의 복잡성(및 결과 벡터 길이)은 해당 표현에 대한 사상을 학습한 방법의 산물이다. 이 공간의 복잡성(및 결과 벡터 길이)은 표현이 어떻게 훈련되고 직접 문서 자체에 묶여 있지 않은지에 따라 달라진다.

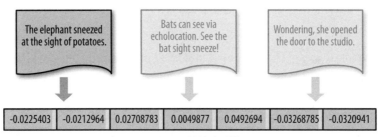

그림 4-5 **분산된 표현**

Tomáš Mikolov가 이끄는 구글 연구원 팀이 만든 word2vec은 이러한 종류의 **분산 표현**을 만들 수 있는 **단어 매장**(word embedding) 모델을 구현한다. word2vec 알고리즘은 **연속 단어 주머니**(CBOW, continuous bag-of-words), 즉 **스킵그램**(skip-gram) 모델을 기반으로 단어 표현을 훈련한다. 이렇게 하면 단어가 맥락상 유사한 단어와 서로 함께 공간에 매장된다. 예를 들어, Gensim의 구현은 **피드포워드 망**(feedforward network, '전방전달 네트워크' 또는 '전방전달 신경망')을 사용한다.

---

12 옮긴이 embedding이란 수학적 공간에 무언가를 사상(mapping)하는 행위를 말하기도 하고(이럴 때는 '묻기'라고도 부름), 그런 행위 끝에 형성된 매장 공간 그 자체(이럴 때는 '매장지'라고 불러야 하지만 그렇게 부르는 경우는 거의 없음. '단어 주머니'가 대표적인 매장 공간에 해당함)를 말하기도 한다. IT 분야에서는 그냥 '임베딩'이라고 표현하는 경우가 많은데(역자도 어떤 책에서는 출판사의 요청에 따라 '임베딩'으로 번역했다), 이런 경우에 '삽입'으로 오해하는 경우도 생기므로 이 책에서는 그 개념을 제대로 전달하기 위해 수학 용어인 '매장'으로 번역했다.

doc2vec[13] 알고리즘은 word2vec의 확장이다. 가변 길이 문서에서 고정 길이 특징 표현을 학습하는 지도되지 않은 알고리즘인 **단락 벡터**(paragraph vector)를 제안한다. 이 표현은 'red'와 'colorful'이 'river' 또는 'governance'보다 서로 유사하도록 단어의 의미적 속성을 물려받는다. 또한, 단락 벡터는 엔그램 모델과 유사하게 좁은 환경에서 단어의 순서를 고려한다. 결합된 결과는 단어 주머니 또는 엔그램 주머니(bag-of-n-grams) 모델보다 훨씬 더 효과적이며 일반적이고 치수가 낮지만, 여전히 고정 길이이므로 일반 머신러닝 알고리즘에 사용할 수 있다.

Gensim 방식

NLTK나 사이킷런 모두 이러한 종류의 단어 매장에 대한 구현을 제공하지 않는다. Gensim의 구현을 통해 사용자는 맞춤형 컴퓨터에서 word2vec 및 doc2vec 모델을 모두 훈련할 수 있으며, 구글 뉴스 말뭉치에서 사전 모델링을 한 모델을 편리하게 사용할 수 있다.

 Gensim의 사전 훈련 모델을 이용하려면 1.5GB에 이르는 모델을 담은 빈(bin) 파일을 내려받아야 한다. AWS 람다 인스턴스에서 실행해야 하는 경우처럼 의존성이 아주 작아야 하는 애플리케이션에서는 실용적이지 않을 수 있다.

우리는 우리가 만든 모델을 다음과 같이 훈련할 수 있다. 첫째, 리스트 컴프리헨션(즉, 리스트 함축문)을 사용해 말뭉치를 메모리에 적재한다(Gensim은 스트리밍을 지원하지만 생성기가 고갈되는 것을 피할 수 있다). 다음으로, LabeledSentence를 확장한 TaggedDocument 객체 리스트를 작성하고 word2vec의 분산 표현을 작성한다. TaggedDocument 객체는 **단어**(words)와 **태그**(tags)로 구성된다. 인스턴스를 고유하게 식별하는 하나의 태그와 함께 토큰 목록으로 태그가 지정된 문서를 인스턴스화할 수 있다. 이 예제에서는 각 문서를 "d{}".format(idx)로 레이블을 붙였다(예: d0, d1, d2 등).

일단 우리에게 태그가 지정된 문서 리스트가 있게 되면 우리는 Doc2Vec 모델을 인스턴스화하고 벡터의 크기 및 최소 카운트를 지정하게 되는데, 이 값은 해당 숫자보다 작은 빈도를 보이는 모든 토큰을 무시한다. size 파라미터는 일반적으로 차원이 5일 정도로 낮지는 않다. 우리는 그저 예를 들기 위해서 이렇게 작은 값을 선택했을 뿐이다. 또한, 모든 토큰을 고려하기 위해 우리는 min_count 파라미터를 0으로 설정했지만, 일반적으로 이 값은 모델에서 포착해야 하는 정보의 양에 따라 3~5로 설정된다. 일단 인스턴스화되면 비지도학습 방식 신경망은 벡터 표현을 배우도록 훈련되고, docvecs 특성을 통해 액세스할 수 있다.

---

13   Quoc V. Le and Tomas Mikolov, Distributed Representations of Sentences and Documents, (2014) http://bit.ly/2GJBHjZ

```
from gensim.models.doc2vec import TaggedDocument, Doc2Vec

corpus = [list(tokenize(doc)) for doc in corpus]
corpus = [
    TaggedDocument(words, ['d{}'.format(idx)])
    for idx, words in enumerate(corpus)
]

model = Doc2Vec(corpus, size=5, min_count=0)
print(model.docvecs[0])
# [ 0.01797447 -0.01509272 0.0731937 0.06814702 -0.0846546 ]
```

TF-IDF 모델을 적절하게 사용하면 분산 표현으로 인해 결과가 크게 좋아진다. 모델 자체를 디스크에 저장하고 활성 방식으로 다시 훈련해 다양한 사용 사례에 대해 매우 유연하게 만들 수 있다. 그러나 규모가 큰 말뭉치에서는 학습이 느리고 메모리 집약적일 수 있으며, **주성분 분석**(PCA, principal component analysis) 또는 **특잇값 분해**(SVD, singular value decomposition)를 적용한 TF-IDF 모델이 특징공간을 줄이기 위해 적용된 것처럼 좋지 않을 수 있다. 그러나 결국 이 표현은 최근 몇 년간 데이터 제품의 텍스트 처리 기능을 획기적으로 향상시킨 획기적인 작업이다.

다시 말하지만, 벡터화 기법(라이브러리 구현은 물론)의 선택은 표 4-1에 요약된 것처럼 사용 사례 및 애플리케이션에 따라 달라지는 경향이 있다.

표 4-1 텍스트 벡터화 방법 개요

벡터화 방법	함수	용도	고려할 점
빈도	용어빈도를 센다	베이즈 모델	빈도가 높은 단어는 대부분 정보성이 높지 않다
원핫 인코딩	용어 출현을 이진화(0, 1)	신경망	모든 단어들이 등거리이므로 추가 정규화가 중요하다
TF-IDF	문서들에 걸쳐 용어빈도들을 정규화한다	일반적인 용도	알맞게 자주 사용하는 용어일지라도 문서 토픽들을 대표하지 않을 수 있다
분산 표현	맥락 기반 연속적인 용어 유사도 인코딩	더 복잡한 관계를 모델링	성능에 집중, 추가 도구(예: 텐서플로)가 없이 확장하기 어렵다

이번 장의 후반부에서 우리는 사이킷런 파이프라인 객체를 탐구할 것이며, 이는 나중에 모델링을 한 문구와 함께 벡터화를 간소화할 수 있게 해준다. 따라서 우리는 종종 사이킷런 API를 준수하는 벡터라이저를 선호하기도 한다. 다음 절에서는 API가 어떻게 구성되는지 논의하고 벡터화를 완전한 파이프라인에 통합해 완전히 작동하는 (그리고 맞춤식!) 텍스트 머신러닝 애플리케이션의 핵심을 구성하는 방법을 보여 준다.

사이킷런 API

사이킷런은 SciPy(과학용 도구의 일종)의 확장판으로, 머신러닝 알고리즘은 물론 성공적인 모델링에 필요한 도구 및 유틸리티를 제공하는 것이 주된 목적이다. 가장 큰 기여를 한 것은 다양한 모델군의 구현을 단일 사용자 친화적인 인터페이스로 제공하는 '머신러닝용 API'다. 결과적으로 사이킷런은 엄청난 양의 다양한 모델을 동시에 훈련하고 평가하고 비교한 다음 적합된 모델을 활용해 새로운 데이터를 예측하는 데 사용할 수 있다. 사이킷런은 표준화된 API를 제공하기 때문에 노력을 그다지 많이 기울이지 않고도 이 작업을 수행할 수 있으며, 코드 몇 줄만 교체하면 모델을 프로토타이핑하고 평가할 수 있다.

BaseEstimator 인터페이스

API 자체는 객체 지향적이며 다양한 머신러닝 작업을 위한 인터페이스의 계층 구조를 설명한다. 계층 구조의 루트는 Estimator(추정기)이며, 데이터에서 학습할 수 있는 객체다. 기본 Estimator 객체들은 분류기, 회귀 분석기 또는 군집화 알고리즘을 구현한다. 그뿐만 아니라 차원성을 축소하는 일로부터 원시 데이터의 특징을 추출하는 일에 이르기까지, 데이터를 광범위하게 다룰 수 있게 해 준다. Estimator는 본질적으로 인터페이스 역할을 하며 Estimator 기능을 구현하는 클래스는 다음과 같은 두 가지 메서드(fit 및 predict)를 가져야 한다.

```
from sklearn.base import BaseEstimator

class Estimator(BaseEstimator):

    def fit(self, X, y=None):
        """
        입력 데이터 X와 선택 대상 표적 데이터 y를 받아들인다. self를 반환한다.
        """
        return self

    def predict(self, X):
        """
        입력 데이터 X를 받아들이고 각 행에 대한 예측 벡터를 반환한다.
        """
        return yhat
```

Estimator.fit 메서드는 학습 데이터 X 및 y를 기반으로 추정기의 상태를 설정한다. 훈련 데이터 X는, 예를 들어 2차원 NumPy 모양 배열 (n_samples, n_features) 또는 행이 사례이고 열이 특징인 판다스(Pandas) 데이터프레임 등에서도 볼 수 있는, 행렬과 유사할 것으로 예상

된다. 또한, 지도된 추정기는 정확한 레이블을 부착하는 1차원 NumPy 배열(y)을 갖추고 있다. 적합 과정은 예측을 수행할 준비가 되었거나 예측할 수 있도록 추정기의 내부 상태를 수정한다. 이 상태는 대개 밑줄(예: Estimator.coefs_)이 뒤에 붙는 인스턴스 변수에 저장된다. 이 메서드는 내부 상태를 변경하기 때문에 자체 메서드를 리턴할 수 있다.

Estimator.predict 메서드는 모델의 내부 상태를 새 데이터 X에 사용해 예측을 작성한다. 메서드에 대한 입력은 fit에 전달된 학습 데이터와 같은 수의 열을 가져야 하며, 예측이 필요한 만큼의 행을 지닐 수 있다. 이 메서드는 입력 데이터의 각 행에 대한 예측을 포함하는 벡터를 반환한다.

 확장 사이킷런의 BaseEstimator는 자동으로 Estimator에 fit_predict 메서드를 제공해 하나의 간단한 호출에서 적합화와 예측을 결합할 수 있도록 한다.

Estimator 객체들에는 적합화 과정 수행 방법을 정의하는 파라미터(하이퍼파라미터라고도 함)가 있다. 이 파라미터는 Estimator가 인스턴스화될 때 설정되고(지정하지 않으면 적절한 기본값으로 설정됨) BaseEstimator라는 슈퍼 클래스에서 사용할 수 있는 get_param 메서드와 set_param 메서드로 수정할 수 있다.

우리는 추정기의 패키지와 유형을 지정해 사이킷런 API를 사용한다. 여기서 우리는 나이브 베이즈(naive Bayes) 모델군과 해당 계열의 특정 구성 요소인 다항 모델(텍스트 분류에 적합함)을 선택한다. 이 모델은 클래스가 인스턴스화되고 하이퍼파라미터가 전달될 때 정의된다. 여기서 우리는 두 개의 클래스 각각에 대한 **사전 확률(a prior probabilities)**뿐만 아니라 **가법 평활화(additive smoothing, 라블라스 평활화)**에 사용되는 **알파(alpha, 평활 계수 중의 하나)** 파라미터를 전달한다. 이 모델은 특정 데이터(문서 및 레이블)에 대해 훈련을 받게 되며 그 시점에서 적합 모델이 된다. 이 기본 사용법은 랜덤 포레스트(random forest, 임의의 숲)와 결정 트리로 구성된 앙상블에서 로지스틱 회귀에 이르기까지, 사이킷런의 모든 추정기에서 같다.

```
from sklearn.naive_bayes import MultinomialNB

model = MultinomialNB(alpha=0.0, class_prior=[0.4, 0.6])
model.fit(documents, labels)
```

TransformerMixin 확장

사이킷런은 머신러닝을 반복적으로 수행하는 유틸리티를 지정한다. Transformer 인터페이스를 다루지 않고는 사이킷런에 관해서 논의하기 어렵다. Transformer는 적합화 과정에서 배운 규칙을 기반으로 이전 데이터셋에서 새 데이터셋을 생성하는 특수 유형의 Estimator다. 인터페이스는 다음과 같다.

```python
from sklearn.base import TransformerMixin

class Transfomer(BaseEstimator, TransformerMixin):

    def fit(self, X, y=None):
        """
        입력 데이터 X에 근거하여 어떻게 변환할지를 학습한다.
        """
        return self

    def transform(self, X):
        """
        X를 신규 데이터셋인 Xprime으로 변환해 반환한다.
        """
        return Xprime
```

Transformer.transform 메서드는 데이터셋을 가져와서 변환 과정에 기반한 새 값을 지닌 새 데이터셋 X'를 반환한다. 특징을 정규화하거나 크기를 조정하거나 결측값을 대치하거나, 차원성 축소를 수행하거나, 특징을 추출하고 선택하거나, 한 특징공간에서 다른 특징공간으로의 사상을 수행하는 변환기를 포함해 사이킷런에는 몇 가지 변환기가 포함된다.

NLTK, Gensim 및 SpaCy와 같은 새로운 텍스트 분석 라이브러리에는 고유한 내부 API 및 학습 메커니즘이 있지만, 사이킷런 모델 및 시스템 학습 방법론의 범위와 포괄성은 모델링 작업흐름의 필수 요소다. 결과적으로 API를 사용해 NLTK 및 Gensim의 메서드를 구현하는 Transformer 객체 및 Estimator 객체를 생성하는 것이 좋다. 예를 들어, Gensim의 LDA 및 LSA 모델(현재 사이킷런에는 포함되어 있지 않음)을 포장하거나 NLTK의 품사 태깅 및 **이름 있는 엔터티 청킹 방법**(named entity chunking methods)[14]을 사용하는 변환기를 작성하는 토픽 모델링 추정기들을 만들 수 있다.

---

14 옮긴이 named entity recognition은 '개체명 인식'이라고 불리지만, 여기 나오는 named entity에 대한 번역어가 마땅한 것이 없어 '이름 있는 엔터티'라는 말을 만들었다. '이름이 부여된 엔터티', '이름이 지정된 엔터티' 정도로 생각하면 된다.

사용자 정의 Gensim 벡터화 변환기 만들기

Gensim의 벡터화 기술은 흥미로운 사례 연구 대상이다. Gensim 말뭉치들(gensim.corpora)은 파이프라인에서 분리된 상태로 디스크에 저장되고 적재될 수 있기 때문이다. 어쨌든 이 기술로 Gensim의 벡터화를 사용하는 맞춤형 변환기(transformer)를 빌드할 수 있다. 우리의 GensimVectorizer 변환기는 fit()이 실행되는 동안 생성되고 transform() 중에 doc2bow 방법이 사용되는 Gensim의 Dictionary 객체를 래핑할 것이다. Dictionary 객체(TfidfModel과 같은)를 디스크에서 저장하고 적재할 수 있으므로 변환기는 인스턴스화 시의 경로를 취함으로써 해당 메서드를 사용한다. 해당 경로에 파일이 있으면 즉시 적재된다. 또한, save() 메서드를 사용하면 딕셔너리를 디스크에 쓸 수 있으며, 이 디스크는 fit()에서 사용할 수 있다.

fit() 메서드는 이미 토큰화되고 정규화된 문서를 Dictionary 생성자에 전달해 Dictionary 객체를 생성한다. Dictionary가 디스크에 즉시 저장되므로 다시 적합하게 하지 않은 채로 변환기를 적재할 수 있다. transform() 메서드는 Dictionary.doc2bowmethod를 사용하며, 문서의 **희박**(sparse, 희소)한 표현을 (token_id, frequency) 튜플 리스트로 반환한다. 그러나 이 표현이 사이킷런에는 적절하지 않을 수 있으므로 우리는 Gensim 도우미 함수인 sparse2full을 사용해 희박 표현을 NumPy 배열로 변환한다.

```
import os
from gensim.corpora import Dictionary
from gensim.matutils import sparse2full

class GensimVectorizer(BaseEstimator, TransformerMixin):

    def __init__ (self, path=None):
        self.path = path
        self.id2word = None
        self.load()

    def load(self):
        if os.path.exists(self.path):
            self.id2word = Dictionary.load(self.path)

    def save(self):
        self.id2word.save(self.path)

    def fit(self, documents, labels=None):
        self.id2word = Dictionary(documents)
        self.save()
            return self

    def transform(self, documents):
```

```
for document in documents:
    docvec = self.id2word.doc2bow(document)
    yield sparse2full(docvec, len(self.id2word))
```

이번 장의 앞 부분에서 설명한 벡터화 방법론을 사이킷런 변환기로 감쌀 수 있는 방법을 쉽게 알 수 있다. 이를 통해 우리가 취한 접근 방식에 더 많은 유연성을 제공하면서 동시에 각 라이브러리에서 머신러닝용 도구를 활용할 수 있게 되었다. 이 예제를 확장하고 같은 방식으로 구현된 TF-IDF 및 분산 표현 변환기를 조사하는 일은 독자 여러분의 몫으로 남긴다.

맞춤형 텍스트 정규화 변환기 만들기

많은 모델군은 '차원의 저주'로 고통을 받는다. 특징공간의 차원이 증가함에 따라 데이터는 기본 의사 결정 공간 내에서 더 희박해질 뿐만 아니라 그만큼 정보성이 더 사라지게 된다. **텍스트 정규화**로 차원 수를 줄이면 희박성이 줄어 든다. 구두점과 불용어를 제거하는 간단한 토큰 필터링 외에도 텍스트 정규화에는 두 가지 기본 방법이 있다. **어간 추출**(stemming) 및 **표제어 추출**(lemmatization)이 바로 그것이다.

어간 추출 시에는 일련의 규칙(또는 모델)을 사용해 문자열을 더 작은 하위 문자열로 자른다. 단어의 의미를 바꾸는 **접사**(affixes), 그중에서도 특히 **접미사**(suffixes)를 제거하는 것이 목표다. 예를 들어, 라틴어족 언어에서 복수형을 가리키는 's' 또는 'es'를 제거하는 식이다. 한편, 표제어 추출 시에는 사전을 사용해 모든 토큰을 찾아 본 다음에 사전에서 **표제어**(lemma)라고 부르는 표준 '머리(head)'를 반환한다.[15] **실측치**(ground truth)[16]에서 토큰을 찾고 있기 때문에 불규칙한 경우도 처리할 수 있을 뿐 아니라 품사가 서로 다른 토큰도 처리할 수 있어야 한다. 예를 들어, 'gardening'이라는 동사는 'to garden'으로 표제어 추출되어야 하고, 'garden'과 'gardener'는 서로 다른 표제어다. 어간 추출을 통해 우리는 이러한 모든 토큰을 단일한 토큰인 'garden'으로 파악해 내야 한다.

어간 추출 및 표제어 추출에는 장단점이 있다. 단어 문자열을 쪼개기만 하면 되므로 어간 추출이 더 빠르다. 반면에 표제어 추출을 하려면 사전이나 데이터베이스를 검색해야 하고, 품사 태그를 사용해 단어의 어근(root)이 되는 표제어를 식별해야 하므로 어간 추출보다 눈에 띄게 느려지지만, 더 효과적이다.

---

15 [옮긴이] 즉, 단어의 왼쪽 편을 말하며, 한국어라면 형태소 분석 시에 변하지 않은 왼쪽 부분을 말한다. 오른쪽 부분을 꼬리(tail)라고 한다.

16 [옮긴이] 여기서는 '실제로 사용하는 용어'를 의미한다.

체계적인 방식으로 텍스트 정규화를 수행하기 위해 우리는 이러한 조각들을 함께 묶는 사용자 정의 변환기를 작성할 것이다. 우리의 TextNormalizer 클래스는 NLTK 말뭉치에서 적절한 불용어를 적재하는 데 사용되는 언어를 입력으로 사용한다. 우리는 또한 어간 추출과 표제어 추출 중 한 가지를 선택해서 쓸 수 있고, 언어를 SnowballStemmer로 전달할 수 있게 TextNormalizer에 대해 사용자 정의를 할 수 있다. 추가 토큰을 걸러 내기 위해 우리는 두 가지 메서드를 만든다. 첫 번째로 is_punct()는 토큰의 모든 문자가 'P'로 시작하는 유니코드 범주를 가지는지 확인한다(구두점용). 두 번째로 is_stopword()는 토큰이 불용어 집합에 속하는지 결정한다.

```
import unicodedata
from sklearn.base import BaseEstimator, TransformerMixin

class TextNormalizer(BaseEstimator, TransformerMixin):

    def __init__(self, language='english'):
        self.stopwords  = set(nltk.corpus.stopwords.words(language))
        self.lemmatizer = WordNetLemmatizer()

    def is_punct(self, token):
        return all(
            unicodedata.category(char).startswith('P') for char in token
        )

    def is_stopword(self, token):
        return token.lower() in self.stopwords
```

그런 다음에 (토큰, 태그) 꼴로 된 튜플들의 리스트인 문장 목록으로 구성된 단일 문서를 취하는 normalize() 메서드를 추가할 수 있다. 여기서 튜플이란 3장에서 원시 HTML을 전처리할 때 사용한 형식이다.

```
    def normalize(self, document):
        return [
            self.lemmatize(token, tag).lower()
            for paragraph in document
            for sentence in paragraph
            for (token, tag) in sentence
            if not self.is_punct(token) and not self.is_stopword(token)
        ]
```

이 메서드는 필터링 함수들을 적용해 원하지 않는 토큰을 제거한 다음, 이를 선별(filtering)한다. lemmatize() 메서드는 기본적으로 nltk.pos_tag 함수의 기본 태그인 Penn Treebank 품사 태그를 WordNet 태그로 변환해 기본적으로 명사를 선택한다.

```python
def lemmatize(self, token, pos_tag):
    tag = {
        'N': wn.NOUN,
        'V': wn.VERB,
        'R': wn.ADV,
        'J': wn.ADJ
    }.get(pos_tag[0], wn.NOUN)

    return self.lemmatizer.lemmatize(token, tag)
```

마지막으로, Transformer 인터페이스를 추가해야 이 클래스를 사이킷런 파이프라인에 추가할 수 있다. 다음 절에서 살펴보겠다.

```python
def fit(self, X, y=None):
    return self

def transform(self, documents):
    for document in documents:
        yield self.normalize(document)
```

텍스트 정규화는 하나의 방법론에 불과할 뿐 아니라 NLTK를 매우 많이 사용하므로 애플리케이션에 불필요한 부하가 추가될 수 있다. 텍스트 정규화가 아닌 다른 선택지에는 불용어를 제거하고 처음 5천~1만 개의 가장 일반적인 단어만 선택하기 위한 특정 개수 문턱값 위 또는 아래에 나타나는 토큰 제거가 포함될 수 있다. 또 다른 선택지는 단순히 누적 빈도를 계산하고 **누적 빈도분포**(cumulative frequency distribution)의 10~50%를 포함하는 단어만 선택하는 것이다. 이러한 메서드를 사용하면 빈도가 아주 낮은 하팍스(hapax, 한 번만 나타나는 용어)와 가장 일반적인 단어를 모두 무시할 수 있어 말뭉치에서 가장 잠재적으로 예측 가능한 용어를 식별할 수 있다.

 텍스트 정규화 활동은 선택적이어야 하며, 정보가 제거된다는 점에서 작업이 파괴적이므로 주의해서 적용해야 한다. 대소문자, 구두점, 불용어 및 다양한 단어 구성은 모두 언어를 이해하는 데 중요하다. 일부 모델에는 대소문자와 같은 표시자(indicators)가 필요할 수 있다. 예를 들어, 개체명 인식 분류기에서는 영어를 처리할 때 고유명사가 대문자로 표기된다.

대안으로 주성분 분석이나 특잇값 분해로 차원성 축소를 수행해 단어 빈도에 따라 특정 차원(예: 5천 차원에서 1만 차원)으로 특징공간을 축소할 수 있다. 이러한 변환기는 벡터 변환기에 이어 적용되어야 하며, 같은 벡터 공간에 유사한 단어를 병합하는 효과가 있다.

파이프라인

머신러닝 과정에서는 종종 원시 데이터에 일련의 변환기들을 결합해 마지막 추정기의 **fit** 메서드에 전달될 때까지 각 단계에서 데이터셋을 변환한다. 그러나 우리가 똑같은 방법으로 문서를 벡터화하지 않으면 잘못되거나 적어도 이해할 수 없는 결과를 초래할 것이다. 사이킷런의 **pipeline** 객체는 이러한 딜레마에 대한 해결책이다.

pipeline 객체를 사용하면 정규화, 벡터화 및 특징분석을 하나의 잘 정의된 메커니즘으로 결합하는 일련의 변환기를 통합할 수 있다. 그림 4-6에서 볼 수 있듯이 **pipeline** 객체는 2장의 **CorpusReader**를 래핑할 객체인 로더(loader, 적재기)에서 특징추출 메커니즘으로 데이터를 이동시켜 최종적으로 예측 모델을 구현하는 추정기 객체로 이동한다. 파이프라인은 복잡하게 분기되고 결합된 경로로 엮어진 변환기들을 단순하게 일직선으로 놓인 사슬 모양이 될 수 있게 하는 유향 비순환 그래프(DAG, Directed Acyclic Graph)다.

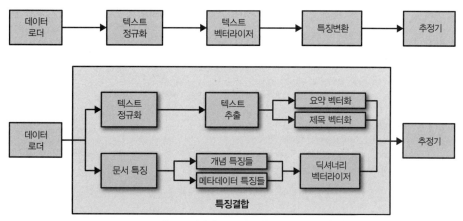

그림 4-6 텍스트 벡터화 및 특징추출을 위한 파이프라인

파이프라인의 기초

pipeline의 목적은 고정된 일련의 단계를 나타내는 여러 추정기를 하나의 장치가 되게 연결하는 데 있다. 마지막 추정기를 제외한 파이프라인의 모든 추정기는 변환기, 즉 **transform** 메서드를 구현해야 하며, 마지막 추정기는 예측 추정기를 포함해 모든 유형이 될 수 있다. 파이프라인은 편의성을 제공한다. **fit**과 **transform**은 한 번에 여러 객체에 한 번만 입력하면 되도록 하기 위해 호출될 수 있다. 파이프라인은 여러 추정기를 동시에 검색할 수 있는 단일 인

터페이스를 제공한다. 가장 중요한 점은 파이프라인이 벡터화 방법론과 예측 모델을 결합해 텍스트 모델에 **조작화**(operationalization)[17]를 할 수 있게 한다는 점이다.

파이프라인은 (키, 값) 쌍으로 된 리스트를 서술함으로써 구성된다. 여기서 키는 단계의 이름을 지정하는 문자열이고 값은 추정기 객체다. 파이프라인은 make_pipeline 도우미 함수를 사용해 만들 수 있다. 이 함수는 자동으로 각 단계(steps)의 이름을 결정하거나 직접 지정해 만든다. 일반적으로 좋은 사용자 문서를 제공하기 위해 단계를 직접 지정하는 것이 좋지만, make_pipeline은 자동 파이프라인 구성에 더 자주 사용된다.

pipeline 객체들은 사이킷런에 특정된 유틸리티이지만, NLTK 및 Gensim과의 중요한 통합 지점이기도 하다. 다음은 베이즈 모델 이전에 마지막 절에서 작성한 TextNormalizer와 GensimVectorizer를 함께 조인하는 예제다. 이번 장의 앞부분에서 설명한 Transformer API를 사용하면 우리는 NLTK CorpusReader 개체를 래핑하고 전처리 및 언어 자질을 추출하는 일을 수행하기 위해 TextNormalizer를 이용할 수 있다. GensimVectorizer는 벡터화를 담당하고, 사이킷런은 교차 검증과 같은 파이프라인, 유틸리티 및 나이브 베이즈에서 로지스틱 회귀에 이르는 다양한 모델을 통한 통합을 담당한다.

```python
from sklearn.pipeline import Pipeline
from sklearn.naive_bayes import MultinomialNB

model = Pipeline([
    ('normalizer', TextNormalizer()),
    ('vectorizer', GensimVectorizer()),
    ('bayes', MultinomialNB()),
])
```

파이프라인은 완전한 모델의 단일 인스턴스로 사용될 수 있다. model.fit을 호출하는 일은 각 추정기에 순차적으로 fit을 호출하여 입력을 변환하고 다음 단계로 전달하는 것과 동일하다. fit_transform과 같은 다른 메서드도 유사하게 동작한다. 이 파이프라인에는 파이프라인 내 마지막 추정기가 지닌 모든 메서드가 있다. 마지막 추정기가 변환기라면 파이프라인도 마찬가지다. 위의 예제에서와 같이 마지막 추정기가 분류기라면 파이프라인은 예측 및 점수 메서드를 사용해 전체 모델을 분류기로 사용할 수 있다.

---

17 옮긴이 개념화에 의해 형성된 개념들을 다루기 위한 연구 절차. 조작화에 대해 더 알고 싶다면 조작주의(operationalism)를 찾아보자.

파이프라인의 추정기는 리스트로 저장되며, 인덱스를 통해 액세스할 수 있다. 예를 들어, **model.steps[1]**은 ('vectorizer', GensimVectorizer(path = None))이라는 튜플을 반환한다. 그러나 일반적인 용도는 Pipeline 객체의 named_steps라는 딕셔너리 속성을 사용하여 추정기를 이름별로 식별하는 것이다. 예측 모델에 액세스하는 가장 쉬운 방법은 model.named_steps["bayes"]를 사용해 추정기를 직접 가져오는 것이다.

하이퍼파라미터 최적화를 위한 격자 검색

5장에서 모델 조율과 반복에 대해 더 이야기하겠지만, 지금은 하이퍼파라미터 최적화에 유용한, Pipeline 확장인 GridSearch(격자 검색)를 간단히 소개할 것이다. GridSearch는 단일 객체인 것처럼 파이프라인의 모든 추정기의 파라미터를 수정하도록 구현될 수 있다. 추정기의 속성에 액세스하려면 set_params 또는 get_params라고 하는 파이프라인 메서드를 사용해 추정기 및 파라미터 이름의 겹밑줄 표현을 다음과 같이 사용하자.

```
estimator __parameter
```

우리가 말뭉치에서 적어도 세 번 나타나는 용어만 원핫 인코딩을 한다고 가정해 보자. 우리는 Binarizer를 다음과 같이 수정할 수 있다.

```
model.set_params(onehot threshold=3.0)
```

이 원리를 이용하여 겹밑줄 파라미터 구문을 사용하여 검색 파라미터 격자를 정의함으로써 격자 검색을 실행할 수 있었다. 다음 격자 검색을 고려해 최상의 단일 암호화된 베이즈 텍스트 분류 모델을 결정하자.

```
from sklearn.model_selection import GridSearchCV

search = GridSearchCV(model, param_grid={
    'count analyzer': ['word', 'char', 'char_wb'],
    'count ngram_range': [(1,1), (1,2), (1,3), (1,4), (1,5), (2,3)],
    'onehot threshold': [0.0, 1.0, 2.0, 3.0],
    'bayes alpha': [0.0, 1.0],
})
```

검색은 CountVectorizer라는 분석기 파라미터(단어 경계, 문자 경계 또는 단어 경계 사이에 있는 문자에만 엔그램 생성) 및 엔그램 범위가 토큰화할 수 있는 여러 가지 가능성을 세 가지로 제시한다. 또한, 이진화에 대한 문턱값을 지정한다. 즉, 엔그램이 모델에 포함되기 전에 특정 횟수로 나타나야 함을 의미한다. 마지막으로, 검색은 두 개의 평활 파라미터(bayes_alpha 파라미터)인 평활화 없음(0.0 더함)과 라플라스 평활화(1.0 더함)를 지정한다.

격자 검색은 각 기능의 조합에 대해 모델의 파이프라인을 인스턴스화한 다음, 교차검증을 사용해 모델에 점수를 매기고 최상의 특징결합(이 경우에서는 F1 점수를 최대화하는 조합)을 선택한다.

특징결합을 사용한 특징추출 강화

파이프라인들은 단순한 선형 단계의 시퀀스가 될 필요는 없다. 사실, 그것들은 **특징결합**(feature union)을 구현하다 보면 의도적으로 복잡해질 수 있다. FeatureUnion 객체는 여러 개의 변형 객체를 Pipeline 객체와 비슷한 새로운 단일 변환기로 결합한다. 그러나 각 변환기를 통해 데이터를 순차적으로 적합화하거나 변환하는 대신에 독립적으로 평가되고 결과가 합성 벡터로 **연결된다**(concatenated).

그림 4-7의 예를 생각해 보자. BeautifulSoup 또는 XML 라이브러리를 사용해 HTML을 구문 분석하고 각 문서의 본문을 반환하는 HTML 구문분석기 변환기를 상상해 볼 수 있다. 그런 다음에 엔터티와 키프레이즈(keyphrases, 핵심 어구, 중요 어구)를 각각 문서에서 추출하고 결과를 특징결합에 전달하는 특징공학 단계를 수행한다. 엔터티에서 빈도 인코딩을 사용하는 것은 상대적으로 작기 때문에 더 민감하지만, TF-IDF는 키프레이즈에 더 적합하다. 그런 다음에 특징결합은 결과 벡터 두 개를 연결해 로지스틱 회귀를 앞당기는 의사 결정 공간이 제목의 단어 크기와 본문의 단어 크기를 구분한다.

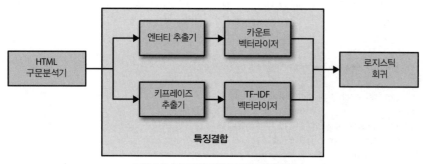

그림 4-7 분기 벡터화를 위한 특징결합

FeatureUnion(특징결합) 객체들은 키가 변환기의 이름이고, 값이 변환기 객체인 (키, 값) 쌍 목록이 있는 Pipeline 객체들과 비슷하게 인스턴스화된다. 자동 파이프라인 또는 생성 파이프라인에 대해 make_pipeline 도우미 함수와 비슷한 방식으로 자동으로 이름을 결정하는 make_union 도우미 함수도 있다. 추정기 파라미터는 같은 방식으로 액세스할 수도 있고, 특징결합에 대한 검색을 구현하려면 특징결합에서 각 변환기의 밑줄을 중첩해서 쓰기만 하면 된다.

위에 언급되어 있지만 구현되지 않은 EntityExtractor(엔터티 추출기) 및 Keyphrase Extractor(키프레이즈 추출기)라는 변환기가 주어지면 다음과 같이 파이프라인을 구성할 수 있다.

```python
from sklearn.pipeline import FeatureUnion
from sklearn.linear_model import LogisticRegression

model = Pipeline([
    ('parser', HTMLParser()),
    ('text_union', FeatureUnion(
        transformer_list = [
            ('entity_feature', Pipeline([
                ('entity_extractor', EntityExtractor()),
                ('entity_vect', CountVectorizer()),
            ])),
            ('keyphrase_feature', Pipeline([
                ('keyphrase_extractor', KeyphraseExtractor()),
                ('keyphrase_vect', TfidfVectorizer()),
            ])),
        ],
        transformer_weights= {
            'entity_feature': 0.6,
            'keyphrase_feature': 0.2,
        }
    )),
    ('clf', LogisticRegression()),
])
```

HTMLParser, EntityExtractor 및 KeyphraseExtractor 객체를 아직은 구현하지 않았지만, 다음 그림에는 나온다. 특징결합은 나머지 파이프라인에 대해 순서대로 적합하게 되지만, 특징결합 내의 각 변환기는 독립적으로(independently) 적합하게 되는데, 이는 각 변환기가 특징결합에 대한 입력과 같은 데이터를 보게 된다는 뜻이다. 변환하는 동안 각 변환기는 병렬로 적용되고 출력되는 벡터는 그림 4-8과 같이 선택적으로 가중치를 부여할 수 있는, 단일한 큰 벡터로 연결된다.

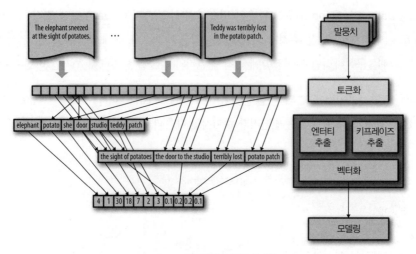

그림 4-8 **특징추출 및 특징결합**

이번 예제에서 우리는 keyphrase_feature 변환기보다 entity_feature 변환기를 더 중시하고 있다. 사용자 지정 변환, 특징결합, 파이프라인을 조합해서 쓰면 믿을 수 없을 만큼 풍부한 특징추출 및 변환을 반복적인 방식으로 정의할 수 있다. 우리의 방법론을 단일 순서로 수집함으로써 우리는 프로덕션 환경에서 예측을 하고 싶을 때 특히 새로운 문서에서 변형을 반복적으로 적용할 수 있다.

결론

이번 장에서는 벡터화 기술에 대한 전반적인 개요를 수행하고 다양한 종류의 데이터와 다양한 머신러닝 알고리즘에 대한 사용 사례를 고려하기 시작했다. 실제로는 현재의 문제를 기반으로 인코딩 체계를 선택하는 것이 가장 좋다. 특정 방법은 특정 작업에 대해 다른 사람들보다 훨씬 우월하다.

예를 들어, 반복적인 신경망 모델이라면 원핫 인코딩을 사용하는 편이 더 좋지만, 텍스트 공간을 나누면 문서 요약, 문서 헤더, 본문 등을 위한 복합 벡터를 만들 수 있다. 빈도 인코딩은 정규화되어야 하지만, 다른 유형의 빈도 인코딩은 베이즈 모델과 같은 **확률론적 방법**(probabilistic methods)에 도움이 될 수 있다. TF-IDF는 탁월한 범용 인코딩 방식이며 종종 모델링에서 처음 사용되지만, 많은 오점을 덮을 수도 있다. **분산 표현**(distributed representation)이 새로 인기를 끌고 있지만, 성능 집약적이며 확장하기 어렵다.

단어 주머니 모델에는 공간이 매우 희박해 데이터 공간을 일반화하는 데 어려움을 겪게 할 만큼 아주 높은 차원이 있다. 단어 순서, 문법 및 기타 구조적 자질(즉, 구조적 특징)은 본질적으로 손실되며, 학습 과정에 지식(예: 용어 자료들, 온톨로지를 사용한 인코딩)을 추가하기가 어렵다. 지역적 인코딩(예: 분산되지 않은 표현)에는 많은 표본이 필요하므로 과적합이나 과소적합이 발생할 수 있지만, 분산 표현은 복잡하며 **표현적 신비주의**(representational mysticism) 계층을 추가한다.

궁극적으로 언어 인식 애플리케이션 작업의 대부분은 간단히 벡터화하는 일로 그치는 것이 아니라 영역별 특징을 분석하는 일에서 비롯되는 경향이 있다. 이번 장의 마지막 절에서는 변환기를 결합해 의미 있는 추출 방법을 만들기 위해 FeatureUnion 객체와 Pipeline 객체를 사용하는 방법을 살펴보았다. 앞으로 변환기 및 추정기의 파이프라인을 만드는 관행이 머신러닝을 수행하는 주요 메커니즘이 될 것이다. 5장에서는 분류 모델과 애플리케이션을 살펴보고, 6장에서는 종종 텍스트 분석에서 **토픽 모델링**(topic modeling)이라고 하는 군집화 모델을 살펴보겠다. 7장에서는 더 나은 결과를 얻기 위해 벡터 기반 모델을 조율하는 데 도움이 되는 특징분석 및 기능 탐색을 위한 좀 더 복잡한 방법을 살펴보겠다. 그럼에도 불구하고 단어의 빈도만 고려하는 간단한 모델일지라도 종종 크게 성공하기도 한다. 우리의 경험에 따르면 순수한 단어 주머니 모델은 약 85%의 비율로 효과를 내었다!

5

텍스트 분석을 위한 분류

여러분이 1990년대 후반에 대형 이메일 제공 업체 중 한 곳에서 일하고 있었는데, 전 세계 서버에서 점점 더 많은 이메일을 처리하게 되었다고 상상해 보자. 이메일의 보급과 이메일 경제로 인해 이메일이 주요한 의사소통 방식이 되었으며, 관련 사업이 크게 성장하고 있는 상태였다. 그런 이유로 인해 불행히도 스팸 메일이 증가하고 있었다. 스팸 메일 중 상대적으로 덜 해로운 것으로는 인터넷 제품에 대한 광고가 있는데, 이런 광고조차도 지나치게 홍수처럼 넘쳐나게 되면 서버 운영비가 많이 나갈 수밖에 없다. 또한, 이메일이 규제되지 않기 때문에 해로운 메시지가 점차 보편화되고 있었다. 이메일에는 허위 광고, 피라미드 방식 및 가짜 투자가 포함된다. 이런 상황에서 여러분은 어떻게 해야 했을까?

스팸 발송자의 이메일 주소나 IP 주소를 블랙리스트에 올리거나 이메일이 스팸일 수 있음을 나타내는 키워드를 검색하는 일부터 할 수 있기도 하다. 하지만 유감스럽게도 새로운 이메일 주소나 IP 주소를 얻기가 상대적으로 쉽기 때문에 스패머는 가장 잘 정리된 블랙리스트일지라도 금방 벗어나 버리고 만다. 더 나쁜 점은 블랙리스트와 화이트리스트가 있다고 해도 정상 이메일을 걸러 내지 않는다는 보장이 없기 때문에 사용자가 기뻐하지 않는다는 점을 여러분이 알게 될 것이라는 점이다. 따라서 대규모로 작업할 수 있게 더 유연하고 확률적인 해결책이 필요하므로 머신러닝에 입문해야 한다.

앞으로 수십 년이 지나면 스팸을 걸러 내는 일이 가장 일반적이며, 아마도 상업적으로 성공한 텍스트 분류 모델이 될 것으로 보인다. 이메일의 내용이 스팸인지 아닌지를 결정하는 것이 중요하다는 점이 혁신을 이루게 된 핵심 아이디어다. 단순히 '비아그라'나 '김미영 팀장'[1]이라는 용어의 존재가 중요한 것이 아니라 스팸 메일에 담긴 맥락이나 빈도 및 철자 오류의 존재가 중요하다. 스팸 메일과 햄 메일을 **둘 다(both)** 담고 있는 말뭉치 모음집으로 나이브 베이즈 모델을 만들 수 있었는데, 이 나이브 베이즈 모델은 빈도를 기반으로 한 스팸 메일과 햄 이메일 모두에서 한 단어의 존재 확률을 예측하기 전에 먼저 획일적인 방법을 적용해 본다.

이번 장에서 우리는 몇 가지 실제 분류 예제를 탐색해 애플리케이션에서 이러한 문제를 공식화하는 방법부터 살펴보겠다. 그런 다음에 2장에서 소개한 Baleen 말뭉치를 사용하여 토픽(topic) 분류를 위한 모델링 파이프라인을 작성하기 위해 4장에서 설명한 분류 방법론을 확장한다. 마지막으로, 지금까지 설정한 기초 데이터 계층 바로 위에 구축된 작업흐름의 다음 단계를 탐구하기 시작한다. 1장의 8쪽에서 소개한 '3중 모델 선택' 문맥에서 다음 단계를 설명한다.

텍스트 분류

분류(classification)는 텍스트 분석의 기본 형식이며, 다양한 분야와 애플리케이션에 널리 사용된다. 분류의 전제는 간단하다. 범주형 표적 변수(즉, 목표 변수)가 주어지면 독립 변수로 구성된 사례와 표적과의 관계 사이에 존재하는 패턴을 학습한다. 표적이 미리 주어지기 때문에 훈련 데이터에서 예측 범주와 실제 범주 간의 오차를 최소화하도록 모델을 훈련할 수 있으므로 분류는 **지도된(supervised, 감독된)** 머신러닝이라고 한다. 일단 분류 모델이 적합해지면 훈련 도중 탐지된 패턴을 기반으로 새로운 사례에 범주형 레이블을 할당한다.

이 간단한 전제는 애플리케이션 문제가 '예/아니요(이진 분류)' 또는 이산 버킷(다중 계급 분류)[2]을 식별하도록 공식화될 수 있는 한, 많은 수의 가능한 애플리케이션에 대한 기회를 제공한다. 응용 텍스트 분석에서 가장 어려운 부분은 모델을 구축하기 위한 '**영역 특정 말뭉치(domain specific corpus, 분야 한정 말뭉치)**'의 모음집을 입수하는 일이다. 두 번째로 어려운 부분은 응용 특정 문제에 대한 분석 솔루션을 구성하는 일이다.

---

1 옮긴이 원문에는 Nigerian prince라고 표시되어 있는데, 영어 문화권의 대표적인 사기성 스팸 메일이다. 우리나라에서는 주로 '김미영 팀장'이라는 이름의 스팸 메일이 많이 전송된 적이 있다.

2 옮긴이 여기서 이산 버킷(discrete buckets)이란 '띄엄띄엄 놓여진 통'이라는 뜻으로 이산적인 계급(discrete classes)이 여러 개인 경우를 말한다.

분류 문제 식별

애플리케이션 문제를 분류 솔루션으로 구성하는 방법이 반드시 필요한 것은 아니지만, 대부분의 언어 인식 데이터 제품이 실제로 여러 모델과 하위 모델로 구성된다는 점을 이해하는 데는 도움이 된다. 예를 들어, 그림 5-1과 같은 추천 시스템은 제품의 설명이나 다른 속성을 분류하여 제품의 목표 연령(예: 청소년 대 성인 자전거), 성별(여성 대 남성 의류) 또는 범주(예: 전자 대 영화)를 식별하는 분류기를 지닐 수 있다. 그런 다음에 제품 사용 후기를 분류해 품질을 감지하거나 유사한 제품을 결정할 수 있다. 그러고 나서 이 클래스들을 다운스트림 모델의 기능으로 사용하거나 앙상블 모델용 파티션을 만드는 데 사용할 수 있다.

여러 분류기를 조합한 것은 여러 유형의 텍스트 분류 애플리케이션에 대해 놀랍도록 강력한 성능을 특히 최근 몇 년 동안 발휘했다. 스팸 메일을 걸러 내는 기능이 들어 있는 이메일 클라이언트부터 뉴스 기사의 정치적 편향성을 예측할 수 있는 애플리케이션에 이르기까지, 분류의 용도는 우리가 사물에 할당하는 범주의 수만큼 많은데, 이는 인간이 훌륭한 분류학자이기 때문일 것이다. 새로운 애플리케이션은 텍스트와 이미지 학습을 결합하여 이미지에 자동으로 이름을 달거나 이미지를 인식하는 일에 이르기까지 새로운 형태의 미디어를 강화하며, 이 모든 것이 분류 기법을 활용한다.

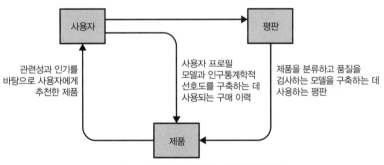

그림 5-1 멀티모달 방식의 제품 추천 엔진

최근 스팸 분류 사례가 새로운 유행인 **정서 분석**으로 옮겨졌다. 정서 분석 모델은 내용을 기반으로 하는 정서를 표현하고 소셜 미디어의 표현력으로 인해 많은 인기를 얻은 긍정적인 것('나는 파이썬 코드 작성을 좋아한다') 또는 부정적인 것('나는 사람들이 같은 일을 되풀이하는 것을 싫어한다')을 예측한다. 기업은 정보 채널(제품 및 서비스에 대한 검토)을 통제하지 않은 더 일반적인 대화에 참여하기 때문에 정서 분석이 목표 고객 지원 또는 심지어 기업 성과 모델을 도울 수 있다고 믿는다. 그러나 1장에서 간략히 살펴본 바와 같이, 그리고 12장에서 자세히 살펴보겠지만, 언어적 맥락에 내재된 복잡성과 뉘앙스로 인해 정서 분석이 스팸 탐지보다 어렵다.

텍스트 내용을 통해 정서를 탐구할 수 있다면 다른 외부 레이블은 어떻게 정치적 편향성 같은 것을 부여할까? 최근의 연구에서는 미국 대통령 선거 운동에서 표현을 사용해 당파성(또는 비당파성)을 감지할 수 있는 모델을 만들었다. 이러한 노력에 이은 흥미로운 결과는 사용자별 모델(특정 사용자 데이터에 대해 훈련됨)이 전역적인 일반화 모델(많은 사용자로부터 풀링된 데이터로 훈련됨)보다 더 효과적인 맥락을 제공한다는 점이다.[3] 또 다른 실용 애플리케이션은 텍스트를 대상으로 하는 자동 토픽 분류인데, 한 가지 전문 분야에 관해 콘텐츠를 게시하는 블로그(예: 요리 블로그는 일반적으로 영화를 논하지 않는다)를 이용하여 뉴스 기사처럼 분류되지 않은 출처에서 토픽을 탐지할 수 있는 분류기를 만들 수 있다.

그렇다면 이 모든 예시에 공통점이 있는가? 첫째, 고유한 외부 표적(예: 측정 대상은 무엇인가?)을 애플리케이션에서 정의한다는 공통점이 있다. 우리가 스팸을 걸러 내고, 정서를 탐지하고, 정치적 편파성을 탐지하고, 특정한 주제 또는 언어를 말하고자 하는 것에 상관없이, 애플리케이션은 **계급**(class, 부류 또는 클래스)들을 정의한다. 두 번째로 문서 내용이나 발화 내용을 읽음으로써 계급을 판정할 수 있는 관찰을 한다는 공통점이 있다. 이러한 두 가지 경험 법칙을 통해 트롤 감지, 독서 수준, 제품 범주, 엔터테인먼트 등급, 이름 감지, 작성자 식별 등 다양한 분야에서 자동 분류를 사용할 수 있다.

분류기 모델

고전적인 스팸 식별 문제에서 사용된 **나이브 베이즈 방법**(naive bayesian method)이 좋은 점은 모델 구성(말뭉치를 통한 단일 패스만 필요함)과 예측(입력 벡터의 곱을 통한 확률 계산 기본 진리표)이 매우 빠르다는 점이다. 나이브 베이즈를 쓰면 머신러닝 모델로도 이메일만큼이나 큰 데이터를 처리하는 애플리케이션을 따라 잡을 수 있는 성능이 나온다. 발신자의 IP나 이메일 주소, 이메일에 포함된 이미지의 수, 'v14gr4'라는 철자에 있는 숫자들의 용례와 같은, 텍스트가 아닌 특징들을 추가하면 정확도를 더욱 높일 수 있다.

나이브 베이즈는 **온라인**(online) 모델의 일종이기 때문에 처음부터 재훈련하지 않고 실시간으로 업데이트할 수 있다(기본 진리표 및 토큰 확률을 간단히 업데이트). 즉, 이메일 서비스 제공 업체는 사용자가 불쾌해 하는 이메일을 스팸으로 표시하는 식으로, 모든 사람을 위한 기본 모델을 갱신함으로써 스팸 메일의 반응을 따라잡을 수 있다.

---

3 Benjamin Bengfort, Data Product Architectures, (2016) https://bit.ly/2vat7cN

회귀에 주로 사용되는 선형 모델보다 수학적으로 다양한 분류 모델과 메커니즘이 있다. 거리 기반 유사성, 부분적 계획 및 베이즈 확률을 사용하는 사례 기반 방법에서부터 선형 근사와 비선형 근사 및 신경 모델링에 이르기까지 텍스트 분석 애플리케이션은 모델군에 대해 다양한 선택을 한다. 그러나 모든 분류기 모델군은 기본 작업흐름이 동일하고 사이킷런의 Estimator 객체를 사용해 프로시저(procedure) 방식으로 사용할 수 있으며, 교차검증을 사용해 최상의 성능 예측기를 선택해 비교할 수 있다.

분류 작업흐름은 그림 5-2와 같이 구축 단계와 운영 단계의 두 단계로 이루어진다. 구축 단계에서 문서의 말뭉치는 특징 벡터로 변환된다. 주석 처리한 레이블(모델에서 배우려는 범주 또는 계급)과 함께 문서의 특징들은 학습된 패턴과 함께 내부 상태를 정의하는 분류 알고리즘으로 전달된다. 훈련을 받거나 적합화되면 새 문서를 학습 데이터와 같은 공간으로 벡터화하고 예측 알고리즘에 전달해 문서의 할당된 계급 레이블을 반환할 수 있다.

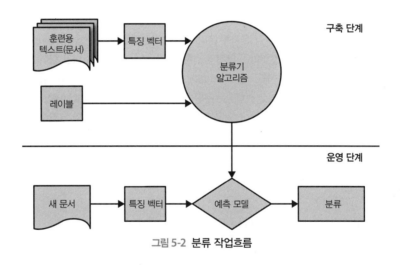

그림 5-2 분류 작업흐름

이항 분류기는 서로의 관계가 중요한 두 계급을 지닌다. 이때 계급은 두 개여야만 하고, 계급 한 가지는 다른 계급과 대립 관계에 놓인다(예: 켜기/끄기, 예/아니오 등). 확률론적 측면에서 보면 A 계급과 B 계급을 사용하는 이항 분류기는 P(B) = 1 - P(A)라고 가정한다. 그러나 항상 그런 것만은 아니다. 정서 분석을 생각해 보자. 문서가 긍정적이지 않다고 해서 반드시 문서가 부정적이라고 볼 수 있는가? 일부 문서가 중립적인 경우(경우에 따라 다름)에 분류기에 세 번째 계급을 추가하면 긍정적이거나 부정적인 문서를 식별할 수 있는 능력이 크게 향상될 수 있다. 이렇게 하고 나면 이 문제는 여러 이항 계급(예: A 및 ~A(A가 아님) 및 B 및 ~B(B가 아님))이 있는 다중 계급 문제가 된다.

텍스트 분류 애플리케이션 만들기

2장과 3장에서 우리는 HTML 문서를 수집하고 추출하고 전처리를 해서 디스크에 저장함으로써 말뭉치를 만들었다. Baleen 처리 엔진은 RSS 피드를 포함할 문서의 종류에 따라 범주로 RSS 피드를 구성하는 YAML 파일을 구성해야 한다. 'gaming'과 관련된 피드는 'tech' 및 'books' 등과 같은 그룹으로 묶여 있다. 따라서 결과로 수집된 말뭉치는 본질적으로 여러 취미 범주별로 사람이 직접 레이블을 부여한 문서 모음집인 셈이다. 다시 말해 우리가 사용자가 관심 있어 하는 이야기나 뉴스인지 여부를 알아낼 수 있게 분류 기준을 만들 수도 있다는 의미이기도 하다.

다음 절에서는 텍스트 분류기를 만들어 해당 문서의 레이블('books', 'cinema', 'cooking', 'DIY', 'gaming', 'sports', 'tech')을 예측함으로써 문서 수준 분류의 기본 방법을 시연할 것이다. 우리의 암묵적인 가설은 각 계급이 독특한 방식으로 언어를 사용할 것이라는 점이다. 문서 범주를 구별하고 예측할 수 있는 견고한 분류기를 제작할 수 있어야 한다.

문제의 맥락에서 보면 각 문서는 우리가 분류하는 것을 배우게 될 **사례(instance)**에 해당한다. 2장과 3장에서 설명하는 단계의 최종 결과는 디스크의 구조화된 관리자에 저장된 파일 모음이다. 이 파일은 해당 계급의 이름에 맞춰 이름 붙여진 디렉터리에 저장되어 있다. 각 문서는 몇 개의 중첩된 list 객체들로 구성되고 피클링된 파이썬 객체다. 예를 들어, 문서는 단락들로 채워진 리스트이고 각 단락은 문장들로 채워진 리스트이며, 각 문장은 (토큰, 태그) 꼴로 된 튜플로 채워진 리스트다.

교차검증

응용 머신러닝의 가장 큰 문제 중 하나는 중단 기준을 미리 정의하는 것이다. 다시 말해서 배포하기에 충분할 만큼 좋은 모델이 된 시점을 어떻게 알 수 있는가? 조율을 멈출 때가 언제인가? 사용 사례에 가장 적합한 모델은 무엇인가? **교차검증**은 이러한 종류의 애플리케이션 범위 지정을 위한 필수 도구다. **훈련용 분할부(training splits)**와 **테스트용 분할부(test splits)**로 데이터를 분할함으로써, 모델을 비교할 수 있고 어떤 모델이 사용 사례에서 가장 효과적일지 미리 예측할 수 있기 때문이다.

우리의 주된 목표는 훈련 데이터에서 **분리가능도(separability)**[4]를 탐지하는 데 성공하고 또한 보이지 않는 데이터로 일반화될 수 있는 분류기를 맞추는 것이다. 분리가능도는 유의한 의사 결

---

4 [옮긴이] 학술 분야에 따라서는 '분리도', '구분 가능성', '분리 가능성', '가분성', '분리성' 등 다양하게 번역되어 쓰이고 있다. 이 책에서는 바로 다음 문장에 나오는 '일반화가능도'라는 용어에 맞춰 '분리가능도'로 번역했다.

정 공간이 계급을 묘사하기 위해 구성될 수 있도록 우리의 특징공간이 올바르게 정의되었음을 의미한다. **일반화가능도**(generalizability)[5]는 훈련 데이터셋의 일부가 아닌 보이지 않는 데이터에 대한 예측을 할 때 모델이 대부분 정확하다는 것을 의미한다.

과소적합(underfitting)과 **과적합**(overfitting, 과대적합) 사이에서 줄타기를 하는 것이 요령이다. 과소적합 모델은 **분산**(variance)이 낮아 일반적으로 매번 같은 예측을 하지만 **편향**(bias)이 극도로 높은데, 이는 모델이 정답에서 상당 부분 벗어났기 때문이다. 과소적합은 데이터 점이 충분하지 않거나 복잡한 모델을 충분히 훈련하지 못하는 것을 나타낸다. 반면에 과적합 모델은 훈련 데이터를 기억하고 이전에 본 데이터에 대해서는 완전히 정확하지만, 보이지 않는 데이터에는 크게 다르다. 과적합 모델이나 과소적합 모델을 일반화할 수는 없다. 여기서 **일반화**(generalization)란 본 적이 없던 데이터에 대해서도 의미 있는 예측을 할 수 있게 한다는 뜻이다.

그림 5-3에서 볼 수 있듯이 편향과 분산 간에는 절충점이 있다. 특징의 개수, 파라미터 개수, 깊이, 훈련 에포크(epoch) 횟수 등에 따라 복잡성이 증가한다. 복잡성이 증가하고 모델이 과도하게 커질수록 훈련 데이터의 오류는 줄어들지만, 테스트 데이터의 오류가 높아지므로 모델의 일반화가 어려워진다.

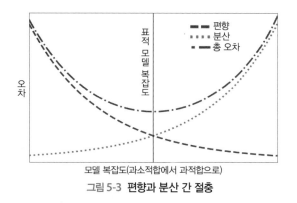

그림 5-3 편향과 분산 간 절충

따라서 분산으로 인한 오차를 주입하지 않고 과소적합(편향을 줄이는 일)을 회피하기에 충분할 만큼의 모델 복잡성을 지닌 최적 지점을 찾는 것을 목표로 삼아야 한다. 그 최적 지점을 찾으려면 훈련되지 않은 데이터에 대해 모델을 평가해야 한다. 해결책은 교차검증이다. 교차검증이란 데이터의 일부를 테스트용으로 쓰기로 작정하고 과적합으로 인한 오류를 줄이기 위해 데이터를 분할하는 식으로 여러 차례에 걸쳐 실험을 하는 방법이다.

---

5 옮긴이 이 용어 역시 '일반화가능성', '일반성' 등으로 다양하게 번역되어 사용되고 있다.

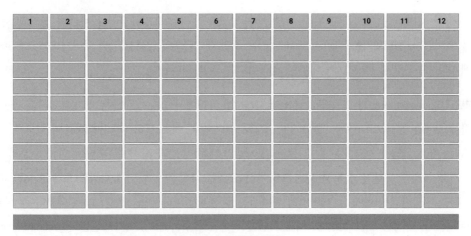

1	2	3	4	5	6	7	8	9	10	11	12

그림 5-4 **k겹 교차검증**

교차검증은 그림 5-4와 같이 데이터를 섞어 (의도하지 않은 순서 오류를 방지하기 위해) k겹(k folds) 으로 분할하는 일로 시작된다. 그런 다음에 모델을 데이터의 $\frac{k-1}{k}$에 적합하게 하고(훈련용 분할 부라고 부름), 데이터의 $\frac{1}{k}$에 대해 평가한다(테스트용 분할부라고 함). 각 평가의 결과는 최종 점수 에 대해 함께 평균을 구한 다음, 최종 모델은 운영화를 위해 전체 데이터셋에 적합하게 한다.

k겹 교차검증을 위해 k를 얼마로 해야 하는가가 흔하게 받는 질문이다. 10겹 교차검증이 일반 적이기는 하지만, 우리는 그림 5-4와 같이 보통 12겹 교차검증을 사용한다. k가 높을수록 보 이지 않는 데이터에 대한 모델 오류를 더 정확하게 예측할 수 있지만, 적합화하는 데 시간이 오래 걸리고 때로는 얻는 것이 줄어든다.

k겹 분할에 대한 스트리밍 액세스

특히 모델 선택 과정에 참여할 때 교차검증을 사용해 모델이 잘 작동하는지 확인하는 습 관을 습득하는 것이 중요하다. 우리는 k 분할부에 대한 스트리밍 액세스를 제공하기 위해 CorpusReader를 포장하는 CorpusLoader 객체를 만드는 일부터 하는 것이 응용 텍스트 분 석에 아주 중요하다고 생각한다!

우리는 말뭉치 리더, 겹 수 및 말뭉치를 **재편성**(shuffle, 섞기)할지 여부를 기본적으로 나타내는 기저 클래스인 CorpusLoader를 생성할 것이다. 겹이 None이 아닌 경우(즉, 0겹이 아닌 경우), 문서 수와 지정된 겹 수로 문서를 분할하는 방법을 알고 있는 사이킷런 KFold 객체를 인스턴 스화한다.

```python
from sklearn.model_selection import KFold

class CorpusLoader(object):

    def __init__(self, reader, folds=12, shuffle=True, categories=None):

        self.reader = reader
        self.folds = KFold(n_splits=folds, shuffle=shuffle)
        self.files = np.asarray(self.reader.fileids(categories=categories))
```

다음 단계는 훈련용 분할부 또는 테스트용 분할부에 대한 겹 식별부호(ID)를 통해 `fileids` 리스트에 액세스할 수 있는 방법을 추가하는 것이다. `fileids`가 있으면 각각 문서와 레이블을 반환할 수 있다. documents() 메서드는 생성자를 반환함으로써 효율적으로 메모리를 사용하며 우리 말뭉치의 문서에 액세스할 수 있게 하고, 한 번에 하나의 문서로 분할된 각 파일의 태그가 지정된 토큰 목록을 산출한다. labels() 메서드는 corpus.categories()를 사용해 말뭉치에서 레이블을 조회하고 문서당 하나씩 레이블 목록을 반환한다.

```python
    def fileids(self, idx=None):
        if idx is None:
            return self.files
        return self.files[idx]

    def documents(self, idx=None):
        for fileid in self.fileids(idx):
            yield list(self.reader.docs(fileids=[fileid]))

    def labels(self, idx=None):
        return [
            self.reader.categories(fileids=[fileid])[0]
            for fileid in self.fileids(idx)
        ]
```

마지막으로, KFold의 split() 메서드를 호출하는 사용자 지정 반복자(iterator) 메서드를 추가해 각 겹에 대해 훈련용 분할부와 테스트용 분할부를 생성한다.

```python
    def iter (self):
        for train_index, test_index in self.folds.split(self.files):
            X_train = self.documents(train_index)
            y_train = self.labels(train_index)

            X_test = self.documents(test_index)
            y_test = self.labels(test_index)

            yield X_train, X_test, y_train, y_test
```

우리는 100쪽에 나오는 '모델 평가'에서 이 방법을 사용해 모델을 12번에 걸쳐 적합하게 하고, 점수를 수집하는 12겹 교차검증을 생성한 다음에 평균을 내고 비교함으로써 가장 실적이 좋은 모델을 선택할 것이다.

모델 구성

4장에서 배웠듯이 사이킷런의 Pipelines는 **모델링 과정**(modeling process)을 이용해 **벡터화 과정**(vectorization process)을 조율하는 메커니즘을 제공한다. 우리는 텍스트를 정규화하고 벡터화한 후에 분류기로 직접 전달하는 파이프라인부터 시작할 수 있다. 이를 통해 나이브 베이즈, 로지스틱 회귀 및 서포트 벡터 머신들 같은 다양한 텍스트 분류 모델을 비교할 수 있다. 마지막으로, 특잇값 분해와 같은 **특징 축소**(feature reduction, 특징 감소) 기법을 적용해 모델링을 향상시킬 수 있는지 살펴볼 수 있다.

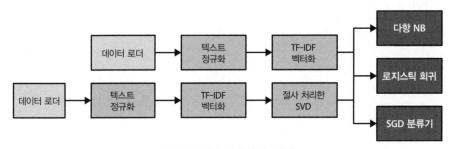

그림 5-5 **단순 분류 파이프라인**

결과적으로 우리는 6개 분류 모델을 구성할 것이다. 이는 그림 5-5에 보이는 바와 같이 각 3개 모델에 대해 각기 두 가지 파이프라인을 적용한 결과다. 그리고 나서 우리는 기본 **하이퍼파라미터**(hyperparameters)를 초기에 각 모델에 적용해 결과를 얻어 낼 수 있다.

우리는 인스턴스화된 추정기(estimator)를 첫 번째 인수로 취하는 create_pipeline 함수를 추가하고, 분해를 적용해 특징의 수를 줄이는지 여부를 나타내는 부울을 추가한다. 우리 파이프라인은 WordNet 표제어 추출을 사용해 전체 단어 계급의 수를 줄이는, 4장에서 구축한 TextNormalizer를 활용한다. 우리가 이미 텍스트를 전처리하고 정규화했기 때문에 TfidfVectorizer의 tokenizer 함수로 ID 함수를 전달해야 한다. identity 함수는 단순히 인수를 반환하는 함수다. 또한, 벡터라이저를 인스턴스화할 때 적절한 인수를 설정해 전처리 및 소문자를 방지할 수 있다.

```
from sklearn.pipeline import Pipeline
from sklearn.decomposition import TruncatedSVD
from sklearn.feature_extraction.text import TfidfVectorizer

def identity(words):
    return words

def create_pipeline(estimator, reduction=False):

    steps = [
        ('normalize', TextNormalizer()),
        ('vectorize', TfidfVectorizer(
            tokenizer=identity, preprocessor=None, lowercase=False
        ))
    ]


    if reduction:
        steps.append((
            'reduction', TruncatedSVD(n_components=10000)
        ))

    # 추정기를 추가한다.
    steps.append(('classifier', estimator))
    return Pipeline(steps)
```

이제 다음과 같이 모델을 빠르게 생성할 수 있다.

```
from sklearn.linear_model import LogisticRegression
from sklearn.naive_bayes import MultinomialNB
from sklearn.linear_model import SGDClassifier

models = []
for form in (LogisticRegression, MultinomialNB, SGDClassifier):
    models.append(create_pipeline(form(), True))
    models.append(create_pipeline(form(), False))
```

이제 models 리스트에는 특정 벡터화 및 특징추출 방법(특징분석), 특정 알고리즘 및 특정 하이퍼파라미터(현재 사이킷런 기본값으로 설정)가 포함된, 인스턴스화된 파이프라인 여섯 가지 모델 양식이 포함된다.

문서 및 관련 레이블의 훈련 데이터셋이 제공된 모델을 적합(fit)하게 하는 것은 다음과 같이 수행할 수 있다.

```
for model in models:
    model.fit(train_docs, train_labels)
```

각 모델에 대해 fit() 메서드를 호출하면 훈련 데이터셋의 문서와 레이블이 각 파이프라인의 시작 부분으로 보내진다. 변환기는 자신의 fit() 메서드를 호출하고, 데이터는 transform() 메서드에 전달된다. 시퀀스의 각 단계마다 변환된 데이터가 다음 변환기의 fit()으로 전달된다. 이 경우에 우리의 분류 알고리즘 중 하나인 최종 추정기는 완전히 변형된 데이터에 대해 fit() 메서드를 호출한다. fit()을 호출하면 전처리된 문서(문장의 목록인 단락 목록, 즉 토큰 목록이나 태그 튜플)가 2차원 숫자 배열로 변환되어 최적화 알고리즘을 적용할 수 있다.

모델 평가

그래서 어떤 모델이 최고였는가? 벡터화와 마찬가지로 데이터, 사용 사례 및 애플리케이션에 따라 **모델 선택**(model selection, 모형 선택)이 달라진다. 이번 예제의 경우에 우리는 문서의 취미 범주를 텍스트를 기준으로 예측할 때 어떤 모델 조합이 가장 적합한지를 알고자 했다. 우리의 테스트 데이터셋에는 정확한 표적값이 있으므로 예측된 답을 정확한 표적값과 비교해 볼 수 있고, 전체 시기 중에 모델이 답을 맞춘 시기의 백분율(즉, 정답률)을 결정할 수 있어서 각 모델은 전역적 정확도에 대해 효과적으로 점수를 매길 수 있다.

우리 모델들을 비교해 보자. 96쪽의 '**k겹 분할에 대한 스트리밍 액세스**'에서 작성한 Corpus Loader를 사용해 교차검증 겹에 대한 train_test_splits를 가져온다. 그런 다음에 각 겹에 대해 모델을 학습 데이터와 그에 수반되는 레이블에 맞추고, 테스트 데이터에서 예측 벡터를 만든다. 다음으로, 각 겹에 대한 실제 및 예상 레이블을 점수 함수에 전달하고, 점수를 리스트에 추가한다. 마지막으로, 모든 겹에서 결과를 평균해 모델에 대한 단일 점수를 얻는다.

```python
import numpy as np

from sklearn.metrics import accuracy_score

for model in models:
    scores = [] # 각 분할부에 대한 점수 리스트를 저장한다.

    for X_train, X_test, y_train, y_test in loader:
        model.fit(X_train, y_train)
        y_pred = model.predict(X_test)
        score  = accuracy_score(y_test, y_pred)
        scores.append(score)

    print("Accuracy of {} is {:0.3f}".format(model, np.mean(scores)))
```

결과는 다음과 같다.

```
Accuracy of LogisticRegression (TruncatedSVD) is 0.676
Accuracy of LogisticRegression is 0.685
Accuracy of SGDClassifier (TruncatedSVD) is 0.763
Accuracy of SGDClassifier is 0.811
Accuracy of MultinomialNB is 0.562
Accuracy of GaussianNB (TruncatedSVD) is 0.323
```

정확도(accuracy)를 해석하려면 모델이 모든 계급에 대해 보이는 전역적인 행태를 고려해야 한다. 이번 예제에서는 분류기의 계급이 여섯 가지이므로 정확도는 실제 계급을 합한 수를 테스트 데이터의 사례 수로 나눈 값이다. 그러나 전반적인 정확도만으로 모델에서 어떤 일이 일어나는지를 제대로 통찰하기는 어렵다. 우리는 특정 분류기가 'sports'에 관해서는 잘 탐지해 내지만 'cooking'과 관련해서는 서툰지를 알아내는 게 중요할 수도 있다.

어떤 모델은 한 계급에서 다른 모델보다 잘 수행되는가? 전반적인 정확도를 떨어뜨리고 있는 저조한 계급이 있는가? 얼마나 자주 분류된 분류기가 한 계급을 다른 계급보다 더 추측하는가? 이러한 요인들을 통찰하려면 계급별 평가 시에 **혼동 행렬**(confusion matrix)을 대입해야 한다.

분류 보고서는 모델의 성능에 대한 계급별 분류를 출력한다. 이 보고서는 실제 레이블 대 예측된 레이블을 보고해 컴파일되므로 일반적으로 겹 없이 훈련용 분할부와 테스트용 분할부에 직접 사용되어 모델의 문제 영역을 더 잘 식별한다.

```
from sklearn.metrics import classification_report

model = create_pipeline(SGDClassifier(), False)
model.fit(X_train, y_train)

y_pred = model.predict(X_test)
print(classification_report(y_test, y_pred, labels=labels))
```

보고서 자체는 혼동 행렬과 유사하게 구성되어 다음과 같이 각 계급에 대한 **정밀도**(precision), **재현율**(recall), **F1 점수**(F1 score), **지지도**(support)를 보여 준다.

```
             precision    recall  f1-score   support
      books       0.85      0.73      0.79        15
     cinema       0.63      0.60      0.62        20
    cooking       0.75      1.00      0.86         3
     gaming       0.85      0.79      0.81        28
     sports       0.93      1.00      0.96        26
       tech       0.77      0.82      0.79        33
avg / total       0.81      0.81      0.81       125
```

계급 A의 **정밀도**는 예측된 A의 총 개수 대비 올바르게 예측된 A(진짜 A들)의 수(진짜 A들과 가짜 A들)의 비율로 계산된다. 정밀도는 모델이 해당 계급을 참으로 표시한 횟수에 따라 주어진 계급을 얼마나 정확하게 예측하는지를 보여 준다.

계급 A의 **재현율**은 A들의 총 개수(참인 A들 + 거짓인 A들)에 대한 예측 A들(진짜 A들)의 수 사이의 비율로 계산된다. **민감도**(sensitivity)라고도 부르는 재현율은 관련 계급을 검색하는 빈도를 측정한다.

계급의 **지지도**는 점수 계산에 참여한 테스트 사례의 수를 나타낸다. 위의 분류 보고서에서 볼 수 있듯이 cooking 계급은 우리의 표본에서 잠재적으로 적게 표현되어 있는데, 이는 점수를 알릴 수 있는 충분한 문서가 없다는 것을 의미한다.

마지막으로, **F1 점수**는 정밀도와 재현율의 조화평균이며, 각 계급이 전반적인 점수에 기여하는 방법을 고려해 단순한 정확도보다 많은 정보를 포함한다.

애플리케이션에서 우리는 새로운 데이터가 수집될 때마다 일상적으로 모델을 재훈련할 수 있기를 원한다. 이 훈련 과정은 실제 상황에서 진행되며, 현재 가장 효과가 있는 모델에 따라 배포된 모델이 갱신되어야 한다. 따라서 이러한 점수 매기기 메커니즘을 애플리케이션 로그에 구축해 시간이 지남에 따라 정밀도, 재현율, F1 점수 및 훈련 시간의 변화를 검토할 수 있다. 우리는 점수 수집을 조금 반복함으로써 최고의 모델을 선택하기 위해 모든 모델 점수를 표로 작성하고 F1 점수로 정렬할 수 있다.

```python
import tabulate
import numpy as np

from collections import defaultdict
from sklearn.metrics import accuracy_score, f1_score
from sklearn.metrics import precision_score, recall_score

fields = ['model', 'precision', 'recall', 'accuracy', 'f1']
table = []

for model in models:
    scores = defaultdict(list) # 우리의 모든 모델 계량에 대한 저장소

    # k겹 교차검증
    for X_train, X_test, y_train, y_test in loader:
        model.fit(X_train, y_train)
        y_pred = model.predict(X_test)

        # 우리 점수에 점수를 더한다.
        scores['precision'].append(precision_score(y_test, y_pred))
```

```
            scores['recall'].append(recall_score(y_test, y_pred))
            scores['accuracy'].append(accuracy_score(y_test, y_pred))
            scores['f1'].append(f1_score(y_test, y_pred))

        # 우리 점수를 집계하고 테이블에 더한다.
        row = [str(model)]
        for field in fields[1:]
            row.append(np.mean(scores[field]))

        table.append(row)

    # F1 점수에 맞춰 모델들을 내림차순으로 정렬한다.
    table.sort(key=lambda row: row[-1], reverse=True)
    print(tabulate.tabulate(table, headers=fields))
```

여기에서는 초기 k겹 점수 매기기를 수정해 기본 기록을 사용하고 정밀도, 재현율, 정확도 및
F1 점수를 추적한다. 모델을 각 겹에 맞춘 다음, 각 겹에서 평균 점수를 받아 테이블에 추가
한다. 그런 후에 F1 점수로 테이블을 정렬하고, 다음과 같이 파이썬 테이블 구성 모듈을 사용
해 최상의 성능을 보이는 모델을 신속하게 식별할 수 있다.

```
model                           precision   recall   accuracy    f1
----------------------------    ---------   ------   --------   -----
SGDClassifier                     0.821      0.811     0.811    0.81
SGDClassifier (TruncatedSVD)      0.81       0.763     0.763    0.766
LogisticRegression                0.736      0.685     0.685    0.659
LogisticRegression (TruncatedSVD) 0.749      0.676     0.676    0.647
MultinomialNB                     0.696      0.562     0.562    0.512
GaussianNB (TruncatedSVD)         0.314      0.323     0.323    0.232
```

이를 통해 **차원성 축소**(dimensionality reduction) 없이 **확률적 경사 하강**(stochastic gradient descent)
을 사용해 훈련된 **서포트 벡터 머신**(support vector machine)이 가장 잘 수행된 모델임을 신속하
게 파악할 수 있다. 일부 모델에서는 LogisticRegression과 마찬가지로 정확도 대신 F1 점수
를 사용하면 어떤 모델을 선택하느냐에 영향을 준다. 이 유형의 모델 비교를 통해 특징, 하이퍼
파라미터 및 알고리즘의 조합을 테스트해 해당 분야에 가장 적합한 모델을 쉽게 찾을 수 있다.

모델 조작주의

이제 우리는 최고의 성능을 발휘하는 모델을 확인했으므로 모델을 디스크에 저장해 **조작**
(operationalize)[6]을 하기에 충분하다. 머신러닝 기술은 검증 없이 새로운 데이터를 실시간으로

---

6 옮긴이 조작주의(operationalism)라는 철학 용어에서 비롯된 용어다. '개념주의'도 함께 찾아 서로 비교해 보면 이 책에서 말하
는 '조작'과 이번 단원의 제목에 나오는 '조작주의'라는 용어의 의미를 더 명료하게 파악할 수 있을 것으로 보인다. 우리말로 하
면 '다룬다'는 뜻에 가깝다. 연산(operate)과 혼동하지 않도록 주의하자.

예측할 수 있는 모델을 만드는 데 도움이 된다. 애플리케이션에서 모델을 사용하려면 나중에 적재하고 재사용할 수 있도록 먼저 디스크에 저장해야 한다. 대체로 이 작업을 수행할 때는 pickle 모듈을 사용하는 편이 가장 좋다.

```python
import pickle
from datetime import datetime

time = datetime.now().strftime("%Y-%m-%d")
path = 'hobby-classifier-{}'.format(time)

with open(path, 'wb') as f:
    pickle.dump(model, f)
```

모델은 빌드된 날짜와 함께 저장된다.

 모델을 저장하는 일 외에도 첨부된 메타데이터 파일이나 데이터베이스에 저장할 수 있는 모델 메타데이터를 저장하는 것이 중요하다. 모델 적합화는 일상적인 과정이며, 일반적으로 모델은 데이터의 속도에 적합하게 일정한 간격으로 재훈련되어야 한다. 시간이 지남에 따라 모델 성능을 그래프로 나타내고 데이터 감쇠(data decay) 및 모델 조정(model adjustments)에 대한 결정을 내리는 것은 머신러닝 애플리케이션의 중요한 부분이다.

새로운 텍스트가 들어 있는 애플리케이션에서 모델을 사용하려면 피클 객체에서 추정기를 적재하고 predict() 메서드를 사용하기만 하면 된다.

```python
import nltk

def preprocess(text):
    return [
        [
            list(nltk.pos_tag(nltk.word_tokenize(sent)))
            for sent in nltk.sent_tokenize(para)
        ] for para in text.split("\n\n")
    ]
with open(path, 'rb') as f:
    model = pickle.load(f)

model.predict([preprocess(doc) for doc in newdocs])
```

우리의 벡터화 과정이 Pipeline을 통해 우리 모델에 내장되어 있기 때문에 훈련 데이터 입력과 같은 방식으로 파이프라인에 대한 입력을 준비해야 한다. 우리의 훈련 데이터는 전처리된 텍스트였으므로 같은 형식으로 문자열을 전처리하는 기능을 포함해야 한다. 피클 파일을 열고 모델을 적재한 다음 predict() 메서드를 사용해 레이블을 반환할 수 있다.

결론

이번 장에서 보았듯이 최적의 모델을 선택하는 과정은 복잡하고 반복적이며, 의사 결정 트리 분류기에 대한 서포트 벡터 머신의 선택보다 훨씬 복잡하다. 머신러닝에 대한 논의가 주로 **모델 선택**에만 초점을 맞추고 있다. 로지스틱 회귀, 랜덤 포레스트, 베이즈 방법 또는 인공 신경망이라면 머신러닝 전문가는 자신들이 무엇을 선호하는지를 금방 드러낸다. 모델 선택은 (특히 문맥에 따른 텍스트 분류에서) 중요하지만 단순히 '올바른' 알고리즘을 선택하거나 '잘못된' 알고리즘을 선택하는 일보다 머신러닝에 성공하는 일이 훨씬 더 중요하다.

응용 텍스트 분석에 관해서는 가장 적합한 모델을 찾기 위한 공통된 작업흐름이 있다. 말뭉치 생성, 벡터화 기법 선택, 모델 적합화 및 교차검증을 사용한 평가가 이와 같이 공통 작업흐름에 속한다. 씻고(wash), 헹구고(rinse), 반복하고(repeat), 결과를 비교하자(compare). 텍스트 분석을 응용할 때는 교차검증을 기반으로 최상의 결과를 가진 모델을 선택하고 예측을 위해 사용하자.

분류를 통해 정밀도, 재현율, 정확도 및 알고리즘 선택과 관련된 F1 점수와 같은 계량(metrics)을 얻을 수 있다는 점이 중요하다. 그러나 모든 머신러닝 문제가 지도학습 문제로 공식화될 수는 없다. 다음 장에서 우리는 비지도학습 기술인 **군집화**(clustering)에 맞춰 텍스트 기반 머신러닝을 탁월하게 활용하는 방법을 다룰 것이다. 이 방법이 다소 복잡하기는 해도 대규모 데이터에서 놀랍고 유용한 패턴을 발견할 수 있는 인상적인 애플리케이션을 제작할 수 있게, 군집화를 간소화할 수 있다는 점을 알 수 있을 것이다.

6

텍스트 유사성을 위한 군집화

영수증, 이메일, 여행 일정, 회의록 등과 같은 서류 더미의 내용을 요약해 달라는 요청을 받는다면 무엇을 할 수 있는가? 한 가지 전략은 각 문서를 읽고, 각 문서에 가장 관련이 있는 용어나 구를 강조 표시한 다음, 이것들을 모두 한 무더기(piles)로 정렬하는 것이다. 한 무더기가 너무 커지기 시작하면 두 개의 작은 무더기로 나눌 수 있다. 모든 문서를 검토하고 그룹화하면 각 파일을 더 면밀히 검토할 수 있다. 어쩌면 각 무더기의 주요 구나 단어를 사용해 요약을 작성하고 각 고유한 이름을 파일의 주제로 사용할 수도 있을 것이다.

이것은 사실 의료 분야에서 법률 분야에 이르기까지 많은 분야에서 이뤄지고 있는 작업이다. 이 정렬 작업의 핵심은 두 문서를 비교하고 **유사성**(similarity, '유사도' 또는 '닮음')을 판단할 수 있는 능력에 달려 있다. 서로 비슷한 문서는 함께 그룹화되며, 그 결과로 형성된 그룹을 통해 전반적인 주제, 토픽 및 말뭉치 내부의 패턴을 광범위하게 알 수 있다. 이러한 패턴은 이산적(예: 그룹이 전혀 겹치지 않을 때)이거나 불분명할 수 있다(예: 유사성이 크고 문서를 구별하기 어려울 때). 두 경우 모두 결과 그룹은 모두 문서 내용의 모델을 나타내며, 새 문서는 한 그룹 또는 다른 그룹에 쉽게 할당될 수 있다.

지금은 대부분의 문서 정렬이 수작업으로 수행되지만, 이번 장에서 볼 수 있듯이 **비지도학습** (unsupervised learning)을 잘 통합한다면 이러한 작업을 단시간 내에 수행할 수 있다.

텍스트에 대한 비지도학습

비지도 방식 접근법은 탐색적 텍스트 분석에 크게 유용할 수 있다. 종종 말뭉치들은 분류할 수 있게 준비된 레이블들에 맞춰 사전에 태깅을 한 상태로 도달하지 않는다. 이러한 경우에 (데이터에 레이블을 붙이기 위해 누군가에게 돈을 지불하는 것으로부터) 유일한 선택 또는 적어도 많은 자연 언어 처리 작업에 필요한 전조가 되는 것은 비지도 방식 접근법이다.

군집화(clustering) 알고리즘은 사례를 의미가 다른 그룹으로 구성하는 기능을 사용해 레이블이 지정되지 않은 데이터의 잠재 구조나 테마를 발견하는 것을 목표로 삼는다. 텍스트 데이터라면 각 사례에 해당하는 것은 단일 문서 또는 **발화(utterance)**이며, 특징(즉, 자질)에 해당하는 것은 토큰, 어휘, 구조, 메타데이터 등이다.

5장에서는 분류 파이프라인을 구성해 다양한 모델을 비교하고 점수를 매기고 새로운 데이터를 예측하는 데 사용할 수 있는 가장 뛰어난 모델을 선택했다. 비지도학습 방법의 행태는 근본적으로 다르다. 미리 정의된 패턴을 학습하는 대신, 모델은 관련 패턴을 **선험적으로(a priori, 사전확률에 따라)** 발견하려고 시도한다.

따라서 이러한 기술을 데이터 제품 아키텍처에 통합하는 것은 필연적으로 약간 다른 면이 있을 수밖에 없다. 그림 6-1의 파이프라인에서 볼 수 있듯이 말뭉치는 특징 벡터로 변형되고 군집화 알고리즘은 특징공간에서 더 가깝게 있는 문서가 더 유사하도록 거리 계량(distance metric)을 사용해 군(group, 群)을 생성하거나 토픽 군집을 생성하는 데 사용된다. 그러면 새롭게 들어오는 문서를 벡터화하고 가장 가까운 군집에 할당할 수 있다. 이번 장의 뒷부분에서 이 파이프라인을 사용해 2장에서 소개한 Baleen 컴포넌트 샘플에 대한 종단 간 군집화 분석을 수행한다.

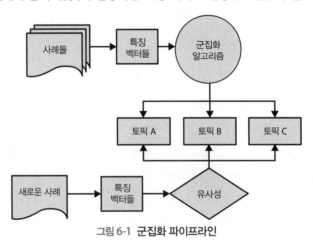

그림 6-1 군집화 파이프라인

먼저, 우리에게는 문서 유사성을 정의하는 방법이 필요하며, 다음 절에서는 주어진 두 문서 간의 상대 유사성을 결정하는 데 사용할 수 있는 다양한 거리 계량을 살펴보겠다. 다음으로 NLTK와 사이킷런에서 구현된 방법을 사용하여 비지도학습, 부분 군집화 및 계층 군집화에 대한 두 가지 기본 접근방식을 살펴보겠다. 결과로 나온 군집들을 사용해 토픽 모델링에 Gensim을 사용해 군집을 설명하고 요약한다. 마지막 부분에 이르게 되면 우리는 텍스트에 대한 비지도학습의 두 가지 대체 수단인 **행렬 인수분해(matrix factorization)**와 **잠재 디리클레 할당(LDA, Latent Dirichlet Allocation)**을 탐구한다.

문서 유사성에 의한 군집화

문서의 많은 특징은 단어와 구에서부터 문법과 구조에 이르기까지 유사성을 나타낼 수 있다. 우리는 보고된 증상에 따라 의료 기록을 분류할 수 있으며, 두 경우에 모두 '메스꺼움과 피로'가 있다면 두 명의 환자가 유사하다고 말한다. 우리는 파이와 쿠키에 대한 조리법이 있다면 블로그를 비슷한 식으로 호출하는 등, 개인 웹사이트나 블로그를 서로 다르다고 분류하는 일에 상이한 방법을 사용할 수 있을 것이다. 새 블로그 글 중에 여름에 먹을 만한 샐러드 요리법이 있는 경우, 수제 폭탄에 대한 내용을 추천하기보다는 빵 굽는 법을 다룬 내용이 더 비슷할 것이므로 이 내용을 담은 글을 추천해야 할 것이다.

효과적으로 군집화를 하려면 우리 말뭉치의 두 문서가 유사하거나 유사하지 않다는 것이 무엇을 의미하는지 결정해야 한다. 문서 유사성을 결정하는 데 사용할 수 있는 여러 가지 방법이 있다. 몇 가지가 그림 6-2에 나와 있다. 근본적으로 각 방법은 문서를 우주 안에 있는 점들이라는 식으로 상상하는 능력에 의존한다. 두 문서의 상대적 **근접도(closeness)**는 유사성 측정 기준이다.

문자열 정합 (string matching 문자열 일치)	거리 계량 (distance metrics)	상대적 정합 (relation matching, 상대적 일치)	그 밖의 정합 (other matching)
편집 거리(edit distance) - 레벤슈타인(Levenstein) - 스미스-워터만(Smith-Waterman) - 아핀(Affine)	- 유클리드(Euclidean) - 맨해튼(Manhattan) - 민코프스키(Minkowski)	**집합 기반** - 다이스(Dice) - 타니모토(Tanimoto), 즉 자카드(Jaccard) - 공통 이웃(common negibors) - 아다르 가중(Adar weighted)	- 수치 거리(numeric distance) - 부울 상등(boolean equality) - 퍼지 정합(fuzzy mathcing, 퍼지 매칭) - 영역 특정(doamin specific)
정렬(alignment) - 자로-윈클러(Jaro-Winkler) - 연성 TFIDF(soft-TFIDF) - 몬지-엘칸(Monge-Elkan)	**텍스트 분석학(text analytics)** - 자카드(Jacccard) - TFIDF - 코사인 유사도(cosine similarity)	**총계(aggregate, 총량)** - 평균값(average values) - 최댓값/최솟값(max/min values) - 중간값(mediancs, 중위수) - 빈도(frequency) 또는 최빈값(mode)	**가제트(gazettes)** - 어휘 정합(lexical matching) - 이름 있는 개체(named entities) 즉, 개체명 인식(named entity recognition, NER)
음운(phonetic) - 사운덱스(Soundex) - 변환(translation)			

그림 6-2 **공간화 유사도(spatializing similarity)**

거리 계량

우리가 두 점 사이의 거리를 측정하는 방법을 생각할 때면 일반적으로 그림 6-3에서 대각선으로 표시되는 직선 또는 **유클리드 거리**(Euclidean distance)를 생각하게 된다.

맨해튼 거리(Manhattan distance)는 그림 6-3에서 3개의 계단 모양 경로로 표시되며, 직각 좌표(cartesian coordinates)의 절대 차를 합계한 것과 비슷하다. **민코프스키 거리**(Minkowski distance)는 유클리드 거리와 맨해튼 거리를 일반화한 것으로 정규화된 벡터 공간에서 두 점 사이의 거리를 정의한다.

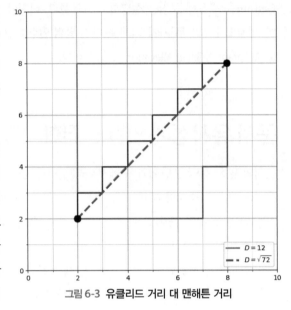

그림 6-3 유클리드 거리 대 맨해튼 거리

그러나 우리 말뭉치의 어휘가 늘어날수록, 해당 말뭉치의 차원도 늘어날 뿐만 아니라, 어휘도 거의 균일하게 분산된다. 이러한 이유 때문에 이러한 거리 측정은 항상 모든 데이터가 대칭이고 모든 차원에서 그 거리가 같기 때문에 아주 효과적인 측정 방식은 아니다.

대조적으로 그림 6-4에서 볼 수 있는 **마할라노비스 거리**(Mahalanobis distance)는 특정 지점이 점의 분포로부터 얼마나 많은 표준편차를 벗어났는지 측정할 수 있게 다차원으로 일반화한 계량이다. 이 거리는 분포와 관련해 좌표를 이동시키고 재조정하는 효과가 있다. 마할라노비스 거리는 문서 간의 거리를 약간 더 유연하게 정의할 수 있게 한다. 예를 들어, 우리는 이 거리를 사용해 길이가 서로 다른 발화 사이의 유사성을 식별할 수 있다.

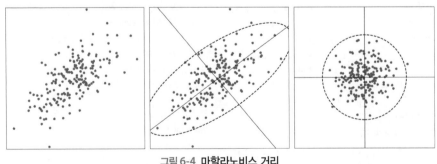

그림 6-4 마할라노비스 거리

자카드 거리(Jaccard distanc)는 그림 6-5와 같이 유한집합 간의 유사성을 집합들의 교집합과 합집합의 몫으로 정의한다. 예를 들어, A와 B 모두에 나타나는 고유 단어의 수를 A와 B에 나타나는 고유 단어의 총 수로 나눔으로써 두 문서 A와 B 사이의 자카드 거리를 측정할 수 있다. 값 0은 두 문서가 공통점이 없다는 것을 의미하며, 값이 1이면 두 문서가 같은 문서임을 나타내고, 0과 1 사이의 값으로는 상대적인 **유사성 정도**(degree of similarity, 유사도)를 나타낸다.

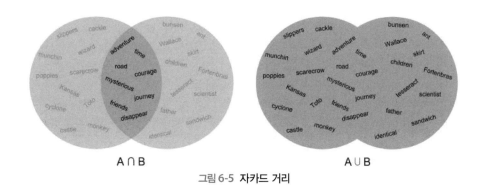

그림 6-5 자카드 거리

편집 거리(edit distance)는 한 문자열을 다른 문자열로 변환하는 데 필요한 순열의 수로 두 문자열 사이의 거리를 측정한다. 편집 거리의 여러 구현들, 즉 **레벤슈타인 거리**(Levenshtein distance)의 변형이 아주 다양하지만 **삽입**(insertions), **삭제**(deletions) 및 **대체**(substitutions)에 대한 페널티가 다르거나 간격 및 전치에 대한 페널티가 잠재적으로 늘어날 뿐이다. 그림 6-6에서 'woodman'과 'woodland' 사이의 편집 거리에는 하나의 삽입과 하나의 대체에 대한 페널티가 포함되어 있음을 볼 수 있다.

그림 6-6 편집 거리

벡터 간의 거리도 측정할 수 있다. 예를 들어, TF-IDF 거리에 따라 두 개의 문서 벡터의 유사성을 정의할 수도 있다. TF-IDF를 다르게 설명하자면, 말뭉치의 나머지 단어들과 같은 고유 용어를 공유하는 **규모**(magnitude)라고 할 수 있다. 4장에서 설명한 대로 TF-IDF를 사용해 이를 계산할 수 있다. 또한, 두 벡터 사이의 각도의 코사인(cosine)을 사용하여 코사인 거리와의 벡터 유사성[1]을 측정하여 그림 6-7과 같이 같은 방향을 공유하는 정도를 평가할 수 있다. 실제로 두 벡터가 더 평행할수록 문서의 크기는 더 크지만 더 유사하다.

---

1 옮긴이 이것을 '코사인 유사도' 또는 '코사인 유사성'이라고 부른다.

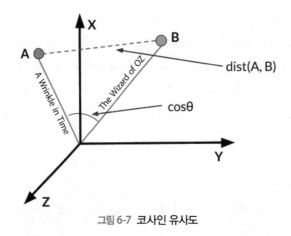

그림 6-7 **코사인 유사도**

유클리드 거리는 종종 모델 하이퍼파라미터 군집화에 사용되는 기본 계량이지만(다음 절에서 보게 될 것이다), 코사인 거리를 사용하면 가장 잘 찾아낼 수 있다.

부분 군집화

이제는 두 문서 간의 유사성을 정량화할 수 있으므로 유사한 문서 그룹을 찾기 위한 비지도 방법들을 탐색할 수 있다. **부분 군집화**(partitive clustering)와 **응집적 군집화**(agglomerative clustering)는 두 가지 주요 접근법이며, 어떤 문서는 어떤 거리 척도에 의해 정의된 것처럼 최대 유사성을 공유하는 그룹으로 분리되어 있다. 이번 절에서는 중심 벡터(중심)로 표현되거나 군집당 문서 밀도로 설명되는 그룹으로 사례를 분할하는 부분적인 방법에 중점을 둘 것이다. **중심**(centroids)은 모든 소속 문서의 **총계**(aggregates, 총량, 예: 평균값 또는 중앙값)[2]를 나타내며, 해당 군집의 문서를 설명하는 편리한 방법이다.

5장에서 보았듯이 Baleen 말뭉치는 이미 유행에 따라 분류되어 있으며, 각 문서는 데이터 출처의 RSS 출처에 맞춰 (사람이 단) 레이블이 달려 있다. 그러나 이러한 범주 중 일부는 반드시 고유해야 하는 것은 아니며(예: 'tech'및 'game'), 다른 것들은 상당히 확산되어 있다. 예를 들어, 'news' 말뭉치에는 정치 뉴스, 엔터테인먼트, 과학 및 기타 그 밖의 현재 사건 소식과 같은 다양한 주제에 대한 뉴스가 포함되어 있다. 이번 절에서는 군집화를 사용하여 'news' 말뭉치 내에서 하위 범주를 설정하며, 이 범주는 이후 분류 작업의 목푯값으로 사용될 수 있다.

---

2 **옮긴이** 이 경우에 중앙값은 총량에 해당하지 않는 점에 유의하자.

k 평균 군집화

k 평균 군집화(k-means clustring)가 NLTK와 사이킷런과 같이 친숙한 라이브러리에 구현되어 있기 때문에 k 평균을 편리한 출발점으로 삼을 수 있다. 비지도학습 작업에 널리 사용되는 방법인 k 평균 군집화 알고리즘은 임의로 선택한 군집 수인 k 및 벡터화된 사례(instance)들을 중심(centroid)에 근접하게 군집들(clusters)로 분할하는 일부터 한 뒤에 이를 계산하여 군집 내부의 **제곱합**(sum of squares)을 최소화한다.

우리는 BaseEstimator와 TransformerMixin을 상속한 KMeansClusters 클래스를 정의하는 일부터 한 다음에 사이킷런 파이프라인 내부에서 작동할 것이다. 우리는 우리 자신의 거리 계량을 정의할 수 있기 때문에 NLTK의 k 평균 구현을 사용할 것이다. 우리가 원하는 군집 수(k)와 우리가 선호하는 거리 측정기준(cosine_distance)을 사용해 NLTK KMeansClusterer를 초기화하고 문서가 없는 군집의 결과를 피한다.

```python
from nltk.cluster import KMeansClusterer
from sklearn.base import BaseEstimator, TransformerMixin

class KMeansClusters(BaseEstimator, TransformerMixin):

    def __init__ (self, k=7):
        """
        k는 군집 개수를 나타낸다.
        모델은 K 평균을 구현한 것이다.
        """
        self.k = k
        self.distance = nltk.cluster.util.cosine_distance
        self.model = KMeansClusterer(self.k, self.distance,
                                     avoid_empty_clusters=True)
```

이제 각 문서에 군집을 할당해야 함을 명시하면서 내부 KMeansClusterer 모델의 cluster() 메서드를 호출하는, 아무런 연산도 하지 않는(no-op인, 무연산인) fit() 메서드와 transform() 메서드를 추가한다. transform() 메서드는 원핫 인코딩으로 처리해 인코딩된 문서를 필요로 하며, assign_clusters = True로 설정하면 각 문서에 대한 군집 할당 리스트가 반환된다.

```python
def fit(self, documents, labels=None):
    return self

def transform(self, documents):
    """
```

```
    k 평균 모델을 원핫 인코딩 방식으로 벡터화한 문서들에 적합하게 한다.
    """
    return self.model.cluster(documents, assign_clusters=True)
```

KMeansClusters 클래스에 대한 문서를 준비하려면 먼저 정규화하고 벡터화해야 한다. 정규화를 위해 transform() 메서드에 대한 한 가지의 작은 변경 사항으로 78쪽, '맞춤형 텍스트 정규화 변환기 만들기'에서 정의한 TextNormalizer 클래스 버전을 사용한다. TextNormalizer의 이 버전은 단어 표현으로 문서의 표현을 반환하는 대신 불용어 제거 및 문자화를 수행하고, 각 문서에 대한 문자열을 반환한다.

```
class TextNormalizer(BaseEstimator, TransformerMixin):

    ...

    def transform(self, documents):
        return [' '.join(self.normalize(doc)) for doc in documents]
```

정규화 및 군집화에 앞서 문서를 벡터화하려면 OneHotVectorizer 클래스를 정의한다. 벡터화를 위해 사이킷런의 CountVectorizer를 binary=True로 사용해 빈도 인코딩과 이진화를 모두 처리하다. 우리의 transform() 메서드는 각 문서의 표현을 원핫 인코딩으로 처리해 벡터화된 배열로 반환한다.

```
from sklearn.base import BaseEstimator, TransformerMixin
from sklearn.feature_extraction.text import CountVectorizer

class OneHotVectorizer(BaseEstimator, TransformerMixin):

    def __init__ (self):
        self.vectorizer = CountVectorizer(binary=True)

    def fit(self, documents, labels=None):
        return self

    def transform(self, documents):
        freqs = self.vectorizer.fit_transform(documents)
        return [freq.toarray()[0] for freq in freqs]
```

이제 main() 실행부 내부에 파이프라인을 만들어 k 평균 군집화를 수행할 수 있다. 56쪽, '처리된 말뭉치 읽기'에 정의된 대로 PickledCorpusReader를 초기화해 말뭉치의 'news' 범주만 사용하도록 지정한다. 그런 다음에 사용자 지정 TextNormalizer, OneHotVectorizer 및

KMeansClusters 클래스를 간소화하기 위해 파이프라인을 초기화한다. 파이프라인에서 `fit_transform()`을 호출해 다음 단계를 차례대로 수행한다.

```python
from sklearn.pipeline import Pipeline

corpus = PickledCorpusReader('../corpus')
docs = corpus.docs(categories=['news'])

model = Pipeline([
    ('norm', TextNormalizer()),
    ('vect', OneHotVectorizer()),
    ('clusters', KMeansClusters(k=7))
])

clusters = model.fit_transform(docs)
pickles = list(corpus.fileids(categories=['news']))
for idx, cluster in enumerate(clusters):
    print("Document '{}' assigned to cluster {}.".format(pickles[idx],cluster))
```

우리의 결과는 news 범주의 각 문서에 해당하는 군집 할당 리스트이며, 피클 처리한 문서의 `fileids`로 쉽게 사상할 수 있다.

```
Document 'news/56d62554c1808113ffb87492.pickle' assigned to cluster 0.
Document 'news/56d6255dc1808113ffb874f0.pickle' assigned to cluster 5.
Document 'news/56d62570c1808113ffb87557.pickle' assigned to cluster 4.
Document 'news/56d625abc1808113ffb87625.pickle' assigned to cluster 2.
Document 'news/56d63a76c1808113ffb8841c.pickle' assigned to cluster 0.
Document 'news/56d63ae1c1808113ffb886b5.pickle' assigned to cluster 3.
Document 'news/56d63af0c1808113ffb88745.pickle' assigned to cluster 5.
Document 'news/56d64c7ac1808115036122b4.pickle' assigned to cluster 6.
Document 'news/56d64cf2c1808115036125f5.pickle' assigned to cluster 2.
Document 'news/56d65c2ec1808116aade2f8a.pickle' assigned to cluster 2.
...
```

우리는 이제 텍스트 유사성을 기반으로 문서를 군집화하기 위한 예비 모델을 지니게 되었다. 이제 우리는 결과를 최적화하기 위해 할 수 있는 일을 고려해야 한다. 그러나 분류의 경우와는 달리, 우리는 news 말뭉치가 하위 범주로 정확히 구분되어 있는지, 즉 비지도학습에 관한 한 근본적인 진리가 없는지를 알려주는 편리한 방법이 없다. 대신 일반적으로 우리는 군집이 의미 있는지를 확인하기 위해 육안으로 검증해 볼 것이다. 군집이 충분히 초점을 맞추고 있는가? 다음 절에서는 군집화 모델을 '최적화'하는 것이 무엇을 의미하는지 논의할 것이다.

k 평균 최적화

군집화 모델을 어떻게 개선할 수 있는가? 우리의 경우 이런 질문은 결과를 더 해석하기 쉽고 유용하게 만들 수 있는 방법을 묻는 것과 다름없다. 첫째, 우리는 k 값을 다르게 하여 실험함으로써 결과를 더 해석하기 쉽게 만들 수 있다. k 평균 군집화에서 **k 선택**(k-selection, k 값을 선택하는 일)은 종종 반복적인 과정이다. 경험 법칙이 있기는 하지만 초기 선택은 종종 다소 임의적이다.

195쪽, '실루엣 점수 및 엘보 곡선'에서 우리는 k 선택 실험에 도움이 되는 두 가지 시각적 기법인 실루엣 점수와 엘보 곡선을 논의할 것이다.

우리는 또한 우리 파이프라인의 다른 부분을 조정할 수 있다. 예를 들어, **원핫 인코딩** 대신 **TF-IDF 벡터화**(TF-IDF vectorization)로 전환할 수 있다. 또는 TextNormalizer 대신 전체 특징 세트의 부분집합만(예: 불용어를 제외한 가장 일반적인 5천 개의 토큰만) 선택할 수 있는 특징 선택기를 사용할 수 있다.

이 책이 빅데이터에 초점을 맞추고 있지는 않지만, 캐노피 군집화의 도입으로 k 평균이 빅데이터에 대해서도 효과적으로 확장된다는 점에 유의하는 것이 중요하다. LDA와 같은 그 밖의 텍스트 군집화 알고리즘은 추가 도구(예: 텐서플로) 없이 병렬화하는 것이 훨씬 더 어렵다.

k 평균은 가벼운 알고리즘이 아니며, 텍스트와 같은 고차원 데이터에서 특히 느릴 수 있음을 기억하라. 군집화 파이프라인이 매우 느리다면 nltk.cluster 모듈에서 sklearn.cluster의 MiniBatchKMeans 구현으로 전환해 속도를 최적화할 수 있다. MiniBatchKMeans는 같은 목적 함수를 최적화하기 위해 전체 훈련 데이터셋의 무작위로 표본추출된 부분집합(또는 '미니 배치')을 사용하지만, 계산 시간이 크게 단축된 k 평균 변형이다.

```
from sklearn.cluster import MiniBatchKMeans
from sklearn.base import BaseEstimator, TransformerMixin

class KMeansClusters(BaseEstimator, TransformerMixin):

    def __init__ (self, k=7):
        self.k = k
        self.model = MiniBatchKMeans(self.k)

    def fit(self, documents, labels=None):
```

```
        return self

    def transform(self, documents):
        return self.model.fit_predict(documents)
```

절충점은 MiniBatchKMeans 구현이 유클리드 거리를 사용하면 더 빨라지지만 텍스트에는 덜 효과적이라는 것이다. 이 글을 쓰는 시점에서 KMeans와 MiniBatchKMeans의 사이킷런 구현에서는 비유클리드 거리 측정기준을 사용할 수 있게 지원하지 않는다.

고르지 않은 기하 처리

k 평균 알고리즘은 데이터가 잘 분산되어 있고, 군집이 대략 비슷한 수준의 변동성을 가지며, 기본적으로 구형이 될 것이라는 가정하에 데이터에 대해 몇 가지 순진한 가정을 한다. 따라서 k 평균 군집화가 실패하는 경우가 많다. 예를 들어, 특이 데이터 점이 군집 일관성을 방해하고 군집이 현저하게 다르거나 **비구면 밀도**(nonspherical densities)를 가진 경우가 이에 해당한다. **코사인 거리**나 **마할라노비스 거리**와 같은 대안적인 거리 측정기준을 사용하면 이러한 사례를 해결하는 데 도움이 될 수 있다.

 친화도 전파(affinity propagation),[3] **스펙트럼 군집화**(spectral clustering), **가우스 혼합** (Gaussian mixture)처럼 사이킷런에 구현된 몇 가지 다른 부분 기법이 있는데, 이는 k 평균이 아닌 경우에 더 효과적일 수 있다.

궁극적으로, k 평균으로 인해 얻는 이점이 자연어 처리 툴킷에서는 중요한 도구가 된다. 이는 k 평균이 개념적 단순성을 제공해 단단하고 구형인 군집, 모델 해석 기능을 지원하는 편리한 중심 및 최종 수렴 보장을 제공하기 때문이다. 이번 장의 나머지 부분에서는 우리가 텍스트에 유용하다고 생각하는 다른 좀 더 정교한 기법을 살펴보겠다. 그러나 묘책은 없으며, 간단한 k 평균 방법이 종종 편리한 쉼터가 되기도 한다.

---

3 옮긴이 affinity를 유사도라고 부르는 경우도 있는데, similarity를 주로 유사성이나 유사도라고 부르므로 친화도로 번역했다. 근접도(closeness, 근접성)와 유사도(similarity, 유사성)와 친화도(affinity, 친화성)가 이 책에 모두 나오므로 그 개념들을 서로 비교해 보는 것이 좋겠다. 참고로, affinity를 어떤 이들은 '친근도'나 '선호도'로 번역해서 부르는 경우도 있는데, 선호도는 일반적으로 preference에 대한 번역어로 알맞고, 친근도는 사물 간의 관계를 나타내는 말로 쓰기에 적합한 용어로 보이지 않는다.

위계적 군집화

이전 절에서는 점들을 군집별로 나누는 부분적인 방법을 살펴보았다. 반대로 **위계적 군집화**(hierarchical clustering, **계층적 군집화**)[4]에는 위에서 아래로 미리 지정된 순서로 군집을 만드는 작업이 포함된다. **위계적 모델**(hierarchical models)은 응집될 수 있는데(agglomerative), 이로 인해 군집은 모두 단일 그룹에 속할 때까지 유사성에 의해 반복적으로 집계되는 단일 인스턴스로 시작되며, 한편으로 위계적 모델이 나뉠 수도 있는데(divisive), 이로 인해 모든 사례에서 시작하여 단일 사례가 될 때까지 데이터가 점진적으로 나누어질 수 있다.

이 메서드는 그림 6-8의 왼쪽 아래처럼 군집 구조의 **수목도**(dendrogram) 표현을 생성한다.

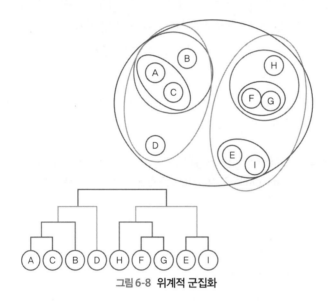

그림 6-8 위계적 군집화

응집적 군집화

응집적 군집화(agglomerative clustering, **병합 군집화**)는 모든 사례가 단일 그룹에 속할 때까지 가장 가까운 사례를 반복적으로 군집에 합친다. 텍스트 데이터의 문맥에 따라 이 작업을 한 결과로, 다양한 수준에서 문서 유사성을 설명한다거나 **과립성**(granularities)[5]으로 문서 유사성을

---

4 〔옮긴이〕hierarchical을 '계층적(layered)'이란 말과 구분하기 위해 '위계적'으로 번역했다. 그러나 '위계적 군집화'와 '계층적 군집화'가 모두 쓰이고 있다는 점에 유의하자.

5 〔옮긴이〕과립(顆粒)이란 '낱알'이란 뜻이며, 과립성은 여타 학문 분야에서 쓰이는 용어를 차용했다. '뭉쳐져 있는 알갱이들이 따로 따로(즉, 낱알이) 있는 상태' 또는 '알갱이들이 떨어져 있는 성질' 정도로 이해하면 된다. 예를 들어, 여러 사례를 각 중심에 뭉치는 경우에, 각 군(group)은 뭉치면 뭉칠수록 동시에 점점 더 서로 떨어져 있게 된다. 바로 이런 성질을 나타내는 말이 여기서 말하는 '과립성'이다. 동결 건조했다는 시판 커피 가루가 (고운 가루들과 달리) 알갱이끼리 뭉쳐서 서로 섞이지 않고 따로따로 떨어져 있는 점으로 이 말의 의미를 이해할 수 있을 것이다.

설명할 수 있을 만큼, 크기가 다양한 그룹들 간의 위계적 구조가 형성된다.

우리는 군집화 구현을 비교적 쉽게 응집적 접근 방식으로 전환할 수 있다. 먼저, 사이킷런 AgglomerativeClusteringModel을 초기화하는 HierarchicalClusters 클래스를 정의한다.

```python
from sklearn.cluster import AgglomerativeClustering

class HierarchicalClusters(object):

    def __init__(self):
        self.model = AgglomerativeClustering()
```

우리는 아무런 연산도 하지 않는(no-op인) fit() 메서드와, transform() 메서드를 추가한다. 이 메서드는 내부 모델의 fit_predict 메서드를 호출하고 나중에 사용하기 위해 자식 및 레이블 속성을 저장하고 군집을 반환한다.

```python
...
    def fit(self, documents, labels=None):
        return self

    def transform(self, documents):
        """
        응집 모델을 주어진 데이터에 적합하게 한다.
        """
        clusters = self.model.fit_predict(documents)
        self.labels = self.model.labels_
        self.children = self.model.children_

        return clusters
```

다음으로, 조각을 파이프라인에 넣고 군집 레이블과 각 리프(leaf, 잎)가 아닌 노드(node, 마디 점)의 각 하위 구성요소를 검사한다.

```python
model = Pipeline([
    ('norm', TextNormalizer()),
    ('vect', OneHotVectorizer()),
    ('clusters', HierarchicalClusters())
])

model.fit_transform(docs)
labels = model.named_steps['clusters'].labels
pickles = list(corpus.fileids(categories=['news']))
for idx, fileid in enumerate(pickles):
    print("Document '{}' assigned to cluster {}.".format(fileid,labels[idx]))
```

결과는 다음과 같다.

```
Document 'news/56d62554c1808113ffb87492.pickle' assigned to cluster 1.
Document 'news/56d6255dc1808113ffb874f0.pickle' assigned to cluster 0.
Document 'news/56d62570c1808113ffb87557.pickle' assigned to cluster 1.
Document 'news/56d625abc1808113ffb87625.pickle' assigned to cluster 1.
Document 'news/56d63a76c1808113ffb8841c.pickle' assigned to cluster 1.
Document 'news/56d63ae1c1808113ffb886b5.pickle' assigned to cluster 0.
Document 'news/56d63af0c1808113ffb88745.pickle' assigned to cluster 1.
Document 'news/56d64c7ac1808115036122b4.pickle' assigned to cluster 1.
Document 'news/56d64cf2c1808115036125f5.pickle' assigned to cluster 0.
Document 'news/56d65c2ec1808116aade2f8a.pickle' assigned to cluster 0.
...
```

응집적 군집화의 문제점 중 하나는 k 평균 예제에서 사용한 것처럼 문서 군집에 레이블을 붙일 때 사용할 중심의 이점이 없다는 것이다. 그러므로 AgglomerativeClusteringModel의 결과 군집을 시각적으로 탐색할 수 있도록 plot_dendrogramto 메서드를 정의해 시각적 표현을 생성한다.

우리의 plot_dendrogram 메서드는 SciPy의 dendrogram 메서드를 사용하며 Matplotlib의 pyplot도 필요하다. NumPy를 사용해 자식 리프 노드 사이의 거리 범위를 계산하고, 각 자식 위치를 나타내는 동일한 값 범위를 만든다. 그런 다음에 각 자식과 그 거리 간의 위치를 유지하는 연결 행렬을 만든다. 마지막으로, 우리는 SciPy의 dendrogram 메서드를 사용해 연결 행렬과 나중에 그림을 수정하기 위해 전달할 수 있는 모든 키워드 인수를 전달한다.

```python
import numpy as np
from matplotlib import pyplot as plt
from scipy.cluster.hierarchy import dendrogram

def plot_dendrogram(children, **kwargs):
    # 각 자식 노드(child node) 쌍 간의 거리
    distance = position = np.arange(children.shape[0])

    # 연계 행렬을 만들어 수목도를 그린다.
    linkage_matrix = np.column_stack([
        children, distance, position]
    ).astype(float)

    # 대응하는 수목도를 그린다.
    fig, ax = plt.subplots(figsize=(10, 5))  # 크기를 설정한다.
    ax = dendrogram(linkage_matrix, **kwargs)
    plt.tick_params(axis='x', bottom='off', top='off', labelbottom='off')
    plt.tight_layout()
    plt.show()
```

```
children = model.named_steps['clusters'].children
plot_dendrogram(children)
```

그림 6-9에서 결과 플롯을 볼 수 있다. 동일한 군집으로 응집될 첫 번째 문서들의 가지는 가장 짧은데, 이는 변형이 가장 적다는 뜻이다. 가지의 길이가 가장 긴 것들은 더 많이 변형된 것으로, 처리 과정 중에서도 나중에 가서야 군집 처리되었다.

두 문서 간의 차이를 정량화하는 방법이 여러 가지이듯이 두 문서 간의 **연결**(linkage)을 설정하는 기준도 여러 가지다. 응집적 군집화에는 거리 함수와 연결 기준(linkage criterion)이 필요하다. 사이킷런의 구현은 와드(Ward) 기준으로 기본 설정되어 있어 각 계급이 연속적으로 병합될 때 군집 내 분산을 최소화한다. 각 응집 단계에서 알고리즘은 병합 후 전체 군집 내 분산이 가장 적은 군집 쌍을 찾는다.

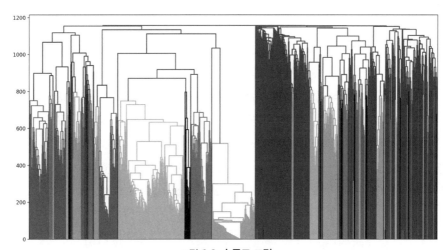

그림 6-9 수목도 그림

 사이킷런의 다른 연결 기준 옵션에는 군집의 점 사이의 거리 평균을 사용하는 'average(평균)'와 군집의 모든 점 사이의 최대 거리를 사용하는 'complete(완료)'가 있다.

KMeansClusters(k 평균 군집) 및 HierarchicalClusters(위계적 군집)의 결과에서 알 수 있듯이 부분 군집화 및 응집적 군집화의 문제점 중 하나는 특정 군집에서 문서가 '왜' 종단부를 이루게 되었는지에 대한 많은 정보를 제공하지 않는다는 점이다. 다음 절에서는 문서를 신속하게 군(群, group)별로 나눌 뿐만 아니라 문서를 효과적으로 설명하기 위해 활용할 수 있는 전략을 노출하는 다양한 방법을 살펴보기로 한다.

문서 토픽 모델링

이제는 문서를 정리해 문서에 레이블을 지정하고 내용을 설명해야 한다. 이번 절에서는 문서 모음에서 토픽을 추출하기 위한 비지도 방식 머신러닝 기술인 **토픽 모델링**(topic modeling)[6]을 살펴보겠다. 군집화를 하게 되면 말뭉치 안에 있는 문서들을 군(群, group)별로 나눠 보려고 시도하게 되지만, 토픽 모델링은 일련의 발화에서 핵심 **토픽**(topic, 항목)을 추출하는 것을 목표로 삼는다. 그러므로 토픽 모델링은 **귀납적**(inductive)인 반면 군집화는 **연역적**(deductive)인 것이다.

토픽 모델링 및 편리한 오픈소스 구현 방법은 지난 10년 동안 크게 발전했다. 다음 절에서는 잠재 디리클레 할당(LDA, Latent Dirichlet Allocation), 잠재 의미 분석(LSA, Latent Semantic Analysis) 및 음이 아닌 행렬 인수분해(NNMF, Non-Negative Matrix Factorization)라는 세 가지 기술을 살펴보겠다.

잠재 디리클레 할당

2003년에 데이비드 블레이(David Blei), 앤드류 응(Andrew Ng) 및 마이클 조던(Michael Jordan)이 처음 소개한 **잠재 디리클레 할당**(LDA, Latent Dirichlet Allocation)은 토픽 발견 기술이다. 이것은 생성적 확률 모델군에 속하며, 여기서 토픽은 주어진 용어 집합이 발생할 확률로 표현된다. 이에 따라 문서를 이러한 토픽들의 **혼합체**(mixture)로 표현할 수 있다. LDA 모델의 고유한 특징은 주제가 구별될 필요가 없으며, 여러 주제에서 단어가 발생할 수 있다는 것이다. 이것은 언어의 융통성을 다루는 데 유용한 일종의 국소적인 **애매함**(fuzziness)을 허용한다(그림 6-10).

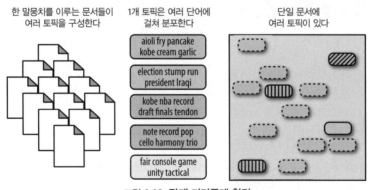

한 말뭉치를 이루는 문서들이 여러 토픽을 구성한다

1개 토픽은 여러 단어에 걸쳐 분포한다

단일 문서에 여러 토픽이 있다

aioli fry pancake kobe cream garlic

election stump run president Iraqi

kobe nba record draft finals tendon

note record pop cello harmony trio

fair console game unity tactical

그림 6-10 잠재 디리클레 할당

---

6 <u>옮긴이</u> 주제별 모형화, 항목 모형화, 주제 모델링, 항목 모델링, 토픽 모형화 등으로 다양하게 번역해 부르고 있다.

Blei 등(2003)은 앞에서 언급한 디리클레 분포, 즉 **연속 혼합 분포**(continuous mixture distribution, 분포들에 대한 분포를 측정하는 방법)가 말뭉치에 걸쳐 발생하고, 말뭉치에 있는 각 문서 내의 다른 혼합체에서도 나타나므로, 토픽을 편리하게 발견할 수 있는 방법이라는 점을 알아냈다.[7] 사실상 잠재 디리클레 할당으로 인해 우리는 관찰된 단어나 토큰을 받게 되는데, 여기에서 우리는 토픽의 확률, 각 토픽의 단어 분포 그리고 문서 내 토픽의 혼합체를 모델링하려고 시도한다.

애플리케이션에서 토픽 모델을 사용하려면 비정형 텍스트 데이터에서 토픽을 추론할 수 있게, 조정 가능한 파이프라인과 들어오는 새 데이터에 사용할 수 있도록, 최상의 모델을 저장하는 방법이 필요하다. 우리는 사이킷런으로 먼저 사용해 본 다음에 Gensim을 사용해 볼 것이다.

사이킷런에서

우리는 먼저, SklearnTopicModels 클래스를 작성하는 일부터 한다. __init__ 함수는 TextNormalizer, CountVectorizer 및 사이킷런의 LatentDirichletAllocation(잠재 디리클레 할당)를 구현함으로써 파이프라인을 구성한다. 우리는 k 평균 군집화에서 했던 것처럼 많은 토픽(여기서는 50개)을 지정해야 한다.

```python
from sklearn.pipeline import Pipeline
from sklearn.decomposition import LatentDirichletAllocation
from sklearn.feature_extraction.text import CountVectorizer

class SklearnTopicModels(object):

    def __init__(self, n_topics=50):
        """
        n_topics는 희망하는 토픽 개수를 나타낸다.
        """
        self.n_topics = n_topics self.model = Pipeline([
            ('norm', TextNormalizer()),
            ('vect', CountVectorizer(tokenizer=identity,
                                    preprocessor=None, lowercase=False)),
            ('model', LatentDirichletAllocation(n_topics=self.n_topics)),
        ])
```

 이번 장의 나머지 예제에서는 문서를 '단어 주머니'로 반환하는 78쪽의 '맞춤형 텍스트 정규화 변환기 만들기'의 TextNormalizer 원본을 사용하려고 한다.

---

7 David M. Blei, Andrew Y. Ng, and Michael I. Jordan, Latent Dirichlet Allocation, (2003) https://stanford.io/2GJBHR1

그런 다음에 우리 파이프라인의 각 단계에서 내부 fit 메서드 및 transform 메서드를 호출하는 fit_transform 메서드를 만든다.

```
def fit_transform(self, documents):
    self.model.fit_transform(documents)

    return self.model
```

이제 파이프라인을 만들고 적용할 수 있는 방법이 생겼으므로 우리는 토픽을 조사할 수 있는 메커니즘을 원한다. 토픽에는 레이블이 지정되어 있지 않으며, 우리는 중심 군집화에서와 같이 레이블을 생성할 중심이 없다. 대신 우리는 생성할 확률이 가장 높은 단어로 각 토픽을 검사한다.

우리는 get_topics 메서드를 만드는데, 이 메서드는 우리의 파이프라인 객체를 단계적으로 따라 가면서 적합화된 벡터라이저를 검색하고, get_feature_names() 속성에서 토큰을 추출한다. LDA 모델의 components_ 특성을 반복하고, 각 토픽과 해당 인덱스에 대해 번호가 매겨진 토큰을 가중치에 따라 역순으로 정렬해 가장 높은 가중치를 갖는 용어에 먼저 순위를 매긴다. 그런 다음에 형상 이름에서 해당하는 토큰을 검색하여 50가지 주제 중 하나의 색인이고 값이 해당 주제와 관련된 상위 단어인 사전으로 주제를 저장한다.

```
def get_topics(self, n=25):
    """
    n은 각 토픽에 대해 보여 줄 상위 용어들의 개수다.
    """
    vectorizer = self.model.named_steps['vect']
    model = self.model.steps[-1][1]
    names = vectorizer.get_feature_names()
    topics = dict()

    for idx, topic in enumerate(model.components_):
        features = topic.argsort()[:-(n - 1): -1]
        tokens = [names[i] fIr i in features]
        topics[idx] = tokens

    return topics
```

이제 SklearnTopicModels 객체를 인스턴스화하고 파이프라인을 우리 말뭉치 문서에 적합하게 하고 변환할 수 있다. 우리는 get_topics() 특성(파이썬 딕셔너리)의 결과를 topics 변수에 할당하고 딕셔너리의 압축을 풀어서 해당 토픽과 가장 유익한 용어를 출력한다.

```
if __name__ == '__main__':
    corpus = PickledCorpusReader('corpus/')

    lda          = SklearnTopicModels()
    documents = corpus.docs()

    lda.fit_transform(documents)
    topics = lda.get_topics()
    for topic, terms in topics.items():
        print("Topic #{}:".format(topic+1))
        print(terms)
```

결과는 다음과 같다.

```
Topic #':
['sci'nc'', 'scien'is'', ''at'', 'da'ia'', 'h'ma'', 'e'rt'', 'baye'ian',
'method', 'scientific', 'jableh', 'probability', 'inference', 'crater',
'transhumanism', 'sequence', 'python', 'engineer', 'conscience',
'attitude', 'layer', 'pee', 'probabilistic', 'radio']
Topic #2:
['franchise', 'rhoden', 'rosemary', 'allergy', 'dewine', 'microwave',
'charleston', 'q', 'pike', 'relmicro', '($', 'wicket', 'infant',
't20', 'piketon', 'points', 'mug', 'snakeskin', 'skinnytaste',
'frankie', 'uninitiated', 'spirit', 'kosher']
Topic #3:
['cosby', 'vehicle', 'moon', 'tesla', 'module', 'mission', 'hastert',
'air', 'mars', 'spacex', 'kazakhstan', 'accuser', 'earth', 'makemake',
'dragon', 'model', 'input', 'musk', 'recall', 'buffon', 'stage',
'journey', 'capsule']
...
```

Gensim 방식

Gensim은 잠재 디리클레 할당을 구현해 제공하는데, 사이킷런보다 더 편리한 특성들도 제공한다. Gensim(버전 2.2.0부터)은 ldamodel.LdaTransformer라는 LDAModel 래퍼를 제공하므로 훨씬 편리하게 사이킷런 파이프라인과 통합할 수 있다.

Gensim의 LdaTransformer를 사용하려면 우리는 Gensim의 TfidfVectorize에 대한 사용자 정의 사이킷런 래퍼를 만들어야 하고, 그렇게 하면 그게 사이킷런 파이프라인 안에서 기능할 수 있다. GensimTfidfVectorizer는 나중에 사용할 수 있도록 맞춤화된 용어집 및 벡터라이저를 저장, 보유, 적재할 뿐만 아니라 LDA보다 앞서 우리의 문서를 벡터화한다.

```
class GensimTfidfVectorizer(BaseEstimator, TransformerMixin):

    def __init__(self, dirpath=".", tofull=False):
        """
        corpus.dict 안에 용어집(lexicon)을 보관하고,
        tfidf.model 안에 TF-IDF 모델을 담고 있는 디렉터리를 전달한다.

        다음 것이 사이킷런 추정기이면 tofull = True로 설정하고,
        그렇지 않고 Gensim 모델이면 False를 유지한다.
        """
        self._lexicon_path = os.path.join(dirpath,"corpus.dict")
        self._tfidf_path = os.path.join(dirpath,"tfidf.model")

        self.lexicon = None
        self.tfidf = None
        self.tofull = tofull

        self.load()

    def load(self):
        if os.path.exists(self._lexicon_path):
            self.lexicon = Dictionary.load(self._lexicon_path)

        if os.path.exists(self._tfidf_path):
            self.tfidf = TfidfModel().load(self._tfidf_path)

    def save(self):
        self.lexicon.save(self._lexicon_path)
        self.tfidf.save(self._tfidf_path)
```

모델이 이미 적합하게 되었다면 load 메서드를 사용하여 디스크에서 적재할 수 있는 용어집
과 벡터라이저를 사용하여 GensimTfidfVectorizer를 초기화할 수 있다. 또한, 우리는 벡터
라이저를 적합하게 한 후에 호출할 save() 메서드를 구현한다.

다음으로, 정규화된 문서 목록을 인수로 취하는 Gensim의 Dictionary 객체를 만들어 fit()
을 구현한다. 우리는 Gensim의 TfidfModel을 인스턴스화해 각 문서 리스트가 lexicon.
doc2bow를 거쳐 단어 주머니로 변환된 문서 목록을 인수로 전달한다. 그리고 나서 우리는
save 메서드를 호출하는데, 이 메서드는 우리의 용어와 벡터라이저를 직렬화해 디스크에 저
장한다. 마지막으로, fit() 메서드는 self를 반환하는 식으로 사이킷런 API를 준수한다.

```
    def fit(self, documents, labels=None):
        self.lexicon = Dictionary(documents)
        self.tfidf = TfidfModel([
            self.lexicon.doc2bow(doc)
            for doc in documents],
```

```
            id2word=self.lexicon)
        self.save()
        return self
```

그런 다음, 우리는 표준화된 각 문서에 대해 루프를 도는 생성기(generator)를 만들고 적합 모델과 단어 주머니 표현을 사용하여 그것들을 벡터화하는 transform() 메서드를 구현한다. 우리의 파이프라인의 다음 단계는 Gensim 모델이 될 것이기 때문에, 우리는 벡터라이저를 초기화하여 tofull=False로 설정하여 희박한 문서 형식(2튜플로 된 시퀀스)을 출력했다. 그러나 다음에 사이킷런의 추정기를 사용할 경우 GensimTfidfVectorizer를 tofull=true로 초기화하고자 할 것이다. 여기서 transform 메서드는 희박(sparse) 포맷을 사이킷런에 필요한 조밀(dense) 표현인 np 배열로 변환할 것이다.

```
def transform(self, documents):
    def generator():
        for document in documents:
            vec = self.tfidf[self.lexicon.doc2bow(document)]
            if self.tofull:
                yield sparse2full(vec)
            else:
                yield vec
    return list(generator())
```

우리는 이제 Gensim 벡터라이저를 위한 맞춤 래퍼를 지니게 되었으므로 여기 GensimTopic Models 모델에서는 모든 조각들을 한 곳으로 모은다.

```
from sklearn.pipeline import Pipeline
from gensim.sklearn_api import ldamodel

class GensimTopicModels(object):

    def __init__(self, n_topics=50):
        """
        n_topics는 희망하는 토픽 개수를 나타낸다.
        """
        self.n_topics = n_topics
        self.model = Pipeline([
            ('norm', TextNormalizer()),
            ('vect', GensimTfidfVectorizer()),
            ('model', ldamodel.LdaTransformer(num_topics = self.n_topics))
        ])

    def fit(self, documents):
        self.model.fit(documents)
```

```
        return self.model
```

우리는 이제 **corpus.docs**로 파이프라인을 적합(fit)하게 하는 일에 착수할 수 있다.

```
if __name__ == '__main__':
    corpus = PickledCorpusReader('../corpus')

    gensim_lda = GensimTopicModels()

    docs = [
        list(corpus.docs(fileids=fileid))[0]
        for fileid in corpus.fileids()
    ]

    gensim_lda.fit(docs)
```

토픽을 조사하기 위해서 우리는 파이프라인의 마지막 단계에서 Gensim_model 속성인 LDA 단계에서 그것들을 검색할 수 있다. 그런 다음에 Gensim LDAModel의 show_topics 메서드를 사용하여 가장 영향력 있는 상위 10개 토큰의 토픽과 토큰 가중치를 볼 수 있다.

```
lda = gensim_lda.model.named_steps['model'].gensim_model
print(lda.show_topics())
```

우리는 또한 **get_topics** 함수를 정의할 수 있다. 이 함수는 적합하게 된 **LDAModel** 및 벡터화된 말뭉치를 사용해 말뭉치의 각 문서에 대해 가장 가중치가 높은 항목을 검색한다.

```
def get_topics(vectorized_corpus, model):
    from operator import itemgetter

    topics = [
        max(model[doc], key=itemgetter(1))[0]
        for doc in vectorized_corpus
    ]

    return topics

lda = gensim_lda.model.named_steps['model'].gensim_model

corpus = [
    gensim_lda.model.named_steps['vect'].lexicon.doc2bow(doc)
    for doc in gensim_lda.model.named_steps['norm'].transform(docs)
]
```

```
topics = get_topics(corpus,lda)

for topic, doc in zip(topics, docs):
    print("Topic:{}".format(topic))
    print(doc)
```

토픽 시각화

전통적인 모델 평가 기법은 지도학습 문제에만 유용하기 때문에 종종 비지도학습 기술을 사용해 모델 결과를 시각적으로 탐색할 수 있으면 도움이 된다. 텍스트 분석을 위한 시각화 기술은 8장에서 더 자세하게 논의될 것이지만, 여기에서는 토픽 모델에서 파생된 토픽을 해석하기 위한 시각적인 인터페이스를 제공하기 위해 설계된 pyLDAvis 라이브러리의 사용법을 간단히 살펴보겠다.

pyLDAvis는 적합한 LDA 토픽 모델에서 정보를 추출해 주피터 노트북에서 쉽게 실행하거나 HTML로 저장할 수 있는 대화형 웹 기반 시각화에 정보를 제공한다. pyLDAvis를 사용해 문서 토픽을 시각화하기 위해 다음과 같이 우리의 파이프라인을 주피터 노트북에 맞출 수 있다.

```
import pyLDAvis
import pyLDAvis.gensim

lda = gensim_lda.model.named_steps['model'].gensim_model

corpus = [
    gensim_lda.model.named_steps['vect'].lexicon.doc2bow(doc)
    for doc in gensim_lda.model.named_steps['norm'].transform(docs)
]

lexicon = gensim_lda.model.named_steps['vect'].lexicon

data = pyLDAvis.gensim.prepare(model,corpus,lexicon)
pyLDAvis.display(data)
```

주요 메서드인 pyLDAvis.gensim.prepare는 LDA 모델, 벡터화된 말뭉치 및 파생된 어휘를 인수로 취해 디스플레이 호출 시 그림 6-11처럼 시각화한다.

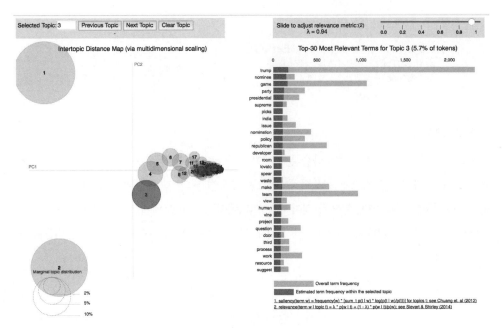

그림 6-11 pyLDAvis를 사용한 인터랙티브 토픽 모델 시각화

잠재 의미 분석

잠재 의미 분석(LSA, Latent Semantic Analysis)은 1990년에 디어웨스터(Deerwester) 등이 토픽 모델링 방법으로 제안한 벡터 기반 접근 방식이다.[8]

잠재 디리클레 할당은 문서의 토픽을 추상화해 토픽별 용어로 문서 점수를 매기는 데 사용되지만, 잠재 의미 분석은 단순히 동일한 단어가 있는 문서 그룹을 찾는다. 토픽 모델링에 대한 LSA 접근법을 **잠재 의미 색인**(latent semantic indexing)이라고도 하는데, 각 행이 토큰이고 각 열이 문서인 희박 용어-문서 행렬을 작성해 말뭉치 내에서 토픽을 식별한다. 행렬의 각 값은 주어진 용어가 해당 문서에 나타나는 빈도와 일치하며 TF-IDF를 사용해 정규화할 수 있다. 그런 다음에 **특잇값 분해**(SVD, singular value decomposition)[9]를 행렬에 적용해 용어-토픽, **토픽 중요도**(topic importances) 및 토픽-문서를 나타내는 행렬로 분해할 수 있다.

---

8 Scott Deerwester, Susan T. Dumais, George W. Furnas, Thomas K. Landauer, and Richard Harshman, Indexing by Latent Semantic Analysis, (1990) http://bit.ly/2JHWx57

9 옮긴이 즉, '비정칙값 분해'.

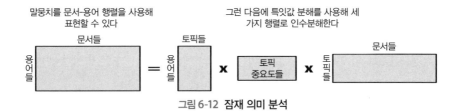

말뭉치를 문서-용어 행렬을 사용해 표현할 수 있다

그런 다음에 특잇값 분해를 사용해 세 가지 행렬로 인수분해한다

그림 6-12 잠재 의미 분석

파생된 **대각 토픽 중요도 행렬**(diagonal topic importance matrix)을 사용해 우리 말뭉치에서 가장 중요한 토픽을 식별하고, 덜 중요한 토픽 용어에 해당하는 행을 제거할 수 있다. 나머지 행(용어)과 열(문서) 중에서 가장 높은 토픽 중요도 가중치에 따라 항목을 할당할 수 있다.

사이킷런에서

사이킷런을 사용하여 잠재 의미 분석을 수행하기 위해 우리는 텍스트를 정규화하고 CountVectorizer를 사용하여 용어-문서 행렬을 만든 다음, 특잇값 분해의 사이킷런 구현인 TruncatedSVD를 사용하는 파이프라인을 만들 것이다. 사이킷런의 구현은 k개의 가장 큰 특잇값만을 계산한다. 여기서 k는 n_components 특성을 통해 지정해야 하는 하이퍼파라미터다. 다행스럽게도 SklearnTopicModels 클래스용으로 만든 __init__ 메서드는 개선(refactoring)할 이유가 거의 없다!

```python
class SklearnTopicModels(object):

    def __init__(self, n_topics=50, estimator='LDA'):
        """
        n_topics는 희망하는 토픽 개수를 나타낸다.
        잠재 의미 분석을 사용하려면 추정기를 'LSA'로 설정하고,
        그렇지 않으면 잠재 디리클레 할당을 기본값으로 설정한다.
        """
        self.n_topics = n_topics

        if estimator == 'LSA':
            self.estimator = TruncatedSVD(n_components=self.n_topics)
        else:
            self.estimator = LatentDirichletAllocation(n_topics=self.n_topics)

        self.model = Pipeline([
            ('norm', TextNormalizer()),
            ('tfidf', CountVectorizer(tokenizer=identity,
                                      preprocessor=None, lowercase=False)),
            ('model', self.estimator)
        ])
```

잠재 디리클레 할당 파이프라인의 사이킷런 구현을 위해 정의한 원래 `fit_transform` 및 `get_topics` 메서드로는 새로 개선한 SklearnTopicModels 클래스와 함께 작동하기 위해 어떠한 수정도 필요하지 않을 것이므로 우리는 우리의 애플리케이션과 문서 상황에 따라 어떤 것이 가장 잘 수행되는지 보기 위해 두 알고리즘 사이를 쉽게 전환할 수 있다.

Gensim 방식

잠재 의미 분석 파이프라인을 활성화하기 위해 GensimTopicModels 클래스를 보강하는 방법은 거의 동일하다. 우리는 다시 TextNormalizer를 사용하고 잠재 디리클레 할당 파이프라인에서 사용한 Gensim의 TfidfVectorizer와 gensim.sklearn_api 모듈인 lsimodel. LsiTransformer를 통해 노출된 Gensim LsiModel 래퍼를 사용한다.

```python
from gensim.sklearn_api import lsimodel, ldamodel

class GensimTopicModels(object):

    def __init__(self, n_topics=50, estimator='LDA'):
        """
        n_topics는 희망하는 토픽 개수를 나타낸다.

        잠재 의미 분석을 사용하려면 추정기를 'LSA'로 설정하고,
        그렇지 않으면 잠재 디리클레 할당('LDA')을 기본값으로 설정한다.
        """
        self.n_topics = n_topics

        if estimator == 'LSA':
            self.estimator = lsimodel.LsiTransformer(num_topics=self.n_topics)
        else:
            self.estimator = ldamodel.LdaTransformer(num_topics=self.n_topics)

        self.model = Pipeline([
            ('norm', TextNormalizer()),
            ('vect', GensimTfidfVectorizer()),
            ('model', self.estimator)
        ])
```

이제 estimator라는 키워드를 인수로 사용해 두 Gensim 알고리즘 간에 전환할 수 있다.

음이 아닌 행렬 인수분해

토픽 모델링에 사용할 수 있는, 또 다른 비지도 기술은 **음이 아닌 행렬 인수분해**(NNMF, non-negative matrix factorization)다. 펜티 파테로(Pentti Paatero)와 운토 태퍼(Unto Tapper)(1994)[10]가 처음으로 소개하였으며, 다니엘 리(Daniel Lee)와 H. 세바스찬 승(Sebastian Seung)(1999)의 《네이처(Nature)》 논문에서 대중화되었다.[11] NNMF는 스펙트럼 데이터 분석, 추천 시스템을 위한 협업 필터링 및 토픽 추출을 포함한 많은 애플리케이션을 보유하고 있다(그림 6-13).

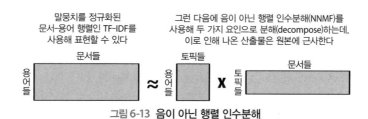

그림 6-13 음이 아닌 행렬 인수분해

토픽 모델링에 NNMF를 적용하기 위해 우리는 잠재 의미 분석과 마찬가지로 TF-IDF 정규화 용어-문서 행렬을 사용해 말뭉치를 표현한다. 그런 다음에 행렬을 원본에 근사하는 두 가지 요인으로 분해하여 두 요인의 모든 값이 양수나 0이 되도록 한다. 결과 행렬은 말뭉치의 용어와 문서에 긍정적인 토픽을 보여 준다.

사이킷런에서

사이킷런의 음이 아닌 행렬 인수분해 구현은 `sklearn.decomposition.NMF` 클래스다. `SklearnTopicModel` 클래스의 `__init__` 메서드에 소량의 리팩터링을 통해 추가 변경 없이 우리의 파이프라인에서 NNMF를 쉽게 구현할 수 있다.

```
from sklearn.decomposition import NMF

class SklearnTopicModels(object):

    def __init__(self, n_topics=50, estimator='LDA'):
        """
```

---

10 Pentti Paatero and Unto Tapper, Positive matrix factorization: A non-negative factor model with optimal utilization of error estimates of data values, (1994) http://bit.ly/2GOFdJU

11 Daniel D. Lee and H. Sebastian Seung, Learning the parts of objects by non-negative matrix factorization, (1999) http://bit.ly/2GJBIV5

```
    n_topics는 희망하는 토픽 개수를 나타낸다.
    잠재 의미 분석을 사용하려면 estimator를 'LSA'로 설정한다.
    음이 아닌 행렬 인수분해를 사용하려면 estimator를 'NMF'로 설정하고,
    그렇지 않으면 잠재 디리클레 할당('LDA')을 기본값으로 설정한다.
    """
    self.n_topics = n_topics

    if estimator == 'LSA':
        self.estimator = TruncatedSVD(n_components=self.n_topics)
    elif estimator == 'NMF':
        self.estimator = NMF(n_components=self.n_topics)
    else:
        self.estimator = LatentDirichletAllocation(n_topics=self.n_topics)

    self.model = Pipeline([
        ('norm', TextNormalizer()),
        ('tfidf', CountVectorizer(tokenizer=identity,
                                  preprocessor=None, lowercase=False)),
        ('model', self.estimator)
    ])
```

어쨌든 어떤 토픽 모델링 알고리즘이 최상일까? 일례로 LSA는 더 긴 문서와 좀 더 확산된 말뭉치들에 도움이 되는 서술적 토픽을 학습하게 하는 데 더 낫다고 여겨지기도 한다.[12] 반면에 잠재 디리클레 할당 및 음이 아닌 행렬 인수분해는 조밀한 토픽을 학습하는 데 더 효과적일 수 있다. 이는 토픽에서 간결한 레이블을 작성하는 데 유용하다.

궁극적으로, 가장 좋은 모델은 작업 중인 말뭉치와 애플리케이션의 목표에 따라 크게 달라진다. 이제 여러분은 여러 모델을 실험함으로써 사용 사례에 가장 적합한 모델을 결정할 수 있는 도구가 갖춰졌다.

결론

이번 장에서는 모델의 성능을 평가할 확실한 방법이 없는 이유로 인해 비지도 방식 머신러닝이 까다로울 수 있음을 확인했다. 그럼에도 불구하고 문서 간의 유사성을 정량화할 수 있는 거리 기반 기술은 흥미롭고 관련성 있는 정보를 제공하므로 대형 말뭉치들을 효과적이고 빠르게 처리하는 방법이 될 수 있다.

---

12 Keith Stevens, Philip Kegelmeyer, David Andrzejewski, and David Buttler, Exploring Topic Coherence over many models and many topics, (2012) http://bit.ly/2GNHg11

우리가 논의한 것처럼 k 평균은 특별히 군집이 너무 많지 않고 기하 구조가 너무 복잡하지 않다면 대규모 말뭉치(특히 코사인 거리가 있는 NLTK 구현을 사용하거나 사이킷런의 `MiniBatchKMeans`를 사용하는 경우)에 잘 적용되는 효과적인 범용 군집화 기법이다. 응집적 군집화는 많은 수의 군집이 있고 데이터가 덜 균등하게 분배될 때 사용해 볼 수 있는 대안이다.

우리는 또한 레이블이 없는 문서들의 집합을 효과적으로 요약하려면 선험적 분류뿐만 아니라 그러한 범주를 서술하는 방법이 필요하다는 점을 배웠다. 잠재 디리클레 할당, 잠재 의미 분석 또는 음이 아닌 행렬 인수분해와 같은 토픽 모델링이 응용 텍스트 분석학 툴킷의 또 다른 필수 도구다.

군집은 평가할 수 있는 탁월한 방법을 위해 데이터셋에 주석을 달기에 아주 좋은 시작점이 될 수 있다. 유사한 문서끼리 모음집을 생성하면 그래프 관계(9장에서 자세히 다룰 것이다)와 같은 더 복잡한 구조로 이어질 수 있어 더 효과적인 다운스트림 분석이 가능하다. 7장에서는 좀 더 효과적인 텍스트 모델링을 위한 복잡한 구조의 일부를 파악할 수 있는 더 진보된 맥락적 특징 공학 전략을 자세히 살펴볼 것이다.

7

문맥 인식 텍스트 분석

이 책에서 우리가 보아 왔던 모델은 **단어 주머니 분해**(bag-of-words decomposition) 기술을 사용해 동일한 단어가 혼재되어 있는 각 문서 간의 관계를 탐색할 수 있게 해준다. 이는 엄청나게 유용하며, 실제로 특정 분야나 주제의 어휘가 다른 텍스트와 구별되거나 다른 텍스트와 관련이 있다면 토큰 빈도가 무척 효과적일 수 있다.

그러나 우리가 아직 고려하지 않은 것은 단어가 나타나는 **문맥**(context, 맥락)이다. 우리가 본능적으로 알고 있는 것이 사실은 의미를 전달하는 데 큰 역할을 한다. 예를 들어, 'she liked the smell of roses(그 여자는 장미 향기를 좋아했다)'와 'she smelled like roses(그 여자가 장미 향기를 맡았다)'라는 문구를 생각해 보자. 불용어 제거 및 표제어 추출과 같이 이전 장에서 제시된 텍스트 정규화 기술을 사용할 때 이 두 가지 발화의 의미가 서로 완전히 다르지만, 단어 주머니 벡터는 동일하게 된다.

그렇다고 해도 단어 주머니 모델이 완전히 평가절하되어야 한다는 것을 의미하지 않으며, 사실 단어 주머니 모델은 일반적으로 크게 유용한 초기 모델이다. 그럼에도 불구하고 성능이 낮은 모델일지라도 문맥 특징추출(contextual feature extraction)[1]을 보태면 대폭 향상될 수 있다. 간단하면서도 효과적인 접근 방식은 **문법**(grammars)으로 모델을 보강해 특정 유형의 문구를 표적으로 삼는 데 도움이 되는 템플릿을 작성하는 것이다. 이 템플릿은 단어만 사용할 때보다 더 많은 뉘앙스를 포착한다.

---

[1] 옮긴이 여기서 특징을 언어학에서는 '자질'이라고 표현한다. 그러므로 문맥 자질추출이라고 부를 수도 있을 것이다.

이번 장에서는 문법을 사용해 문서에서 **키프레이즈(keyphrases)**를 추출하는 것으로 시작하겠다. 다음으로, 우리는 엔그램(n-grams)을 탐구하고 단어 주머니 모델을 보강하기 위해 사용할 수 있는 **유의한 병치(significant collocations)**를 발견할 것이다. 마지막으로, 엔그램 모델을 조건부 빈도(conditional frequency), **평활화(smoothing)** 및 **백오프(back-off)**로 확장해 언어를 생성할 수 있는 모델을 만드는 방법, 기계번역, 챗봇, 지능형 자동 완성 기능 등을 포함한 많은 애플리케이션의 중요한 부분을 살펴볼 것이다.

문법 기반 특징추출

품사(part-of-speech)와 같은 **문법적 특징(즉, 문법적 자질)**은 우리가 언어에 관한 더 많은 문맥 정보를 인코딩할 수 있게 해준다. 모델 성능을 향상시키는 가장 효과적인 방법 중 하나는 **문법(grammar)**과 **구문분석기(parser)**를 결합해 가벼운 **구문론적 구조(syntactic structure, 통사 구조)**를 구축해 동적인 텍스트 모음을 직접 목표로 삼을 수 있게 하는 것이다.

문장이 쓰여지는 언어에 관한 정보를 얻으려면 그 언어로 잘 구조화된 문장의 구성 요소를 지정하는 일련의 문법적 규칙이 필요한데, **문법**이 이 역할을 담당한다. 문법은 특정 언어의 구문 단위(문장, 구 등)가 구성 단위로 어떻게 **분해(deconstruct)**되어야 하는지를 구체적으로 설명하는 규칙 집합이다. 다음은 이러한 구문론적 범주의 몇 가지 예다.

기호	구문론적 범주	기호	구문론적 범주
S	문장	V	동사
NP	명사구	ADJ	형용사
VP	동사구	P	전치사
PP	전치사구	TV	타동사
DT	한정사[3]	IV	자동사
N	명사		

---

2 올긴이 한국어의 관형사와 비슷한 역할을 하는 품사.

문맥 자유 문법

우리는 문법을 사용해 구나 청크로 품사를 구성할 수 있는 다른 규칙을 지정할 수 있다. **문맥 자유 문법**(context-free grammar)은 구문론적 성분을 결합해 감각적인 문자열을 형성하는 일련의 규칙이다. 예를 들어, 'the castle'이라는 명사구에는 한정사(Penn Treebank 태그셋을 사용할 때는 DT로 표시함)와 명사(N)가 있다. 전치사구(PP) 'in the castle'에는 전치사(P)와 명사구(NP)가 있다. 동사구(VP) 'looks in the castle'에는 동사(V)와 전치사구(PP)가 있다. 문장(S) 'Gwen look in the castle'에는 고유명사(NNP)와 동사구(VP)가 있다. 이러한 태그를 사용해 문맥 자유 문법을 정의할 수 있다.

```
GRAMMAR = """
    S -> NNP VP
    VP -> V PP
    PP -> P NP
    NP -> DT N
    NNP -> 'Gwen' | 'George'
    V -> 'looks' | 'burns'
    P -> 'in' | 'for'
    DT -> 'the'
    N -> 'castle' | 'ocean'
    """
```

NLTK에서 nltk.grammar.CFG는 문맥 자유 문법을 정의하는 객체로, 서로 다른 구문론적 성분이 어떻게 관련될 수 있는지를 나타낸다. CFG를 사용해 문법을 문자열로 구문분석을 할 수 있다.

```
from nltk import CFG
cfg = nltk.CFG.fromstring(GRAMMAR)

print(cfg)
print(cfg.start())
print(cfg.productions())
```

구문론적 구문분석기

문법을 정의하고 나면 우리는 체계적으로 우리의 말뭉치에서 유의한 **구문론적 구조**(통사 구조)를 찾아야 한다. 이것이 **구문분석기**(parser, 파서)의 역할이다. 문법에 따라 우리 언어의 맥락에서 '의미심장한(meaningfulness)' 검색 기준이 정의되면 구문분석기는 검색을 실행한다. **구문론적 구문분석기**(syntactic parser)는 문장을 **파스 트리**(parse tree, 구문분석 트리)[3]로 분해하는 프로그

---

3 옮긴이 '구문분석 트리'라는 말보다 '파스 트리'라는 말을 압도적으로 많이 쓰고 있어서 이를 반영해 번역했다.

램으로 **위계적 구 구조**(hierarchical constituents, '위계적 종극 성분' 또는 '위계적 구성 요소'), 즉 **구문 범주**(syntactic categories)로 구성된다.

구문분석기가 문장을 만날 때 구문분석기는 알려진 문법을 문장의 구조가 준수하고 있는지 확인한다. 문장 구조가 문법을 준수한다면 문법의 규칙에 따라 문장을 구문분석(parsing)할 수 있을 것이므로, 이에 따라 파스 트리(parse tree)도 생성할 수 있다. 구문분석기는 주로 문장의 주체 및 객체와 같은 중요한 구조를 식별하거나 문장의 단어 시퀀스가 각 구문론적 범주 내에서 함께 그룹화되어야 하는지를 결정하는 데 사용된다.

먼저, 우리는 품사 패턴과 일치하는 텍스트 시퀀스를 식별하는 GRAMMAR(문법)를 정의한 다음, 문법을 사용해 텍스트를 하위 절로 청크하는 NLTK의 RegexpParser를 인스턴스화한다.

```
from nltk.chunk.regexp import RegexpParser

GRAMMAR = r'KT: {(<JJ>* <NN.*>+ <IN>)? <JJ>* <NN.*>+}'
chunker = RegexpParser(GRAMMAR)
```

GRAMMAR는 NLTK RegexpParser가 KT(key terms, 핵심 용어)라는 레이블을 가진 트리를 생성하기 위해 사용하는 정규 표현식이다. 우리의 청커(chunker)는 0 또는 그 이상의 형용사로 구성된 선택적 구성 요소로 시작하는 구절을 일치시키고, 그 뒤에 어떤 종류의 명사와 전치사가 하나 이상 있고, 그 다음에 0 또는 그 이상의 형용사로 끝나는 구를 일치시킬 것이다. 이 문법은 'red baseball bat' 또는 'United States of America'와 같은 구를 포함한다.

야구에 대한 뉴스 기사의 예문을 생각해 보자. 'Dusty Baker proposed a simple solution to the Washington National's early-season bullpen troubles Monday afternoon and it had nothing to do with his maligned group of relievers(더스티 베이커는 월요일 오후에 워싱턴에서 벌어진 내셔널 리그 초반에 불펜 문제에 대한 간단한 해결책을 제시했고, 그게 악의적인 구제 단체와는 아무런 관련이 없다고 말했다).'

```
(S
    (KT Dusty/NNP Baker/NNP)
    proposed/VBD
    a/DT
    (KT simple/JJ solution/NN)
    to/TO
    the/DT
    (KT Washington/NNP Nationals/NNP)
    (KT
        early-season/JJ
```

```
      bullpen/NN
      troubles/NNS
      Monday/NNP
      afternoon/NN)
  and/CC
  it/PRP
  had/VBD
  (KT nothing/NN)
  to/TO
  do/VB
  with/IN
  his/PRP$
  maligned/VBN
  (KT group/NN of/IN relievers/NNS)
  ./.)
```

이 문장은 'Dusty Baker', 'early-season bullpen troubles Monday afternoon', 'group of relievers' 등 여섯 가지 중요한 구가 포함된 **키프레이즈(keyphrases, 핵심 어구, 중요 어구)**로 분석된다.

키프레이즈 추출

그림 4-8은 KeyphraseExtractor(키프레이즈 추출기)와 EntityExtractor(엔터티 추출구)가 있는 특징 조합을 포함하는 파이프라인을 나타낸다. 이번 절에서는 KeyphraseExtractor 클래스를 구현해 문서를 **키프레이즈 주머니(bag-of-keyphrase)** 표현으로 변환한다.

우리 말뭉치에 포함된 **핵심 용어(key terms)**와 **키프레이즈**는 종종 분석 중인 문서에 포함된 토픽이나 엔터티에 대한 통찰력을 제공한다. 키프레이즈 추출은 문서의 토픽에서 가능한 한 많은 뉘앙스를 포착하기 위해 동적 크기의 **구(phrase)**를 식별하고 분리하는 것으로 구성된다.

 KeyphraseExtractor 클래스는 버튼 드윌드(Burton DeWilde)가 작성한 **훌륭한** 블로그 게시물에서 영감을 얻어 작성한 것이다.[4]

키프레이즈 추출의 첫 번째 단계는 구(예: 어떤 단어나 구가 문서의 주제 또는 관계를 가장 잘 전달할 수 있는지)에 대한 후보를 식별하는 것이다. 우리는 우리의 KeyphraseExtractor를 문법과 청크로 정의하여 단지 **명사구(noun phrases)**를 단어의 품사 태그 텍스트로 식별할 것이다.

---

4 Burton DeWilde, Intro to Automatic Keyphrase Extraction, (2014) http://bit.ly/2GJBKwb

```
GRAMMAR = r'KT: {(<JJ>* <NN.*>+ <IN>)? <JJ>* <NN.*>+}'
GOODTAGS = frozenset(['JJ','JJR','JJS','NN','NNP','NNS','NNPS'])

class KeyphraseExtractor(BaseEstimator, TransformerMixin):
    """
    태그가 지정된 문서로 구성된 PickledCorpusReader를 랩(wrap)한다(둘러싼다).
    """
    def __init__(self, grammar=GRAMMAR):
        self.grammar = GRAMMAR
        self.chunker = RegexpParser(self.grammar)
```

이 KeyphraseExtractor가 토큰화 후에 파이프라인의 첫 번째 단계가 될 것이라고 생각하기 때문에 가볍게 텍스트 정규화를 수행하고 구두점을 제거하고 모든 단어가 소문자인지 확인하는 normalize() 메서드를 추가한다.

```
from unicodedata import category as unicat

    def normalize(self, sent):
        """
        토큰화된 문장과 태그화된 소문자로만 된 단어들에서 구두점을 제거한다.
        """
        is_punct = lambda word: all(unicat(c).startswith('P') for c in word)
        sent = filter(lambda t: not is_punct(t[0]), sent)
        sent = map(lambda t: (t[0].lower(), t[1]), sent)
        return list(sent)
```

이번에 우리는 extract_keyphrases() 메서드를 작성한다. 주어진 문서에서 이 메서드는 먼저 텍스트를 정규화한 다음에 우리의 청크를 사용해 구문분석한다. 구문분석기의 출력은 관심 있는 브랜치(branch, 분지) 즉, '키프레이즈'가 있는 트리다. 관심 있는 구를 얻기 위해 tree2conlltags 함수를 사용해 트리를 CoNLL IOB 태그 포맷, 즉 (단어, 태그, IOB 태그) 튜플을 포함하는 리스트로 변환한다.

IOB 태그는 문구의 문맥에서 단어가 어떻게 기능하는지를 알려 준다. 이 용어는 키프레이즈를 시작하거나(begin a keyphrase, B-KT), 키프레이즈 내에 있거나(inside a keyphrase, I-KT), 키프레이즈 외부에 있을 것이다(outside a keyphrase, O). 우리가 키프레이즈가 포함된 용어에만 관심을 두고 있으므로 표준 라이브러리의 itertools 패키지에 있는 groupby() 함수를 사용해 O가 아닌 한 용어를 계속 그룹화하는 람다 함수를 작성한다.

```
from itertools import groupby
from nltk.chunk import tree2conlltags
```

```
def extract_keyphrases(self, document):
    """
    문서에서는, 우리의 문법에 맞춰 만들어진 청커를 사용하여,
    파스 트리를 태그가 지정된 순서로 변환하는 문장을 구문분석한다.
    Yields가 구들을 추출했다.
    """
    for sents in document:
        for sent in sents:
            sent = self.normalize(sent)
            if not sent: continue
            chunks = tree2conlltags(self.chunker.parse(sent))
            phrases = [
                "".join(word for word, pos, chunk in group).lower()
                for key, group in groupby(
                    chunks, lambda term: term[-1] != 'O'
                ) if key
            ]
            for phrase in phrases:
                yield phrase
```

우리 클래스는 변환기이므로 아무런 연산도 하지 않는(no-op인, 무연산인) fit 메서드와 함께 자료의 각 문서에 대해 extract_keyphrases()를 호출하는 trans 형식 메서드를 추가한다.

```
def fit(self, documents, y=None):
    return self

def transform(self, documents):
    for document in documents:
        yield self.extract_keyphrases(document)
```

다음은 변환된 문서 중 하나를 보기로 든 것이다.

```
['lonely city', 'heart piercing wisdom', 'loneliness', 'laing',
'everyone', 'feast later', 'point', 'own hermetic existence in new york',
'danger', 'thankfully', 'lonely city', 'cry for connection',
'overcrowded overstimulated world', 'blueprint of urban loneliness',
'emotion', 'calls', 'city', 'npr jason heller', 'olivia laing',
'lonely city', 'exploration of loneliness',
'others experiences in new york city', 'rumpus', 'review', 'lonely city',
'related posts']
```

12장에서 신경망 기반 정서 분류기를 위한 사용자 지정 키프레이즈 주머니 변환기를 만들기 위해 다른 GRAMMAR로 이 클래스를 다시 방문할 것이다.

엔터티 추출

우리의 KeyphraseExtractor와 마찬가지로, 문서를 **엔터티 주머니**(bags-of-entities)로 변환하기 위해 맞춤형 특징 추출기를 만들 수 있다. 이를 위해 NLTK의 **개체명 인식**(named entity recognition) 유틸리티인 ne_chunk를 사용한다. ne_chunk는 구문 범주와 각 문장에 포함된 품사 태그를 포함하는 중첩 구문분석 트리 구조를 생성한다.

우리는 엔터티 레이블 집합으로 초기화되는 EntityExtractor 클래스를 만드는 일부터 한다. 그런 다음에 ne_chunk를 사용해 주어진 문서에 대한 구문론적 구문분석 트리를 가져오는 get_entities 메서드를 추가한다. 이 메서드는 구문분석 트리의 하위 트리를 탐색해 레이블이 우리 집합과 일치하는 엔터티(사람의 이름, 조직, 시설, 지정학적 엔터티 및 사회지리학적 엔터티로 구성)를 추출한다. 이 메서드를 엔터티 리스트에 추가한다. 이 엔터티 리스트는 메서드가 문서의 모든 트리를 탐색한 후에 생성된다.

```python
from nltk import ne_chunk

GOODLABELS = frozenset(['PERSON', 'ORGANIZATION', 'FACILITY', 'GPE', 'GSP'])

class EntityExtractor(BaseEstimator, TransformerMixin):
    def __init__ (self, labels=GOODLABELS, **kwargs):
        self.labels = labels

    def get_entities(self, document): entities = []
        for paragraph in document:
            for sentence in paragraph:
                trees = ne_chunk(sentence)
                for tree in trees:
                    if hasattr(tree, 'label'):
                        if tree.label() in self.labels:
                            entities.append(
                                ' '.join([child[0].lower() for child in tree])
                            )
        return entities

    def fit(self, documents, labels=None):
        return self

    def transform(self, documents):
        for document in documents:
            yield self.get_entities(document)
```

변환된 말뭉치에서 가져온 견본 문서는 다음과 같다.

```
['lonely city', 'loneliness', 'laing', 'new york', 'lonely city', 'npr', 'jason
heller', 'olivia laing', 'lonely city', 'new york city', 'rumpus', 'lonely city',
'related']
```

9장에서는 문법 기반 특징추출을 다시 살펴볼 것이다. 여기서는 그래프 계량들과 함께 EntityExtractor를 사용해 문서의 여러 엔터티의 상대적인 중요성을 모델링한다.

엔그램 특징추출

불행히도 문법 기반 접근법은 무척 효과적이지만 항상 작동하지는 않는다. 그 이유 중에 한 가지는 품사 태깅의 성공에 크게 의존한다는 점을 들 수 있는데 이에 따라 우리는 태거(tagger)가 명사, 동사, 형용사 및 기타 품사를 올바르게 표시하고 있음을 확인해야만 한다. 8장에서 보게 되겠지만, 비표준적인 품사 태거가 비표준 텍스트 또는 비문법적인 텍스트에 의해 걸려 넘어지기는 매우 쉽다.

문법 기반 특징추출은 다소 유연하지 못한데, 이는 우리가 먼저 문법을 정의해야 하기 때문이다. 문법 패턴이 텍스트 내에서 강한 신호를 내는 용어와 구를 가장 효과적으로 포착할 수 있는지 미리 알기는 보통 아주 어렵다.

우리는 서로 다른 문법을 많이 실험하거나 우리 자신의 맞춤형 품사 태거를 훈련함으로써 이러한 문제를 반복적으로 해결할 수 있다. 그러나 이번 절에서는 문법에서 **엔그램**(n-gram)으로 되돌아가는 또 다른 옵션을 살펴볼 것이다. 이 옵션은 토큰 시퀀스를 식별하기 위해 더 일반적으로 쓸 만한 방법을 제공한다.

'The reporters listened closely as the President of the United States addressed the room(미국 대통령이 그 방에 관해 언급할 때 기자들이 가까이서 들었다)'는 문장을 생각해 보자. 텍스트 전체에 걸쳐 고정 길이 n에 해당하는 창을 스캔함으로써 있음직한 토큰의 모든 연속 서브시퀀스(subsequence, 부분열)를 수집할 수 있다. 지금까지 우리는 **유니그램**(unigrams), 즉 n = 1인 엔그램(예: 독립적인 토큰들)으로 작업해 왔다. n = 2일 때는 우리는 **바이그램**(bigrams)을 갖게 되는데, 바이그램이란 ('The', 'reporters')와 ('reporters', 'listened')같이 토큰들로 구성된 튜플을 말한다. n=3일 때는 **트라이그램**(trigrams)이라고 부르며, 트라이그램은 ('The', 'reporters', 'listened') 등과 같은 것이고, 이런 식으로 n이 쭉 이어진다. 트라이그램을 마치 창문에서 보듯이 처리한 열(sequence)은 그림 7-1에 나와 있다.

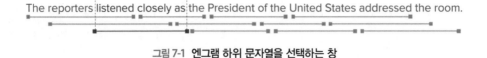

The reporters listened closely as the President of the United States addressed the room.

그림 7-1 엔그램 하위 문자열을 선택하는 창

우리의 텍스트에서 모든 엔그램을 식별하기 위해, 우리는 단순히 창이 목록의 끝에 도달할 때까지 길이가 고정된 창을 단어 목록 위로 미끄러지듯이 움직이게 밀면 된다. 다음과 같이 파이썬만으로도 이 작업을 수행할 수 있다.

```
def ngrams(words, n=2):
    for idx in range(len(words)-n+1):
        yield tuple(words[idx:idx+n])
```

이 함수는 0부터 시작해 단어 목록의 끝에서 정확히 엔그램 떨어진 위치까지 범위를 지정한다. 그런 다음에 단어 목록을 시작 인덱스에서 엔그램 길이로 잘라서 변경 불가능한 튜플을 반환한다. 예문에 적용하면 출력은 다음과 같다.

```
words = [
    "The","reporters","listened","closely","as","the","President",
    "of","the","United","States","addressed","the","room",".",
]

for ngram in ngrams(words, n=3):
    print(ngram)

('The', 'reporters', 'listened')
('reporters', 'listened', 'closely')
('listened', 'closely', 'as')
('closely', 'as', 'the')
('as', 'the', 'President')
('the', 'President', 'of')
('President', 'of', 'the')
('of', 'the', 'United')
('the', 'United', 'States')
('United', 'States', 'addressed')
('States', 'addressed', 'the')
('addressed', 'the', 'room')
('the', 'room', '.')
```

나쁘지 않다! 그러나 이러한 결과에는 몇 가지 질문이 뒤따르게 된다. 첫째, 우리는 문장의 시작과 끝에서 무엇을 해야 하는가? 그리고 우리는 사용할 엔그램 크기를 어떻게 결정하는가? 우리는 다음 단원에서 두 가지 질문을 다룰 것이다.

엔그램 인식 CorpusReader

엔그램 추출은 모델링을 하기 전에 해야 하는 텍스트 전처리 과정 중의 일부다. 따라서 사용자 지정 CorpusReader 클래스 및 PickledCorpusReader 클래스의 일부로 ngrams() 메서드를 포함해 두면 편리하다. 이렇게 하면 엔그램에 대해 전체 말뭉치를 처리하고 나중에 검색할 수 있다. 예를 들면, 이렇다.

```python
class HTMLCorpusReader(CategorizedCorpusReader, CorpusReader):

    ...

    def ngrams(self, n=2, fileids=None, categories=None):
        for sent in self.sents(fileids=fileids, categories=categories):
            for ngram in nltk.ngrams(sent, n):
                yield ngram

    ...
```

우리는 주로 **문맥(context, 즉 맥락)**을 고려하고 있는데, 문장이 불분명하고 독립적인 생각을 나타내기 때문에 문장 경계를 넘지 않는 엔그램을 고려하는 것이 좋다.

NLTK의 ngrams() 메서드를 사용하면 좀 더 복잡한 엔그램 조작을 가장 쉽게 처리할 수 있다. 이 메서드는 NLTK 분할 및 토큰화 메서드들과 함께 사용할 수 있다. 이 메서드는 생성된 엔그램이 문장 경계를 포함하도록 문장 앞뒤에 패딩(padding, 채우기)을 추가할 수 있게 해준다. 이렇게 하면 문장이 어떤 엔그램으로 시작해서 어떤 엔그램으로 끝나는지를 확인할 수 있다.

 여기서 우리는 문장의 시작과 끝을 구분하기 위해 XML 기호를 사용한다. XML 기호는 쉽게 마크업으로 식별되고, 텍스트에서 고유한 토큰이 아니기 때문이다. 그러나 그것들은 완전히 자의적이며, 다른 기호가 사용될 수 있다. 우리는 자주 기호가 없는 텍스트를 구문분석할 때 ★("\u2605")과 ☆("\u2606")를 사용하는 것이 좋다.

문장의 시작과 끝을 <s>와 </s>로 정의하기 위해 상수들부터 다뤄 보겠다(영어는 왼쪽에서 오른쪽으로 읽으므로 left_pad_symbol과 right_pad_symbol을 각각 읽음). 오른쪽에서 왼쪽으로 읽는 언어에서는 이것이 역전될 수 있다.

코드의 두 번째 부분에서는 partial 함수를 사용해 nltk.ngrams 함수를 코드별 키워드 인수로 래핑하는 nltk_ngrams 함수를 만든다. 이렇게 하면 nltk_ngrams를 호출할 때마다 우리가 사용하는 코드의 모든 부분에서 호출 서명을 관리하지 않고 예상되는 동작을 얻을 수 있다. 마지막으로, 새로 정의된 ngrams 함수는 텍스트와 엔그램 크기가 포함된 문자열을 인수로 사용한다. 그런 다음에, 텍스트에 sent_tokenize 및 word_tokenize 함수를 적용해 nltk_ngrams에 전달함으로써 채워진(padded, 패딩된) 엔그램을 얻는다.

```
import nltk
from functools import partial

LPAD_SYMBOL ="<s>"
RPAD_SYMBOL ="</s>"

nltk_ngrams = partial(
    nltk.ngrams,
    pad_right=True, right_pad_symbol=RPAD_SYMBOL,
    left_pad=True, left_pad_symbol=LPAD_SYMBOL
)

def ngrams(self, n=2, fileids=None, categories=None):
    for sent in self.sents(fileids=fileids, categories=categories):
        for ngram in nltk.ngrams(sent, n):
            yield ngram
```

예를 들어, n = 4의 크기와 'After'라는 표본이 되는 텍스트로 "After, there were several followup questions. The New York Times asked when the bill would be signed"가 주어졌을 때, 이 결과로 나오는 4그램들은 다음과 같다.

```
('<s>', '<s>', '<s>', 'After')
('<s>', '<s>', 'After', ',')
('<s>', 'After', ',', 'there')
('After', ',', 'there', 'were')
(',', 'there', 'were', 'several')
('there', 'were', 'several', 'follow')
('were', 'several', 'follow', 'up')
('several', 'follow', 'up', 'questions')
('follow', 'up', 'questions', '.')
('up', 'questions', '.', '</s>')
('questions', '.', '</s>', '</s>')
('.', '</s>', '</s>', '</s>')
('<s>', '<s>', '<s>', 'The')
('<s>', '<s>', 'The', 'New')
('<s>', 'The', 'New', 'York')
('The', 'New', 'York', 'Times')
('New', 'York', 'Times', 'asked')
('York', 'Times', 'asked', 'when')
('Times', 'asked', 'when', '</s>')
('asked', 'when', '</s>', '</s>')
('when', '</s>', '</s>', '</s>')
```

패딩(padding, 채우기) 함수는 있음직한 모든 엔그램 시퀀스를 채운다. 이 함수는 나중에 **백오프**(backoff)에 대한 설명을 할 때 유용하겠지만, 애플리케이션에서 문장의 시작과 끝만 식별해야 하는 경우라면 두 개 이상의 안쪽 여백 기호가 포함된 엔그램을 필터링하면 된다.

올바른 엔그램 창 선택하기

그렇다면 선택할 수 있는 방법은 무엇인가? 개체명 인식을 위한 후보를 식별하기 위해 엔그램을 사용하는 애플리케이션을 생각해 보자. 우리가 n = 2의 청크 크기를 고려한다면 우리의 결과에는 'The reporters', 'the President', 'the United' 및 'the room'이 포함된다. 완벽하지는 않지만, 이 모델은 가벼운 방식으로 후보 중 세 개를 성공적으로 식별한다.

반면에 크기가 2인 작은 엔그램 창을 기반으로 한 모델은 원문의 뉘앙스를 포착하지 못한다. 예를 들어, 우리의 문장이 다수의 국가수반을 지칭하는 텍스트에서 나온 것이라면 'the President'는 다소 모호할 수 있다. 'the President of the United States'이라는 구절 전체를 포착하려면 n = 6으로 설정해야 한다.

```
('The', 'reporters', 'listened', 'closely', 'as', 'the'),
('reporters', 'listened', 'closely', 'as', 'the', 'President'),
('listened', 'closely', 'as', 'the', 'President', 'of'),
('closely', 'as', 'the', 'President', 'of', 'the'),
('as', 'the', 'President', 'of', 'the', 'United'),
('the', 'President', 'of', 'the', 'United', 'States'),
('President', 'of', 'the', 'United', 'States', 'addressed'),
('of', 'the', 'United', 'States', 'addressed', 'the'),
('the', 'United', 'States', 'addressed', 'the', 'room'),
('United', 'States', 'addressed', 'the', 'room', '.')
```

안타깝게도 위의 결과에서 볼 수 있듯이 너무 높은 엔그램 차수(order)를 기반으로 모델을 만들면 반복되는 항목이 표시되지 않을 것이다. 이렇게 하면 분석 대상을 포착하는 가능성을 지정하기가 매우 어려워진다. 또한, n이 커짐에 따라 정확한 엔그램의 수를 늘릴 수 있기 때문에 우리의 모든 올바른 엔그램을 관찰할 가능성이 줄어든다. n이 너무 크면 독립적인 문맥을 겹치게 되므로 너무 많은 잡음이 추가될 수도 있다. 창이 문장보다 큰 경우 엔그램을 전혀 생성하지 못할 수도 있다.

n을 선택하는 일을 **편향**과 **분산** 사이의 균형을 맞추는 일로 간주할 수도 있다. n이 작으면 모델이 더 단순한 게(약한 게) 되게 하므로 편향으로 인해 더 많은 오차가 발생한다. n이 더 크면 더 복잡한 모델(고차원 모델)이 되게 하므로, 따라서 분산으로 인해 더 많은 오차가 발생한다.

모든 지도된 머신러닝 문제와 마찬가지로 우리 모델의 **민감도**(sensitivity)와 **특이도**(specificity) 사이의 올바른 균형을 맞추어야 한다. 더 의존적인 단어가 더 멀리 있는 **전구체**(precursors)[5]에 있을수록 엔그램 모델이 예측하기가 더 복잡해진다.

유의한 병치

우리 말뭉치 리더가 엔그램을 인식하고 있으므로 엔그램을 단순한 어휘가 아닌 벡터 요소로 벡터화해 다운스트림 모델에 이러한 기능을 통합할 수 있다. 그러나 엔그램을 날것 그대로 사용하면 많은 후보들이 생성될 것이고, 그중 대부분은 관련이 없을 것이다. 예를 들어, 'I got lost in the corn maze during the fall picnic(가을 소풍 중에 미로 같은 옥수수밭에서 길을 잃었다)'라는 문장은 전형적인 전치사구가 아니면서도 마치 전치사구인 것처럼 보이는 트라이그램 ('in', 'the', 'corn')을 포함하고 있는 반면, ('I', 'got', 'lost')라는 트라이그램은 그 자체로 이치에 맞는 것처럼 보인다.

실제로 이것을 대부분의 애플리케이션에서 유용하게 쓰려면 너무 많은 계산 비용이 든다. 해결책은 **조건부 확률**(conditional probability)을 계산하는 것이다. 예를 들어, 'while'이라는 토큰이 있는 텍스트에서 ('the', 'fall')이라는 토큰이 나타날 가능성은 얼마인가? 엔그램의 첫 번째 토큰에 의해 조건화된 (n-1)그램의 빈도를 계산해 **경험적 가능도**(empirical likelihood, 경험적 우도)를 계산할 수 있다. 이 기법을 사용해 별 의미도 없고 더 희박하게 출현하는 구성, 예를 들면 ('corn', 'maze') 같은 것보다는 더 자주 함께 사용되는 엔그램인지를 가려낼 수 있다.

그 밖의 경우보다 더 큰 값을 보이는 일부 엔그램이 존재한다는 생각은 텍스트 분석 툴킷에서 다른 도구인 **유의한 병치**(significant collocation, 의미를 지니게 나란히 놓임)로 이어진다. **병치**(collocation)라는 말은 엔그램이라는 말과 뜻은 같지만, 더 추상적인 말로서(창 크기의 특이성이 없음) 단순히 단어들이 토큰 시퀀스에 함께 들어 있을 가능성이 확률적인 이유 때문이 아니라 그 밖의 이유 때문이라는 점을 의미한다. 조건부 확률을 사용해 우리는 특정한 병치가 유의하다는 가설을 검정할 수 있다.

NLTK에는 중요한 병치를 발견할 수 있는 두 가지 도구가 있다. 엔그램 배열을 찾아서 순위를 매기는 CollocationFinder와 배열의 중요도에 점수를 매기는 계량들(metrics)로 이뤄진 모음집을 포함하는 NgramAssocMeasures가 있다. 두 유틸리티는 모두 n의 크기에 종속적이며 모듈에는 **바이그램, 트라이그램 및 쿼드그램**(quadgram)[6] 순위 지정 유틸리티가 포함되어 있다. 불행

5 　옮긴이 즉, 앞서 나온 것.
6 　옮긴이 토큰이 네 개인 경우.

하게도 5그램 연관성과 그 이상은 적절한 기저 클래스를 하위 클래스화하고, 배열 도구 중 하나를 템플릿으로 사용해 수동으로 구현해야 한다.

지금은 유의한 쿼드그램을 찾아내는 일을 탐구해 보자. 대형 말뭉치의 엔그램을 찾고 순위를 정하는 데 시간이 많이 걸릴 수 있으므로 디스크의 파일에 결과를 기록하는 것이 좋다. QuadgramAssocMeasures의 계량뿐만 아니라 단어를 읽을 말뭉치를 입력으로 사용해 쿼드그램을 찾고 순위를 매긴 다음, 탭으로 구분된 파일로 결과를 디스크에 입력하는 rank_quadgrams 함수를 만든다.

```python
from nltk.collocations import QuadgramCollocationFinder
from nltk.metrics.association import QuadgramAssocMeasures

def rank_quadgrams(corpus, metric, path=None):
    """
    지정된 관련 계량을 사용해 제공된 말뭉치에서 쿼드그램을 찾아 순위를 매긴다.
    말뭉치가 제공된다면 쿼드그램을 지정된 경로에 기록하고,
    그렇지 않으면 리스트를 메모리에 반환한다.
    """
    # 말뭉치 단어들에서 병치 순위를 지정하는 유틸리티를 만든다.
    ngrams = QuadgramCollocationFinder.from_words(corpus.words())

    # 관련 계량에 의해 순위가 지정된 병치들
    scored = ngrams.score_ngrams(metric)

    if path:
        # 탭 구분 형식에 맞춘 파일이 되게 디스크에 쓴다.
        with open(path, 'w') as f:
            f.write("Collocation\tScore ({})".format(metric. name ))
            for ngram, score in scored:
                f.write("{}\t{}\n".format(repr(ngram), score))
    else:
        return scored
```

예를 들어, **가능도비**(likelihood ratios, **우도비**)라는 계량을 다음과 같이 사용할 수 있다.

```python
rank_quadgrams(
    corpus, QuadgramAssocMeasures.likelihood_ratio, 'quadgrams.txt'
)
```

이것은 우리의 표본 말뭉치로부터 가능도 점수를 가진 쿼드그램을 생성하는데, 그중 몇 가지 표본은 다음과 같다.

```
Collocation Score (likelihood_ratio)
('New', 'York',"'", 's')                    156602.26742890902
('pictures', 'of', 'the', 'Earth')          28262.697780596758
('the', 'majority', 'of', 'users')          28262.36608379526
('numbed', 'by', 'the', 'mindlessness')     3091.139615301832
('There', 'was', 'a', 'time')               3090.2332736791095
```

QuadgramAssocMeasures 클래스는 가설 검정을 통해 유의성을 평가할 수 있는 몇 가지 방법을 제공한다. 이들 방법은 단어들(예를 들어, 귀무가설) 간에 연관성이 없다고 가정하고 **귀무가설**(null hypothesis)이 사실이라면 연관성이 발생할 확률을 계산한다. 유의 수준이 너무 낮기 때문에 귀무가설을 기각할 수 있다면 우리는 **대립가설**(alternative hypothesis)을 받아들일 수 있다.

 NLTK의 QuadgramAssocMeasures 클래스는 **스튜던트 T 검정**(student T test), **피어슨의 카이 제곱 검정**(Pearson's Chi-square test), **점별 전송 정보량**(pointwise mutual information), **포아송-스털링 측정**(Poisson–Stirling measure) 또는 **자카드 지수**(Jaccard index)와 같은 중요한 검정 도구를 제공한다. 바이그램 연관성은 **파이 제곱**(Phi-square, 피어슨 상관의 제곱), **피셔의 정확 검정**(Fisher's Exact test), **다이스의 계수**(Dice's coefficient)와 같은 더 많은 방법을 포함한다.

이제 그림 7-2와 같은 파이프라인에서 사용할 SignificantCollocations 특징추출 변환기를 생각해 볼 수 있다.

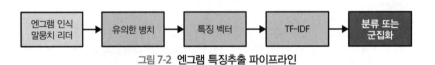

그림 7-2 엔그램 특징추출 파이프라인

fit()에서 이 메서드는 유의한 병치를 찾아서 순위를 정한 다음, transform()에서는 문서에서 발견된 중요한 배열에 대한 점수를 인코딩한 벡터를 생성한다. 이러한 기능은 FeatureUnion을 사용해 다른 벡터와 결합할 수 있다.

```python
from sklearn.base import BaseEstimator, TransformerMixin

class SignificantCollocations(BaseEstimator, TransformerMixin):

    def __init__ (self,
            ngram_class=QuadgramCollocationFinder,
            metric=QuadgramAssocMeasures.pmi):
        self.ngram_class = ngram_class
        self.metric = metric

    def fit(self, docs, target):
```

```
        ngrams = self.ngram_class.from_documents(docs)
        self.scored_ = dict(ngrams.score_ngrams(self.metric))

    def transform(self, docs):
        for doc in docs:
            ngrams = self.ngram_class.from_words(docs)
            yield {
                ngram: self.scored_.get(ngram, 0.0)
                for ngram in ngrams.nbest(QuadgramAssocMeasures.raw_freq, 50)
            }
```

그런 후에 모델은 다음과 같이 구성될 수 있다.

```
from sklearn.linear_model import SGDClassifier
from sklearn.pipeline import Pipeline, FeatureUnion
from sklearn.feature_extraction import DictVectorizer
from sklearn.feature_extraction.text import TfidfVectorizer

model = Pipeline([
    ('union', FeatureUnion(
        transformer_list=[
            ('ngrams', Pipeline([
                ('sigcol', SignificantCollocations()),
                ('dsigcol', DictVectorizer()),
            ])),

            ('tfidf', TfidfVectorizer()),
        ]
    ))

    ('clf', SGDClassifier()),
])
```

이 코드는 **스터브 코드**(stub code)[7]일 뿐이지만, 템플릿으로 사용되기 때문에 문맥을 표준 단어 주머니에 쉽게 주입할 수 있다.

엔그램 언어 모델

사용자가 구의 처음 몇 단어를 입력한 다음, 가장 가능성이 높은 다음 단어(예: Google 검색)를 기반으로 추가 텍스트를 제안하는 애플리케이션을 생각해 보자. 엔그램 모델은 텍스트에 대한 결정을 내리기 위해 엔그램의 통계적 빈도를 사용한다. 일련의 단어 뒤에 다음 단어를 예측하

---

7 옮긴이 코드를 완성하기 전에 뼈대만 작성한 코드.

는 엔그램 언어 모델을 계산하기 위해, 우리는 먼저 텍스트의 모든 엔그램을 세고, 그 다음에 그 빈도를 사용하여 앞에 있는 토큰이 주어진 엔그램의 마지막 토큰의 가능성을 예측한다. 이제 우리는 유의한 병치를 특징추출기로 사용할 뿐만 아니라 언어 모델로도 사용할 수 있다!

텍스트를 생성할 수 있는 언어 모델을 만들려면 우리는 다음 단계로 위 절에서 단계별로 수행한 분할부를 모아 하나의 추가 기술 즉, **조건부 빈도**(conditional frequency)를 구현하는 클래스를 작성해야 한다.

NLTK에는 한때 자연어 생성을 허용하는 모듈이 있었지만, 엔그램 모델을 계산하는 메서드들에 대한 항의를 받아 제거되었다. 이번 절에서 구현하는 NgramModel 및 NgramCounter 클래스는 이러한 불만 사항 중 많은 부분을 처리했지만, 아직 작성 중이며, 아직 마스터로 병합되지 않은 NLTK 브랜치에서 영감을 받았다.

빈도 및 조건부 빈도

우리는 먼저, 단어 수를 사용해 문서 내용을 다른 문서와 비교함으로써 대략적으로나마 문서들을 서로 구분할 수 있을 것이라는 가정 아래, 단어 주머니 모델로 빈도 표현을 사용한 토큰 빈도 개념을 그림 4-2에서처럼 살펴보았다. 빈도는 엔그램 모델링에 유용한 기능이기도 하다. 훈련 말뭉치에서 엔그램이 발생하는 빈도로 인해 새 문서에서 엔그램을 볼 수 있다.

우리가 한 번에 한 단어씩 책을 읽고 있고 우리가 보게 될 다음 단어의 확률을 계산하고 싶다고 상상해 보자. 그림 7-3에서 시각화할 수 있는 텍스트에서 가장 자주 나타나는 단어에 가장 높은 확률을 할당하는 것은 순진한 선택지다.

어쨌든 우리는 이 기본 사용 빈도만으로는 충분하지 않다는 것을 알고 있다. 우리가 문장을 시작한다면 어떤 단어는 다른 단어보다 확률이 높고 어떤 단어는 선행 단어가 주어진 가능성이 훨씬 크다. 예를 들어, '정원'에 이어 '의자'라는 단어의 확률을 묻는 것은 '용암(또는 '전등')'에 이어 '의자'라는 단어의 확률을 묻는 것과 매우 다르다. 이러한 가능도는 **조건부 확률**(conditional probability)을 통해 알려지며, P(의자 | 정원)('정원용 의자일 확률'이라고 읽음)로 공식화된다. 이 확률을 모델링하기 위해 있음직한 각 엔그램 창의 조건부 빈도를 계산할 수 있어야 한다.

먼저 FreqDist와 ConditionalFreqDist를 사용해 유니그램에서 엔그램까지 모든 하위 그램의 조건부 빈도를 추적할 수 있는 NgramCounter 클래스를 정의한다. 또한, 이 클래스에서는 이전에 탐구했던 문장 채우기를 구현하고, 원본 자료의 어휘에 없는 단어를 찾는다.

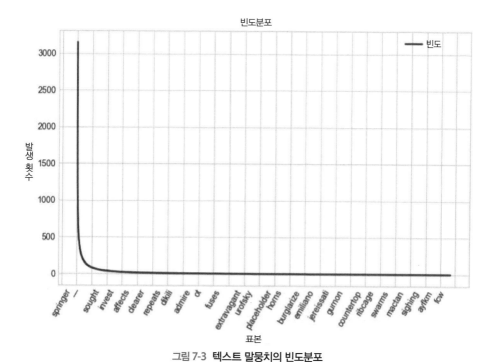

그림 7-3 텍스트 말뭉치의 빈도분포

```
from nltk.util import ngrams
from nltk.probability import FreqDist, ConditionalFreqDist

from collections import defaultdict

# 기호를 채운다.
UNKNOWN ="<UNK>"
LPAD ="<s>"
RPAD ="</s>"

class NgramCounter(object):
    """
    NgramCounter 클래스는 어휘집과 엔그램 크기가 주어졌을 때 엔그램이 몇 개인지를 센다.
    """

    def __init__(self, n, vocabulary, unknown=UNKNOWN):
        """
        n은 엔그램의 크기다.
        """
        if n < 1:
            raise ValueError("ngram size must be greater than or equal to 1")

        self.n = n
        self.unknown = unknown
        self.padding = {
```

```
            "pad_left": True,
            "pad_right": True,
            "left_pad_symbol": LPAD,
            "right_pad_symbol": RPAD,
        }

        self.vocabulary = vocabulary
        self.allgrams = defaultdict(ConditionalFreqDist)
        self.ngrams = FreqDist()
        self.unigrams = FreqDist()
```

다음으로, 우리는 요청된 엔그램 창의 빈도분포와 조건부 빈도분포를 체계적으로 계산할 수 있는 NgramCounter 클래스에 대한 메서드 한 개를 만들 것이다.

```
    def train_counts(self, training_text):
        for sent in training_text:
            checked_sent = (self.check_against_vocab(word) for word in sent)
            sent_start = True
            for ngram in self.to_ngrams(checked_sent):
                self.ngrams[ngram] += 1
                context, word = tuple(ngram[:-1]), ngram[-1]
                if sent_start:
                    for context_word in context:
                        self.unigrams[context_word] += 1
                    sent_start = False

                for window, ngram_order in enumerate(range(self.n, 1, -1)):
                    context = context[window:]
                    self.allgrams[ngram_order][context][word] += 1
                self.unigrams[word] += 1

    def check_against_vocab(self, word):
        if word in self.vocabulary:
            return word
        return self.unknown

    def to_ngrams(self, sequence):
        """
        NLTK 엔그램 메서드에 대한 래퍼
        """
        return ngrams(sequence, self.n, **self.padding)
```

이제 카운터를 인스턴스화하고 관련 빈도를 계산하는 간편한 메서드(NgramCounter 클래스 정의 외부)를 정의할 수 있다. count_ngrams 함수는 원하는 엔그램 크기, 어휘 및 쉼표로 구분된 문자열로 표시된 문장 목록을 파라미터로 사용한다.

```
def count_ngrams(n, vocabulary, texts):
    counter = NgramCounter(n, vocabulary)
    counter.train_counts(texts)
    return counter

if __name__ == '__main__':
    corpus = PickledCorpusReader('../corpus')
    tokens = [''.join(word[0]) for word in corpus.words()]
    vocab = Counter(tokens)
    sents = list([word[0] for word in sent] for sent in corpus.sents())
    trigram_counts = count_ngrams(3, vocab, sents)
```

유니그램이라면 unigrams라는 특성을 사용해 빈도분포를 얻을 수 있다.

```
print(trigram_counts.unigrams)
```

고위(higher order, 고차, 고계) 엔그램의 경우 ngrams 특성으로부터 조건부 빈도분포를 검색할 수 있다.

```
print(trigram_counts.ngrams[3])
```

조건부 빈도분포의 키는 각 단어 앞에 나타날 수 있는 가능한 문맥을 보여 준다.

```
print(sorted(trigram_counts.ngrams[3].conditions()))
```

모델을 사용해 다음 단어 목록을 얻을 수도 있다.

```
print(list(trigram_counts.ngrams[3][('the', 'President')]))
```

최대 가능도 추정

NgramCounter 클래스는 말뭉치를 엔그램의 조건부 빈도분포로 변환하는 기능을 제공한다. 가상의 다음 단어를 예측하려고 하는 애플리케이션의 맥락에서 볼 때, 우리는 가장 가능성 있는 것을 제공할 수 있도록 엔그램 후에 다음 단어에 대해 가능한 후보를 채점하는 메커니즘이 필요하다. 다시 말해서 선행 시퀀스 s가 주어지면 토큰 t의 확률을 계산하는 모델이 필요하다.

엔그램 (s, t)의 확률을 추정하는 한 가지 직접적인 방법은 **상대빈도**(relative frequency, 상대도수)를 계산하는 것이다. 이것은 우리가 말뭉치에서 s 다음에 나오는 단어로 볼 수 있는 시간을 말뭉치에서 관찰한 총 횟수로 나눈 횟수다. 결과 비율은 엔그램 (s, t)에 대한 **최대 가능도 추정량**(maximum likelihood estimate)[8]을 제공한다.

먼저, NgramCounter 객체를 입력받아 언어 모델을 생성하는 클래스인 BaseNgramModel을 작성한다. 엔그램들, 엔그램 그 자체, 어휘의 조건부 빈도분포뿐만 아니라 훈련된 NgramCounter에서 가장 높은 엔그램을 추적할 수 있는 속성을 가진 BaseNgramModel 모델을 초기화할 것이다.

```
class BaseNgramModel(object):
    """
    BaseNgramModel은 엔그램 언어 모델 한 개를 만든다.
    """

    def __init__(self, ngram_counter):
        """
        BaseNgramModel은 NgramCounter로 초기화된다.
        """
        self.n = ngram_counter.n self.ngram_counter = ngram_counter
        self.ngrams = ngram_counter.ngrams[ngram_counter.n]
        self._check_against_vocab = self.ngram_counter.check_against_vocab
```

다음으로, BaseNgramModel 클래스 안에 score 메서드를 생성해 문맥이 주어진 단어에 대한 **상대빈도**(즉, 상대도수)를 계산하고, 먼저 문맥이 훈련된 Ngram 카운터의 최상위 엔그램보다 항상 짧은지를 확인한다. BaseNgramModel의 ngram 속성은 NLTK의 Conditional FreqDist(조건부 빈도분포)이므로 주어진 문맥에 대해 FreqDist를 검색하고 FreqDist를 사용해 상대빈도를 freq로 가져올 수 있다.

```
    def score(self, word, context):
        """
        단어 및 문자열 단어 문맥의 주어진 문자열 표현에 대해
        단어가 문맥을 따를 최대 가능도 점수를 반환한다.

        """
        fdist[context].freq(word) == fdist[(context, word)] / fdist[context]
        context = self.check_context(context)

        return self.ngrams[context].freq(word)
```

---

8 옮긴이 최우추정량, 최대우도추정량 등으로 다양하게 번역해서 부르고 있다.

```
def check_context(self, context):
    """
    문맥이 모델의 가장 높은 엔그램 순서보다 크지 않거나 동일하지 않도록 한다.

    문맥을 튜플로서 돌려준다.
    """
    if len(context) >= self.n:
        raise ValueError("Context too long for this n-gram")

    return tuple(context)
```

실제로 엔그램 확률은 꽤 작은 경향이 있으므로 로그 확률로 대신 표현되는 경우가 많다. 이러한 이유 때문에 점수가 0보다 작거나 같지 않으면 score 메서드의 결과를 로그 형식으로 변환하는 로그 점수 메서드를 작성한다. 이 경우에 점수 메서드는 음의 무한대를 반환한다.

```
def logscore(self, word, context):
    """
    단어와 단어 문맥의 주어진 문자열 표현에 대해 문맥에서 단어의 로그 확률을 계산한다.
    """
    score = self.score(word, context)
    if score <= 0.0:
        return float("-inf")

    return log(score, 2)
```

이제는 특정 엔그램의 인스턴스에 점수를 매기는 방법이 있으므로 엔트로피를 사용해 전체적으로 언어 모델에 점수를 매기는 방법이 필요하다. 우리는 NgramCounter에서 모든 엔그램의 평균 로그 확률을 취해 BaseNgramModel에 대한 entropy 메서드를 만들 수 있다.

```
def entropy(self, text):
    """
    쉼표로 구분된 문자열 목록으로 표시된 주어진 텍스트에 대한
    엔그램 모델의 대략적인 교차 엔트로피를 계산한다.
    이것은 텍스트의 각 단어에 대한 평균 로그 확률이다.
    """
    normed_text = (self._check_against_vocab(word) for word in text)
    entropy = 0.0
    processed_ngrams = 0
    for ngram in self.ngram_counter.to_ngrams(normed_text):
        context, word = tuple(ngram[:-1]), ngram[-1]
        entropy += self.logscore(word, context)
        processed_ngrams += 1
    return - (entropy / processed_ngrams)
```

1장에서 우리는 **복잡도(perplexity)[9]**의 개념에 직면했고, 주어진 발화 내에서 이전의 몇 단어가 다음 몇 단어를 예측하기에 충분하다고 생각했다. 주요한 가정으로 의미가 아주 국부적(local)일 것이라고 여기고 있는데, 이러한 가정은 마르코프 가정을 변형한 것이다. 엔그램 모델이라면 입력 엔그램이 주어질 때 가장 가능성이 큰 (n+1) 그램을 선택해 복잡도를 최소화하고자 한다. 그 때문에 우리가 엔트로피(entropy)라는 관점에서 계산할 수 있는 그 복잡도를 2로 측정하여 모델의 예측력을 평가하는 것이 일반적이다.

```
def perplexity(self, text):
    """
    쉼표로 구분된 문자열 목록이 있다면 텍스트 복잡도를 계산한다.
    """
    return pow(2.0, self.entropy(text))
```

복잡도는 컴퓨터 계산 가능성의 표준화된 방식이다. 토큰 시퀀스의 조건부 확률이 높을수록 복잡도가 낮아진다. 우리는 우리의 고차원 모델이 우리의 약한 모델보다 덜 혼란스러움을 보일 것으로 기대해야 한다.

```
trigram_model = BaseNgramModel(count_ngrams(3, vocab, sents))
fivegram_model = BaseNgramModel(count_ngrams(5, vocab, sents))

print(trigram_model.perplexity(sents[0]))
print(fivegram_model.perplexity(sents[0]))
```

알 수 없는 단어: 백오프 및 평활화

자연어는 매우 유연하기 때문에 아주 큰 말뭉치일지라도 그게 있음직한 모든 엔그램을 포함할 것으로 기대하지 않는 편이 좋다. 따라서 우리 모델은 이전에 보지 못했던 엔그램(예: 'the President of California', 'the United States of Canada')을 처리할 수 있을 만큼 충분히 유연해야 한다. 기호 모델 (symbolic model)에서는 이와 같은 처리 범위 문제를 백오프(back-off) 방식으로 처리한다.

즉, n그램의 확률이 존재하지 않는 경우 모델은 단일 토큰, 즉 유니그램에 도달할 때까지 (n-1) 그램의 확률을 찾는다. 경험적으로 우리는 확률을 추정하기에 충분한 데이터가 있을 때까지

---

9 [옮긴이] 일단 '언어 복잡도'에서 보듯이 언어학에서 흔히 쓰는 번역어인 '복잡도'를 쓰기는 했지만, 엔트로피라는 개념에 맞춰 볼 때 complexity의 번역어로 주로 쓰이는 복잡도 대신에 혼란하고 탁해서 정보가 잘 전달되지 않는 정도를 의미하는 '혼탁도'라는 말이 가장 적절해 보인다. 이 개념은 복잡도(complxity, 혼잡도)와 불투명도(opacity, 탁도)의 개념을 합친 개념을 나타내기에 알맞다.

재귀적으로 작은 엔그램으로 물러나야(back-off) 한다.[10]

우리의 BaseNgramModel은 최대 가능도 추정량을 사용하기 때문에 일부(아마도 많은) 엔그램은 0의 확률(0)과 양의 무한대 또는 음의 무한대까지 이르는 복잡도 점수를 초래하는 확률인 0이 된다. 이러한 영 확률(zero-probability) 엔그램을 다루려면 **평활화(smoothing)**를 구현해야 한다. 평활화는 눈에 보이지 않는 엔그램에 자주 엔그램의 **확률질량(probability mass)**을 부여하는 것으로 구성된다. 가장 간단한 유형의 평활화는 '**1 가산(add-one)**', 즉 **라플라스 평활화(Laplace smoothing)**이다. 여기서 새 용어에는 1의 빈도가 할당되고 확률이 다시 계산되지만, 이 라플라스 평활화를 일반화하면 '**k 가산(add-k)**'으로 표현할 수 있다.

우리는 BaseNgramModel에서 상속한 AddKNgramModel을 생성함으로써 쉽게 구현할 수 있으며, 엔그램 수에 평활화 값 k를 더하고 유니그램 수에 k를 곱해 정규화한 (n-1)그램 수로 나눠서 score 메서드를 오버라이드(override, 재정의)한다.

```
class AddKNgramModel(BaseNgramModel):
    """
    k 가산으로 평활화된 점수들을 제공한다.
    """
    def __init__(self, k, *args):
        """
        입력 값 k, 채점 중에 단어 수를 증가시키는 숫자를 기대한다.
        """
        super(AddKNgramModel, self). init (*args)

        self.k = k
        self.k_norm = len(self.ngram_counter.vocabulary) * k

    def score(self, word, context):
        """
        k 가산 평활화(add-k-smoothing)을 사용하면 점수는 k 값으로 정규화된다.
        """
        context = self.check_context(context)
        context_freqdist = self.ngrams[context]
        word_count = context_freqdist[word]
        context_count = context_freqdist.N()
        return (word_count + self.k) / (context_count + self.k_norm)
```

그런 다음에 k = 1의 값을 우리에게 전달해 LaplaceNgramModel 클래스를 만들 수 있다.

---

10 옮긴이 즉, n이 10인 경우 10그램에서 9그램으로, 9그램에서 8그램으로, 그리고 그런 식으로 1그램씩 줄여 가는 과정이 '백오프'
다. 굳이 번역하자면 '퇴행' 또는 '후퇴'라고 할 수 있다.

```
class LaplaceNgramModel(AddKNgramModel):
    """
    라플라스 평활화(1 가산 평활화)를 구현한다.
    라플라스 평활화는 k가 1로 설정된 'k 가산 평활화'의 기본 사례다.
    """
    def __init__(self, *args):
        super(LaplaceNgramModel, self). init (1, *args)
```

NLTK의 probability 모듈은 확률을 계산하는 데 필요한 여러 가지 방법을 제공하는데, 여기에는 **최대 가능도**(maximum likelihood) 및 **k 가산 평활화**(add-k smooth)에 대한 몇 가지 변경 사항과 다음 사항이 포함된다.

- UniformProbDist(**균등 확률분포**): 주어진 집합의 모든 표본에 동일한 확률을 할당하고 그 밖의 모든 표본에 대해 0 확률을 지정한다.
- LidstoneProbDist(**리드스톤 확률분포**): 0에서 1 사이의 실제 숫자 '감마'를 사용하여 표본 확률들을 매끄럽게 한다.
- KneserNeyProbDist(**크네저-네이 확률분포**): 엔그램이 제공될 확률을 계산하는 백오프 버전을 구현하며, 훈련에서 (n-1) 그램이 표시되었다.

크네저-네이 평활화(Kneser-Ney smoothing, '크네저-네이 평활법')는 유니그램의 빈도를 유니그램 자체로만 고려하는 게 아니라 유니그램에까지 이르게 된 n그램과 관련을 지어 고려한다. 일부 단어는 여러 다른 문맥에서 나타나고, 그 밖의 단어는 자주 나타나지만, 특정 문맥에서만 나타나기도 한다. 그러므로 우리는 이 두 가지 경우를 서로 다르게 취급하고 싶다.

BaseNgramModel에서 상속받은 KneserNeyModel 클래스를 만들고 nltk.KneserNey ProbDist를 사용해 score 메서드를 오버라이드해 NLTK의 크네저-네이 평활화 구현을 위한 래퍼를 만들 수 있다. NLTK의 구현인 nltk.KneserNeyProbDist에는 트라이그램이 필요하다.

```
class KneserNeyModel(BaseNgramModel):
    """
    크네저-네이 평활화를 구현한다.
    """
    def __init__(self, *args):
        super(KneserNeyModel, self).__init__(*args)
        self.model = nltk.KneserNeyProbDist(self.ngrams)

    def score(self, word, context):
        """
        NLTK의 KneserNeyProbDist를 사용해 점수를 얻자.
        """
```

```
        trigram = tuple((context[0], context[1], word))
        return self.model.prob(trigram)
```

언어 생성

일단 우리가 엔그램에 확률을 할당할 수 있다면 우리는 예비적인 언어 생성을 위한 메커니즘을 갖게 된다. 우리의 KneserNeyModel을 적용하여 다음 단어 생성기를 구축하기 위해 우리는 samples와 prob라는 두 가지 추가 메서드를 만들어 0이 아닌 확률과 각 표본의 확률을 가진 모든 트라이그램의 리스트에 접근할 수 있도록 할 것이다.

```
    def samples(self):
        return self.model.samples()

    def prob(self, sample):
        return self.model.prob(sample)
```

이제 입력 텍스트를 취하고, 마지막 두 단어의 있음직한 각 트라이그램 연속 확률을 검색해 가장 가능성이 높은 다음 단어를 추가하는 간단한 함수를 만들 수 있다. 단어가 두 개 미만이라면 더 많은 단어를 입력하도록 요청한다. KneserNeyModel이 영(0) 확률을 지정한다면 우리는 주제(subject)를 바꾸려고 할 것이다.

```
corpus = PickledCorpusReader('../corpus')
tokens = [''.join(word) for word in corpus.words()]
vocab = Counter(tokens)
sents = list([word[0] for word in sent] for sent in corpus.sents())

counter = count_ngrams(3, vocab, sents)
knm = KneserNeyModel(counter)

def complete(input_text):
    tokenized = nltk.word_tokenize(input_text)
    if len(tokenized) < 2:
        response ="Say more."
    else:
        completions = {}
        for sample in knm.samples():
            if (sample[0], sample[1]) == (tokenized[-2], tokenized[-1]):
                completions[sample[2]] = knm.prob(sample)
        if len(completions) == 0:
            response ="Can we talk about something else?"
        else:
            best = max(
                completions.keys(), key=(lambda key: completions[key])
```

```
            )
            tokenized += [best]
            response ="".join(tokenized)

    return response

print(complete("The President of the United"))
print(complete("This election year will"))

The President of the United States
This election year will suddenly
```

단순한 확률론적 언어 생성 작업을 수행하는 애플리케이션을 만들기는 상당히 쉽지만, 훨씬 복잡한 작업(예: 완전한 문장을 생성하는 무언가)을 구현하려면 더 많은 언어를 인코딩해야 한다. 이것은 **고위 엔그램 모델**(higher-order n-gram model, 고차 엔그램 모델, 고계 엔그램 모델)과 더 큰 영역 특정 말뭉치들을 사용해 수행할 수 있다.

그러면 우리 모델이 충분히 좋은지를 어떻게 결정할 것인가? 두 가지 방법으로 엔그램 모델을 평가할 수 있다. 첫 번째는 유보 데이터 또는 테스트 데이터에서 모델의 성능을 평가하기 위해 복잡도(perplexity), 즉 엔트로피와 같은 확률 측정을 사용하는 것이다. 이 경우에는 엔트로피를 극대화하는 모델이나 테스트 집합에 대한 혼란을 최소화하는 모델이 더 잘 수행된다. 기호 모델의 성능을 엔그램의 크기와 그 평활화 메커니즘이라는 관점에서 서술하는 것이 관례다. 이 글을 쓰는 시점에서 가장 잘 수행되는 기호 모델은 크네저-네이 평활화로 처리된 5그램 모델의 변형이다.[11]

반면에 n 모델을 애플리케이션에 통합하고 사용자가 피드백을 받아 n 모델을 평가하는 것이 더 효율적이다.

결론

이번 장에서는 단순한 단어 주머니 모델을 개선하기 위해 **문맥 인식 특징공학**과 관련된 몇 가지 새로운 방법을 살펴보았다. 텍스트의 구조는 높은 수준의 텍스트를 이해하는 데 필수적이다. 문법에 기초한 키프레이즈 추출이나 유의한 병치로 문맥을 사용함으로써 우리 모델을 상당히 키울 수 있다.

---

11 Frankie James, Modified Kneser–Ney smoothing of n–gram models, (2000) http://bit.ly/2JIc5pN

이번 장의 텍스트 분석에 대한 우리의 접근 방식은 **기호적인**(symbolic)[12] 접근 방식이었다. 즉, 발생 가능성이 있는 개별 청크로 언어를 모델링했다. 이 모델을 **사전확률로**(priori, 선험적으로) 확장하고 알 수 없는 단어가 나타날 때 **평활화**(smoothing)하기 위한 메커니즘을 확장함으로써 우리는 텍스트 생성을 위한 엔그램 언어 모델을 만들 수 있었다. 언어 모델에 대한 이러한 접근 방식은 학술적으로 보일 수도 있지만, 텍스트 간의 관계를 통계적으로 평가할 수 있는 능력은 현대 웹 검색, 챗봇 및 기계 변환을 비롯한 다양한 상업용 애플리케이션에서 널리 사용되는 것으로 나타났다.

이번 장에서 논의되지는 않았지만, 결론에 관련된 것으로는 이차적인 접근법이 있다. 즉, **창발적인**(emergent) 행태를 보이는 연결 장치로서의 신경망을 이용하는 신경망 언어 모델, 즉 **연결주의**(connectionism)[13] 언어 모델이다. 심층 신경망은 word2vec, Spacy 및 텐서플로와 같은 도구를 통해 널리 사용 가능하게 되었고 널리 보급되었지만, 훈련에 비용이 많이 들고 해석이 어렵다는 점과 문제 해결이 어려울 수 있다는 점이 있다. 이러한 이유 때문에 많은 애플리케이션은 인간이 이해할 수 있는 기호 모델을 사용한다. 이 모델은 10장에서 더 쉽게 직관적인 추론으로 수정할 수 있다. 12장에서 우리는 연결주의자(connectionist)가 쓰는 접근법을 사용하여 언어 분류 모델을 작성해 보고, 실제로 사용하는 것이 바람직해 보이는 사용 사례를 논의한다.

그러나 이러한 고급 모델을 사용하기 전에 우리는 먼저 8장의 텍스트 시각화 및 시각적 모델 진단을 탐색해 빈도 계산 및 통계량 계산을 사용해 모델에서 발생한 상황을 정확히 시각화할 것이다.

---

12 옮긴이 다음 단락에 나오는 '연결주의'에 대비되는 게 '기호주의'다. 여기서 말하는 '기호적인 접근 방식'이란 '기호주의 접근 방식'이다.

13 옮긴이 원서에는 '연결주의자(connectionist)'라고 표현되어 있다.

8

텍스트 시각화

머신러닝은 종종 의사 결정의 자동화와 관련이 있지만, 실제로는 예측 모델을 구성하는 과정에서 일반적으로 작업을 반복해야 하는 면이 있다. 컴퓨터는 빠르고 정확한 수치 계산에 능숙하지만, 사람은 본능적으로 패턴을 즉시 식별할 수 있다. 컴퓨터의 계산 능력과 사람의 패턴인식 능력을 합치려면 데이터를 컴퓨터 시각 용어에 맞춰 그려 냄으로써 사람이 해당 데이터를 보고 그 의미를 즉시 알아차릴 수 있게 **시각화**(visualization, 가시화)를 해야 한다.

5장과 6장에서 우리는 응용 머신러닝 모델의 몇 가지 실용적인 예를 조사했다. 그러나 이 예제들을 실행하는 동안에 머신러닝을 통합하기가 모델을 단순히 적합하게 하는 것만큼 단순하지 않다는 점을 종종 느끼게 될 것이다. 먼저, 모델을 처음으로 구축했을 때부터 모델이 적합(fit)하게 되는 일은 드물다. 오히려 모델을 적합시키고 평가하고 조정하는 일을 반복해야 한다.

게다가 응용 텍스트 분석 결과를 평가하고 조정하고 표현하기는 숫자 데이터를 대상으로 그렇게 하는 경우보다 훨씬 더 어렵다. 단어, 단어 조각 또는 구가 될 수 있는 가장 유익한 특징들을 찾는 가장 좋은 방법은 무엇인가? 우리의 말뭉치에 가장 적합한 분류 모델을 어떻게 알 수 있는가? k 평균 군집화 모델에서 k에 대해 최상의 값을 선택했을 때 어떻게 알 수 있는가?

8쪽, '3중 모델 선택'에서 설명한 대로 우리가 3중 모델 선택이라는 작업흐름을 채택한 이유는 구축 가능한 최적 솔루션을 향해 가능한 한 효율적으로 반복해야 한다는 우리의 필요성과 더불어 이러한 질문 유형들에 따른 것이다. 이번 장에서는 이 작업흐름을 시각적인 메커니즘으로 확장함으로써 문제를 대상으로 **시각적 진단**(visual diagnostics)을 하거나 모델을 더 쉽게 검증하기 위한 방법을 살펴본다. 우리는 머신러닝 모델을 **조향**(steering)하는 데 유용한 시각적 도구 모음을 활용함으로써 그림의 패턴을 자연스럽게 알아낼 수 있는 인간 본연의 능력이 모델링 과정에서 효과적으로 발휘될 수 있게 할 것이다.

우리는 엔그램 시계열 그림에서부터 **확률적 이웃 매장**(stochastic neighbor embeddings)에 이르기까지 텍스트에 대한 다양한 특징분석 기술 및 특징공학 기술을 구축하는 일부터 한다. 그런 다음에 혼동 행렬 및 계급 예측 오차 그림과 같은 모델 오차를 감지하기 위한 텍스트 모델 및 진단 도구를 시각적으로 분석하는 일로 나아갈 것이다. 마지막으로, 하이퍼파라미터 최적화에 참여해 더 높은 성능을 목표로 모델을 조종하는 몇 가지 시각적 방법을 살펴보겠다.

특징공간 시각화

기존의 수치 예측 파이프라인에서는 특징공학, 모델 평가, 조율이 매우 직관적인 방식으로 수행될 수 있다. 저차원 공간에서 우리는 모델을 적합화하고 관찰된 분산량을 각 특징으로 설명함으로써 데이터셋의 가장 유익한 특징을 식별할 수 있다. 이러한 결과를 막대형 차트 또는 **2차원 쌍별 상관 열지도**(two-dimensional pairwise correlation heatmaps)를 사용해 시각화할 수 있다.

그렇지만 우리의 데이터가 텍스트 형식일 때는 특징공간을 시각화하기는 쉽지 않다. 이것은 부분적으로는 고차원 데이터를 시각화하는 것이 본질적으로 어렵기 때문이기도 하지만, 또한 파이썬에서 텍스트 데이터를 시각화하는 것은 순수 숫자 데이터를 그리는 일이라는 점과 비교하면 몇 단계 더 도약해야 하기 때문이다. 이번 절에서는 특징분석과 특징공학에 유용한 Matplotlib 시각화 루틴을 살펴본다.

시각적 특징분석

본질적으로 **특징분석**(feature analysis)이란 데이터를 알게 되는 과정이다. 저차원 수치 데이터의 경우 우리가 사용할 수 있는 시각적 특징분석 기법에는 상자 그림(box plots) 및 바이올린 그림(violin plots), 히스토그램(histograms), 산점도 행렬(scatterplot matrices), 방사형 시각화(radial visualizations) 및 평행 좌표(parallel coordinates)가 포함된다. 불행하게도 텍스트 데이터의 차원이 여러 개이기 때문에 이러한 기술들이 불편할 뿐만 아니라 늘 관련되어 있는 것도 아니다.

텍스트 데이터의 맥락에서 보면, 특징분석이란 말뭉치에 무엇이 있는지를 이해하기 위한 작업이다. 이런 작업에 필요한 질문 사례를 들어 보면 이렇다. 문서가 얼마나 길고 어휘가 얼마나 많은가? 어떤 패턴이나 엔그램 조합이 문서를 가장 잘 설명하는가? 그 문제에 관해서, 우리의 텍스트는 얼마나 문법적인가? 다양한 영역 특정 복합 명사구로 구성되어 있어 고도의 기술이 필요한가? 다른 언어로 번역되었는가? 구두점은 예측 가능한 방식으로 사용되는가?

이런 질문들을 통해 우리는 효과적인 실험과 효율적인 프로토타이핑을 하는 데 필요한, 건전한 가설을 세울 수 있다. 이번 절에서는 텍스트 데이터에 특히 적절한 특수 특징분석 기술인 엔그램 시계열, 망 분석 및 투영도를 살펴보겠다.

엔그램 뷰어

7장에서는 많은 문서에서 토큰의 중요한 패턴을 식별하기 위해 **문법 기반 특징추출**(grammar-based feature extraction)을 수행했다. 실제로 시간의 함수로 토큰 조합의 빈도를 시각적으로 탐색할 수 있다면 작업흐름 중에 이번 단계를 조정하기가 훨씬 쉬워진다. 이번 절에서는 이러한 종류의 특징분석을 지원하는 **엔그램 뷰어**(n-gram viewer)를 만드는 방법을 설명한다.

 3장과 4장에서 작성한 말뭉치 리더에는 dates 메서드가 없지만, 이 시각화 프로그램은 문서의 타임스탬프(timestamp, 시각 소인)를 해당 fileid에 사상하는 메커니즘을 추가해야 한다.

말뭉치 데이터는 키가 말뭉치 토큰이고 값이 (토큰_갯수, 문서_일자_소인) 꼴 튜플인 딕셔너리 형식으로 되어 있다고 가정하자. 시계열로 그려야 할 엔그램에 해당하는 문자열이 있는 리스트, 즉 쉼표로 구분된 리스트인 terms가 있다고 가정하자.

시간이 지남에 따라 엔그램을 탐색하기 위해, 너비와 높이 차원을 인치 단위로 지정한 Matplotlib 그림과 축을 초기화하는 일부터 한다. 우리는 용어 리스트에 실린 각 용어에 대해 표적인 엔그램의 수를 x 값으로 삼고, 용어를 y 값으로 표시한 문서의 날짜-시간 스탬프로 그려 볼 것이다. 그림에 제목, 색으로 구분된 범례 및 y 축과 x 축의 레이블을 추가한다. 특정 날짜 범위를 지정해 확대/축소 및 필터 기능을 허용할 수도 있다.

```python
fig, ax = plt.subplots(figsize=(9,6))

for term in terms:
    data[term].plot(ax=ax)

ax.set_title("Token Frequency over Time")
ax.set_ylabel("word count")
```

```
ax.set_xlabel("publication date")
ax.set_xlim(("2016-02-29","2016-05-25"))
ax.legend()
plt.show()
```

그림 8-1에 그 예가 나와 있는 결과 그림은 선거에 이르기까지 뉴스 기사 전체에서 특정 정치인 후보(여기서는 유니그램으로 표시)를 언급한 빈도를 보여 준다.

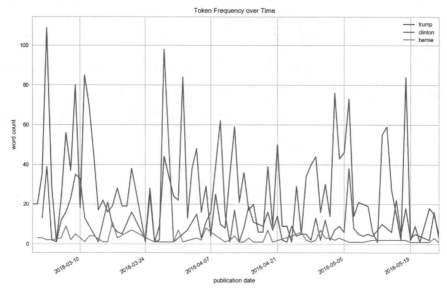

그림 8-1 엔그램 뷰어는 시간에 따라 토큰 빈도를 표시한다

따라서 시계열 그래프는 시간이 지남에 따라 우리 말뭉치에서 엔그램의 발생을 탐색하고 비교하는 유용한 방법이 될 수 있다.

망 시각화

실제로, **망 시각화**(network visualizations)는 텍스트 시각화에 대한 최근 조사에서 망 모양으로 시각화하는 경향이 두드러진다는 점에서 알 수 있듯이 현재는 텍스트를 그려 내는 주요한 기법이 되었다.[1] 이것은 망이 자연어를 통해서만 표현할 수 있는 복잡한 관계를 시각적으로 인코딩하기 때문이다. 특히 사회 관계망(social network, 소셜 네트워크) 분석에 널리 사용된다. 그러한 그래프는 엔터티, 문서, 심지어 말뭉치 내의 개념 사이의 관계를 설명하는 데 유용할 수 있

---

[1] The ISOVIS Group, Text Visualization Browser: A Visual Survey of Text Visualization Techniques, (2015) http://textvis.lnu.se/

다. 이에 대해서는 9장에서 더 자세히 살펴보겠다. 이번 절에서는 L. 프랭크 바움(Frank Baum)의 《오즈의 마법사(The Wizard of Oz)》를 나타내는 그림을 사회 관계망으로 만든다. 사회 관계망에서는 문자가 마디점(node, 정점)이고, 그 관계는 연결이 가까울수록 짧아지는 변(edge, 간선)으로 그려진다.

 이번 절에서는 마이크 보스토크(Mike Bostock)의 《레 미제라블(Les Misérables)》 등장인물 **동시출현 망(co-occurrence network, 동시출현 네트워크)**을 모델로 한 **힘 방향 그래프(force-directed graph, 강제 유향 그래프)[2]**를 만들 것이다.[3] 이러한 그래프는 D3 및 기타 자바스크립트 프레임워크를 사용하여 렌더링하는 것이 더 쉽지만, 우리는 Matplotlib와 NetworkX를 사용하여 파이썬으로 구축하는 것을 설명할 것이다.

우리의 그래프를 위해, 우리는 JSON 파일에 저장된 후처리 버전의 구텐베르크판을 사용하고 있다. 첫째는 텍스트의 빈도에 따라 역순으로 정렬된 문자 이름 리스트다. 둘째는 {chapter heading: chapter text}, 즉 {장 제목: 장 본문} 꼴의 키 값 쌍으로 표시된 장별 딕셔너리다. 단순화를 위해 장에서 두 개의 개행 문자가 제거되었으며(각 텍스트는 하나의 단락으로 표시됨) 텍스트 내의 모든 큰 따옴표(예: 대화)가 작은 따옴표로 변환되었다.

Oz 문자들을 그래프의 마디점으로 표현할 것이므로 마디점 사이의 연결을 설정해야 한다. 우리는 각 장을 스캔하는 cooccurrence(동시출현) 함수를 작성할 수 있으며, 가능한 모든 문자 쌍에 대해 함께 나타나는 빈도를 확인한다. 가능한 한 쌍마다 키를 사용해 사전을 초기화한 다음, 각 장에 대해 NLTK의 sent_tokenize 메서드를 사용해 텍스트를 문장으로 구문분석하고, 두 문자가 모두 포함된 문장마다 딕셔너리 값을 1씩 증가시킨다.

```
import itertools
from nltk import sent_tokenize


def cooccurrence(text, cast):
    """
    장의 딕셔너리인 {headings: text}를 입력 텍스트로 취해 문자 이름들로 이뤄진 쉼표 구분 리스트로 캐스트한다.
    있음직한 각 쌍에 대한 동시출현 카운트의 딕셔너리를 발생한다.
    """
    possible_pairs = list(itertools.combinations(cast, 2))
    cooccurring = dict.fromkeys(possible_pairs, 0)
    for title, chapter in text['chapters'].items():
        for sent in sent_tokenize(chapter):
```

---

2 옮긴이 그래프에 나타난 마디점들 간의 밀쳐내는 힘(척력)이나 끌어당기는 힘(인력)을 힘의 크기뿐만 아니라 방향까지 나타낸 그래프.

3 Mike Bostock, Force-Directed Graph, (2018) http://bit.ly/2GNRKNU

```
        for pair in possible_pairs:
            if pair[0] in sent and pair[1] in sent:
                cooccurring[pair] += 1
    return cooccurring
```

다음으로, JSON 파일을 열고, 텍스트를 적재(load)하고, 문자 목록을 추출하고, NetworkX 그래프를 초기화한다. 0이 아닌 값으로 cooccurrence 함수에 의해 생성된 각 쌍에 대해 우리는 동시출현 카운트를 특성으로 저장하는 변을 추가한다.

그런 다음에 도로시(Dorothy)를 중심으로 그래프에서 ego_graph 추출을 수행한다. 우리는 'spring_layout'을 사용하여 마디점을 공유 변 가중치에 반비례하여 변으로부터 멀어지게 하고, k 파라미터를 사용하는 마디점 사이의 원하는 거리(털뭉치를 피함)와 iterations 파라미터를 사용한 **용수철 힘 완화**(spring-force relaxation)의 반복 횟수를 지정한다. 마지막으로, NetworkX의 draw 메서드를 사용해 마디점 레이블(문자 이름)이 읽을 수 있을 만큼 큰 글꼴로 표시되도록 원하는 마디점과 변의 색상 및 크기로 Matplotlib 그림을 생성한다.

```
import json
import codecs
import networkx as nx
import matplotlib.pyplot as plt

with codecs.open('oz.json', 'r', 'utf-8-sig') as data:
    text = json.load(data)
    cast = text['cast']

    G = nx.Graph()
    G.name ="The Social Network of Oz"

    pairs = cooccurrence(text, cast)
    for pair, wgt in pairs.items():
        if wgt>0:
            G.add_edge(pair[0], pair[1], weight=wgt)

    # 도로시가 중심이 되게 한다.
    D = nx.ego_graph(G,"Dorothy")
    edges, weights = zip(*nx.get_edge_attributes(D,"weight").items())

    # 도로시와 관련이 적은 마디점을 밀어낸다.
    pos = nx.spring_layout(D, k=.5, iterations=40)
    nx.draw(D, pos, node_color="gold", node_size=50, edgelist=edges,
            width=.5, edge_color="orange", with_labels=True, font_size=12)
    plt.show()
```

그림 8-2에 나타난 결과 그림은 이 책에 나오는 여러 등장인물들이 맺고 있는 관계를 잘 보여 준다. 도로시(Dorothy)와 가장 가까운 마디점으로는 도로시의 가장 가까운 동행자인 도로시의 개, 토토(Toto), 허수아비(Scarecow) 그리고 양철 나무꾼(Tin Woodman)을 포함하고, 바깥 변의 마디점은 도로시와 관계를 가장 적게 맺고 있는 등장인물을 나타낸다. 이 사회 관계망 그래프는 도로시가 오즈(Oz)와 초록 마녀(Wicked Witch)에 근접해 있음을 보여 준다.

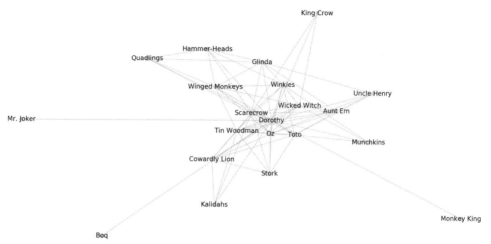

그림 8-2 오즈의 마법사를 위한 힘 방향 에고 그래프

속성 그래프의 구성과 유틸리티, NetWorkX의 add_edge, ego_graph 및 draw 메서드에 대해서는 9장에서 자세히 설명한다.

동시출현 그림

동시출현(co-occurrence, 동시발생)은 엔터티 또는 다른 엔그램 간의 관계를 함께 나타나는 빈도와 관련해 빠르게 이해할 수 있는 또 다른 방법이다. 이번 절에서는 Matplotlib을 사용해 《오즈의 마법사(The Wizard of Oz)》의 등장인물 동시출현을 그려 본다.

먼저, 책의 텍스트와 등장인물 리스트를 가져오는 함수 행렬을 만든다. 다른 모든 등장인물의 동시출현 횟수와 모든 등장인물 목록이 들어 있는 리스트가 될 다차원 배열을 초기화한다.

```
from nltk import sent_tokenize

def matrix(text, cast):
    mtx = []
    for first in cast:
        row = []
        for second in cast:
            count = 0
            for title, chapter in text['chapters'].items():
                for sent in sent_tokenize(chapter):
                    if first in sent and second in sent:
                        count += 1
            row.append(count)
        mtx.append(row)
    return mtx
```

이제 행렬을 그릴 수 있다. D3 프레임워크(D3.js)로 그리는 플롯들에 유사해질 수 있게 우리는 두 개의 동시출현 행렬을 나란히 배치하고자 한다. 하나는 알파벳순으로 정렬된 문자이고, 다른 하나는 텍스트의 전체 빈도순이다. 그림과 축을 초기화하고 제목을 추가하고, 하위 그림 사이의 기본 공백을 늘려 문자 이름의 여유 공간을 확보하고, 모든 문자에 해당하는 x 및 y 눈금을 만든다.

그런 다음에 인덱스(121), 행 수(1), 열 수(2) 및 표적을 나타내는 하위 그림의 그림 수(1)를 참조해 첫 번째 그림에 적용할 수정 사항을 지정할 수 있다. 그런 다음에 x 및 y 눈금을 설정하고, 문자의 이름으로 표시에 레이블을 붙이고 기본 글꼴 크기를 줄이며, 읽기 쉽도록 레이블을 90도 회전할 수 있다. x 축 눈금이 맨 위에 나타나야 하고, 첫 번째 축 플롯에 레이블을 추가하도록 지정한다. 마지막으로, imshow 메서드를 호출해 interpolation(보간) 파라미터가 있는 열지도를 생성하고, 노란색, 주황색 및 갈색 색상 표를 지정하고, 각 동시출현 빈도의 로그를 사용해 매우 드물게 발생하는 동시출현이 너무 밝지 않게 표시한다.

```
...

    # 우선 행렬들을 만든다.
    # 빈도에 따라
    mtx = matrix(text,cast)

    # 이번에는 플롯을 만든다.
    fig, ax = plt.subplots()
    fig.suptitle('Character Co-occurrence in the Wizard of Oz', fontsize=12)
    fig.subplots_adjust(wspace=.75)

    n = len(cast)
```

```
    x_tick_marks = np.arange(n)
    y_tick_marks = np.arange(n)

    ax1 = plt.subplot(121)
    ax1.set_xticks(x_tick_marks)
    ax1.set_yticks(y_tick_marks)
    ax1.set_xticklabels(cast, fontsize=8, rotation=90)
    ax1.set_yticklabels(cast, fontsize=8)
    ax1.xaxis.tick_top()
    ax1.set_xlabel("By Frequency")
    plt.imshow(mtx,
               norm=matplotlib.colors.LogNorm(),
               interpolation='nearest',
               cmap='YlOrBr')
```

동시출현 그림의 영문자 순서에 따른 뷰를 작성하려면 먼저 문자 리스트를 영문자로 바꾸고, 두 번째 하위 그림(122)과 함께 작업할 것을 지정하는 것으로 시작하고, 첫 번째 하위 그림과 동일한 방식으로 축 요소를 추가한다.

```
    ...

    # 그리고 영문자 순서에 따라
    alpha_cast = sorted(cast)
    alpha_mtx = matrix(text,alpha_cast)

    ax2 = plt.subplot(122) ax2.set_xticks(x_tick_marks) ax2.set_yticks(y_tick_marks)
    ax2.set_xticklabels(alpha_cast, fontsize=8, rotation=90) ax2.set_yticklabels
    (alpha_cast, fontsize=8)
    ax2.xaxis.tick_top()
    ax2.set_xlabel("Alphabetically")
    plt.imshow(alpha_mtx,
               norm=matplotlib.colors.LogNorm(),
               interpolation='nearest',
               cmap='YlOrBr')
    plt.show()
```

망 그래프에서처럼 표현은 근사치일 뿐으로, 우리는 실제로는 등장인물의 문자열인 것처럼 **배역(cast)**을 살펴본다. 실제로 문자가 나타날 수 있는 여러 방법이 있다('Dorothy'와 'the girl from Kansas,' 'Toto'와 'her little dog, too'). 그럼에도 불구하고 그림 8-3에서 보여지는 결과 플롯은 텍스트 내에서 가장 많은 상호작용을 하는 등장인물에 대해 많이 알려준다.

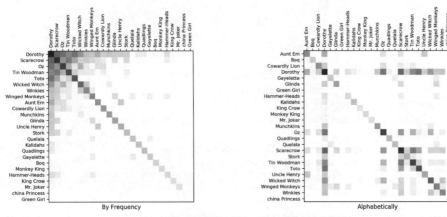

그림 8-3 오즈의 마법사에 나오는 등장인물의 동시출현

텍스트 엑스레이 및 산포도

망과 동시출현 그림은 텍스트(또는 그림의 문자)에서 엔터티 사이의 관계를 설명하기 시작할 뿐만 아니라 가장 중요한 역할의 일부를 수행하는 엔터티 간의 관계를 설명하지만, 엔터티의 다양한 역할에 대해서는 그다지 많이 반영하지 않는다. 이를 위해 제프 클라크(Jeff Clark)[4]와 트레버 스티븐(Trevor Stephen)[5]의 산포도와 비슷한 것이 필요하다.

산포도(dispersion plot)는 텍스트에 일종의 '엑스레이'를 비추는 역할을 하며, y 축을 따라 각 문자 이름을 그리고, x 축을 따라 서술이 표시되도록 하여, 그림에서 등장인물이 나타나는 지점에서 각 등장인물 옆에 수평선을 추가할 수 있다.

우리는 《Widzard of Oz(오즈의 마법사)》 텍스트를 사용해 Matplotlib에서 산포도를 다음과 같이 만들 수 있다. 먼저, 텍스트의 모든 단어가 나오는 순서대로 oz_words 리스트가 필요하다. 각 장의 길이와 제목을 추적해 나중에 x 축을 따라 각 장이 시작하고 끝나는 위치를 표시할 수 있다.

```
...

from nltk import word_tokenize, sent_tokenize

    # 여러 장에 걸친 등장인물의 멘트를 그린다.
```

---

4 Jeff Clark, Novel Views: Les Miserables, (2013) http://bit.ly/2GLzYKV
5 Trevor Stephens, Catch-22: Visualized, (2014) http://bit.ly/2GQKX6c

```
oz_words = []
headings = []
chap_lens = []
for heading, chapter in text['chapters'].items():
    # 장 제목을 모은다.
    headings.append(heading)
    for sent in sent_tokenize(chapter):
        for word in word_tokenize(sent):

            # 모든 단어를 모은다.
            oz_words.append(word)

        # 각 장에 나오는 단어의 길이들을 기록한다.
        chap_lens.append(len(oz_words))

# 각 장이 시작하는 곳을 표시한다.
chap_starts = [0] + chap_lens[:-1]
# 장 제목들에 붙인다.
chap_marks = list(zip(chap_starts,headings))
```

이제 우리는 **oz_words** 리스트를 검색해 문자가 나타나는 위치를 찾고 이를 그려 낼 점 리스트에 추가하려고 한다. 우리의 경우에는 일부 등장인물의 이름이 한 단어로 되어 있으며(예: 'Dorothy', 'Scarecrow', 'Glinda'), 그 밖의 등장인물의 이름은 두 단어로('Cowardly Lion', 'Monkey King') 되어 있다. 문자열 유형과 일치하도록 하기 위해 먼저 한 단어 이름 일치에 대한 카탈로그를 만들어, 텍스트의 각 단어가 이름과 일치하는지 확인한 다음, 앞의 단어와 함께 각 단어를 살펴봄으로써 두 단어로 된 이름을 지닌 등장인물을 찾을 것이다.

```
...
cast.reverse() points = []
# 등장인물이 나올 때마다 점을 추가한다.
for y in range(len(cast)):
    for x in range(len(oz_words)):

        # 일부 등장인물의 이름은 한 단어로 되어 있다.
        if len(cast[y].split()) == 1:
            if cast[y] == oz_words[x]:
                points.append((x,y))

        # 일부 등장인물의 이름은 두 단어로 되어 있다.
        else:
            if cast[y] == ' '.join((oz_words[x-1], oz_words[x])):
                points.append((x,y))
if points:
    x, y = list(zip(*points))
else:
    x = y = ()
```

그림을 알아보기 쉽게 x 축을 기본 넓이보다 훨씬 넓게 지정해 그림과 축을 생성한다. 또한, 각 장의 시작 부분에 레이블을 붙이기 위해 수직선을 추가하고, 각 장의 이름을 레이블로 표시하고, 축의 약간 아래에 나타나도록 글꼴을 작게 하고, 90도 회전을 해서 조정한다. 그런 다음에 우리는 x 점과 y 점을 그리고, `tick_param`을 수정해 기본 아래쪽 눈금과 레이블을 해제한다. 그러고 나서 모든 문자에 대해 y 축을 따라 눈금을 추가하고, 문자 이름으로 레이블을 지정하고 마지막으로 제목을 추가한다.

```
...

    # 그림을 그린다.
    fig, ax = plt.subplots(figsize=(12,6))
    # 각 장이 시작되는 부분에 레이블을 지정한 수직선을 추가한다.
    for chap in chap_marks:
        plt.axvline(x=chap[0], linestyle='-', color='gainsboro')
        plt.text(chap[0], -2, chap[1], size=6, rotation=90)

    # 등장인물의 대사(mention, 지문)를 그린다.
    plt.plot(x, y,"|", color="darkorange", scalex=.1)
    plt.tick_params(
        axis='x', which='both', bottom='off', labelbottom='off'
    )
    plt.yticks(list(range(len(cast))), cast, size=8)
    plt.ylim(-1, len(cast))
    plt.title("Character Mentions in the Wizard of Oz")
    plt.show()
```

결과로 나온 그림은 그림 8-4에 나와 있으며, 텍스트의 전반적인 서사 구조를 작은 지도로 표시한다. 이와 같이 만들어진 그림을 통해 특정 등장인물(더 일반적으로 말하자면 '엔그램')이 이야기의 어느 곳에서 교체되는지를 알 수 있을 뿐만 아니라, 서사 구조 내내 중심 역할을 하는 등장인물들을 강조하고, 심지어 본문의 일부 관심 영역을 강조하기도 한다(예: 많은 등장인물이 동시에 관여하거나, 출연자가 갑자기 교대하는 경우).

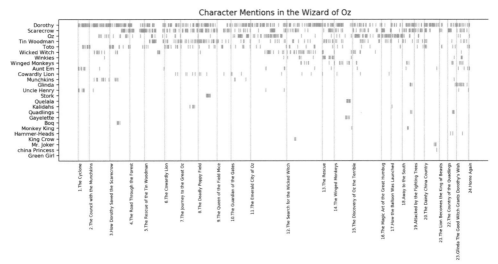

그림 8-4 오즈의 마법사에 언급되는 등장인물들을 나타내는 산포도

유도된 특징공학

우리가 말뭉치에서 날 것 그대로의 내용에 대해 더욱 확신하게 되려면 모델링에 사용할 가장 작고 가장 예측 가능한 **특징 세트**(feature set)[6]를 설계해야 한다. 공학적으로 처리된 이 특징 세트는 가능한 한 작아야 한다. 차원이 늘수록 잡음도 늘고 결정 공간을 모델링하기가 더 어려워지기 때문이다.

텍스트 데이터를 사용하면 너무 많은 신호를 희생하지 않으면서 차원을 크게 줄이기 위한 창의적인 방법이 필요하다. **주성분 분석**(principal component analysis) 및 **선형 판별 분석**(linear discriminant analysis, 텍스트 데이터라면 Doc2Vec)과 같은 옵션은 모두 원본 데이터의 차원을 압축하는 효과적인 방법이다. 그러나 이러한 기술은 나중에 사용자 경험에 따라 원래 특징들(예: 두 가지 문서가 유사한 특정 용어 및 구)을 검색할 수 있어야만 한다면 문제가 발생할 수 있다.

이번 절에서는 시각적인 품사 태깅 및 빈도분포(즉, 도수분포)와 같이 텍스트 데이터에 특히 적합하게 특징공학을 조향하기 위한 몇 가지 시각적 기법을 살펴보겠다.

---

6 옮긴이 여기서 set는 집합성을 강조하는 것이 아니라 집합으로 번역하지 않고, 서로 연관 있는 한 묶음이라는 뜻이 강하므로 우리가 일상에서 사용하는 용어인 '세트'라고 번역했다.

품사 태깅

3장에서 배운 바와 같이, 품사(예: 동사, 명사, 전치사, 형용사)는 문장의 맥락에서 단어가 어떻게 작동하는지를 나타낸다. 영어에서는 다른 많은 언어에서와 마찬가지로 하나의 단어가 여러 가지 방식으로 기능할 수 있으며, 우리는 그러한 용도를 구별할 수 있기를 원한다(예: 'ship'과 'shop'이라는 단어는 문맥에 따라 동사나 명사 중 하나로 기능할 수 있다). 품사 태깅은 단어의 정의뿐만 아니라 텍스트의 사용에 대한 정보를 인코딩할 수 있게 해준다.

7장에서는 문구와 함께 품사 태그를 사용해 키프레이즈 추출을 수행했다. 이러한 종류의 특징 공학의 문제점 중 하나는 중요한 문구를 찾기 위해 어떤 문법을 사용할지 **선험적으로**(a priori, **사전에, 미리**) 알기가 매우 어려울 수 있다는 것이다. 일반적으로 우리의 전략은 강한 신호를 보이는 **키프레이즈**를 포착하는 데 좋은 일을 하는 정규 표현식에 안착하기 전까지 휴리스틱 방법과 실험을 사용하는 것이다. 이 전략은 실제로 문법적 영어 텍스트와도 잘 작동한다. 그러나 우리가 작업하고 있는 텍스트가 비논리적이거나 철자 및 구두점 오류가 있다면 어떻게 해야 하는가? 이러한 경우, 즉시 사용 가능한 품사 태거는 이익을 주기보다는 해를 끼칠 수 있다.

우리가 사용하는 텍스트가 형용사, 명사 패턴에 따라 중요한 키프레이즈를 인코딩하지 않는지 고려해 보자. 예를 들어, 형용사구가 아니라 언어나 부사구 또는 고유명사에 현저한 정보를 기록할 수 있는 경우가 많이 있다. 이 경우 우리의 연설 부분 태거가 제대로 작동하고 있고 우리의 키프레이즈 청커가 아래 코드처럼 보여도 우리는 정말로 말뭉치에 있는 신호를 포착하지 못할지도 모른다!

```
grammar=r'KT: {(<JJ>* <NN.*>+ <IN>)? <JJ>* <NN.*>+}'
chunker = nltk.chunk.regexp.RegexpParser(grammar)
```

정규화, 벡터화 및 모델링(또는 실망스러운 모델링 결과를 이해하기 위한 진단 도구)으로 나아가기 전에 먼저 텍스트의 품사를 시각적으로 탐색할 수 있어야 한다. 예를 들어, 우리의 품사 태거에 의해 텍스트의 상당 부분에 레이블이 지정되어 있지 않거나 오판되어 있지 않다는 사실을 발견하면 우리의 특정 말뭉치를 사용해 정규 표현식 기반의 태거를 훈련할 수 있다. 또는 텍스트를 정규화하는 방식에 영향을 미칠 수 있다(예를 들어, 특정 어근 단어가 나타나는 방식에 유의한 변형이 많이 있을 경우, 텍스트 정규화 과정에서 계산 시간이 늘어날지라도 어간 추출보다는 표제어 추출로 진행될 수 있다).

Yellowbrick 라이브러리는 사용자가 다양한 품사를 보여 주는 컬러 텍스트를 출력할 수 있는 기능을 제공한다. PosTagVisualizer는 명사, 동사 등의 비율을 시각화하고 이 정보를 사용해 품사 태깅, 텍스트 정규화(예: 형태소 분석과 문자화) 및 벡터화에 대한 결정을 내릴 수 있도록 텍스트를 색칠한다.

transform 메서드는 품사 태깅 시각화를 위한 원문 입력을 변환한다. 문서는 (태그, 토큰) 튜플 형태여야 한다.

```
from nltk import pos_tag, word_tokenize
from yellowbrick.text.postag import PosTagVisualizer

pie ="""
    In a small saucepan, combine sugar and eggs
    until well blended. Cook over low heat, stirring
    constantly,  until mixture reaches 160° and coats
    the back of a metal spoon. Remove from the heat.
    Stir in chocolate and vanilla until smooth. Cool
    to lukewarm (90°), stirring occasionally. In a small
    bowl, cream butter until light and fluffy. Add cooled
     chocolate mixture; beat on high speed for 5 minutes
    or until light and fluffy. In another large bowl,
    beat     cream until it begins to thicken. Add
    confectioners' sugar; beat until stiff peaks form.
    Fold into chocolate mixture. Pour into crust. Chill
    for at least 6 hours before serving. Garnish with
    whipped     cream and chocolate curls if desired.
    """

tokens = word_tokenize(pie)
tagged = pos_tag(tokens)

visualizer = PosTagVisualizer()
visualizer.transform(tagged)

print(' '.join((visualizer.colorize(token, color)
                for color, token in visualizer.tagged)))
print('\n')
```

이 코드는 명령줄 또는 주피터 노트북에서 실행될 때 그림 8-5에 표시된 결과를 생성한다.

In a small saucepan , combine sugar and eggs until well blended . Cook over low heat , stirring constantly , until mixture reaches 160° and coats the back of a metal spoon . Remove from the heat . Stir in chocolate and vanilla until smooth . Cool to lukewarm (90°) , stirring occasionally . In a small bowl , cream butter until light and fluffy . Add cooled chocolate mixture ; beat on high speed for 5 minutes or until light and fluffy . In another large bowl , beat cream until it begins to thicken . Add confectioners ' sugar ; beat until stiff peaks form . Fold into chocolate mixture . Pour into crust . Chill for at least 6 hours before serving . Garnish with whipped cream and chocolate curls if desired .

그림 8-5 **품사 태그 부착 레시피**

그림 8-5에서, 품사 태깅이 쿡북(cookbook) 텍스트를 대상으로 적당히 잘 수행되었다는 것을 알 수 있다. 태그가 붙지 않거나 태그가 잘못 붙은 곳이 몇 군데밖에 없다. 단, 다음 예에서 기본적인 NLTK 품사 태거는 동요와 같은 모든 영역에서 동일하게 잘 수행되지 않는다는 것을 알 수 있다(그림 8-6).

Baa , baa , black sheep , Have you any wool ? Yes , sir , yes , sir , Three bags full ; One f
or the master , And one for the dame , And one for the little boy Who lives down the lane .

그림 8-6 품사 태그를 부착한 동요

따라서 시각적인 품사 태깅은 특징공학 및 모델 진단뿐만 아니라 다양한 전처리 작업(3장에서 설명)의 효용성을 평가하기 위한 도구로 사용자가 사용할 수 있다.

가장 유익한 특징

데이터셋에서 가장 유익한(즉, 예측적인) 특징을 확인하는 것은 3중 모델 선택의 핵심 부분이다. 그러나 숫자 모델링(예: L1 및 L2 정규화, Select_from_model과 같은 사이킷런 유틸리티 등)에서 가장 익숙한 기술은 데이터가 텍스트로 구성되고, 우리의 특징들이 토큰 또는 그 밖의 언어적 특성(character)이라면 종종 덜 유용하다. 4장에서처럼 데이터가 벡터화되면 인코딩을 통해 자연적인 서사 구조를 손상시키지 않으면서 통찰을 추출하기가 어려워진다.

시각적으로 텍스트를 탐색하는 한 가지 방법은 빈도분포다. 텍스트 말뭉치의 맥락에서 빈도분포는 어휘 항목 또는 토큰의 유행을 알려 준다.

다음 몇 가지 예에서 Yellowbrick을 사용해 나머지 Yellowbrick 데이터셋과 함께 내려받을 수 있는 Baleen의 'hobbies'라는 하위 말뭉치를 시각적으로 탐색한다.

Yellowbrick 데이터셋 적재

Yellowbrick 데이터셋을 적재하는 방법: Yellowbrick은 UCI 머신러닝 저장소에서 여러 데이터셋을 제공한다. 데이터를 내려받으려면 Yellowbrick 라이브러리를 복제하고 다음과 같이 내려받는다.

```
$ git clone https://github.com/DistrictDataLabs/yellowbrick.git
$ cd yellowbrick/examples
$ python download.py
```

이것은 주어진 데이터가 있는 하위 디렉터리가 포함된, data라는 디렉터리를 생성한다.

일단 내려받고나면 scikarnet.base.Bunch 객체를 사용해 사이킷런의 장난감 같은 데이터셋이 구조화된 것과 마찬가지로, 각각 말뭉치를 특징 및 대상 속성에 적재한다.

```python
import os
import yellowbrick as yb
from sklearn.datasets.base import Bunch

## 테스트 데이터셋들의 경로
FIXTURES = os.path.join(os.getcwd(),"data")

## 말뭉치 적재 메커니즘

corpora = {
    "hobbies": os.path.join(FIXTURES,"hobbies")
}

def load_corpus(name):
    """
    텍스트 말뭉치에 이름으로 전달된 것을 적재하고 가공(wrangling, 정리)한다.
    """

    # 데이터셋들로부터 경로를 입수한다.
    path = corpora[name]

    # 디렉터리에서 디렉터리들을 범주들로 보고 읽어 들인다.
    categories = [
        cat for cat in os.listdir(path)
        if os.path.isdir(os.path.join(path, cat))
    ]

    files  = [] # 루트를 기준으로 삼아 파일 이름을 보유한다.
    data   = [] # 파일에서 읽어 온 텍스트를 보유한다.
    target = [] # 범주의 문자열을 보유한다.

    # 말뭉치 내에 있는 파일들로부터 데이터를 가져와 적재한다.
    for cat in categories:
        for name in os.listdir(os.path.join(path, cat)):
            files.append(os.path.join(path, cat, name))
            target.append(cat)

            with open(os.path.join(path, cat, name), 'r') as f:
                data.append(f.read())

    # 뉴스 그룹 예와 비슷한 방식으로 사용할 데이터 묶음을 반환한다.
    return Bunch(
        categories=categories,
        files=files,
        data=data,
        target=target,
    )

corpus = load_corpus('hobbies')
```

우리의 hobbies 말뭉치가 일단 적재되면 우리는 Yellowbrick을 사용해 어휘를 탐색하는 빈도분포를 생성할 수 있다. NLTK는 또한 상위 50개의 토큰을 보여 주는 빈도분포도를 제공하지만, 여기서 Yellowbrick을 사용해 일관된 API를 활용할 수 있다. NLTK FreqDist 메서드나 Yellowbrick FreqDistVisualizer는 우리를 대신해 정규화 또는 벡터화를 수행하지 않는다. 이 두 메서드에는 카운트(셈)로 벡터화한 텍스트를 인자로 전달해야 한다.

우리는 먼저 FreqDistVisualizer 객체를 인스턴스화한 다음, 카운트 벡터화된 문서와 빈도분포를 계산하는 특징(즉, 객체의 단어)으로 해당 객체에 fit()을 호출한다. 그런 다음에 **비주얼 라이저**는 X 축과 Y 축 값으로 표시된 빈도수를 따라 나열된 항과 함께 가장 빈번한 항들의 막대 차트를 말뭉치에 표시한다. 그런 다음에 Yellowbrick의 poof() 메서드를 호출해 최종 시각화를 생성할 수 있다.

```python
from yellowbrick.text.freqdist import FreqDistVisualizer
from sklearn.feature_extraction.text import CountVectorizer

vectorizer = CountVectorizer()
docs = vectorizer.fit_transform(corpus.data)
features = vectorizer.get_feature_names()

visualizer = FreqDistVisualizer(features=features)
visualizer.fit(docs)
visualizer.poof()
```

그림 8-7에서 우리는 hobbies 말뭉치에서 가장 자주 나오는 용어 50개를 볼 수 있다. 그러나 x 축을 따라 가며 단어들을 살펴보면 용어의 대부분이 딱히 흥미로운 게 아니라는 점을 알 수 있다(예: 'the', 'and', 'to', 'that', 'of', 'it'). 예로 든 이런 용어들이 가장 자주 출현하는 것이기는 해도 가장 유익한 특징들인 것은 아니다.

4장에서는 차원성 축소를 위한 방법으로 불용어를 제거하고 주요 정보를 가장 잘 포착할 수 있는 특징에 도달하기 위한 수단을 탐구했다. 여기에서는 빈도분포를 사용해 가장 흔한 영어 단어를 우리 말뭉치에서 제거하는 효과를 시각화해 stop_words 파라미터를 fit_transform의 사이킷런 CountVectorizerin에 전달할 것이다.

```python
vectorizer = CountVectorizer(stop_words='english')
docs = vectorizer.fit_transform(corpus.data)
features    = vectorizer.get_feature_names()

visualizer = FreqDistVisualizer(features=features)
```

```
visualizer.fit(docs)
visualizer.poof()
```

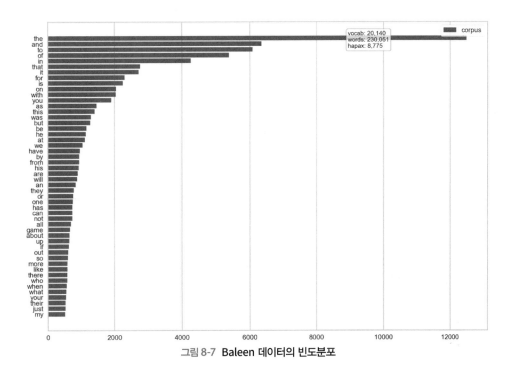

그림 8-7 Baleen 데이터의 빈도분포

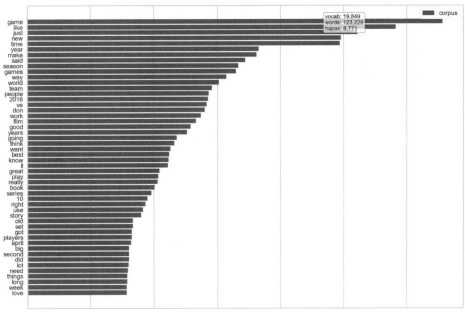

그림 8-8 불용어들을 제거한 후의 Baleen 말뭉치의 빈도분포

그림 8-8에서 볼 수 있듯이 불용어가 제거되었으므로 나머지 특징들은 다소 흥미롭다(예: 'game', 'season', 'team', 'world', 'film', 'book', 'week'). 그러나 데이터가 확산된 점도 분명하다. 1장에서 우리는 언어 인식 데이터 제품을 구축하는 것이 일반적인 개념에 따른 말뭉치가 아닌 영역 특정 말뭉치에 의존한다는 것을 배웠다. 우리는 지금 hobbies 말뭉치를 충분히 모델링할 수 있을 만큼 영역이 특정되어 있는지 여부를 결정해야 한다. 빈도분포도를 계속 사용해 말뭉치 내에서 더 세부적으로 집중된 하위 토픽 및 기타 패턴을 검색할 수 있다.

Yellowbrick과 함께 제공되는 hobbies 말뭉치는 이미 분류되어 있다(corpus['categories']로 해보라). 불용어가 제거된 두 범주의 빈도분포도는 각각 그림 8-9와 그림 8-10에 나타나 있다.

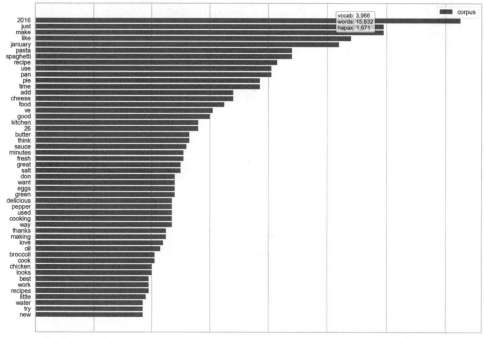

그림 8-9 요리용 하위 말뭉치의 빈도분포

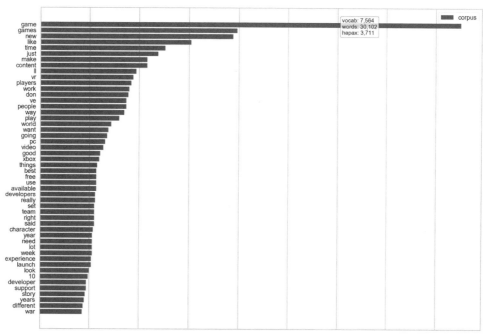

그림 8-10 게임용 하위 말뭉치의 빈도분포

우리는 이 그림들을 시각적으로 비교할 수 있으며, 구별되는 점을 즉시 알아볼 수 있다. 요리 말뭉치의 가장 일반적인 단어로는 'pasta', 'pan', 'broccoli', 'pepper'가 포함되며, 게임 말뭉치에는 'players', 'developers', 'character' 및 'support'와 같은 토큰이 포함된다.

모델 진단

특징분석 및 특징공학을 수행한 후에, 3중 모델 선택 작업흐름의 다음 단계는 모델 선택이다. 실제로는 새로운 모델로 어떤 모델이 가장 효과적일지 미리 예측하기가 일반적으로 어렵기 때문에 우리는 여러 모델을 선택하고 비교할 것이다. 따라서 우리의 다음 과제는 모델이 잘 작동하는지 또는 불량하게 작동하는지를 결정하는 것이다.

전통적인 머신러닝 문맥에서 볼 때 우리는 모델 성능 점수에 의존할 수 있는데, 회귀라면 평균제곱오차(mean square error) 또는 결정계수(coefficient of determination) 등에서, 그리고 분류라면 정밀도(precision)와 정확도(accuracy) 및 F1 점수(F1 score) 등에서 어떤 것이 가장 강력한 모델인지를 결정한다. 이러한 기술은 또한 시각적 분석의 맥락으로 확장될 수 있다. 텍스트 데이터에서 회귀 문제가 자주 발생하지는 않지만, 12장의 예제를 보면 순전히 감상평 텍스트를 기반으로 한 부동 소수점 점수를 예측할 수 있다. 5장과 6장에서 논의했듯이 분류와 군집화는 텍스트 말뭉치들에 대해 더 일반적인 학습 방법이며, 이번 절에서는 이러한 맥락에서 모델 평가를 위한 몇 가지 기술을 살펴볼 것이다.

군집 시각화

모델 평가는 우리가 **선험적으로**(a priori) 정답과 오답을 알고 있을지라도 군집화 알고리즘으로 지도학습 문제를 풀 때처럼 간단하지 않다. 군집화에서는 실제로 숫자 점수가 없다. 대신 모델의 상대적 성공은 일반적으로 인간에게 구별 가능하고 유의한 패턴을 얼마나 효과적으로 발견할 수 있는지에 따라 달라진다. 이러한 이유로 시각화가 점점 더 중요해지고 있다.

우리가 빈도분포도를 사용해 작은 **분리도**(separability) 및 **확산도**(diffuseness)를 알아내는 것과 마찬가지로 모든 특징에서 문서의 유사성을 조사해야 한다. 이럴 때 비선형 차원성 축소 방법인 **t 분포 확률적 이웃 매장**(t-SNE, t-distributed stochastic neighbor embedding)이 가장 널리 사용되는 방법 중 하나다.

사이킷런은 **t-SNE 분해**(t-SNE decomposition) 방법을 sklearn.manifold.TSNE 변환기로 구현한다. 원본 차원과 분해된 차원의 확률분포를 사용해 고차원 문서 벡터를 2차원으로 분해함으로써 t-SNE는 효과적으로 유사한 문서를 군집화할 수 있다. 2차원 또는 3차원으로 분해해 문서를 산점도(scatterplot)로 시각화할 수 있다.

불행하게도, t-SNE의 계산 비용이 아주 높기 때문에 일반적으로 SVD나 PCA와 같은 간단한 **성분 분해 방법**(decomposition method)이 미리 적용된다. Yellowbrick 라이브러리는 TSNEVisualizer를 노출한다. TSNEVisualizer는 이러한 성분 분해를 먼저 적용하는 내부 변환기 파이프라인을 생성한 다음(기본적으로 50개 성분이 있는 SVD) t-SNE 매장(즉, 't-SNE 묻기' 또는 't-SNE 임베딩')을 수행한다. TSNEVisualizer는 문서 벡터를 기대하므로 문서를 TSNEVisualizer 형식으로 전달하기 전에 사이킷런의 TfidfVectorizer를 사용한다.

```
from yellowbrick.text import TSNEVisualizer
from sklearn.feature_extraction.text import TfidfVectorizer

tfidf = TfidfVectorizer()
docs  = tfidf.fit_transform(corpus.data)

tsne = TSNEVisualizer()
tsne.fit(docs)
tsne.poof()
```

이러한 그래프에서 우리가 찾고 있는 것은 점(문서)과 다르게 식별 가능한 패턴 사이의 공간적 유사성들이다. 그림 8-11은 t-SNE를 사용해 벡터화된 Baleen의 hobbies 말뭉치의 투영을 2차원으로 표시한다. 결과는 벡터화된 말뭉치의 산점도이며, 각 점은 문서 또는 발화를 나타낸다. 시각적 공간에서 두 점 사이의 거리는 상위 차원에서의 쌍방향 유사성의 확률분포를 사용하여 매장되며, 따라서 우리의 TSNEVisualizer는 hobbies 말뭉치에 유사한 문서 군집과 문서 그룹 간의 관계를 보여 준다.

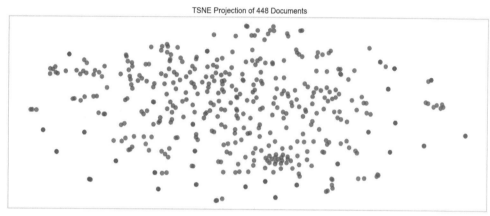

그림 8-11 Baleen의 hobbies 말뭉치의 t 분산 확률 이웃 매장 시각화

앞에서 언급한 바와 같이 'TSNEVisualizer'는 벡터화된 텍스트를 입력으로 예상하며, 이런 경우에 4장에서 설명한 벡터화 기법 중 어느 것도 사용한다거나 결과를 비교하기 위해 't-SNE' 시각화를 생성할 수 있었지만, 우리는 TF-IDF를 사용했다. 렌더링 속도를 높이기 위해 TSNEVisualizer는 확률 이웃 매장에 앞서 분해를 사용하며, 희박 메서드(TruncatedSVD)를 사용하도록 기본 설정한다. PCA와 같은 조밀 메서드를 실험할 수도 있다. PCA는 초기화 시 decompose = "pca"를 TSNEVisualizer()에 전달해 수행할 수 있다.

군집화 알고리즘과 함께 사용하면 TSNEVisualizer를 군집 시각화에 사용할 수도 있다. 이런 식으로 이 기술은 한 가지 군집화 방법의 효용성을 다른 군집화 방법과 비교하는 데 도움이 된다. 여기서는 sklearn.cluster.KMeans를 사용하고 군집 수를 5로 설정한 다음, 생성된 cluster.labels_attribute를 TSNEVisualizerfit() 메서드에 전달한다.

```
# 계급 이름들 대신에 군집화를 적용한다.
from sklearn.cluster import KMeans

clusters = KMeans(n_clusters=5)
clusters.fit(docs)
```

```
tsne = TSNEVisualizer()
tsne.fit(docs, ["c{}".format(c) for c in clusters.labels_])
tsne.poof()
```

이제 동일한 군집의 모든 점들이 함께 그룹화될 뿐만 아니라 점들은 k 평균 유사성(그림 8-12)
을 기반으로 채색된다. 우리는 여기서 다른 군집화 방법을 실험하거나 k 값을 다르게 해 실험
할 수 있다. 자세한 파라미터 조율에 대해서는 나중에 자세히 설명한다.

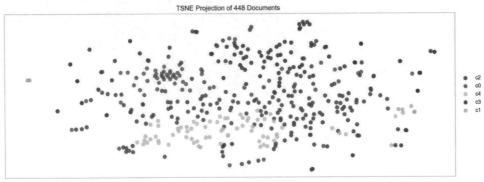

그림 8-12 k 평균 군집화를 한 후에 Baleen의 hobbies 말뭉치를 t-SNE로 시각화한 그림

계급 시각화

분류 문제의 경우 표적값(corpus.target에 저장됨)을 우리의 TSNEVisualizer에 제공하면 점의
색상이 문서에 해당하는 범주 레이블과 연관되는 그래프 버전을 생성할 수 있다. t-SNE 비주
얼라이저에서 fit()을 호출할 때 클래스에 대한 인수로 이러한 레이블을 지정하면 해당 범주
에 대해 차원 감소된 점의 색상을 지정할 수 있다.

```
from yellowbrick.text import TSNEVisualizer
from sklearn.feature_extraction.text import TfidfVectorizer

tfidf  = TfidfVectorizer()
docs = tfidf.fit_transform(corpus.data)
labels = corpus.target

tsne = TSNEVisualizer()
tsne.fit(docs, labels)
tsne.poof()
```

그림 8-13에 나오는 산점도에서 볼 수 있듯이 이 뷰는 이웃 매장의 유사성에 대한 정보를 더 많이 보여 줌으로써 계급을 더 잘 해석할 수 있게 한다. 우리가 말뭉치 내의 몇 가지 범주만을 탐색하는 것에 관심이 있다면, 이것은 다른 하위 범주를 나타내는 문자열 목록을 포함하여 인스턴스화 시 TSNEVisualizer에 계급 파라미터를 전달하는 것만큼 쉽다(예: TSNEVisualizer(classes=['sports', 'cinema', 'gaming'])).

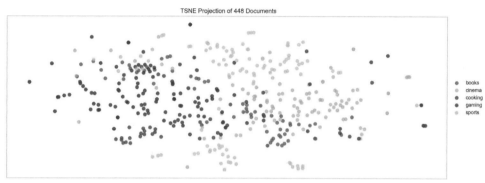

그림 8-13 범주 레이블이 부착된 Baleen의 hobbies 말뭉치를 시각화하는 t 분포 확률적 이웃

이러한 플롯을 시각적으로 반복하면 문서가 긴밀하게 그룹화된 범주와 비교적 확산되는 범주를 볼 수 있으므로 모델링 과정이 복잡해질 수 있다.

분류 오차 진단

전통적인 분류 파이프라인에서는 적합화된 모델을 최적화하고 정밀도, 재현율 및 F1 점수와 관련해 설명할 수 있다. 혼동 행렬, 분류 열지도 및 ROC-AUC 곡선(ROC-AUC curves)을 사용해 이러한 측정을 시각화할 수 있다. 5장에서는 교차검증을 사용해 말뭉치 내에서 서로 다른 훈련용 분할부와 테스트용 분할부에 대한 모델 성능을 테스트했다. 우리는 또한 서로 다르고 다양한 모델을 테스트하는 방법을 만들었고, 결과를 분류 보고서와 혼동 행렬들을 사용해 비교할 수 있었다. 계량(metrics)을 사용해 가장 잘 수행된 모델을 식별할 수 있었지만 계량만으로는 특정 모델(또는 열차 테스트용 분할부)이 어떻게 수행되었는지에 대한 많은 정보를 얻을 수 없었다.

이번 절에서는 텍스트 분류기의 성능을 시각적으로 분석하고 비교하는 두 가지 방법인 분류 열지도와 혼동 행렬을 살펴보겠다.

분류 보고 열지도

분류 보고서는 분류 기준의 성공 여부를 평가하기 위한 주요 측정 항목을 텍스트 형태로 요약한 것이다.

- **정밀도(precision)**: 실제로는 음성(negative)인 사례에 레이블을 붙이지 않는 능력
- **재현율(recall)**: 양성(positive)인 사례를 모두 찾을 수 있는 능력
- **F1 점수(F1 scores)**: 정밀도와 재현율의 가중조화평균(weighted harmonic mean)

사이킷런의 `metrics`(계량) 모듈은 `classification_report` 메서드를 노출하지만, 색으로 구분된 **열지도**(heat maps)와 숫자 점수를 통합한 Yellowbrick 버전을 사용하면 해석하는 일이나 문제점을 감지하는 일을 더 쉽게 할 수 있다.

Yellowbrick을 사용해 **분류 열지도**(classification heatmaps)를 작성하려면 182쪽, '**Yellowbrick 데이터셋 적재**'에서처럼 말뭉치를 적재하고 TF-IDF로 문서를 벡터화하고 훈련용 분할부와 테스트용 분할부를 만든다. 그런 다음에 우리는 `ClassificationReport`를 인스턴스화하여 우리가 바라는 분류기에 전달하고, 또한 모델에 대한 적합화 및 점수 매기기 메커니즘인, 사이킷런의 **fit**과 **score**에 우리가 바라는 계급들의 이름을 전달한다. 그리고 나서 우리는 마지막으로 시각화 프로그램에서 **poof**를 호출하게 되는데, 그러면 **poof**는 필요한 레이블 및 색칠을 플롯에 추가한 다음 Matplotlib의 **draw**를 호출한다.

```
from sklearn.naive_bayes import GaussianNB
from sklearn.model_selection import train_test_split
from yellowbrick.classifier import ClassificationReport

corpus = load_corpus('hobbies')
docs = TfidfVectorizer().fit_transform(corpus.data)
labels = corpus.target

X_train, X_test, y_train, y_test = train_test_split(
    docs.toarray(), labels, test_size=0.2
)

visualizer = ClassificationReport(GaussianNB(), classes=corpus.categories)

visualizer.fit(X_train, y_train)
visualizer.score(X_test, y_test)
visualizer.poof()
```

결과로 나타나는 분류 열지도(그림 8-14)는 적합 모델의 정밀도, 재현율 및 F1 점수를 표시한다. 어두운 영역은 모델의 최고 성능 영역을 나타낸다. 이 예에서 우리는 가우스 모델이 범주

의 대부분을 성공적으로 분류하지만, 'books' 범주에 대해서는 거짓 음성으로 인해 곤란을 겪게 된다는 점을 알 수 있다.

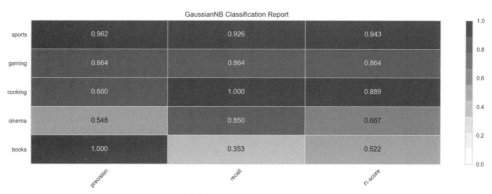

그림 8-14 hobbies 말뭉치에 대한 가우스 나이브 베이즈 분류기의 분류 열지도

우리는 인스턴스화를 할 때 단순히 그 밖의 사이킷런 분류기를 가져와서 Classifi cationReport로 전달함으로써 가우스 모델을 다른 모델과 비교할 수 있다. 이에 비해, 그림 8-15에 나와 있는 SGD 분류기는 hobbies 말뭉치를 분류하는 데 성공적이지 못하며, 'gaming' 에 대한 **거짓 양성**(false positive) 및 'books'에 대한 **거짓 음성**(false negative)과 싸운다.

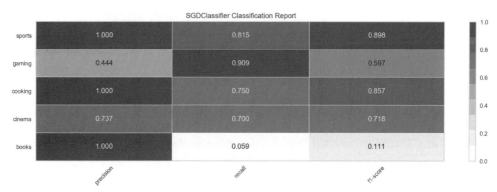

그림 8-15 hobbies 말뭉치에 대한 확률적 경사 하강 분류기의 분류 열지도

혼동 행렬

혼동 행렬(confusion matrix)은 분류 보고서에서 사용 가능한 것과 유사한 정보를 제공하지만, 최상위 점수보다는 더 자세한 정보를 제공한다.

Yellowbrick을 사용해 이러한 유형의 시각화를 생성하려면 ConfusionMatrix를 인스턴스화하고 ClassificationReport에서 했던 것처럼 원하는 분류기와 계급 이름을 전달하고 fit, score, poof 시퀀스를 호출한다.

```
from yellowbrick.classifier import ConfusionMatrix
from sklearn.linear_model import LogisticRegression

...

visualizer = ConfusionMatrix(LogisticRegression(), classes=corpus.categories)

visualizer.fit(X_train, y_train)
visualizer.score(X_test, y_test)
visualizer.poof()
```

그림 8-16에서 볼 수 있는 결과 혼동 행렬은 모델이 식별할 수 있는 계급(classes)이 무엇인지를 보여 준다. 이 예에서 LogisticRegression 모델은 'sports' 및 'gaming'을 식별하는 데 성공했지만, 그 밖의 범주를 식별하는 일에는 어려움을 겪고 있다.

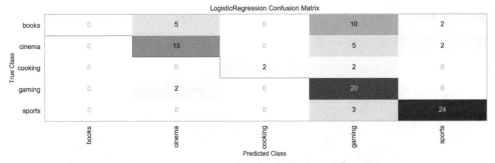

그림 8-16 hobbies 말뭉치의 로지스틱 회귀 분류기 혼동 행렬

우리는 ClassificationReport와 마찬가지로 ConfusionMatrix의 인스턴스 생성 시 다른 모델을 대체해 모델의 성능을 비교할 수 있다. 비교해 보면 그림 8-17에 나온 MultinomialNB 분류기는 취미용 하위 범주의 대부분을 분류할 때 성능이 비슷하지 않은 것처럼 보이며, 'books'와 'gaming'을 자주 혼동하는 것처럼 보이다.

전반적인 성능은 상황에 따라 크게 좌우되므로 F1 모델과 같은 상위 수준의 계량에 의존하지 않고 애플리케이션별 벤치마크를 설정해 모델이 배포에 적합한지 여부를 결정해야 한다. 예를 들어, 우리가 애플리케이션을 성공적으로 스포츠 관련 콘텐츠 식별에 의존하는 경우 이러한 모델로 충분할 수 있다. 하지만 도서 후기를 찾으려고 할 때 이 분류 기준의 일관성이 떨어지면 원래 데이터셋을 다시 방문해야 할 수도 있다.

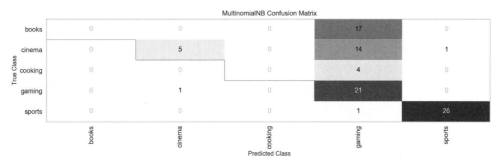

그림 8-17 hobbies 말뭉치에 대한 다층 나이브 베이즈 분류기의 혼동 행렬

시각적 조향

우리가 사이킷런 추정기에서 fit을 호출하면 모델은 제공된 데이터에 가장 잘 맞는 알고리즘의 파라미터를 학습한다. 그러나 일부 파라미터는 추정기 내에서 직접 학습되지 않는다. 이것들은 우리가 인스턴스화할 때 제공하는 하이퍼파라미터다.

모델에 따라 다르기는 하지만, 정칙화를 위해 사용할 페널티 분량, 서포트 벡터 머신의 핵함수, 결정 트리의 리프 또는 깊이 수, 벡터에 사용된 이웃 수, k 평균 군집화에서 군집의 수 등이 하이퍼파라미터에 포함된다.

사이킷런 모델은 종종 기본 하이퍼파라미터를 거의 수정하지 않고 놀라울 정도로 성공적으로 수행된다. 행운의 문제가 아니라 이것은 라이브러리에 기여한 엄청난 양의 경험 및 영역 특정 지식(즉, 전문 지식)의 신호다. 그럼에도 불구하고 우리가 가장 성공적으로 찾은 일련의 모델에 도달한 후, 다음 단계는 하이퍼파라미터를 조율해 각 모델에 가장 적합한 설정에 도달할 수 있게 하는 것이다.

이번 절에서는 하이퍼파라미터를 시각적으로 탐색하는 방법을 보여 준다. 구체적으로 k 평균 군집화 문제에 대한 k 선택을 조정하는 방법을 보여 준다.

실루엣 점수 및 엘보 곡선

6장에서 보았듯이 **k 평균**은 데이터를 특정 수인 k개의 군집으로 그룹화하는 단순한 비지도 머신러닝 알고리즘이다. 사용자는 어떤 k를 선택할지 미리 지정해야 하기 때문에 알고리즘은 다소 순진하다. 데이터셋의 올바른 k 여부와 상관없이 모든 멤버를 k 군집에 할당한다.

Yellowbrick 라이브러리는 중심 군집화, **실루엣 점수**(silhouette scores) 및 **엘보 곡선**(elbow curves)에 대해 최적의 k 파라미터를 선택하기 위한 두 가지 메커니즘을 제공하는데, 이를 이번 절에서 살펴볼 것이다.

실루엣 점수

실루엣 계수(silhouette coefficient)는 데이터셋에 대한 실측치를 모를 때, 모델에서 생성된 군집의 밀도를 계산할 때 사용된다. 실루엣 점수는 각 표본에 대한 실루엣 계수를 평균해 계산할 수 있으며, 평균 군집 내 거리와 각 표본의 평균과 가장 가까운 거리 사이의 차이로 계산되며, 최댓값으로 정규화된다.

이것은 1과 -1 사이의 점수를 산출하며, 1은 조밀한 군집, -1은 완전히 잘못된 군집, 0에 가까운 값은 중복되는 군집을 나타낸다. 점수가 높을수록 군집이 더 조밀하고 더 분리된 것이므로 좋다. 음수 값은 표본이 잘못된 군집에 할당되었음을 의미하고, 양수 값은 개별 군집이 있음을 의미한다. 그런 다음에 점수를 그림으로 그려 표시할 수 있는데, 이렇게 함으로써 하나의 군집에서 각 점이 이웃 군집의 점에 얼마나 가까운지를 측정할 수 있다.

YellowBrick의 SilhouetteVisualizer는 단일 모델에서 각 군집의 실루엣 점수를 시각화하는 데 사용할 수 있다. 군집화 모델을 채점하기가 아주 어렵기 때문에 Yellowbrick의 비주얼라이저들은 fit() 메서드를 통해 사이킷런의 'clusterer' 추정기를 래핑한다. 군집화 모델을 학습하면 시각화 프로그램은 poof()를 호출해 군집화 평가 계량을 표시할 수 있다. 시각화를 생성하기 위해 먼저 군집화 모델을 학습하고, Visualizer를 인스턴스화하고 말뭉치에 적합시킨 다음, 시각화 프로그램의 poof() 메서드를 호출한다.

```
from sklearn.cluster import KMeans
from yellowbrick.cluster import SilhouetteVisualizer

# 군집화 모델과 비주얼라이저를 인스턴스화한다.
visualizer = SilhouetteVisualizer(KMeans(n_clusters=6))
visualizer.fit(docs)
visualizer.poof()
```

SilhouetteVisualizer는 각 표본에 대한 실루엣 계수를 군집 단위로 표시해 조밀한 군집과 그렇지 않은 군집을 시각화한다. 그려진 군집의 수직 두께는 그 크기를 나타내며, 점선으로 표시된 빨간색 선은 전체 평균이다. 이것은 특히 군집 불균형을 결정하거나 여러 비주얼라이저를 비교해 k 값을 선택하는 데 유용하다. 그림 8-18에서 볼 수 있듯이 여러 군집이 수직적으로 두껍지만 점수가 낮기 때문에 더 높은 k를 선택해야 한다.

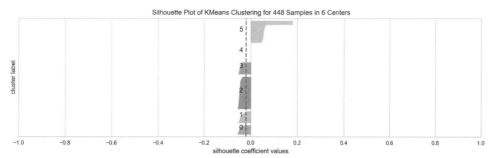

그림 8-18 k 평균 군집화를 위한 실루엣 점수 시각화

엘보 곡선

k 선택에 사용할 수 있는 또 다른 시각적 기법은 **엘보법**(elbow method, **팔꿈치 방법**)이다. 엘보법은 k에 대해 다른 값을 갖는 여러 군집화 모델을 시각화한다. 곡선에 '엘보'(즉, 곡선이 곡선의 한 부분에서 다른 부분으로 명확한 각도로 변경된 경우)가 있는지 여부에 따라 모델 선택이 달라진다.

Yellowbrick에서 `KElbowVisualizer`는 k 평균 군집화를 위한 최적의 군집 수를 선택하는 엘보법을 구현한다. 사용자는 비주얼라이저를 인스턴스화하여 적합치 않은 `KMeans()` 모델과 k에 대한 값 범위(예: 4 ~ 10)를 전달한다. 그런 다음, 말뭉치의 문서를 사용해 모델에서 fit()을 호출하면(이미 말뭉치가 벡터화된 TF-IDF로 가정) 엘보법은 k의 각 값에 대해 데이터 집합에서 k 평균 군집화를 실행하고, 모든 표본에 대한 평균 실루엣 계수인 'silouette_score(실루엣 점수)'를 계산한다. poof()가 호출되면 각 k의 실루엣 점수가 그려진다.

```
from sklearn.cluster import KMeans
from yellowbrick.cluster import KElbowVisualizer

# 군집화 모델과 비주얼라이저를 인스턴스화한다.
visualizer = KElbowVisualizer(KMeans(), metric='silhouette', k=[4,10])
visualizer.fit(docs)
visualizer.poof()
```

꺾은선형 차트가 팔 모양이면 '엘보(elbow, 팔꿈치)'(곡선의 굴곡 지점)가 k의 최상의 값이다. 우리는 군집이 겹치지 않도록 가능한 한 작은 k를 원한다. 데이터가 많이 군집화되지 않으면 평활 곡선이나 매우 불안정한 선이 되어 엘보법이 늘 제대로 작동하지 않을 수 있다. 이러한 결과로 `SilhouetteScore` 비주얼라이저를 대신 사용하거나 데이터에 대해 부분적으로 분리된 접근법을 재고할 수 있다. 상당히 불안정하기는 하지만, 그림 8-19의 그림은 군집 수를 7로 설정하면 문서 군집의 밀도와 분리성을 높일 수 있음을 나타낸다.

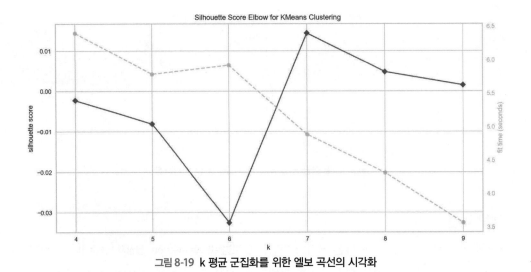

그림 8-19 **k 평균 군집화를 위한 엘보 곡선의 시각화**

결론

우리의 데이터가 숫자로 구성되었는지 아니면 텍스트로 구성되었는지(또는 이미지 픽셀이나 어쿠스틱 노트인지) 여부에 관계없이 단일 점수 또는 단일 그림이 3중 모델 선택의 구성을 지원하기에는 종종 적합하지 않다. 탐색 분석, 특징공학, 모델 선택 및 모델 평가 시에는 시각화가 진단 목적으로 쓰기에 아주 좋다. 숫자 점수와 함께 성능에 대한 직감을 높일 수 있다. 그러나 텍스트 데이터는 특히 차원과 해석 가능성과 관련해 시각화에 대한 몇 가지 특수한 어려움을 나타낼 수 있다.

우리 경험에 비춰 보면 조향을 통해 더 우수한 모델(예: F1 점수가 높고 명확한 군집 등)에 더 빨리 닿을 수 있었고, 전반적으로 잘 통찰할 수 있었다. 인간이 지닌 시각피질 덕분에 숫자로만 출력된 내용보다는 그러한 패턴을 시각적으로 훨씬 더 잘 감지할 수 있다. 따라서 시각적 조향(visual steering)을 사용해 모델링 과정을 더 효과적으로 수행할 수 있다.

텍스트 데이터 모델링을 위한 시각적 진단을 지원하는 파이썬 라이브러리는 아직까지 다양하지는 않지만, 이번 장에서 설명된 기술은 매우 우수한 자원으로 인간 수준과 계산 계층 사이의 장벽을 낮춤으로써 텍스트에 대한 머신러닝을 위한 대화형 인터페이스를 제공한다. 사용가능한 시각화 라이브러리 중에서 Matplotlib과 Yellowbrick은 시각적 필터링, 집계, 인덱싱 및 형식 지정을 함께 수행해 대형 말뭉치들과 특징공간을 더 해석 가능하고 상호작용적으로 렌더링하는 데 도움을 준다.

이번 장에서 본 가장 효과적인 텍스트 시각화 중 하나는 매우 직관적인 방법으로 엄청난 양의 정보를 추출할 수 있게 해주는 그래프다. 9장에서 우리는 총계 정보를 효과적으로 가시화할 수 있을 정도로 그래프 모델들을 깊이 탐구해 볼 뿐만 아니라, 더 복잡한 특징공학을 동원해 노력해야 얻을 수 있는 정보를 모델링해 내는 이러한 그래프들의 능력도 탐구할 것이다.

9

텍스트의 그래프 분석

이 시점까지 우리는 전통적인 분류 및 군집화 알고리즘을 텍스트에 적용해 왔다. 우리는 용어 (terms) 사이의 거리를 측정하고 각 구(phrases)에 가중치를 할당하고 발화(utterances)의 확률을 계산할 수 있게 함으로써 이러한 알고리즘을 통해 문서 간의 관계에 대해 생각해 볼 수 있다. 그러나 기계번역, 질문과 답변, 지시 이행과 같은 작업에는 종종 더 복잡하고 의미론적 추론 이 필요하다.

예를 들어, 다수의 뉴스 기사가 있을 경우 주요 인물이 직접 하거나 다른 사람들에게 하도록 한 행동, 일련의 사건, 원인 및 결과에 포함된 서사 모델을 어떻게 구축할 것인가? 7장의 기술 을 사용하면 6장에서 설명하는 토픽 모델링 방법을 사용해 엔터티 또는 키프레이즈를 추출하 거나 테마를 찾을 수 있다. 그러나 엔터티, 구 및 주제 간의 관계에 대한 정보를 모델링하려면 다른 종류의 데이터 구조가 필요하다.

그러한 관계가 우리 기사의 헤드라인에서 어떻게 표현될지 생각해 보자.

```
headlines = ['FDA approves gene therapy',
            'Gene therapy reduces tumor growth',
            'FDA recalls pacemakers']
```

전통적으로 이러한 구는 **텍스트 의미 표현**(TMR, text meaning representations)을 사용해 인코딩 된다. TMR은 의미 추론을 달성하기 위해 1차 논리나 람다 미적분학을 적용할 수 있는 ('**주어**', '**서술어**', '**목적어**') 꼴로 된 3중항(triple)의 형태를 취한다(예: ('FDA', 'recalls', ' pacemakers')).

불행하게도 TMR을 구축하려면 종종 상당한 사전 지식이 있어야 한다. 예를 들어, 우리는 'FDA'라는 약어가 액터(actor, 행위자)일 뿐만 아니라 '리콜'은 일부 엔터티들이 다른 엔터티들에 대해 취할 수 있는 동작(action)이라는 것을 알아야 한다. 대부분의 언어 인식 데이터 제품이라면 유의한 의미 분석을 지원하기 위해 TMR을 충분히 구축하는 것이 실용적이지 않다.

그러나 우리의 사고 방식을 약간 바꾸면 그림 9-1과 같이 이 주어-서술어-목적어를 그래프로 생각할 수 있다. 여기서 서술어는 주어 및 목적어 **마디점**(node) 사이의 **변**(edge)이다. 헤드라인에서 함께 발생하는 엔터티 및 키프레이즈를 추출함으로써 이벤트의 '누가', '무엇을', 심지어 '어디서', '어떻게' 및 '언제' 간의 관계에 대한 그래프 표현을 구성할 수 있다. 이렇게 하면 '이벤트에 가장 영향력 있는 액터는 누구인가?' 또는 '시간이 지남에 따라 관계가 어떻게 변하는가?'와 같은 분석적 질문에 대한 그래프 순회를 사용할 수 있다. 반드시 완전한 의미 분석은 아니지만, 이 접근법은 유용한 통찰력을 창출할 수 있다.

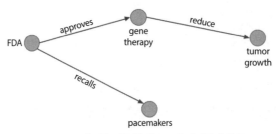

그림 9-1 **그래프를 이용한 텍스트의 의미론적 추론**

이번 장에서는 그래프 알고리즘을 사용해 텍스트 데이터를 이러한 방식으로 분석한다. 먼저, 그래프 기반 **시소러스**(thesaurus, '동의어 사전', '관련어집')를 구축하고 가장 유용한 그래프 메타데이터를 식별한다. 그런 다음에 Baleen 말뭉치에서 같은 문서에 나타나는 액터를 연결하고 부분 그래프를 추출하고 분석하는 간단한 기술을 사용해 소셜 그래프를 추출한다. 마지막으로, **퍼지 차단**(fuzzy blocking, 애매함 차단)이라는, **엔터티 분해**(entity resolution)에 대한 그래프 기반 접근 방식을 소개한다.

NetworkX와 Graph-tool은 그래프 알고리즘과 속성 그래프 모델을 구현하는 두 개의 주요 파이썬 라이브러리다(이번 장의 뒷부분에서 살펴보겠다). Graph-tool은 NetworkX보다 훨씬 뛰어나지만, 소스를 컴파일해야 하는 C++ 구현이다. 그래프 기반 시각화를 위해 우리는 Gephi, D3.js 및 Cytoscape.js와 같은 비파이썬 도구를 자주 활용한다. 이번 장에서 간단히 설명하기 위해 NetworkX를 계속 사용한다.

그래프 계산 및 분석

그래프 분석에서는 마디점(node, 정점)과 변(edge, 간선)이 정확히 무엇인지를 정하는 연습을 하는 것이 중요한 일 중의 하나다. 일반적으로 마디점은 분석하려는 실제 엔터티를 나타내며, 변은 마디점 간에 존재하는 다양한 관계의 유형 또는 규모를 나타낸다.

스키마가 결정되면 그래프를 추출하기는 아주 간단하다. 시소러스를 그래프로 모델링하는 간단한 예제를 생각해 보자. 전통적인 시소러스는 단어들을 의미와 연결 및 용법이 비슷한 다른 단어 집합으로 사상한다. 그래프 기반 시소러스는 단어를 마디점 및 시놉시스로 대신 표현하고, 두 개의 연결된 용어 사이의 경로 길이와 가중치의 함수로 의미론적 유사성을 모델링해 중요한 가치를 추가할 수 있다.

그래프 기반 시소러스 만들기

방금 설명한 그래프 기반 시소러스를 구현하기 위해 우리는 서로 다른 개념을 표현하는 인지적 동의어 모음인 상호 연결 **유의어 집합**(synset)으로 그룹화된 영어 단어들을 모아서 만든 큰 어휘 데이터베이스, 즉 WordNet을 사용한다.[1] 우리 시소러스의 경우 마디점은 WordNet의 유의어 집합들(NLTK의 WordNet 인터페이스를 통해 액세스할 수 있음)에 있는 단어를 나타내고 변은 synset의 관계 및 상호 연결을 나타낸다.

우리는 graph_synsets() 함수를 정의해 그래프를 만들고 모든 마디점과 변을 추가할 것이다. 우리의 함수는 최대 깊이뿐만 아니라 용어 리스트를 받아들이며, NetworkX를 사용해 **무향 그래프**(undirected graph, 비방향성 그래프)를 만들고, 나중에 빠른 식별을 위해 name 속성을 할당한다. 그런 다음에 내부의 add_term_links() 함수는 주어진 단어에 대해 있음직한 모든 정의를 반환하는 NLTK wn.synsets() 함수를 조회해 동의어(synonyms)를 추가한다.

각 정의에 대해 내부 lemma_names() 메서드에서 반환된 동의어를 반복하고 NetworkX의 G.add_edge() 메서드를 사용해 단일 단계에서 마디점과 변을 추가한다. 우리가 깊이에 대한 한계에 다다르지 않았다면 유의어 집합의 용어에 대한 링크를 추가한다. 우리의 graph_synsets 함수는 제공된 각 용어를 반복하고 재귀 add_term_links() 함수를 사용해 동의어를 검색하고 변을 작성해 마지막으로 그래프를 반환한다.

---

1 George A. Miller and Christiane Fellbaum, WordNet: A Lexical Database for English, (1995) http://bit.ly/2GQKXmI

```
import networkx as nx
from nltk.corpus import wordnet as wn

def graph_synsets(terms, pos=wn.NOUN, depth=2):
    """
    주어진 용어에 대한 networkx 그래프를 주어진 깊이에 만든다.
    """

    G = nx.Graph(
        name="WordNet Synsets Graph for {}".format(",".join(terms)), depth=depth,
    )

    def add_term_links(G, term, current_depth):
        for syn in wn.synsets(term):
            for name in syn.lemma_names():
                G.add_edge(term, name)
                if current_depth < depth:
                    add_term_links(G, name, current_depth+1)

    for term in terms:
        add_term_links(G, term, 0)

    return G
```

NetworkX 그래프에서 기술통계 정보(descriptive statistical information)를 얻으려면 info() 함수를 사용할 수 있다. 이 함수는 마디점 수, 변 수 및 평균 그래프 수를 반환한다. 이제 우리는 'trinket'이라는 단어에 대한 그래프를 추출하고, 다음과 같은 기본 그래프 통계를 검색해 함수를 테스트할 수 있다.

```
G = graph_synsets(["trinket"])
print(nx.info(G))
```

결과는 다음과 같다.

```
Name: WordNet Synsets Graph for trinket ]
Type: Graph
Number of nodes: 25
Number of edges: 49
Average degree:   3.9200
```

우리에게는 이제 기능적인 시소러스가 있다! 다른 표적 단어나 표적 단어들로 이뤄진 리스트 또는 수집된 동의어의 깊이를 변경해 그래프를 만들어 실험할 수 있다.

그래프 구조 분석

graph_synsets 함수에 대해 실험적으로 서로 다른 입력 조건을 어떻게 집어 넣느냐에 따라 결과 그래프가 아주 커지거나 작아질 수 있고, 용어의 연결 방법에 따라 구조가 다소 복잡해질 수 있다. 분석과 관련해 그래프는 구조에 따라 설명된다. 이번 절에서는 그래프의 구조를 설명하기 위한 일련의 표준 계량을 살펴보겠다.

마지막 절에서 nx.infocall의 결과는 그래프의 마디점 수, 즉 차(order)와 변의 개수 즉, 크기(size) 및 평균 차수(average degree)를 제공한다. 마디점의 이웃(neighborhood)은 변을 순회(traverse, 횡단)하는 동안에 특정 마디점에서 도달할 수 있는 마디점 집합을 말하는데, 이웃 마디점의 크기(개수)가 마디점의 **차수(degree)**[2]를 결정짓는다. 그래프의 평균 차수는 그래프 내의 모든 이웃의 평균 크기를 반영한다.

그래프의 **지름(diameter)**은 가장 먼 두 개의 마디점 사이의 **최단 경로(shortest path)**에서 가로 지르는 마디점의 수다. diameter() 함수를 사용하면 이 통계량(statistic)을 얻을 수 있다.

```
>>> nx.diameter(G)
4
```

우리의 'trinket' 시소러스 그래프의 맥락에서, 4의 최단 경로는 더 많은 해석을 가하거나 더 많은 맥락에서 사용되는 다른 용어(예: 'building' 또는 'bank')와 반대로 좁게 사용되는 용어(표 9-1 참고)를 제안할 수 있다.

표 9-1 **일반적인 용어에 대한 최단 경로**

용어	tinket (장신구)	bank (은행)	hat (모자)	building (건물)	boat (배)	whale (고래)	road (도로)	tikckle (간지럼)
지름	4	6	2	6	1	5	3	6

그래프 구조를 분석할 때 고려해야 할 주요 질문은 다음과 같다.

- 그래프의 깊이, 즉 지름은 얼마인가?
- 완전히 연결되어 있는가?(가능한 모든 마디점 쌍 사이에 통로(pathway)가 있는가?)
- 연결이 끊긴 성분이 있다면 크기와 기타 특징은 무엇인가?

---

2 옮긴이 마디점(정점)에 연결된 변(간선)의 수.

- 관심 있는 특정 마디점에 대한 부분 그래프(즉, 에고 그래프)를 추출할 수 있는가?

- 특정 양이나 유형의 정보를 필터링하는 부분 그래프를 만들 수 있는가? 예를 들어, 스물다섯 가지 가능한 결과 중 상위 다섯 가지만 반환할 수 있는가?

- 다른 유형의 구조를 만들기 위해 다른 유형의 마디점이나 변을 삽입할 수 있는가? 예를 들어 동의어(synonyms)뿐만 아니라 반의어(antonyms)를 나타낼 수 있는가?

그래프의 시각적 분석

우리는 또한 그래프를 시각적으로 분석할 수 있다. 기본 레이아웃은 풀기가 어려운 '털뭉치'를 생성할 수 있다(자세한 내용은 나중에 설명). 그래프 레이아웃에 대한 하나의 일반적인 메커니즘은 용수철 블록 모델이다. 용수철 블록 모델은 모든 마디점을 질량(또는 블록)으로 시각화하고, 그 사이의 변을 힘을 기준으로 밀고 당기는 용수철로 시각화한다. 이렇게 하면 연결하는 마디점이 겹치지 않아 더욱 관리하기 쉬운 그래프 시각화가 된다.

NetworkX에 내장된 nx.spring_layout을 사용하여 다음과 같이 trinket 동기화 그래프를 그릴 수 있다. 먼저, 용수철처럼 배치된 마디점의 위치를 얻는다. 그런 다음에 텍스트를 읽을 수 있도록 매우 얇은 선 두께의 매우 큰 흰색 원으로 마디점을 그린다. 다음으로, 텍스트 레이블과 변을 지정된 위치로 그린다(글꼴 크기가 읽을 수 있을 정도로 크고 변이 더 밝아서 텍스트를 읽을 수 있음). 마지막으로, 우리는 시소러스 그래프의 맥락에서 의미가 없으므로 플롯에서 틱과 레이블을 제거하고 그림을 표시한다(그림 9-2).

```python
import matplotlib.pyplot as plt

def draw_text_graph(G):
    pos = nx.spring_layout(G, scale=18)
    nx.draw_networkx_nodes(
        G, pos, node_color="white", linewidths=0, node_size=500
    )
    nx.draw_networkx_labels(G, pos, font_size=10)
    nx.draw_networkx_edges(G, pos, edge_color='lightgrey')

    plt.tick_params(
        axis='both',           # 변경 사항을 x 축과 y 축에 모두 반영한다.
        which='both',          # 큰 눈금과 작은 눈금이 모두 영향을 받는다.
        bottom='off',          # 맨 아래 가장자리를 따라 나오는 눈금 표시를 숨긴다.
        left='off',            # 맨 왼쪽 가장자리를 따라 나오는 눈금 표시를 숨긴다.
        labelbottom='off',     # 맨 아래 가장자리를 따라 나오는 레이블을 숨긴다.
        labelleft='off')       # 맨 왼쪽 가장자리를 따라 나오는 레이블을 숨긴다.

    plt.show()
```

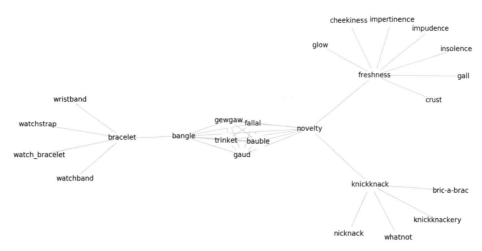

그림 9-2 **용수철 레이아웃으로 시각화를 더욱 쉽게 관리할 수 있다**

다음 절에서는 텍스트에 구체적으로 적용되는 그래프 추출 및 분석 기법을 살펴보겠다.

텍스트에서 그래프 추출하기

텍스트가 핵심 데이터셋인 경우에는 '그래프가 분석 작업 중에서도 어느 작업을 할 때 그려지는가?'라는 중요한 문제에 부딪히게 된다. 이에 대한 대답은 대체로 문제 영역에 따라 달라지며, 일반적으로 **반정형 데이터**(semistructured data) 또는 **비정형 데이터**(unstructured data) 안에서 어떤 구조적인 요소들을 찾아 내는 일은 맥락에 특정하여 분석적으로 질문하는 내용이 무엇인가에 따라 달라진다.

이 문제를 더욱 작은 하위 단계로 나누기 위해 우리는 그림 9-3에서와 같이 텍스트에 대한 간단한 그래프 분석 작업흐름을 제안한다.

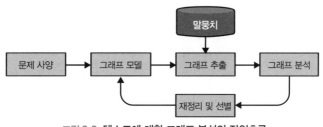

그림 9-3 **텍스트에 대한 그래프 분석의 작업흐름**

이 작업흐름에서 우리는 먼저, 엔터티들과 이것들의 관계를 결정하기 위해 **연구문제 진술(problem statement)**을 사용한다. 이 스키마를 사용해 말뭉치, 메타데이터, 말뭉치 문서들 내의 구와 토큰을 사용해 데이터를 추출하고 연결하는 그래프 추출 메서드를 만들 수 있다. 추출 메서드는 말뭉치에서 실행되고 분석 처리를 위해 디스크에 쓰거나 메모리에 저장할 수 있는 그래프를 생성하는 배치 과정이다.

그래프 분석 단계에서는 군집화, 구조 분석, 선별(filtering) 및 질의(querying)처럼, 추출된 그래프에 대한 계산을 수행하고, 애플리케이션의 출력으로 사용되는 새 그래프를 반환한다. 분석 과정의 결과를 검사하면 우리의 방법과 스키마를 반복해 정확하고 유용한 결과를 보장하기 위해 필요에 따라 마디점 또는 변 그룹을 추출하거나 축소할 수 있다.

소셜 그래프 만들기

뉴스 기사의 말뭉치와 텍스트에 포함된 여러 엔터티 간의 관계를 모델링하는 작업을 생각해보자. 우리의 질문이 다른 뉴스 매체에 의한 보도 범위에서의 다양성에 관한 것이라면, 우리는 출판 제목, 저자 이름 및 동시 발표 출처와 관련된 그래프 요소를 만들 수 있다. 그러나 우리의 목표가 여러 기사에 걸쳐 단일 엔터티에 대한 여러 언급을 모으는 것이라면 구글 네트워크는 인구 통계학적 세부 사항 외에도 **경칭(honorifics)**과 같은 **호칭 형식(forms of address)**을 인코딩할 수 있다. 따라서 관심 대상인 엔터티는 문서 자체의 구조에 있거나 단순히 텍스트 자체에 포함될 수 있다.

우리의 목표는 단순히 우리의 문서에서 어떤 사람들이나 장소나 사물이 서로 관련되어 있는지를 이해하는 것이라고 가정하자. 즉, 그림 9-4와 같이 일련의 변환을 통해 수행할 수 있는 사회 관계망을 구축하고자 한다. 우리는 7장에서 작성한 EntityExtractor 클래스를 사용해 그래프를 작성하기 시작할 것이다. 그런 다음에 관련 엔터티 쌍을 찾는 사용자 정의 변환기를 추가하고 나서 쌍으로 된 엔터티를 그래프로 변환하는 다른 사용자 정의 변환기를 추가한다.

그림 9-4 엔터티 그래프 추출 파이프라인

엔터티 쌍 찾기

다음 단계는 엔터티 목록으로 표현된 문서를 기대하는 EntityPairs 클래스를 만드는 것이다(이는 7장에서 정의된 EntityExtractor 클래스를 사용해 변환한 결과다). 우리의 클래스가 사이킷런 파이프라인 내부에서 변환기로 기능하기를 원하므로 4장에서 설명한 대로 BaseEstimator와 TransformerMixin을 상속받아야 한다. 하나의 문서 안에 있는 엔터티가 서로 연관될 것으로 예상하므로 itertools.permutations 함수를 사용해 동일한 문서에서 동시에 발생하는 모든 엔터티 쌍을 식별하는 pairs 메서드를 추가한다. 우리의 변환 메서드는 변환된 말뭉치의 각 문서에서 쌍 메서드를 호출한다.

```python
import itertools
from sklearn.base import BaseEstimator, TransformerMixin

class EntityPairs(BaseEstimator, TransformerMixin):
    def __init__ (self):
        super(EntityPairs, self).__init__()

    def pairs(self, document):
        return list(itertools.permutations(set(document), 2))

    def fit(self, documents, labels=None):
        return self

    def transform(self, documents):
        return [self.pairs(document) for document in documents]
```

이제 문서에서 엔터티를 체계적으로 추출하고 쌍을 식별할 수 있다. 그러나 빈번하게 발생하는 엔터티 쌍을 한 번만 표시되는 엔터티와 차별화할 수 있는 편리한 방법은 없다. 우리는 엔터티 간의 관계의 강도를 인코딩하는 방법이 필요하다. 다음 절에서 살펴보겠다.

속성 그래프

그래프의 수학적 모델은 마디점(node, 정점)과 변(edge, 간선)의 집합만을 고려해 인접 행렬로 나타낼 수 있으며, 이는 광범위한 계산에 유용하다. 그러나 이런 방식은 주어진 관계의 강도나 유형을 모델링하는 메커니즘을 우리에게 제공하지는 않는다. 두 액터가 하나의 문서 또는 여러 문서에 나타나는가? 특정 장르의 기사에서 자주 출연하는가? 이러한 추론 유형을 지원하기 위해 우리는 마디점과 변에 유의한 속성을 저장하는 몇 가지 방법이 필요하다.

속성 그래프 모델(property graph model, 특성 그래프 모델)을 사용하면 그래프에 더 많은 정보를 포함할 수 있으므로 계산 기능이 확장된다. 속성 그래프에서 마디점은 들어오고 나가는 변을 가진 개체이며, 일반적으로 관계형 데이터베이스의 테이블과 비슷한 **형식**(type) 필드를 포함한다. 변은 출발점(source)과 도착점(target)이 있는 객체이며, 일반적으로 관계 유형을 식별하는 레이블과 관계의 강도를 나타내는 **가중치**(weight) 필드를 포함한다. 그래프를 기반으로 텍스트를 분석할 때는 일반적으로 마디점을 사용해 명사와 동사를 나타낸다. 그런 다음에 나중에 모듈화 단계로 넘어갈 때 마디점 유형, 링크 레이블 및 예상되는 그래프 구조를 설명할 수 있다.

그래프 추출 구현하기

이제 엔터티를 마디점으로 변형할 뿐만 아니라 우리 말뭉치에서 이들 엔터티가 함께 발생하는 빈도를 기반으로 변에 가중치를 할당하는 클래스인 **GraphExtractor**를 정의할 수 있다. 우리의 클래스는 NetworkX 그래프를 초기화할 것이고, 우리의 변형 메서드는 각 문서(엔터티 쌍의 목록)를 반복해 그래프에서 이미 변이 있는지 확인한다. 변이 있다면 변의 **weight**(가중치) 속성을 1씩 늘린다. 그래프에 이미 변이 존재하지 않으면 **add_edge** 메서드를 사용해 가중치가 있는 변을 만든다. 시소러스 그래프 구축에서와 마찬가지로, **add_edge** 메서드는 그래프에 아직 존재하지 않는 쌍의 멤버를 발견하면 그래프에 새 마디점을 추가한다.

```python
import networkx as nx

class GraphExtractor(BaseEstimator,TransformerMixin):
    def __init__(self):
        self.G = nx.Graph()
    def fit(self, documents, labels=None):
        return self

    def transform(self, documents):
        for document in documents:
            for first, second in document:
                if (first, second) in self.G.edges():
                    self.G.edges[(first, second)]['weight'] += 1
                else:
                    self.G.add_edge(first, second, weight=1)
        return self.G
```

이제 사이킷런 파이프라인에서 엔터티 추출, 엔터티 페어링 및 그래프 추출 단계를 간소화할 수 있다.

```python
if __name__ == '__main__':
    from reader import PickledCorpusReader
    from sklearn.pipeline import Pipeline

    corpus = PickledCorpusReader('../corpus')
    docs = corpus.docs()

    graph = Pipeline([
        ('entities', EntityExtractor()),
        ('pairs', EntityPairs()),
        ('graph', GraphExtractor())
```

```
    ])

    G = graph.fit_transform(docs)
    print(nx.info(G))
```

Baleen 말뭉치의 표본에서 생성된 그래프의 상태는 다음과 같다.

```
Name: Entity Graph
Type: Graph
Number of nodes: 29176
Number of edges: 1232644
Average degree:  84.4971
```

소셜 그래프에서 통찰력 얻기

이제 우리 말뭉치와 다른 엔터티 간의 관계에 대한 그래프 모델이 있게 되었으므로 이러한 관계에 대해 재미난 질문을 시작해 볼 수 있다. 이러한 질문의 예를 들면, '우리의 그래프는 사회 관계망인가?'와 같은 것이 있다. 사회 관계망에서 우리는 중심축이나 평균보다 더 많은 변을 가진 특정 마디점과 같이 그래프에서 매우 특정한 구조를 볼 것으로 예상한다.

이번 절에서는 중심성 측정, 차수 분포, 군집화 계수와 같은 그래프 이론 계량들을 활용해 분석을 지원하는 방법을 살펴본다.

중심성

그래프로 이뤄진 망이라는 맥락에서 볼 때 가장 중요한 마디점은 대부분의 마디점에 직접 또는 간접적으로 연결되기 때문에 그래프의 중심인 셈이다. **중심성**(centrality)은 특정 인접 마디점과의 확장된 망과 특정 마디점의 관계를 이해하는 수단을 제공하기 때문에 더 많은 명성과 영향력을 가진 엔터티를 식별하는 데 도움이 될 수 있다. 이번 절에서는 **차수 중심성**(degree centrality), **매개 중심성**(betweenness centrality), **근접 중심성**(closeness centrality), **고유벡터 중심성**(eigenvector centrality) 및 **페이지랭크**(pagerank)를 비롯한 여러 가지 중심성 계산 방법을 비교한다.

먼저, 임의의 중심성 계수를 키워드 인수로 허용하는 함수를 작성하고, 이 계수를 사용해 상위 n개 마디점의 순위를 지정하고, 각 마디점에 점수가 있는 속성을 할당한다. NetworkX는 그래프에서 그래프 G를 각 마디점에 대한 점수의 첫 번째 입력 및 반환 딕셔너리들로 삼는 최상위 함수로서 중심성 알고리즘을 구현한다. 이 함수는 nx.set_node_attributes() 함수를 사용해 계량에 맞춰 계산된 점수를 마디점에 대응시킨다.

```
import heapq
from operator import itemgetter

def nbest_centrality(G, metrics, n=10):
    # 각 꼭짓점에 대한 중심성 점수 계산
    nbest = {}
    for name, metric in metrics.items():
        scores = metric(G)

        # 점수를 각 꼭짓점의 특성으로 설정한다.
        nx.set_node_attributes(G, name = name, values = scores)

        # 상위 n개의 점수를 찾아 인덱스와 함께 인쇄한다.
        topn = heapq.nlargest(n, scores.items(), key = itemgetter(1))
        nbest [name] = topn

    return nbest
```

이 인터페이스를 사용해 점수를 디스크에 저장하거나 시각적인 가중치로 사용하기 위해 각 마디점에 자동으로 할당할 수 있다.

가장 단순한 중심성 계량인 **차수 중심성**(degree centrality)은 각 마디점의 인접 차수를 계산한다음, 그래프의 마디점 수로 정규화해 인기를 측정한다. 차수 중심성은 마디점이 어떻게 연결되어 있는지를 나타내는 **기표**(signifier, 기호 표현)[3]로서 영향력이나 유의성을 나타내는 지표가될 수 있다. 차수 중심성으로는 주어진 마디점이 어떻게 연결되어 있는지를 측정하고, **매개 중심성**(betweenness centrality)으로는 해당 마디점의 결과로 그래프가 연결된 방식을 나타낸다. 매개 중심성은 특정 마디점을 포함하는 최단 경로와 최단 경로의 총 수의 비율로 계산된다.

여기서 우리는 엔터티 추출 파이프라인과 nbest_centrality 함수를 사용해 차수 중심성과 매개 중심성에 대해서 가장 중심을 차지하는 상위 10개 마디점들을 비교할 수 있다.

```
from tabulate import tabulate

corpus = PickledCorpusReader('../corpus')
docs = corpus.docs()

graph = Pipeline([
        ('entities', EntityExtractor()),
        ('pairs', EntityPairs()),
        ('graph', GraphExtractor())
```

---

3 옮긴이 '기표'란 '어떤 대상인지를 가리키는 기호'라는 뜻이고, 언어학에서는 주로 '기호 표현'이라고도 한다. 이 개념이 어렵다면 이 문장에서는 '측정 기준' 정도로 이해하면 된다.

```
    ])

G = graph.fit_transform(docs)

centralities = {"Degree Centrality" : nx.degree_centrality,
                "Betweenness Centrality" : nx.betweenness_centrality}

centrality = nbest_centrality(G, centralities, 10)

for measure, scores in centrality.items():
    print("Rankings for {}:".format(measure))
    print((tabulate(scores, headers=["Top Terms","Score"])))
    print("")
```

우리의 결과에서 우리는 차수와 매개 중심성이 가장 중심적인 엔터티(예: 'american', 'new york', 'trump', 'twitter')의 순위에서 크게 겹쳐 있음을 알 수 있다. 이들은 더 많은 문서에 나타나는 엔터티와 그래프의 주요 '교차로'에 앉아 있는 영향력 있고 밀도가 높은 마디점이다.

```
Rankings for Degree Centrality:
Top Terms          Score
----------         ----------

american           0.054093
new york           0.0500643
washington         0.16096
america            0.156744
united states      0.153076
los angeles        0.139537
republican         0.130077
california         0.120617
trump              0.116778
twitter            0.114447

Rankings for Betweenness Centrality:
Top Terms          Score
----------         ----------

american           0.224302
new york           0.214499
america            0.0258287
united states      0.0245601
washington         0.0244075
los angeles        0.0228752
twitter            0.0191998
follow             0.0181923
california         0.0181462
new                0.0180939
```

차수 중심성과 매개 중심성이 전반적인 유명세의 측정 기준으로 사용될 수 있지만, 우리는 가장 많이 연결된 마디점이 많은 이웃을 지니는 한편으로 그러한 마디점이 그래프 내의 대다수 마디점과는 연결되지 않는다는 점을 자주 보았다.

특정 마디점의 관점에서 연결망을 재구성하는 전체 그래프의 특정 **에고 그래프**(ego graph) 즉, 부분 그래프의 문맥을 고려해 보자. 우리는 이 에고 그래프를 NetworkX 메서드인 nx.ego_graph를 사용해 추출할 수 있다.

```
H = nx.ego_graph(G,"hollywood")
```

이제 우리에게는 하나의 특정 엔터티('Holly-wood')에 대한 모든 관계를 추출하는 그래프가 있다. 이것은 그래프의 크기를 크게 줄여 줄 뿐만 아니라(이후의 검색이 훨씬 효율적이 될 것임) 이 변환은 또한 우리가 엔터티에 대해 추론할 수 있게 해준다.

할리우드 그래프에서 다른 엔터티와 평균적으로 가까운 엔터티를 식별하려고 한다고 가정해 보자. **근접 중심성**(NetworkX에서 nx.closeness_centrality로 구현)은 각 마디점에 대해 나가는 경로의 통계적 측정 기준을 사용하고, 단일 마디점에서 모든 다른 마디점에 대한 평균 경로 거리를 그래프의 크기로 표준화한다. 근접 중심성에 대한 고전적 해석은 특정 마디점에서 발생하는 정보가 망 전체로 확산되는 속도를 설명한다는 것이다.

이와는 대조적으로 **고유벡터 중심성**(eigenvector centrality)은 더 중요한 마디점이 된 인물일수록 더 중요하다고 말하며, '관계에 따른 명성'을 표현한다. 이는 소수의 매우 영향력 있는 이웃이 있는 마디점이 차수가 높은 마디점을 능가할 수 있다는 것을 의미한다. 고유벡터 중심성은 **카츠 중심성**(Katz centrality) 및 유명한 **페이지랭크**(PageRank) 알고리즘을 비롯한 여러 변형의 기초다.

우리는 nbest_centrality 함수를 사용해 각 중심성 측정 기준이 어떻게 Hollywood 에고 그래프에서 가장 중요한 개체에 대한 다른 결정을 내리는지를 볼 수 있다.

```
hollywood_centralities = {"closeness" : nx.closeness_centrality,
                          "eigenvector" : nx.eigenvector_centrality_numpy,
                          "katz" : nx.katz_centrality_numpy,
                          "pagerank" : nx.pagerank_numpy,}

hollywood_centrality = nbest_centrality(H, hollywood_centralities, 10)
for measure, scores in hollywood_centrality.items():
    print("Rankings for {}:".format(measure))
    print((tabulate(scores, headers=["Top Terms","Score"])))
    print("")
```

우리의 결과에 따르면 가장 가까운 중심성을 가진 엔터티들(예: 'video', 'british', 'brooklyn')은 특별히 과시적이지는 않으며, 오히려 더 두드러진 명성 구조를 연결하는 숨겨진 힘으로서 작용한다. 고유벡터 중심성, 페이지랭크, 카츠 중심성은 모두 차수(예: 가장 흔히 발생하는 실체)의 영향을 줄이고 '배경의 힘'을 보여 주는 효과를 가지며, 잘 연결된 엔터티('republican', 'obama') 및 사이드킥을 강조한다.

```
Rankings for Closeness Centrality:
Top Terms      Score
----------     ---------

hollywood      1
new york       0.687801
los angeles    0.651051
british        0.6356
america        0.629222
american       0.625243
video          0.621315
london         0.612872
china          0.612434
brooklyn       0.607227

Rankings for Eigenvector Centrality:
Top Terms      Score
----------     ---------

hollywood      0.0510389
new york       0.0493439
los angeles    0.0485406
british        0.0480387
video          0.0480122
china          0.0478956
london         0.0477556
twitter        0.0477143
new york city  0.0476534
new            0.0475649

Rankings for PageRank Centrality:
Top Terms      Score
----------     ---------

hollywood      0.0070501
american       0.00581407
new york       0.00561847
trump          0.00521602
republican     0.00513387
america        0.00476237
donald trump   0.00453808
washington     0.00417929
united states  0.00398346
obama          0.00380977
```

```
Rankings for Katz Centrality:
Top Terms          Score
----------         ---------
video              0.107601
washington         0.104191
chinese            0.1035
hillary            0.0893112
cleveland          0.087653
state              0.0876141
muslims            0.0840494
editor             0.0818608
paramount pictures 0.0801545
republican party   0.0787887
```

 매개 중심성과 근접 중심성에서 그래프의 모든 최단 경로가 모두 계산되어야 하는데, 이는 실행하는 데 시간이 오래 걸리고 큰 그래프로 확장되지 않을 수 있다는 뜻이기도 하다. 계산을 병렬 처리할 수 있게 저수준으로 구현하는 것이 성능 향상의 기본 메커니즘이다. Graph-tool에는 매개 중심성과 근접 중심성 모두를 위한 메커니즘이 있으며, 큰 그래프를 계산할 때 좋은 선택지가 된다.

구조적 분석

이번 장의 앞부분에서 보았듯이 그래프를 시각적으로 분석함으로써 그래프의 구조에서 흥미로운 패턴을 찾아낼 수 있다. nx.spring_layout 메서드를 사용하여 k 값을 전달하고 마디점 간 최소 거리를 지정하며, 'iterations'라는 키워드 인수를 통해 마디점을 판독할 수 있을 만큼 분리할 수 있도록 하기 위해 앞에서 설명한 것처럼 Hollywood 에고 그래프를 그려서 이 구조를 탐색할 수 있다(그림 9).

```
H = nx.ego_graph(G,"hollywood")
edges, weights = zip(*nx.get_edge_attributes(H,"weight").items())
pos = nx.spring_layout(H, k=0.3, iterations=40)

nx.draw(
    H, pos, node_color="skyblue", node_size=20, edgelist=edges,
    edge_color=weights, width=0.25, edge_cmap=plt.cm.Pastel2,
    with_labels=True, font_size=6, alpha=0.8)
plt.show()
```

많은 대형 그래프는 **털뭉치 효과**(hairball effect)[4]로 고통을 겪을 것이다. 즉, 마디점과 변의 밀도가 높아서 유의한 구조를 효과적으로 식별하기 어렵게 된다는 말이다. 이런 경우에 망의 모든 마디점에 대한 차수 분포를 조사해 전반적인 구조에 대해 알아야 한다.

4 　옮긴이　번역어를 만들었다.

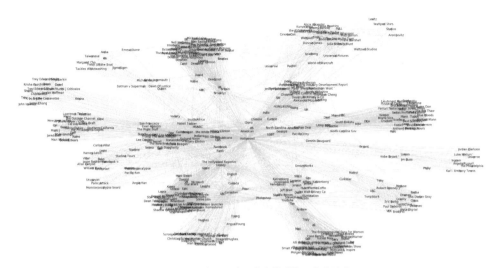

그림 9-5 Baleen 자료에서 할리우드와의 관계

Seaborn의 `distplot` 메서드를 사용하여 이 분포를 조사할 수 있다. `norm_hist` 파라미터를 True로 설정하면 높이가 원시 카운트가 아닌 빈도 밀도를 표시한다.

```
import seaborn as sns

sns.distplot([G.degree(v) for v in G.nodes()], norm_hist=True)
plt.show()
```

대부분의 그래프에서 마디점의 차수가 상대적으로 대부분 낮기 때문에 일반적으로 그림 9-6의 왼쪽 위에 표시된 Baleen 엔터티 그래프 그림과 같이 차수 분포에서 많은 양의 오른쪽 왜곡을 관찰할 것으로 예상한다. 가장 높은 차수를 지니고 있지만 개수가 그리 많지 않은 마디점들은 빈번하게 발생하고 말뭉치를 통해 연결이 많이 되어 있음으로 인해 **핵심 축(husbs)**에 해당한다.

 척도 무관 망(scale-free networks, 척도 없는 네트워크)[5]이라고 불리는 특정 사회 관계망은 멱법칙 분포를 나타내며, 특히 높은 **내결함성(fault-tolerance)**과 관련이 있다. 이러한 구조는 다른 마디점을 연결 유지하기 위해 단일 마디점(이 경우에는 사람 또는 조직)에 의존하지 않는 탄력적인 망을 나타낸다.

---

5 〔옮긴이〕scale-free networks를 '척도 없는 네트워크'라고 번역해 부르기도 하는데, 이렇게 하면 개념이 정확히 전달되지 않아서 새로 번역어를 만들었다. 바로 이어지는 문구를 보면 내결함성이라는 말이 나오는데, 척도(scale, 눈금/잣대/규모)가 무한정하거나, 망이 눈금에 대해 독립적이기 때문에, 다시 말하면 측정 기준이 되는 잣대가 따로 있지 않기 때문에, 상대적으로 결함에 잘 견디는 경향이 있다는 말이다. 이런 의미로 볼 때 '척도와 상관 없는 망' 또는 '척도와 무관한 망'이 개념을 정확히 나타내는 번역어일 것이다. 척도가 없는 경우는 척도와 무관한 경우보다 그 개념의 범위가 좁기 때문이다. '척도 없는 네트워크'라는 말은 척도가 있더라도 척도의 영향을 받지 않는 경우를 드러내지 못한다.

흥미롭게도 특정 에고 그래프의 차수 분포는 그림 9-6의 오른쪽 위에 보이는 것처럼 거의 **대칭 확률분포(symmetric probability distribution)**를 나타내는 "Hollywood"에 대한 에고 그래프와 같이 매우 다른 행태를 보인다.

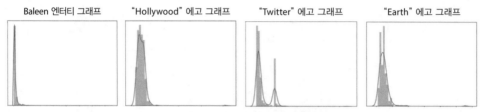

그림 9-6 **차수 분포의 히스토그램**

망의 다른 유용한 구조적 측정 방법은 **군집화 계수(clustering coefficient)**인 nx.average_clustering과 **추이성(transitivity)**인 nx.transitivity이며, 둘 다 망의 사회적 특성을 평가하는 데 사용할 수 있다. 군집화 계수는 군집화된 것이 없다면 그 값이 0이고, 그래프가 완전히 분리된 클라이언트(nx.graph_number_of_cliques)로 구성되었다면 그 값은 1이다. 추이성은 공통 연결을 가진 두 마디점이 이웃 마디점일 가능성을 알려 준다.

```
print("Baleen Entity Graph")
print("Average clustering coefficient: {}".format(nx.average_clustering(G)))
print("Transitivity: {}".format(nx.transitivity(G)))
print("Number of cliques: {}".format(nx.graph_number_of_cliques(G)))

print("Hollywood Ego Graph")
print("Average clustering coefficient: {}".format(nx.average_clustering(H)))
print("Transitivity: {}".format(nx.transitivity(H)))
print("Number of cliques: {}".format(nx.graph_number_of_cliques(H)))

Baleen Entity Graph
Average clustering coefficient: 0.7771459590548481
Transitivity: 0.29504798606584176
Number of cliques: 51376

Hollywood Ego Graph
Average clustering coefficient: 0.9214236425410913
Transitivity: 0.6502420989124886
Number of cliques: 348
```

엔터티 그래프의 맥락에서, 높은 군집화 및 추이성 계수들은 우리 망이 극도로 사회적인 것임을 의미한다. 예를 들어, 우리의 '할리우드' 에고 그래프에서 이 추이성은 공통 연결을 공유하는 두 엔터티가 모두 이웃이라는 65% 확률이 있음을 나타낸다.

작은 세계 현상(small world phenomenon)은 서로 직접적으로 이웃해 있지 않은 마디점일 지라도 몇 번 건너뛰면 거의 모든 마디점이 다른 모든 마디점으로 도달할 수 있는 그래프에서 볼 수 있다. 작은 세계 망은 구조적 특징, 즉 많은 패거리를 포함하고 높은 군집화 계수를 가지 며 높은 수준의 추이성을 갖는다는 점에서 확인할 수 있다. 우리의 엔터티 그래프의 맥락에서 볼 때 이것은 낯선 사람들 간의 망에서도 대부분의 사람들이 지인을 통해 밀접하게 연결되어 있음을 암시한다.

엔터티 분해

우리가 아직 논의하지 않은 한 가지 도전 과제는 우리 엔터티가 나타날 수 있는 다양한 방식 이다. 추출한 엔터티에 대해 정규화를 거의 수행하지 않았기 때문에 **철자법(spelling)**, **호칭 형식 (forms of address)** 및 **별칭(nicknames)**이나 **두문자어(acronyms)**와 같은 이름 지정 관행이 많이 변 형될 수 있다. 이렇게 하면 단일 엔터티(예: 'America', 'US' 및 'the United States'를 모두 그래프상의 마디점으로 표시)를 참조하는 여러 마디점이 생성된다.

그림 9-7에서 가족 전체, 가족 구성원, 회사 및 다른 도시의 특정 호텔 시설을 가리키는 'Hilton'에 대한 여러 가지 호칭(종종 애매한 호칭)을 볼 수 있다. 이상적으로 생각한다면, 우리는 여러 참조(references)의 형태로 나타난 마디점들을 식별함으로써, 그것들을 유일한(unique) 엔터 티 마디점으로 분해할 수 있기를 바란다.[6]

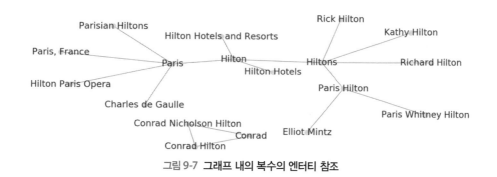

그림 9-7 **그래프 내의 복수의 엔터티 참조**

엔터티 분해(entity resolution)는 실제 세계(엔터티)에서 일부 객체를 디지털 방식으로 한 **언급 (mentions, 설명해 두기)** 즉, 레코드를 식별하고 그룹화하고 연결(link)하는 계산 기술을 나타낸다. 데이터 가공(data wrangling, 데이터 정리) 과정의 일부는 단일하고 고유한 엔터티에 대한 모든 언

---

6 [옮긴이] 단일한 엔터티가 여러 마디점으로 표시되고 있다면, 이 마디점들은 엔터티 마디점이 아니라 참조 마디점들인 것이다.

급을 함께 모아 단일 참조로 보장하기 위해 엔터티 분해를 수행하는 것이다.

중복 제거(deduplication, 복제 항목 제거), **레코드 연결**(record linkage, 두 개의 레코드를 함께 결합) 및 **정준화**(canonicalization, 말뭉치를 위한 하나의 대표 레코드 생성)와 같은 과업은 두 레코드의 유사성(또는 그 사이의 거리)을 계산하고 일치 여부를 결정하는 데 의존한다.

그래프상의 엔터티 분해

Bhattacharya와 Getoor(2005)[7]가 설명했듯이 단일 엔터티가 여러 마디점으로 표시되는 그래프는 실제로는 엔터티 그래프가 아니라 참조 그래프다. **참조 그래프**(reference graphs)는 의미론적 추론 작업에서 엔터티 간의 관계를 왜곡하고 잘못 표현할 수 있으므로 큰 문제가 된다.

엔터티 분해는 실제 망의 진정한 구조에 대한 유용한 정보를 분석하고 추출함으로써 언어가 동일한 엔터티를 참조할 수 있게 해주는 다양한 방법으로 인한 불명료함을 줄여 준다. 이번 절에서는 그림 9-8과 같이 엔터티 분해를 그래프 추출 파이프라인의 추가 단계로 포함시키는 방법을 살펴보겠다.

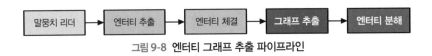

그림 9-8 엔터티 그래프 추출 파이프라인

힐튼 그래프에서 엔터티를 분해하기 위해 우리는 우선 pairwise_comparisons 함수를 정의할 것이다. pairwise_comparisons는 입력으로 NetworkX 그래프를 가져오고 `itertools.combinations` 메서드를 사용해 가능한 모든 마디점 쌍을 가진 생성기를 만든다.

```
import networkx as nx
from itertools import combinations

def pairwise_comparisons(G):
    """
    마디점 쌍의 생성기를 산출한다.
    """
    return combinations(G.nodes(), 2)
```

불행하게도 힐튼에 관한 그래프에는 마디점이 18개밖에 없어서, 이 그래프에 쓰인 데이터셋이 아주 작은 것임을 알 수 있는데, 그럼에도 불구하고 비교 쌍이 153개나 생성된다. 유사성 비교

---

7 Indrajit Bhattacharya and Lise Getoor, Entity Resolution in Graph Data, (2005) http://bit.ly/2GQKXDe

는 대개 동적 프로그래밍과 기타 자원 집약적인 컴퓨팅 기법을 포함하는 값비싼 작업이라는 점을 감안할 때 유사성 비교 기능을 확장하기가 확실히 쉽지 않을 것이다. 쌍별 비교 횟수를 줄이기 위해 결코 일치하지 않는 쌍을 제거하는 것과 같은 몇 가지 간단한 작업을 수행할 수 있다. 이와 같은 결정을 자동으로 하거나 사용자에게 레코드 쌍을 제안함으로써 우리는 먼저 유사한 가능성이 있는 일치를 노출시키고 명백히 중복되지 않는 부분을 제거하는 메커니즘이 필요하다. 우리가 사용할 수 있는 한 가지 방법은 차단이다.

구조로 차단하기

차단(blocking)이란 자연 그래프의 구조를 사용해 필요한 쌍별 비교의 수를 전략적으로 줄이는 일을 말한다. 차단은 엔터티 분석에 두 가지 주요 이점을 누릴 수 있게, 다시 말하면 성능을 높이기 위해 계산 횟수를 줄이고 사용자에게 중복 가능성을 제안하기 위해 검색 공간을 줄인다.

우리가 할 수 있는 한 가지 합리적인 가정은 동일한 엔터티에 대한 변이 두 개의 마디점에 모두 있다면(예: 'Hilton Hotels'과 'Hilton Hotels and Resorts' 모두 'Hilton'에 변을 가지고 있는 경우), 그들은 같은 엔터티에 대한 참조일 가능성이 더 높다는 것이다. 가능성이 가장 높은 항목만 검사할 수 있다면 비교 횟수를 크게 줄일 수 있다. NetworkX의 neighbors 메서드를 사용해 주어진 두 마디점의 변을 비교하고 매우 비슷한 이웃을 갖는 쌍 비교만 강조 표시할 수 있다.

```python
def edge_blocked_comparisons(G):
    """
    동일한 엔터티에 변(간선) 한 개가 있는 마디점(마디점) 간의 비교를 강조하는 쌍 비교 생성기이다.
    """
    for n1, n2 in pairwise_comparisons(G):
        hood1 = frozenset(G.neighbors(n1))
        hood2 = frozenset(G.neighbors(n2))
        if hood1 & hood2:
            yield n1,n2
```

퍼지 차단

차단을 하더라도 여전히 불필요한 비교는 있게 마련이다. 예를 들어, 'Kathy Hilton'과 'Richard Hilton'이 둘 다 'Hiltons'에 대해 변(edge)을 지니고 있음에도 불구하고 동일 인물을 참조하지 않는다. 우리는 'Kathy Hilton'과 'Richard Hilton' 사이의 거리를 계산할 수 있는 유사성 측정법을 사용해 가장 근사해 보이는 **일치**(matches)를 식별함으로써 그래프를 더욱 복잡하게 만들 수 있기를 원한다.

문자열 거리를 계산하는 데는 여러 방법이 있으며, 그중 많은 것은 사용 사례에 따라 달라진다. 여기에서는 파이썬 라이브러리 fuzzywuzzy의 partial_ratio 메서드를 활용하는 구현을 보여 준다. 레벤슈타인 거리를 사용해 첫 번째 문자열을 두 번째 문자열로 변환하는 데 필요한 삭제, 삽입 및 대체 횟수를 계산한다.

우리는 두 개의 NetworkX 마디점을 입력으로 하는 similarity(유사성) 함수를 정의할 것이다. 우리의 함수는 각 마디점의 문자열 이름 레이블 사이의 거리, Spacy 엔터티 유형 간의 차이(마디점 속성으로 저장 됨)를 얻고 평균을 반환한다.

```
from fuzzywuzzy import fuzz

def similarity(n1, n2):
    """
    두 엔터티의 각 필드에 대한 partial_ratio 점수의 평균을 반환한다.
    일치하는 필드가 없으면 점수가 0이 된다는 점에 주의하자.
    """
    scores = [
        fuzz.partial_ratio(n1, n2),
        fuzz.partial_ratio(G.node[n1]['type'], G.node[n2]['type'])
    ]

    return float(sum(s for s in scores)) / float(len(scores))
```

두 엔터티의 이름이 거의 같고(예: 'Richard Hilton'과 'Rick Hilton'), 같은 유형(예: PERSON)인 경우, 이름은 같지만 유형이 다른(예: PERSON 1개, ORG 1개) 엔터티보다 두 엔터티가 더 높은 점수를 받게 된다.

확률이 높은 일치 항목을 식별할 수 있는 방법이 생겨 이제 일치 항목을 새 함수 fuzzy_blocked_comparison에 필터로 통합할 수 있다. 이 함수는 마디점의 각 가능한 쌍을 반복해 마디점 사이의 구조적 중첩 정도를 결정한다. 유의한 중첩이 있는 경우, 함수는 중첩의 **유사성**(similarity, 유사도)을 계산하고, 충분히 비슷한 이웃들과의 유사성을 계산함으로써 쌍들을 산출한다(특정 문턱값보다 높으면 기본 값이 65% 일치인 키워드 인수로 구현).

```
def fuzzy_blocked_comparisons(G, threshold=65):
    """
    동일한 엔터티에 대한 변을 갖는 마디점 사이의 비교를 강조 표시하지만
    n1과 n2의 유사성(유사도)이 문턱값(threshold)보다 작은 경우에 비교를 필터링하는
    쌍 비교의 생성 프로그램이다.
    """
    for n1, n2 in pairwise_comparisons(G):
```

```
        hood1 = frozenset(G.neighbors(n1))
        hood2 = frozenset(G.neighbors(n2))
        if hood1 & hood2:
            if similarity(n1, n2) > threshold:
                yield n1,n2
```

이것은 쌍으로 된 비교를 줄이는 매우 효율적인 방법이다. 왜냐하면 우리는 계산적으로 볼 때 덜 집중해도 되는 이웃 비교를 먼저 사용하고, 그 다음에 더 비싼 문자열 유사성 측정을 진행하기 때문이다. 총 비교의 감소는 중요하다.

```
def info(G):
    """
    다른 도우미들과 함께 nx.info에 보낼 래퍼.
    """
    pairwise = len(list(pairwise_comparisons(G)))
    edge_blocked = len(list(edge_blocked_comparisons(G)))
    fuzz_blocked = len(list(fuzzy_blocked_comparisons(G)))

    output = [""]
    output.append("Number of Pairwise Comparisons: {}".format(pairwise))
    output.append("Number of Edge     Blocked Comparisons: {}".format(edge_blocked))
    output.append("Number of Fuzzy Blocked Comparisons:     {}".format(fuzz_blocked))

    return nx.info(G) +"\n".join(output)

Name: Hilton Family
Type: Graph
Number of nodes: 18
Number of edges: 17
Average degree: 1.8889
Number of Pairwise Comparisons: 153
Number of Edge Blocked Comparisons: 32
Number of Fuzzy Blocked Comparisons: 20
```

이제 우리는 동일한 엔터티에 대한 참조일 가능성이 가장 높은 20쌍의 마디점을 식별했다. 해 볼 수 있는 모든 쌍별 비교 작업이 85% 이상 감소했다.

이제 나머지 파이프라인과 함께 체인을 연결해 참조 그래프를 퍼지 변 차단 비교(fuzzy edge blocked comparisons, 즉 '애매모호한 변을 차단하기 위한 비교') 목록으로 변환할 수 있는 사용자 지 정 변환기를 만드는 방법을 생각해 볼 수 있다. 예를 들어, FuzzyBlocker는 엔터티 분해 문제 와 관련된 특별한 필요에 따라서는 이러한 메서드들로 시작하고 나서 그 밖의 메서드를 추가 할 수 있다.

```python
from sklearn.base import BaseEstimator, TransformerMixin

class FuzzyBlocker(BaseEstimator, TransformerMixin):

    def __init__(self, threshold=65):
        self.threshold = threshold

    def fit(self, G, y=None):
        return self

    def transform(self, G):
        return fuzzy_blocked_comparisons(G, self.threshold)
```

우리가 지정한 컨텍스트와 퍼지 일치 임계값에 따라 이러한 차단된 마디점을 단일 마디점으로 축소하거나(필요에 따라 변 속성을 갱신) 수동 검사를 위해 해당 영역의 전문가에게 전달할 수 있다. 두 경우에 모두 엔터티 분해는 종종 고품질 데이터 제품을 구축하는 데 중요한 첫 걸음이 되며, 이번 절에서 보았듯이 그래프를 사용하면 이 과정을 더 효율적이고 효과적으로 수행할 수 있다.

결론

그래프는 통신망 및 생물학적 생태계와 같은 실제 시스템에서 복잡한 시스템을 표현하고 모델링하는 데 사용된다. 그러나 더 일반적으로는 문제를 유의한 방식으로 구조화하는 데 사용할 수도 있다. 약간의 창의력으로 거의 모든 문제를 그래프로 구성할 수 있다.

그래프 추출이 초기에는 어려울 수 있지만, 이는 단지 또 다른 반복적인 과정일 뿐으로 표적 데이터에 대한 영리한 언어 처리와 창의적인 모델링이 필요하다. 이 책에서 탐구한 다른 모델군과 마찬가지로, 반복적인 정제 및 반복적인 분석은 **3중 모델 선택**(model selection triple) 과정의 일부이며, 정규화나 선별 및 집계와 같은 기술을 추가해 성능을 높일 수 있다.

그러나 이전 장에서 탐구한 다른 모델군과 달리 그래프 모델군은 계산이 순회로 구성된 알고리즘을 포함한다. 지역적인 마디점에서, 계산은 임의의 두 마디점을 연결하는 변을 따라 이동함으로써 추출된 인접 마디점의 정보를 사용할 수 있다. 이러한 계산은 연결된 마디점을 노출하고, 연결이 어떻게 형성되는지를 보여 주며, 망에서 가장 핵심적인 마디점을 식별한다. 그래프 순회를 통해, 엄청난 양의 사전 지식과 **온톨로지**의 도움 없이도 문서에서 유의한 정보를 추출할 수 있다.

그래프는 복잡한 의미론적 표현을 간결한 형태로 **매장**(embed, 묻기)[8]할 수 있다. 따라서 관련 데이터를 관련된 엔터티들의 망으로 모델링하는 일은 시각적 분석과 머신러닝에 모두 강력한 분석 메커니즘이 된다. 이러한 힘의 일부는 그래프 데이터 구조를 사용하는 경우의 성능상의 이점에서 비롯되며 다른 부분은 소규모 망과 직관적으로 상호작용할 수 있는 고유한 인간의 능력에서 비롯된다.

그래프 분석을 통한 교훈은 중요하다. 텍스트 분석 애플리케이션은 그 자체의 해석 역량이 얼마나 되느냐에 따라 유용하기도 하고 그렇지 않기도 하다. 사용자가 이해하지 못하면 결과를 보고도 통찰을 얻어 낼 수 없기 때문이다. 이제 10장에서 우리는 8장에서 시작해서 이번 장까지 추구해 온 인간-컴퓨터 상호작용의 실마리를 계속 따라 할 것이며, 대신에 일상적인 언어 기반 작업에 챗봇을 적용하는 것이 어떻게 사용자의 경험을 증가시킬 수 있는지를 생각해 보겠다.

---

8 옮긴이 이 말을 '임베딩'이라고 음차해서 사용하는 경우가 많아서 '끼워 넣기'나 '내장'이라는 게 아니냐고 오해하는 경우도 있지만, 여기서 말하는 '매장'이란 수학 용어로, 한 수학적 공간에서 다른 수학적 공간(예를 들면, 위상 공간)으로 사상(mapping)한다는 개념이다. 예를 들어, 문서의 토큰들을 토큰 주머니에 매장하는 경우가 매장에 해당한다.

10

챗봇

이번 장에서는 가장 빠르게 성장하는 언어 인식 애플리케이션 중 하나인 대화형 에이전트를 살펴본다. 슬랙봇(Slackbot)에서 알렉사(Alexa)와 BMW의 드래곤 드라이브(Dragon Drive)에 이르기까지 다양한 에이전트가 일상 생활에서 빠뜨릴 수 없는 부분이 되었다. **에이전트**(agents, '**행위자' 또는 '대리자'**)는 우리가 더 많은 것을 기억하고 있는 것처럼 해주고(예: 인터넷 검색), 더 잘 계산해 낼 수 있는 것처럼도 해주며(예: 대화를 한다거나 출퇴근 경로를 탐색하는 일), 더 유연하게 의사소통을 할 수 있고 더 잘 제어할 수 있는 것처럼 해줌으로써(예: 문자를 보낸다거나 가사를 자동으로 처리하는 일) 우리의 삶을 향상시킨다.

이러한 에이전트가 아주 참신한 이유는 그들이 제공하는 정보나 지원 기능(오랜 기간 마우스 인터페이스를 사용하는 웹 및 모바일 애플리케이션에서 사용 가능한 기능) 때문이 아니다. 오히려 그것들을 매우 매력적으로 만드는 것은 에이전트의 인터페이스다. 자연어 상호작용은 낮은 마찰, 낮은 장벽 및 매우 직관적인 계산 리소스 액세스 방법을 제공한다. 이 때문에 챗봇은 명령을 텍스트 기반 애플리케이션 안으로 자연스럽게 **내재**(inlining)함으로써 잘못 설계된 메뉴 기반 인터페이스를 최소화하는 등의 기술을 동원해 사용자 환경을 혁신하였다. 자동차 내비게이션 시스템처럼 화면에 적합하지 않은 장치와 같이 새로운 계산 상황에서 새로운 인간-컴퓨터 상호작용을 할 수 있게 한다는 점이 중요하다.

그렇다면 현실(Eliza, PARRY와 같은 초기 모델)과 소설《스타트랙》에 나오는 '컴퓨터' 또는 《스페이스 오딧세이》에 나오는 'Hal')의 긴 역사를 볼 때, 왜 지금 이런 일이 일어나고 있는 것일까? 부분적으로는 그러한 인터페이스를 위한 '킬러 애플리케이션(killer application, 즉 죽여 주는 애플리케이션)'이 오늘날의 사물들의 인터넷에 의해 가능하게 된 유비쿼터스 컴퓨팅을 필요로 하기 때문에 그렇다. 더 중요한 것은 현대 대화형 에이전트가 사용자 데이터에 접근해 쓸 수 있게 되면서 문맥이 풍부해지고 가치가 높아졌기 때문이다. 모바일 장치는 GPS 데이터를 활용해 현재 위치를 파악하고 현지화된 추천을 제안한다. 게임 콘솔은 보고 들을 수 있는 사람들의 수에 따라 놀이 경험을 적응시킨다. 이것을 효과적으로 하기 위해서 그러한 애플리케이션들은 자연어를 처리할 뿐만 아니라 사용자와 상황적 맥락에서 제공된 정보를 기억하면서 **상태**(state)를 유지해야만 한다.

이번 장에서 우리는 챗봇을 만드는 대화 프레임워크를 제안할 텐데, 이 챗봇의 목적은 상태를 관리하고 그 상태를 사용해 특정 상황에서 유의한 대화를 생성하는 것이다. 우리는 새로운 사용자를 맞이하고, 측정 전환을 수행하고, 좋은 요리법을 추천할 수 있는 주방 도우미 봇을 구성하여 이 프레임워크를 시연한다. 이 시제품이라는 렌즈를 통해 우리는 정규 표현식을 사용하여 단어와 일치시키는 **규칙 기반 시스템**(rule-based system)과, 미리 짜여진 구문분석기를 사용하여 들어오는 질문을 걸러 내고 필요한 답을 결정하는 **질문/답변 시스템**(question-and-answer system, 문답 시스템)과, 마지막으로, 감독되지 않은 학습을 사용하여 관련 제안을 결정하는 **추천 시스템**(recommendation system)이라는 세 가지 특별한 기능을 빠르게 그려 볼 생각이다.

대화의 기초

1940년대에 정보 이론과 기계번역의 선구자인 클로드 섀넌(Claude Shannon)과 워런 웨버(Warren Weaver)는 오늘날에도 여전히 대화를 이해하는 데 사용되고 큰 영향력을 끼치고 있는 의사소통 모델을 개발했다.[1] 그들이 개발한 모델에서 메시지는 초기 출처에서 대상 지점으로 향해 가는 동안에 다양한 수준의 잡음과 엔트로피를 가진 채널을 통과하면서 일련의 인코딩(부호화) 과정과 변환 과정을 거치게 된다.

그림 10-1에서 볼 수 있듯이 현대의 **대화**(conversation) 개념은 섀넌-위버(Shannon-Weaver) 모델을 확장한 것이다. 여기서 대화에 참여하는 두 당사자(또는 두 명 이상)는 서로의 메시지에 차례로 응답한다. 대화는 시간의 흐름에 맞춰 발생하며, 일반적으로 고정된 길이로 제한된다. 대화 중 참가자는 듣거나 말하게 된다. 대화를 효과적으로 하려면 주어진 시간에 단 한 명의 화자(speaker)는 말을 하고, 그 밖의 참가자들은 청자(listener)가 되어 들어야 한다. 마지막으로, 대화를 주고 받은 시간 순서에 따른 기록이 일관되어야만 대화 속 각 문장을 이전에 나오는 문장과 의미 있게 연결해 볼 수 있다.

---

1   Claude Shannon, A Mathematical Theory of Communication, (1948) http://bit.ly/2JJnVjd

우리 독자는 사람이므로 대화라는 것을 이런 식으로 설명하는 것이 더 명확하고 자연스러워 보일지 모르지만, 여기에는 중요한 계산상의 함의(implications)가 들어 있다(요구 사항 중 하나라도 충족되지 않으면 대화가 어떻게 복잡해지고 혼란스럽게 되는지 생각해 보자). 대화에 필요한 점을 충족시키는 한 가지 간단한 방법은 대화에 참여한 각 참가자가 말하기와 듣기를 번갈아 전환하도록 하는 것이다. 매회, 마지막으로 말한 것을 바탕으로 대화가 다음에 어디로 갈지를 결정하는 화자에게 **주도권(initiative)**이 부여된다. 자기 차례가 되는 일과 서로 오고가며 대화의 주도권을 넘기는 일을 한 명 이상의 참가자가 끝내기로 결정하기 전까지는 대화가 계속 이어진다. 그 결과로 나오는 대화는 여기에 설명된 모든 요구 사항을 충족하며 일관성이 있다.

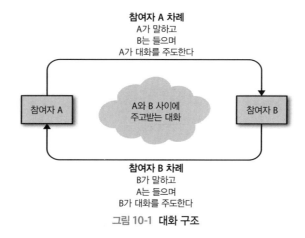

그림 10-1 **대화 구조**

챗봇(chatbot)은 차례 차례 대화에 참여하고 입력 텍스트 또는 음성을 해석하고 적절하고 유용한 응답을 출력하는 것을 목표로 하는 프로그램이다. 챗봇은 서로 상호작용하는 사람과 달리 이러한 결과를 얻기 위해 휴리스틱 기술 및 머신러닝 기술에 의존해야 한다. 이런 이유 때문에 언어를 효과적으로 구문분석하고 가장 적절한 답을 내기 위해 언어의 모호성(ambiguity of language) 및 상황에 따른 맥락(situational context)을 파악하기 위한 계산 방법이 필요하다.

그림 10-2에 표시된 챗봇의 아키텍처는 두 가지 기본 컴포넌트(component)[2]로 구성된다. 첫 번째 컴포넌트는 사용자 입력(예: 음성 전송용 마이크 또는 앱용 웹 API) 및 해석 가능한 출력(음성 생성용 스피커 또는 모바일 프런트 엔드)을 수신하는 메커니즘을 처리하는 사용자 지향 인터페이스다. 이 외부 컴포넌트는, 텍스트 입력을 해석하고 내부 상태를 유지하며 응답을 생성하는 내부 **대화 시스템(dialog system)**인 두 번째 컴포넌트를 래핑한다.

---

2 <u>옮긴이</u> 여태 component를 '구성 요소'로 번역했지만, 여기서는 '컴포넌트'로 번역했는데, 이는 그 개념이 컴퓨터 과학 분야에서 '컴포넌트'라고 부르는 것을 지칭하고 있기 때문이다.

외부 사용자 인터페이스 컴포넌트는 애플리케이션의 사용 및 요구 사항에 따라 분명히 다를 수 있다. 이번 장에서는 내부 대화상자 컴포넌트에 중점을 두고 애플리케이션으로 쉽게 일반화할 수 있는 방법을 보여 주고, 여러 하위 대화상자로 구성한다. 이를 위해 먼저 대화의 기본 동작 또는 인터페이스를 공식적으로 정의하는 **추상 기저 클래스**(abstract base classes)를 만든다. 그런 다음에 상태 관리, 질의 응답 및 추천에 대한 이 기저 클래스의 세 가지 구현을 살펴보고, 단일 대화형 에이전트로 구성할 수 있는 방법을 보여 준다.

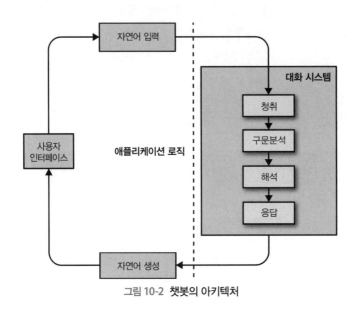

그림 10-2 **챗봇의 아키텍처**

대화: 간략한 의견 교환

일반화되고 구성 가능한 대화 시스템을 생성하려면 먼저 챗봇과 사용자 간의 상호작용 중에 가장 작은 작업 단위를 정의해야 한다. 마지막 절에서 설명한 아키텍처에서 우리는 가장 작은 작업 단위에서는 자연어 텍스트를 입력으로 받아들여 자연어 텍스트를 출력으로 생성해야 함을 알고 있다. 대화를 하는 중에는 여러 유형의 구문분석 및 응답이 필요하므로 우리는 대화 에이전트가 각자의 책임 영역을 처리하는, 많은 내부 대화상자로 구성되어 있다고 생각할 것이다.

대화상자가 함께 작동하도록 하려면 대화상자의 작동 방식을 정의하는 단일 인터페이스를 설명해야 한다. 파이썬에서는 형식적인 인터페이스 유형이 존재하지 않지만 abc 표준 라이브러리 모듈을 통해 추상 기저 클래스를 사용해 모든 하위 클래스에서 예상되는 메서드와 시그널을 나열할 수 있다(하위 클래스가 추상 메서드를 구현하지 않으면 예외가 발생한다). 이 방법으로 우리는 Dialog 인터페이스의 모든 하위 클래스가 예상대로 작동하도록 할 수 있다.

일반적으로 Dialog는 발언 청취, 텍스트 구문분석, 구문분석 해석, 내부 상태 업데이트, 요구에 대한 응답 등을 담당한다. 시스템에서 들어오는 텍스트를 잘못 해석한다고 가정하기 때문에 Dialog 객체는 응답을 반환할 뿐 아니라 관련성 점수를 반환해 초기 발언이 얼마나 성공적으로 해석되었는지를 수량화해야 한다. 인터페이스를 만들려면 이 동작을 하위 클래스에서 구체적으로 정의할 수 있는 몇 가지 메서드로 나누자. 그러나 먼저 (곧 구현 될) 추상 메서드를 사용하여 일반적인 대화 동작을 구현하는 Dialog 객체의 기본 진입점인 비추상적 메서드를 설명한다.

```python
import abc


class Dialog(abc.ABC):
    """
    dialog는 발언을 듣고 해석하고, 해석을 한 뒤에는 내부 상태를 업데이트한다.
    그런 다음에 요구에 따라 응답을 공식화할 수 있다.
    """

    def listen(self, text, response=True, **kwargs):
        """
        텍스트 발화가 전달되고 구문분석된다.
        그런 다음에 응답 방법을 결정하기 위해 interpret 메서드로 전달된다.
        응답이 요청되면 respond 메서드는 가장 최근의 입력 및 현재 대화 상태를 기반으로
        텍스트 응답을 생성하는 데 사용된다.
        """
        # 입력 내용 분석
        sents = self.parse(text)

        # 입력 해석
        sents, confidence, kwargs = self.interpret(sents, **kwargs)

        # 응답을 결정한다.
        if response:
            reply = self.respond(sents, confidence, **kwargs)
        else:
            reply = None

        # 주도권 반환 응답
        return reply, confidence
```

listen 메서드에는 전역 구현(global implementation)이 포함되어 있으며, 곧 정의될 추상적인 기능을 통합한다. listen 시그니처는 텍스트를 문자열로 받아들일 뿐만 아니라 주도권이 대화 상자로 전달되고, 응답이 필요한지를 나타내는 response 부울을 허용한다(False라면 Dialog는 단순히 청취만 하고 내부 상태를 갱신한다). 마지막으로, listen은 사용자, 세션 ID 또는 전사 점수와 같은 다른 상황 정보를 연결할 수 있는 임의의 키워드 인수(kwargs)도 취한다.

이 메서드의 출력은 필요에 따라 응답(응답이 없다면 None) 또는 **신뢰도**(confidence) 점수(0.0~ 1.0 사이의 부동 소수점 값)가 된다. 우리가 공급되는 텍스트를 대상으로 구문분석을 언제나 잘 해내거나 잘 해석해 낼 수는 없고, 또한 우리가 적절한 응답을 언제나 공식화할 수 있는 것도 아니므로 이 계량기준(metric)으로 Dialog 개체를 해석한 결과에 대한 신뢰도를 나타내게 되는데, 여기서 신뢰도 점수가 1.0이라면 응답 내용이 아주 신뢰할 만하다는 것이고, 0.0이라면 아주 혼란스러워서 신뢰하기 어렵다는 점을 나타낸다. 일반적으로 말하는 신뢰도는 해석 단계에서 생성되지만, Dialog.listen이 실행되는 중에 어느 시점에서든 계산하거나 업데이트할 수 있다.

```python
@abc.abstractmethod
def parse(self, text):
    """
    모든 대화상자에는 자체 구문분석 전략이 필요할 수 있으며,
    일부 대화상자에는 종속성 분석 대비 구 구조 분석이 필요할 수 있으며,
    다른 대화상자에는 정규 표현식이나 청크가 필요할 수도 있다.
    """
    return []
```

parse 메서드를 사용하면 Dialog 하위 클래스가 원시 문자열 데이터를 처리하는 자체 메커니즘을 구현할 수 있다. 예를 들어, 일부 Dialog 하위 클래스는 **종속성 분석**(dependency parsing) 또는 **구 구조 분석**(constituency parsing)을 요구할 수도 있고, 다른 일부는 정규 표현식이나 청크를 간단하게 요구할 수도 있다. 추상 메서드는 **분석 시그니처**(parse signature)를 정의한다. 서브 클래스는 문자열을 입력으로 기대하고 특정 Dialog 행태의 필요에 맞는 데이터 구조 리스트를 반환하도록 parse를 구현해야 한다. 이상적으로, 실제 구현에서 우리는 불필요하게 작업을 복제하지 않도록 계산 비싼 구문분석이 한 번만 수행되도록 최적화를 포함시킨다.

```python
@abc.abstractmethod
def interpret(self, sents, **kwargs):
    """
    구문분석된 문장의 목록이라는 형태로 전달된 발화를 해석하고,
    대화상자의 내부 상태를 업데이트하고, 해석의 신뢰도를 계산한다.
    또한, 응답 메커니즘에 특정한 인수를 반환할 수 있다.
    """
    return sents, 0.0, kwargs
```

interpret 메서드는 들어오는 구문분석 문장 목록을 해석하고, 대화상자의 내부 상태를 업데이트하고, 해석에 대한 신뢰도 수준을 계산한다. 이 메서드는 응답 요구 여부에 따라 필터링된 해석된 구문분석 문장과 0.0과 1.0 사이의 신뢰도 점수를 반환한다. 이번 장의 뒷부분에서 우리는 신뢰도를 계산하기 위한 몇 가지 선택지를 살펴볼 것이다. interpret 메서드는 임의의 키워

드 인수를 받아들이고 업데이트된 키워드 인수를 반환해 응답의 동작에 영향을 줄 수 있다.

```
@abc.abstractmethod
def respond(self, sents, confidence, **kwargs):
    """
    청취 메서드 또는 해석 메서드로부터 건네받는 인수와 함께,
    입력된 발언과 현재 대화 상태에 대한 응답을 작성한다.
    """
    return None
```

마지막으로, respond 메서드는 Dialog의 현재 상태를 기반으로 텍스트 기반 응답을 생성하기 위해 해석된 문장, 신뢰도 점수 및 임의의 키워드 인수를 허용한다. 신뢰도는 결과에 영향을 미치기 위해 전달된다. 예를 들어, 신뢰도가 0.0이라면 메서드는 None을 반환하거나 명확화 요청을 반환할 수 있다. 신뢰도가 강하지 않다면 강한 신뢰에 대한 확고한 대답보다는 제안된 언어 또는 대략적인 언어가 포함될 수 있다.

Dialog라는 추상 기저 클래스를 하위 클래스로 만들면 이제 사용자와의 짧은 상호작용에서 대화 상태를 유지 관리할 수 있는 프레임워크가 생긴다. Dialog 객체는 이번 장의 나머지 부분에서 구현할 나머지 대화식 구성 요소의 기본 구성 요소로 사용된다.

대화 유지

Dialog는 단순하고 간략한 교환을 처리하는 방법을 정의하며, **대화형 에이전트**의 중요한 컴포넌트다. 그러나 사용자와 시스템 간에 주도권이 여러 번 오고가고 다양한 유형의 응답이 필요한 긴 상호작용에서 어떻게 상태를 유지할 수 있을까?

이에 대한 해답은 Conversation인데, 이것은 여러 개의 내부 대화상자가 포함된 특별한 대화상자다. 챗봇에서 Conversation의 인스턴스는 본질적으로 아키텍처에서 설명한 래핑된 내부 대화상자 컴포넌트다. 대화는 하나 이상의 개별 대화상자 하위 클래스를 포함하며, 각 대화상자는 별도의 내부 상태를 구현하고 다양한 유형의 해석 및 응답을 처리한다. Conversation이 청취를 한 후에는 입력 내용을 내부 대화상자로 보내고 가장 높은 신뢰도로 응답을 반환한다.

이번 절에서는 Dialog 클래스의 동작을 상속받는 SimpleConversation 클래스를 구현할 것이다. SimpleConversation 클래스의 주된 역할은 내부 클래스 속성으로 저장하는 일련의 대화상자에서 상태를 유지하는 것이다. 우리 클래스는 표준 라이브러리의 collections.

abc.Sequence도 상속받는다. 그러면 SimpleConversation이 인덱싱된 대화상자 리스트인 것처럼 동작하고(getitem 추상 메서드 사용) 컬렉션의 대화상자 수를 가져온다(len 사용).

```python
from collections.abc import Sequence

class SimpleConversation(Dialog, Sequence):
    """
    이것은 대화의 가장 간단한 버전이다.
    """

    def __init__(self, dialogs):
        self._dialogs = dialogs

    def getitem (self, idx):
        return self._dialogs[idx]

    def len (self):
        return len(self._dialogs)
```

Conversation.listen에서 들어오는 텍스트를 각 내부 Dialog.listen 메서드로 전달하고 내부 Dialog 객체의 구문분석, 해석 및 응답 메서드를 호출한다. 결과는 (responses, confidence) 꼴로 된 튜플 목록이며, SimpleConversation은 itemgetter 연산자를 사용해 튜플의 두 번째 요소에서 max를 검색해 가장 높은 신뢰도로 응답을 반환한다. 두 개의 내부 대화상자가 동일한 신뢰도를 반환한다면 약간 더 복잡한 대화에 동점 차단 규칙들이 포함될 수 있지만, 최적의 Conversation 컴포넌트라면 동점인 경우가 드물다.

```python
from operator import itemgetter

...

    def listen(self, text, response=True, **kwargs):
        """
        간단히 최고의 신뢰도 응답을 반환한다.
        """
        responses = [
            dialog.listen(text, response, **kwargs)
            for dialog in self._dialogs
        ]

        # 응답은 (응답, 신뢰도) 쌍으로 된 리스트이다.
        return max(responses, key=itemgetter(1))
```

SimpleConversation은 Dialog이기 때문에 parse, interpret, respond를 각기 구현해야 한다. 여기에서는 각 메서드를 구현해 해당 내부 메서드를 호출하고 결과를 반환한다. 또한, 신뢰도를 추가해 입력이 올바르게 해석되었다는 확신에 따라 대화를 작성할 수 있다.

```
...

    def parse(self, text):
        """
        디버깅을 위한 모든 내부 대화상자의 구문분석을 반환한다.
        """
        return [dialog.parse(text) for dialog in self._dialogs]

    def interpret(self, sents, **kwargs):
        """
        디버깅을 위한 모든 내부 대화상자에 대한 해석을 반환한다.
        """
        return [dialog.interpret(sents, **kwargs) for dialog in self._dialogs]
    def respond(self, sents, confidence, **kwargs):
        """
        디버깅을 위한 모든 내부 대화상자에 대한 응답을 반환한다.
        """
        return [
            dialog.respond(sents, confidence, **kwargs)
            for dialog in self._dialogs
        ]
```

Dialog 프레임워크는 모듈화되어 있어 여러 대화 컴포넌트를(SimpleConversation 클래스에서처럼) 동시에 사용하거나 독립 실행형으로 사용할 수 있다. 우리의 구현은 대화상자를 완전히 독립적으로 다루지만, 다음과 같은 다른 많은 모델이 있다.

병렬/비동기 대화(parallel/async conversations)

양의 신뢰도를 가진 첫 번째 응답이 승리한다.

정책 중심 대화(policy-driven conversations)

대화상자는 '열림' 및 '닫힘'으로 표시된다.

동적 대화(dynamic conversations)

대화상자를 동적으로 추가하고 제거할 수 있다.

트리 구조 대화(tree structured conversations)

대화상자에는 부모와 자식이 있다.

다음 절에서 우리는 몇 가지 간단한 휴리스틱과 더불어 Dialog 클래스를 사용해 사용자와 상호작용하는 대화 시스템을 구축해 볼 것이다.

예의바른 대화 규칙

1950년에 유명한 컴퓨터 과학자이자 수학자인 앨런 튜링(Alan Turing)은 처음에 **튜링 테스트**(Turing test)[3]를 제안했는데, 이는 사람이 다른 사람과 대화하고 있다고 믿게 만드는 속임수였다. 튜링 테스트는 다음 수십 년 동안 여러 규칙 기반 대화 시스템에 영감을 불어넣었다. 이 테스트 시스템의 대부분은 테스트에 합격한 것이 아니라 대화형 에이전트의 첫 번째 세대가 되어 현재까지 챗봇 구성을 계속 알려 준다.

1966년에 조셉 바이젠바움(Joseph Weizenbaum)이 MIT에서 만든 엘리자(ELIZA)는 아마도 가장 유명한 예일 것이다. 엘리자 프로그램은 사람이 입력한 내용에서 키워드(keyword, 핵심어) 및 구문 패턴을 일치시키고 미리 프로그램으로 만들어 둔 논리에 맞춰 대화를 이끌었다. 몇 년 후 스탠포드 대학교에서 케네스 콜비(Kenneth Colby)가 만든 패리(PARRY)는 패턴 매칭과 정신 모델의 조합을 사용해 반응했다. 이 정신 모델은 패리가 점점 더 동요하고 불규칙하게 성장하여 편집증적 정신분열증을 가진 환자를 흉내내게 했고, 의사들이 그들이 진짜 환자와 이야기하고 있다고 믿도록 속이는 데 성공했다.

이번 절에서는 이러한 초기 모델에서 영감을 얻은 규칙 기반 인사말 기능을 구현해 볼 텐데, 이 기능은 정규 표현식을 사용해 발화를 일치시킨다. 우리의 버전은 참가자들이 대화를 개시하거나 종료할 수 있게 할 뿐만 아니라 적절한 인사와 질문으로 참가자들에게 응답하도록 주로 상태를 유지할 것이다. 이 Dialog 구현은 정규 표현식 기반 챗봇들의 효과를 보여 줄 뿐만 아니라 시간이 지남에 따라 대화 상태를 추적하는 중요성을 강조했다. 테스트 프레임워크를 사용해 다양한 방법으로 Dialog 컴포넌트를 사용해 다양한 사용자 입력에 대해 더 잘 대응하게 만드는 방법을 보여 줌으로써 이번 수업을 마무리한다.

인사와 경례

Greeting 대화상자는 Dialog 기저 클래스를 확장해 대화 프레임워크를 구현한다. 참가자가 입장하거나 퇴장할 때 적절한 인사말과 인사말을 제공할 뿐만 아니라 참가자가 대화에 입장하

---

3   Alan Turing, Computing Machinery and Intelligence, (1950) http://bit.ly/2GLop6D

고 퇴장하는 것을 추적하는 일을 담당한다. 참가자 상태, 현재 활성 사용자와 이름의 사상을 유지함으로써 이를 수행한다.

Greeting 대화상자의 중심에는 클래스 변수로 저장된 딕셔너리인 PATTERNS가 있다. 이 딕셔너리는 상호작용의 종류(키로 설명)를 해당 상호작용의 예상 입력을 정의하는 정규 표현식에 사상(mapping, 매핑)한다. 특히, Greeting 대화상자는 인사말, 소개, 작별 인사 및 역할 요청을 준비한다. 나중에 대화상자의 구문분석에서 다음 정규 표현식을 사용한다.

```python
class Greeting(Dialog):
    """
    참가자가 대화를 개시하거나 종료하는 일에 맞춰 적절한 인사로 응답한다.
    이것은 상태를 추적하고 정규 표현식과 논리를 사용해
    대화상자를 처리하는 규칙 기반 시스템의 예다.
    """

    PATTERNS = {
        'greeting': r'hello|hi|hey|good morning|good evening',
        'introduction': r'my name is ([a-z\-\s]+)',
        'goodbye': r'goodbye|bye|ttyl',
        'rollcall': r'roll call|who\'s here?',
    }

    def __init__(self, participants=None):
        # participants는 사용자 이름을 실제 이름으로 나타낸 맵이다.
        self.participants = {}

        if participants is not None:
            for participant in participants:
                self.participants[participant] = None

        # 정규 표현식들을 컴파일한다.
        self._patterns = {
            key: re.compile(pattern, re.I)
            for key, pattern in self.PATTERNS.items()
        }
```

Greeting을 초기화하기 위해 우리는 이전 참가자 목록의 유무에 관계없이 인스턴스를 생성할 수 있다. 우리는 딕셔너리의 내부 상태를 실명으로 된 사용자 이름을 추적하기 위한 것으로 생각할 수 있는데, 나중에 소개말 해석으로 업데이트되는 것을 보게 될 것이다. 텍스트를 빠르고 효율적으로 구문분석하기 위해 정규 표현식을 내부 인스턴스 사전으로 컴파일해 초기화를 완료한다. 파이썬에서의 정규 표현식 컴파일은 정규 표현식 객체를 반환하고, 이 정규 표현식이 이 대화상자에서와 같이 반복적으로 사용될 때의 단계를 저장한다.

이것은 Greeting 클래스의 구현을 아주 단순하게 구현한 것으로, 다른 언어 및 텍스트 패턴뿐만 아니라 다른 언어도 지원할 수 있는 규칙으로 다양한 방법으로 확장될 수 있다.

다음으로, 우리는 사용자가 입력한 텍스트를, 미리 편집해 둔 여러 정규 표현식과 각기 비교해 인사말, 소개말, 작별 인사 또는 출석 확인을 위한 알려진 패턴이 일치하는지 확인하는 parse 메서드를 구현한다.

```python
def parse(self, text):
    """
    정규 표현식들을 모두 텍스트에 각기 적용해 보아 일치하는 것을 알아낸다.
    """
    matches = {}
    for key, pattern in self._patterns.items():
        match = pattern.match(text)
        if match is not None:
            matches[key] = match
    return matches
```

일치하는 것이 있으면 parse가 이를 반환한다. 이 결과는 Greeting에 특정된 interpret 메서드에 대한 입력으로 사용될 수 있는데, 이 메서드는 구문분석된 일치 내용을 가져와 어떤 종류의 작업(있는 경우)이 필요한지 결정한다. 패턴과 일치하지 않는 입력을 받으면 interpret는 즉시 0.0이라는 신뢰도 점수와 함께 반환된다. 텍스트 중 하나라도 일치한다면 정규 표현식 일치가 불분명하지는 않으므로 단순하게 1.0이라는 신뢰도가 해석 결과로 반환된다.

interpret 메서드는 Greeting 대화상자의 내부 상태를 업데이트한다. 예를 들어, 입력이 소개말 교환과 일치하는 경우(예: 사용자가 '내 이름은 something입니다'를 입력한 경우), interpret 메서드는 이름을 추출하고, self.partistents에 새로운 이름을 추가하며, 사전의 키에 해당하는 값에 (신규 또는 기존) 사용자의 실명을 추가한다. 인사말이 탐지된 경우 interpret는 사용자가 self.particients에서 알고 있는지 확인하고, 그렇지 않다면 respond 메서드에서 소개를 요청해야 한다는 플래그를 단 최종 반환 결과에 키워드 인수를 추가한다. 그렇지 않고 작별 인사가 일치하면 self.participants 딕셔너리와 키워드 인수들에서 사용자를 (알려진 경우) 제거한다.

```python
def interpret(self, sents, **kwargs):
    """
    구문분석된 일치 항목을 가져와서 메시지가
```

```python
입력, 종료 또는 이름 변경인지 확인한다.
"""
# 일치하는 것이 없다면 아무것도 할 수 없다.
if len(sents) == 0:
    return sents, 0.0, kwargs

# 참여자에게서 사용자 이름을 얻는다.
user = kwargs.get('user', None)

# 소개말이 작성되었는지를 결정한다.
if 'introduction' in sents:
    # 발화에서 이름을 입수한다.
    name = sents['introduction'].groups()[0]
    user = user or name.lower()

    # 이름이 변경되었다면 정의한다.
    if user not in self.participants or self.participants[user] != name:
        kwargs['name_changed'] = True

    # 참가자 업데이트
    self.participants[user] = name
    kwargs['user'] = user

# 인사가 이루어졌는지를 확인한다.
if 'greeting' in sents:
    # 사용자 이름이 없는 경우
    if not self.participants.get(user, None):
        kwargs['request_introduction'] = True

# 작별 인사가 결정되었는지 확인하라.
if 'goodbye' in sents and user is not None:
    # 참가자를 제거한다.
    self.participants.pop(user)
    kwargs.pop('user', None)

# 우리가 찾던 것을 보게 되었다면 신뢰할 수 있다.
return sents, 1.0, kwargs
```

마지막으로, 우리의 respond 메서드는 우리의 챗봇이 사용자에게 반응하고 있는지, 그리고 어떻게 반응해야 하는지를 언급할 것이다. 신뢰도가 0.0이면 응답이 제공되지 않는다. 사용자가 인사말이나 소개말을 보낸다면 respond는 새 사용자 이름에 대한 요청이나 기존 사용자에게 인사말을 반환한다. 작별 인사라면 respond는 일반적인 작별 인사를 반환한다. 사용자가 대화방에 다른 사람이 있는지 묻는다면 respond는 참가자의 목록을 입수해 모든 이름(다른 참가자가 있는 경우)을 반환하거나 사용자의 이름(누군가가 혼자 있는 경우)을 반환한다. self.participants에 현재 기록된 사용자가 없으면 챗봇은 예상대로 응답한다.

```
def respond(self, sents, confidence, **kwargs):
    """
    적절한 인사말이나 작별인사말을 전한다.
    """
    if confidence == 0:
        return None

    name = self.participants.get(kwargs.get('user', None), None)
    name_changed = kwargs.get('name_changed', False)
    request_introduction = kwargs.get('request_introduction', False)

    if 'greeting' in sents or 'introduction' in sents:
        if request_introduction:
            return "Hello, what is your name?"
        else:
            return "Hello, {}!".format(name)

    if 'goodbye' in sents:
        return "Talk to you later!"

    if 'rollcall' in sents:
        people = list(self.participants.values())

        if len(people) > 1:
            roster = ", ".join(people[:-1])
            roster += " and {}.".format(people[-1])
            return "Currently in the conversation are " + roster

        elif len(people) == 1:
            return "It's just you and me right now, {}.".format(name)
        else:
            return "So lonely in here by myself ... wait who is that?"

    raise Exception(
        "expected response to be returned, but could not find rule"
    )
```

interpret 메서드와 respond 메서드에서 우리는 각 유형의 일치 입력을 처리하는 분기 논리를 간단히 갖게 된다. 이 클래스가 커짐에 따라 이러한 메서드를 interpret_goodbye 및 respond_goodbye와 같은 작은 덩어리로 분해해 로직을 캡슐화하고 버그를 방지하는 것이 도움이 된다. 우리는 다른 입력 내용을 사용해 Greeting 클래스를 조금 실험해 볼 수 있다.

```
if __name__ == '__main__':
    dialog = Greeting()
    # 'listen'은 (응답, 신뢰도) 꼴로 된 튜플들을 반환하고, 응답을 출력하기만 한다.
    print(dialog.listen("Hello!", user="jakevp321")[0])
    print(dialog.listen("my name is Jake", user="jakevp321")[0])
    print(dialog.listen("Roll call!", user="jakevp321")[0])
```

```
    print(dialog.listen("Have to go, goodbye!", user="jakevp321")[0])
```

결과는 다음과 같다.

```
Hello, what is your name?
Hello, Jake!
It's just you and me right now, Jake.
```

그러나 우리의 규칙 기반 시스템은 매우 단단하지만 쉽게 깨진다는 점에 유의해야 한다. 예를 들어, Greeting.listen 메서드에 대한 호출 중 하나에서 사용자 키워드 인수를 생략하면 어떻게 되는지 보자.

```
if __name__ == '__main__':
    dialog = Greeting()
    print(dialog.listen("hey", user="jillmonger")[0])
    print(dialog.listen("my name is Jill.", user="jillmonger")[0])
    print(dialog.listen("who's here?")[0])
```

이 경우에 챗봇은 질(Jill)의 인사말을 인식하고 소개말을 요청하며 새 참가자에게 인사한다. 그러나 listen에 대한 세 번째 호출에서는 챗봇이 user라는 키워드 인수를 가지지 않으므로 역할 호출 응답에서 해당 호출자를 적절히 처리하지 못한다.

```
Hello, what is your name?
Hello, Jill!
It's just you and me right now, None.
```

실제로 규칙 기반 시스템은 쉽게 무너지는 경향이 있다. 다음 절에서 살펴볼 테스트 중심 개발은 사용자가 실제로 발생할 수 있는 문제를 예견하고 선점하는 데 도움이 될 수 있다.

의사불통 다루기

철저한 테스트는 있음직한 통신 오류와 다른 종류의 구문분석 및 응답 오류를 처리하는 데 유용한 방법이다. 이번 절에서는 PyTest 라이브러리를 사용해 Greeting 클래스의 한계를 테스트하면서 **에지 케이스**(edge cases)[4]를 실험하며, 어떤 경우에 챗봇이 잘못되는지를 살펴볼 것이다.

---

4 [옮긴이] 흔히 '엣지 케이스'로들 표기하는데, 이 책에서는 외래어 표기법에 맞췄다. 입력 값이 변수가 저장할 수 있는 범위를 넘는 경우를 말한다. 이와 대조적으로 '코너 케이스(corner case)'가 있는데, 이는 여러 변수들이 상호작용하며 예상치 못한 결과를 만들어 내는 경우를 말한다.

챗봇을 완전히 구현하려면 Dialog 기저 클래스에 대한 일련의 테스트부터 시작해야 한다. 아래에서는 TestBaseClasses 클래스에 사용할 일반 프레임워크를 보여 준다. 예를 들어, 대화 상자의 하위 클래스가 성공적으로 listen 메서드를 상속받은 클래스를 테스트한다. 우리의 첫 번째 테스트인 test_dialog_abc에서는 pytest.mark.parametrize라는 데코레이터를 사용해 약간의 노력으로 여러 가지 예제를 테스트에 보낼 수 있다.

```python
import pytest


class TestBaseClasses(object):
    """
    Dialog 클래스를 위한 테스트
    """
    @pytest.mark.parametrize("text", [
        "Gobbledeguk", "Gibberish", "Wingdings"
    ])
    def test_dialog_abc(self, text):
        """
        Dialog ABC와 listen 메서드를 테스트한다.
        """
        class SampleDialog(Dialog):
            def parse(self, text):
                return []

            def interpret(self, sents):
                return sents, 0.0, {}

            def respond(self, sents, confidence):
                return None

        sample = SampleDialog()
        reply, confidence = sample.listen(text)
        assert confidence == 0.0
        assert reply is None
```

다음으로 Greeting 클래스에 대한 몇 가지 테스트를 구현할 수 있다. 이들 중 첫 번째인 test_greeting_intro는 parametrize라는 데코레이터를 사용해 입력 문자열과 사용자 이름을 여러 가지로 조합해 테스트함으로써 클래스가 해석 신뢰도에 대해 1.0을 성공적으로 반환하고, respond가 응답을 생성하고, 챗봇이 사용자의 이름을 묻는 메시지를 표시하는지를 확인한다.

```python
class TestGreetingDialog(object):
    """
    인사말 대화의 예상 입력 및 응답 테스트
    """
```

```
@pytest.mark.parametrize("text", ["Hello!", "hello", 'hey', 'hi'])
@pytest.mark.parametrize("user", [None, "jay"], ids=["w/ user", "w/o user"])
def test_greeting_intro(self, user, text):
    """
    초기 인사말이 소개를 요청하는지 테스트한다.
    """
    g = Greeting()
    reply, confidence = g.listen(text, user=user)
    assert confidence == 1.0
    assert reply is not None
    assert reply == "Hello, what is your name?"
```

이러한 테스트 중 하나라도 실패한다면 입력 가능 범위를 더 넓게 예상할 수 있게 Greeting 클래스를 리팩터링해야 한다는 신호 역할을 한다.

우리는 또한 인사말 전에 소개말이 발생할 때 일어나는 일을 테스트하는 test_initial_intro 클래스를 만들어야 한다. 이 경우에 이 기능이 오류가 발생하기 쉽다는 것을 이미 알고 있기 때문에 pytest.mark.xfaildecorator를 사용해 실패할 것으로 예상되는 사례를 검증한다. 이 것은 우리가 미래의 개정안에서 다루고 싶은 뚜렷한 사건을 기억하는 데 도움이 될 것이다.

```
...

    @pytest.mark.xfail(reason="a case that must be handled")
    @pytest.mark.parametrize("text", ["My name is Jake", "Hello, I'm Jake."])
    @pytest.mark.parametrize("user", [None, "jkm"], ids=["w/ user", "w/o user"])
    def test_initial_intro(self, user, text):
        """
        인사말 없이 초기 소개말을 테스트한다.
        """
        g = Greeting()
        reply, confidence = g.listen(text, user=user)

        assert confidence == 1.0
        assert reply is not None
        assert reply == "Hello, Jake!"

        if user is None:
            user = 'jake'

        assert user in g.participants
        assert g.participants[user] == 'Jake'
```

규칙 기반 시스템은 대화상자 내에서 상태를 추적하는 데 특히 효과적인 에지 케이스 탐색 및 테스트 중심 개발을 통해 보강된 무척 효과적인 기술이다. 엘리자와 패리, 그리고 우리의 Greeting 클래스와 같이, 교환을 처리하기 위한 정규 표현식과 논리의 간단한 조합이 놀라울 정도로 효과적일 수 있다. 그러나 현대의 대화형 에이전트들은 경험적 방법에만 의존하는 경우는 거의 없다. 이번 장의 다음 부분에서는 언어 기능을 통합하기 시작할 때 왜 그런지 알아보기 시작할 것이다.

재미있는 질문

챗봇의 가장 일반적인 용도 중 하나는 '나일강의 길이는 얼마나 되는가?'와 같은 사실 기반 질문에 쉽고 빠르게 대답하는 것이다. DBPedia, Yago2 및 Google Knowledge Graph와 같은 다양한 사실 및 지식 기반이 웹에 존재한다. 또한, FAQ와 같은 마이크로 지식 기반이 특정 애플리케이션에 존재하는 것은 매우 일반적이다. 이러한 도구는 해답을 제공한다.

문제는 자연어 질문을 데이터베이스 질의로 변환하는 것이다. 답변에 대한 질문의 통계적 일치는 이것에 대한 간단한 메커니즘이지만, 더 견고한 접근 방법에서는 통계 정보 및 의미 정보를 사용한다. 예를 들어, 프레임 기반 접근 방식을 사용해 SPARQL 쿼리로 파생될 수 있는 템플릿을 만들거나 분류 기술을 사용해 필요한 응답 유형(예: 위치, 금액 등)을 식별할 수 있다.

그러나 일반적인 채팅 시스템에서는 예비 질문이 있다. 즉, 질문을 받았을 때를 감지하고 질문의 유형을 결정한다. 훌륭한 첫 번째 단계는 질문이 어떻게 보이는지를 고려하는 것이다. 우리는 'wh-'로 시작하는 질문('Who', 'What', 'Where', 'Why', 'When', 'How')[5]로 시작해서 물음표로 끝나는 문장을 쉽게 찾을 수 있다.

그러나 이러한 접근은 wh로 시작하지 않는 단어들로 시작하는 질문(예: 'Can you cook?', 'Is there garlic?')이나 의문문처럼 쓰이는 평서문(예: ' You're joining us?')을 무시하는 것과 같은 거짓 양성(false positive)으로 이어질 가능성이 높다. 이 접근법은 또한 'wh'로 시작되는 단어들로 시작하는 평서문(예: 'When in Rome...') 또는 응답이 필요 없는 수사학적 질문(예: 'Do you even lift?')[6]을 잘못 발화하여 거짓 음성을 생성하게 될 수도 있다.

---

5 옮긴이 즉, 의문사로 시작하는 의문문.

6 옮긴이 '이런 것도 못 들지?'는 조롱 섞인 말이지 의문문이 아니다.

질문은 종종 불규칙하고 예상치 못한 방식으로 제기되지만, 일부 패턴이 존재한다. 문장은 단순한 창 작업과 일치를 넘어서 깊은 구조와 관계를 인코딩한다. 이러한 패턴을 감지하려면 의미론적 구문분석(syntactic parsing, 통사론적 구문분석) 유형을 수행해야 한다. 즉, 문맥 자유 문법(context-free grammar)을 사용해 체계적으로 구문 구조를 들어오는 텍스트에 할당하는 메커니즘이다.

141쪽, '키프레이즈 추출'에서 우리는 NLTK에 문법 기반의 파서가 많다는 점을 알았는데, 이 파서들에는 모두 품사 부분을 구나 청크로 만드는 규칙을 명시하는 문법이 필요하기 때문에 챗봇의 유연성을 불필요하게 제한하게 된다. 그러므로 우리는 다음 절에서 더 유연한 대안으로 미리 훈련해 둔 **의존 구문분석**(dependency parsing)과 **구 구조 구문분석**(constituency parsing)을 탐구해 볼 생각이다.

의존 구문분석

의존 구문분석기(dependency parsers)는 구(phrases)를 서로 특정 관계와 연결해 문장의 **구문론적 구조**(syntactic structure, 통사 구조)를 추출하는 간단한 메커니즘이다. 의존 구문분석기는 먼저, 구의 앞부분을 식별한 다음에 단어 사이에 링크를 설정해 앞부분을 수정한다. 결과는 문장의 유의한 하부 구조를 식별하는 겹침 구조(overlapping structure)다.

'How many teaspoons are in a tablespoon?(얼마나 많은 티스푼이 한 스푼에 들어 가는가?)'라는 문장을 생각해 보자. 그림 10-3에서 우리는 SpaCy의 DisplaCy 모듈(v2.0부터 사용 가능)을 사용해 시각화된 의존 구문분석을 볼 수 있다. 이 구문분석을 통해 문장의 단어가 상호작용하면서 서로 수정해 주는 방식을 알 수 있다. 예를 들어, 우리는 이 구의 근원이 본명사(head noun)[7] 'teaspoons'와 전치사 의존성 'in'의 주체적 의존성을 통해 전치사구(ADP, DET, NOUN) 'in a tablespoon'에 부사구(ADV, ADJ, NOUN) 'How many tea– spoons'를 결합하는 본동사(VERB) 'are'라는 것을 분명히 알 수 있다.

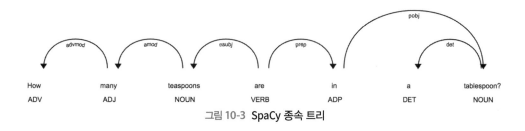

그림 10-3 SpaCy 종속 트리

---

7 [옮긴이] 본명사(head noun)를 사람에 따라서 머리명사, 중심명사, 핵어명사, 핵명사, 선행명사 등으로 다양하게 부르고 있는데, 이 책에서는 본동사(head verb)라는 기존 용례에 맞춰 본명사로 번역했다.

NLTK는 49쪽에 나오는 '품사 태깅'에서 처음 본 펜트리뱅크라는 태그셋(tagset)을 사용하는 데 반해, SpaCy에서는 품사 태그(예: 형용사라면 'ADJ', 부사라면 'ADV', 고유명사라면 'PROPN', 대명사라면 'PRON' 등)를 사용하는 게 관행이다. 범용 PoS 태그는 언어학자가 작성한 것으로 (펜트리뱅크 태그처럼 프로그래머가 작성한 것이 아님), 이는 tag.startswith("N")를 사용해 명사를 식별하는 것과 같은 일을 허용하지 않지만 일반적으로 풍부하다.

그림 10-3에 표시된 구를 다시 만들려면 먼저 SpaCy에 미리 구축되어 있는 영어 구문분석 모델을 적재(load)해야 한다. 그런 다음에 미리 만들어진 모델을 사용해 들어오는 문장을 구문 분석하고 display.serve 메서드를 사용해 결과 의존 구를 표시하는 함수 plot_display_tree를 작성한다. 주피터 노트북에서 실행되면 말뭉치가 노트북에 렌더링된다. 명령줄에서 실행하면 브라우저의 http://localhost:5000/에서 해당 그림을 볼 수 있다.

```
import spacy
from spacy import displacy

# 첫째로 필요한 것: python -m spacy download en

spacy_nlp = spacy.load("en")

def plot_display_tree(sent):
    doc = spacy_nlp(sent)
    displacy.serve(doc, style='dep')
```

의존 구문분석기는 빠르고 정확한 문법 분석을 생성하는 데 매우 인기가 있으며, 구문 수준의 분석에 필요한 많은 작업을 수행한다. 구문분석 시에는 의존 구문분석기에 의해 생성된 단어 간의 관계에 관심이 갈 수 있다. 그러나 의존 구문분석은 문장의 구조에 대한 풍부하고 심도 있는 시각을 제공하지 못하기 때문에 늘 충분하다거나 최적이라고 말하기 어렵다. 우리는 챗봇에서 더 포괄적인 트리 표현을 활용하는 방법을 보여 줄 것이다.

구 구조 분석

구 구조 분석(constituency parsing)[8]은 구문분석의 한 형태로, 문장을 중학교 때의 다이어그램과 비슷한 중첩된 **구 구조**(phrase structures)로 분해하는 것이 목표다. 출력은 하위 구 간의 복잡한 상호 관계를 포착하는 트리 구조다. 구 구조 구문분석기는 텍스트를 쉽게 계산할 수 있는 트리 탐색 알고리즘을 적용할 수 있는 기회를 제공하지만, 언어 자체가 애매함을 띠기 때문에 일반적으로 문장을 트리(tree, 나무) 형태로 구성하는 방법은 여러 가지가 있다.

---

8 [옮긴이] 사람에 따라서는 '구성 분석', '구성 요소 분석'이라고도 부른다.

그림 10-4에서 트리로 표시된 예제 질문인 'How many teaspoons in a tablespoon?'를 구문분석할 수 있다. 여기서 우리는 훨씬 복잡한 구조의 하위 구와 트리의 노드(node, 마디점, 정점)[9] 사이의 직접적이고 레이블 없는 관계를 볼 수 있다.

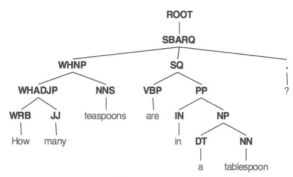

그림 10-4 스탠포드 CoreNLP 구 구조 트리

구 구조 구문분석 트리는 말단 리프 노드들, 품사 태그 및 단어 자체로 구성된다. 말단에 있지 않는 노드들은 품사 태그를 관련 그룹으로 결합하는 구를 나타낸다. 이 질문에서 루트 구는 SBARQ로, 'wh' 단어로 시작되기 때문에 직접적인 질문으로 간주된다. 이번 절은 WHNP('wh' 단어가 있는 명사구)와 SBARQ의 주요 절이 SQ로 구성되며, 그 자체는 동사다. 보다시피 구문분석 부분에서 이 질문을 처리하는 방법에 대한 많은 단서를 제공하는 이 구에 많은 세부 사항이 있다!

질문과 답변의 경우 WRB, WP 및 WD 테그는 특정 맥락에서 관심 있는 단어를 식별하며, 측정 변환 질문을 표시할 수 있다. WRB는 'wh' 부사(예: 'When are you leaving?'에서와 같이 언어 수식어로 사용되는 'wh' 단어)다. WP는 'wh' 대명사("Who won the bet?'에서처럼)이며, WDT는 'wh' 한정사('Which Springfield?'에서처럼)다.

Stanford CoreNLP 패키지는 자바로 작성된 자연어 처리 도구의 포괄적인 제품군이다. 품사 태깅, 구 구조 구문분석, 개체명 인식, 정서 분석 등을 위한 메서드들이 들어 있다.

---

9 옮긴이 앞에서 그래프를 다룬 부분에서는 node를 마디점으로 번역했지만, 여기서는 '노드'라고 번역했는데 이는 해당 분야의 용례에 맞춘 것이다. 물론 두 경우에 모두 노드라고 부르거나, 마디점이라고 불러도 되겠지만, 그러면 합성어 용례와 맞지 않게 된다. 예를 들면, 'leaf node'의 경우에는 '잎 마디점'이라거나 '잎 정점'이라고 하지 않고, '리프 노드'라고 부르는 경향이 있으므로 이런 용례에 맞춰야 한다.

라이브러리에 대한 최근 업데이트에서 NLTK는 새로운 모듈인 **nltk.parse.stanford**를 제공했는데, 이것을 사용하면 NLTK 내부의 스탠포드 구문분석기들을 사용할 수 있다(필요한 **.jars** 및 PATH 구성을 설정했다고 가정).

```python
from nltk.parse.stanford import StanfordParser

stanford_parser = StanfordParser(
    model_path="edu/stanford/nlp/models/lexparser/englishPCFG.ser.gz"
)

def print_stanford_tree(sent):
    """
    Stanford 사전 훈련 모델을 사용해
    그 밖의 메서드들로 사용할 종속성 트리를 추출한다.
    트리들로 이뤄진 리스트 한 개를 반환한다.
    """
    parse = stanford_parser.raw_parse(sent)
    return list(parse)
```

nltk.tree를 사용해 스탠포드 구 구조 트리를 그려 그림 10-4와 같은 트리를 생성하면 질문의 구조를 시각적으로 검사할 수 있다.

```
def plot_stanford_tree(sent):
    """
    Stanford 종속성 트리를 이미지로 표시해 눈으로 검사한다.
    """
    parse = stanford_parser.raw_parse(sent)
    tree = list(parse)
    tree[0].draw()
```

Stanford NLP에 의해 생성된 구문분석을 시각적으로 탐색할 때 구조가 더 긴 구문분석으로 훨씬 복잡해진다는 것을 알 수 있다. 구 구조 구문분석기는 많은 정보를 제공하기 때문에 일부 텍스트 기반 애플리케이션에서는 잡음이 발생할 수 있다. 구 구조 구문분석과 의존 구문분석 모두 **구조적 모호성**(structural ambiguity, **구조적 중의성**)[10]으로 고통을 받는다. 즉, 이러한 구문분석은 신뢰도를 계산할 때 사용할 수 있는 올바른 구문분석 가능성을 만들어 낼 확률이 있다. 그러나 구문이 제공하는 세부 수준은 질문을 쉽게 식별하고 쿼리할 수 있는 정보를 추출하기 위해 프레임을 적용하는 훌륭한 후보가 된다(다음 절에서 설명할 것이다).

질문 검출

SpaCy 및 CoreNLP의 사전 훈련 모델은 입력된 문장을 자동으로 구문분석하고 주석을 달 수 있는 강력한 방법을 제공한다. 그런 다음에 주석을 사용해 구문분석된 문장을 탐색하고 질문에 해당하는 품사 태그를 찾는다.

먼저, ROOT의 최상위 노드(모든 분기를 포함하는 구문분석 트리의 0번째 항목)에 할당된 태그를 검사한다. 다음으로, 브랜치 노드(branch node, 즉, '가지 마디점')와 리프 노드(leaf node, '잎 마디점')에 할당된 태그를 검사한다. 이 태그는 nltk.tree.Tree 모듈의 **tree.pos** 메서드를 사용해 수행할 수 있다.

```
tree = print_stanford_tree("How many teaspoons are in a tablespoon?")
root = tree[0] # root는 구문분석한 문장 트리에 있는 첫 번째 항목이다.
print(root)
print(root.pos())
```

---

10 옮긴이 언어학에서는 주로 '구조적 중의성'이라고 번역해서 부르는 것으로 보인다. 그러나 이 경우에 redundancy(중의성)와 혼동될 수 있으므로 이에 맞춰 이 책에서는 '구조적 모호성'으로 번역했다.

일단 구문분석이 끝나면 49쪽, '**품사 태깅**'에서 처음 만난 Penn Treebank 태그를 사용해 다른 질문이 어떻게 나타났는지를 탐색할 수 있다. 우리의 예에서 입력 내용이 원래는 SBARQ('wh'- 단어에 의해 유도된 직접적인 질문)인데, 이 경우에는 WRB('wh'-부사)임을 어근에서 볼 수 있다. 이 문장은 WHADP('wh'- 명사구)로 시작해 WHADJP('wh'-부사구)를 포함한다.

```
(ROOT
    (SBARQ
        (WHNP (WHADJP (WRB How) (JJ many)) (NNS teaspoons))
        (SQ (VBP are) (PP (IN in) (NP (DT a) (NN tablespoon))))
        (. ?)))
[('How', 'WRB'), ('many', 'JJ'), ('teaspoons', 'NNS'), ('are', 'VBP'),
('in', 'IN'), ('a', 'DT'), ('tablespoon', 'NN'), ('?', '.')]
```

질문 탐지에 이와 같은 기술을 사용하면 얻을 수 있는 가장 큰 이점은 유연성이다. 예를 들어, 우리가 질문을 'Sorry to trouble you, but how many teaspoons are in a tablespoon?(귀찮게 해서 미안하지만, 큰술 하나에 작은술이 몇 개나 들어가니?)'라고 바꾸면 출력은 다르지만 WHADJP와 WRBquake 마커는 여전히 존재한다.

```
(ROOT
    (FRAG
        (FRAG
            (ADJP (JJ Sorry))
            (S (VP (TO to) (VP (VB trouble) (NP (PRP you))))))
        (, ,)
        (CC but)
        (SBAR
            (WHADJP (WRB how) (JJ many))
            (S
                (NP (NNS teaspoons))
                (VP (VBP are) (PP (IN in) (NP (DT a) (NN tablespoon))))))
        (. ?)))
[('Sorry', 'JJ'), ('to', 'TO'), ('trouble', 'VB'), ('you', 'PRP'), (',', ','),
('but', 'CC'), ('how', 'WRB'), ('many', 'JJ'), ('teaspoons', 'NNS'),
('are', 'VBP'), ('in', 'IN'), ('a', 'DT'), ('tablespoon', 'NN'), ('?', '.')]
```

표 10-1에는 질문 탐지에 가장 유용한 것으로 확인된 태그가 나열되어 있다. Bies 등의 〈Bracketing Guidelines for Treebank II Style〉에서 전체 목록을 찾을 수 있다.[11]

---

11 Ann Bies, Mark Ferguson, Karen Katz, and Robert MacIntyre, Bracketing Guidelines for Treebank II Style: Penn Treebank Project, (1995) http://bit.ly/2GQKZLm

표 10-1 **질문 탐지를 위한 Penn Treebank II 태그**

태그	의미	예
SBARQ	wh-단어 또는 wh-구에 의해 소개된 직접적인 질문	'How hot is the oven?'
SBAR	종속접속사로 인해 도입된 절(예: 간접 의문문)	'If you're in town, try the beignets.'
SINV	뒤집힌 선언문	'Rarely have I eaten better.'
SQ	반대 예/아니오 의문문 또는 wh-의문문의 주절	'Is the gumbo spicy?'
S	단순 선언절	'I like jalapenos.'
WHADJP	wh-형용사구(의문형용사구)	'How hot is the oven?' 안의 'How hot'
WHADVP	wh-부사구(의문부사구)	'Where do you keep the chicory?'에서 'Where do'
WHNP	wh-명사구(의문명사구)	'Which bakery is best?'의 'Which bakery'
WHPP	Wh-전치사구(의문전치사구)	'The roux, on which this recipe depends, should not be skipped.'의 'on which'
WRB	wh-부사(의문부사)	'How hot is the oven?'의 'How'
WDT	wh-한정사(의문한정사)	'What temperature is it?'의 'What' i
WP$	소유격 wh-대명사(소유격 의문대명사)	'Whose bowl is this?'의 'Whose'
WP	wh-대명사(의문대명사))	'Who's hungry?'의 'Who'

다음 절에서는 이러한 태그를 사용해 주방 도우미 봇과 가장 관련이 있는 질문을 검색하는 방법을 살펴보겠다.

스푼에서 그램으로

챗봇에 추가할 다음 기능은 이전 절에서 탐구한 사전훈련 구문분석기를 포함하는 질의 응답 시스템으로 편리한 주방 측정 변환을 제공한다. 일상적인 대화에서 사람들은 종종 '한 테이블 스푼(즉, 큰술)에 얼마나 많은 티스푼(즉, 작은술)이 들어 가는가?' 또는 '한 병에 몇 잔이 채워지는가?'와 같은 '어떻게'라는 질문으로 치수에 관한 질문을 표현한다고 생각해 보자. 질문 유형을 식별하는 작업이라면 '얼마나 많은 X가 Y에 있는가?'라는 형식을 취하는 질문을 해석할 수 있는 것을 목표로 삼을 수 있을 것이다.

우리는 먼저, Dialog 클래스의 동작을 상속받는 클래스인 Converter를 정의한다. 우리는 측정 변환에 대한 지식 기반이 있는 Converter를 초기화할 것으로 예상하는데, 여기서 간단한 JSON 파일은 CONVERSION_PATH에 저장되고 측정 단위 간의 모든 변환이 포함되어 있다. 초기화를 할 때, 이러한 변환은 json.load를 사용하여 적재된다. 우리는 구문분석기(여기서 우리는 CoreNLP를 사용한다)와 NLTK의 stemmer(어간추출기)와 inflect 라이브러리의 inflect. engine을 초기화한다. 이 라이브러리는 각각 parse 메서드와 response 메서드에서 복수화를 처리할 수 있게 해준다. 우리의 parse 메서드는 CoreNLP의 raw_parse 메서드를 사용해 이전 절에서 설명한 대로 구 구조 구문분석을 생성한다.

```
import os
import json
import inflect

from nltk.stem.snowball import SnowballStemmer
from nltk.parse.stanford import StanfordParser

class Converter(Dialog):
    """
    단위 변환에 대한 질문에 대답
    """

    def __init__(self, conversion_path=CONVERSION_PATH):
        with open(conversion_path, 'r') as f:
            self.metrics = json.load(f)

        self.inflect = inflect.engine()
        self.stemmer = SnowballStemmer('english')
        self.parser = StanfordParser(model_path=STANFORD_PATH)

    def parse(self, text):
        parse = self.parser.raw_parse(text)
        return list(parse)
```

다음으로, interpret에서 우리가 변환할 조치들을 수집하기 위한 리스트를 초기화하고, 초기 신뢰도 점수인 0.0점을 수집하기 위한 딕셔너리를 초기화하고, 해석 결과를 수집하기 위한 딕셔너리도 초기화한다. 우리는 구문분석된 문장 트리의 루트를 검색하고 nltk.tree.Tree.pos 메서드를 사용해 부사구 문항 패턴(WRB)과 일치하는 것에 대한 품사 태그를 스캔한다. 우리가 어떤 것이든 찾게 되면 우리는 신뢰 점수를 높인 다음에 최대 깊이 8인 nltk.util.breadth_first 검색을 사용해 트리를 탐색하기 시작한다(재귀를 제한하기 위해). 'how many' 꼴로 된 질문이 일반적으로 발생하는 구문 패턴과 일치하는 모든 하위 트리에 대해서는, 출발점(source) 및 도착점(target) 측정을 나타내는 단수명사 또는 복수명사를 식별하고 저장한다. 의문구(question phrase) 하위 트리에서 숫자를 식별하면 결과 측정 항목에 표적 측정 값의 수량으로 저장된다.

시연용 confidence(신뢰도)를 계산하기 위해 우리는 순진하면서도 직접적인 메커니즘을 사용할 생각인데, 특정한 맥락을 고려해야 할 때는 조금 더 미묘한 방법을 쓸 수 있을 뿐만 아니라

이게 더 바람직할 수도 있다. 출발점과 도착점을 모두 잘 측정했다는 점을 확인하면 우리는 다시 confidence를 높이고 results(결과)라는 딕셔너리에 이를 추가한다. 두 측정 중 하나가 기술 자료(일명 JSON 룩업)에도 있다면, 이에 따라 confidnece가 높아진다. 마지막으로, 응답 메서드가 사용자에게 응답할 것인지와 응답하는 방법을 결정하는 데 사용하는 튜플인 (results, confidence, kwargs)을 반환한다.

```python
from nltk.tree import Tree
from nltk.util import breadth_first

...

    def interpret(self, sents, **kwargs):
        measures = []
        confidence = 0
        results = dict()

        # root는 구분분석을 한 sents 트리의 첫 번째 항목이다.
        root = sents[0]

        # 의문부사구가 있는지 확인하라.
        if "WRB" in [tag for word, tag in root.pos()]:
            # 그렇다면 신뢰도를 늘리고 파스트리를 순회한다.
            confidence += .2
            # 재귀를 제한하기 위해 최대 깊이를 설정한다.
            for clause in breadth_first(root, maxdepth=8):
                #간단한 선언절들(+S+)을 찾는다.
                if isinstance(clause, Tree):
                    if clause.label() in ["S", "SQ", "WHNP"]:
                        for token,tag in clause.pos():
                            # 명사들을 표적 측정값으로 저장한다.
                            if tag in ["NN", "NNS"]:
                                measures.append(token)
                            # 숫자들을 표적 수량으로 저장한다.
                            elif tag in ["CD"]:
                                results["quantity"] = token

        # 매우 중첩된 트리들에 대한 중복을 다룬다.
        measures = list(set([self.stemmer.stem(mnt) for mnt in measures]))

        # 출발점 측정과 도착점 측정이 모두 제공되면 ...
        if len(measures) == 2:
            confidence += .4
            results["src"] = measures[0]
            results["dst"] = measures[1]

            # 그것들이 우리의 룩업 테이블에 대응하는지를 알 수 있게 점검한다.
            if results["src"] in self.metrics.keys():
                confidence += .2
```

```
                    if results["dst"] in self.metrics[results["src"]]):
                        confidence += .2

        return results, confidence, kwargs
```

그러나 respond 메서드를 실행하기 전에 몇 개의 도우미 유틸리티가 필요하다. 첫 번째 변환은 원래 측정 단위를 표적(목표) 측정 단위로 변환한다. 변환 메서드는 원래 단위들(src), 표적단위들(dst) 및 원래 단위(float 또는 int 중 하나일 수 있음)의 quantity에 대한 입력 문자열 표현을 취한다. 이 함수는 (converted, source, target) 단위들이 사용해 튜플을 반환한다.

```
    def convert(self, src, dst, quantity=1.0):
        """
        원래 단위에 맞춰 주어진 수량에 대해, 원래 단위를 대상 단위로 변환한다.
        """
        # source와 dest를 어간 추출함으로써 복수형이 되지 않게 한다.
        src, dst = tuple(map(self.stemmer.stem, (src,dst)))

        # 변환할 수 있는지 확인한다.
        if dst not in self.metircs:
            raise KeyError("cannot convert to '{}' units".format(src))
        if src not in self.metrics[dst]:
            raise KeyError("cannot convert from {} to '{}'".format(src, dst))

        return self.metrics[dst][src] * float(quantity), src, dst
```

우리는 또한 humanize 라이브러리의 유틸리티를 활용해 숫자를 사람이 읽을 수 있는 자연스런 형태로 변환하는 round(반올림 처리), pluralize(복수형 처리) 및 numericalize(수치화 처리) 메서드들을 추가할 것이다.

```
import humanize

...

    def round(self, num):
        num = round(float(num), 4)
        if num.is_integer():
            return int(num)
        return num

    def pluralize(self, noun, num):
        return self.inflect.plural_noun(noun, num)

    def numericalize(self, amt):
        if amt > 100.0 and amt < 1e6:
```

```
            return humanize.intcomma(int(amt))
        if amt >= 1e6:
            return humanize.intword(int(amt))
        elif isinstance(amt, int) or amt.is_integer():
            return humanize.apnumber(int(amt))
        else:
            return humanize.fractional(amt)
```

마지막으로, respond 메서드에서는 해석에 대한 신뢰도가 충분히 높은지 확인하고, 그렇다면 변환기를 사용하여 실제 측정 변환을 수행한 다음, 최종 응답을 사용자가 쉽게 읽을 수 있도록 round(반올림 처리), pluralize(복수형 처리), numericalize(수치화 처리)를 한다.

```python
def respond(self, sents, confidence, **kwargs):
    """
    사람이 이해할 수 있는 결과를 산출하기 위해 humanize inflect 라이브러리를 사용해 응답한다.
    """
    if confidence < .5:
        return "I'm sorry, I don't know that one."

    try:
        quantity = sents.get('quantity', 1)
        amount, source, target = self.convert(**sents)

        # 숫자를 반올림한다.
        amount = self.round(amount)
        quantity = self.round(quantity)

        # 복수형으로 만든다.
        source = self.pluralize(source, quantity)
        target = self.pluralize(target, amount)
        verb = self.inflect.plural_verb("is", amount)

        # 수치화한다.
        quantity = self.numericalize(quantity)
        amount = self.numericalize(amount)

        return "There {} {} {} in {} {}.".format(
            verb, amount, target, quantity, source
        )

    except KeyError as e:
        return "I'm sorry I {}".format(str(e))
```

이제 Converter 클래스가 원래 단위와 표적 단위의 다양한 조합과 수량을 얼마나 잘 처리할 수 있는지를 알아보기 위해 몇 가지 입력된 질문에 대해 listen 메서드를 사용해 볼 수 있다.

```
if __name__ == "__main__":
    dialog = Converter()
    print(dialog.listen("How many cups are in a gallon?"))
    print(dialog.listen("How many gallons are in 2 cups?"))
    print(dialog.listen("How many tablespoons are in a cup?"))
    print(dialog.listen("How many tablespoons are in 10 cups?"))
    print(dialog.listen("How many tablespoons are in a teaspoon?"))
```

결과로 나오는 출력은 (reply, confidence) 꼴로 된 튜플이며, Converter가 높은 신뢰도를 지속적으로 보이며, 변환을 성공적으로 산출할 수 있다는 점을 보여 준다.

```
('There are 16 cups in one gallon.', 1.0)
('There are 32 cups in two gallons.', 1.0)
('There are 16 tablespoons in one cup.', 1.0)
('There are 160 tablespoons in 10 cups.', 1.0)
('There are 1/3 tablespoons in one teaspoon.', 1.0)
```

도움을 위한 학습

역동적인 측정 단위 변환을 제공하는 것이 편리하지만, 우리는 좀 더 독창적인 방법인 요리법 추천기를 통합하고자 한다. 이번 절에서는 그림 10-5와 같이 요리법 말뭉치를 사용해 텍스트 정규화, 벡터화 및 차원성 축소를 수행하는 파이프라인을 살펴본 다음, 가장 근접한 알고리즘을 사용해 요리법을 추천할 것이다. 이 경우에 Dialog 변형에서 유지하는 상태는 시간이 지남에 따라 개선될 수 있도록 추천 사항을 제공하고, 사용자 피드백을 통합할 수 있는 능동적 학습 모델이 될 것이다.

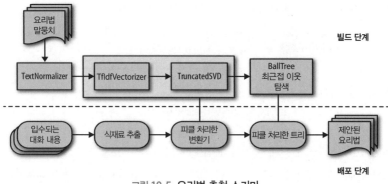

그림 10-5 요리법 추천 스키마

우리의 추천기를 훈련하기 위해, 우리는 블로그 게시물과 기사들로 구성된 요리법 말뭉치를 사용할 것이다. 블로그에는 특정 요리에 대한 요리법과 그 요리에 대한 이야기와 설명이 포함되어 있다. 요리 블로그 목록에서 출처 URL 목록을 추출하고, 웹사이트를 탐색하고, 사이트의 각 페이지를 색인화하여 유사한 말뭉치를 만들 수 있다. 우리 말뭉치는 6만 개 HTML 문서를 포함하고 있으며, 대략 8GB이며, 평면 구조로 저장되어 있다.

```
food_corpus
├── 2010-12-sweet-potato-chili.html
├── 2013-09-oysters-rockefeller.html
├── 2013-07-nc-style-barbeque.html
├── 2013-11-cornbread-stuffing.html
└── 2015-04-next-level-grilled-cheese.html
```

우리는 30쪽, '**말뭉치 리더**'에 나오는 리더들 중 한 개에 각 HTMLCorpusReader 모델을 작성했으며, 각 HTML 파일에서 페이지 제목을 가져올 수 있는 titles() 메서드를 추가함으로써, 다음과 같은 각 요리법을 인간이 참조해 이해할 수 있는 방법을 제공하였다.

```python
def titles(self, fileids=None, categories=None):
    """
    HTML을 구문분석해 헤드 태그에서 제목을 식별해 낸다.
    """
    for doc in self.docs(fileids, categories):
        soup = bs4.BeautifulSoup(doc, 'lxml')
        try:
            yield soup.title.text
            soup.decompose()
        except AttributeError as e:
            continue
```

말뭉치의 크기를 감안할 때 우리는 3장에서 소개한 **Preprocessor** 버전을 활용해 파이썬 멀티프로세싱 라이브러리를 사용해 transform 메서드를 병렬 처리한다. 11장에서는 멀티프로세싱과 그 밖의 병렬화 기술을 더 자세히 다룰 생각이다.

이웃이 되기

최근접 이웃 알고리즘의 가장 큰 단점은 차원성이 커지면 검색이 복잡해진다는 점이다. 주어진 벡터화 문서 d에 대한 k개의 **최근접 이웃**(nearst neighbor)을 찾기 위해, 우리는 말뭉치에서 d부터 그 밖의 모든 문서까지의 거리를 계산해야 한다. 예제 말뭉치에는 약 6만 개의 문서가 포함되어 있으므로 문서 벡터에서 각 차원에 대한 연산을 사용해 6만 건의 거리 계산이 필요하다. 텍스트가 희박한 경우가 아닌 10만 차원 공간을 가정하면 이는 요리법 검색당 60억 번에 걸친 연산을 해야 한다는 의미다!

이는 우리가 검색 속도를 높이기 위한 몇 가지 방법을 찾아야만 한다는 뜻으로, 그래야만 우리 챗봇이 추천을 빨리 제공할 수 있다. 그러므로 우리는 먼저 **차원성 축소(dimensionality reduction)**를 수행해야 한다. 4장과 5장에서 사용한 TextNormalizer는 데이터의 크기를 효과적으로 줄이는 일부 문자화 정리를 하거나 그 밖에 '가볍게 손을 대어' 정리하는 식으로 이미 차원성 축소를 수행하고 있다. 7장의 엔그램 FreqDist 클래스를 사용해 변환의 10~50%를 구성하는 토큰만 선택해 차원을 더 줄일 수 있다.

또는 TfidfVectorizer를 사이킷런의 TruncatedSVD와 쌍으로 구성해 벡터의 크기를 더 적은 성분(components)으로 압축할 수 있다(텍스트 문서의 규칙은 n_components를 200 이상으로 설정하는 것이다). 특잇값 분해를 계산하기 전에 TruncatedSVD가 데이터를 중앙에 배치하지 않기 때문에 데이터 분포에 따라 다소 불규칙한 결과가 발생할 수 있다.

또한, **공 트리(ball tree)**, **K-D 트리(K-D trees)** 및 **지역적 민감도 해싱(local sensitivity hashing)**과 같이, 기존에 알려지지 않은 최근접 이웃 검색 방법에 비해 계산량이 적게 드는 대안을 활용할 수 있다. K-D 트리(sklearn.neighbors.KDTree)는 인스턴스 d에서 전체 데이터셋의 부분 집합까지의 거리만을 계산해 최근접 이웃에 대한 근삿값을 알아 낸다. 그러나 K-D는 데이터를 분할할 때 임의의 특징들을 사용하기 때문에(일반적으로 주어진 벡터화된 문서에서 대부분의 값은 0이 됨) 희박하고 고차원인 데이터에서 특히 잘 수행되지 않는다. 현재의 사이킷런 구현인 sklearn.neighbors.NearestNeighbors가 비효율적이며 사용이 중단될 예정이지만, 지역적 민감도 해싱은 고차원 데이터에서 더 효과적이다.

 물론 Spotify가 동적으로 노래를 추천하는 정보를 생성할 때 사용하는 Annoy(파이썬 바인딩이 있는 C ++ 라이브러리)와 같이 그 밖의 라이브러리에 근접하는 최근접 이웃 구현이 있다.

우리의 챗봇에 대해서 우리는 공 트리 알고리즘을 사용할 것이다. K-D 트리와 마찬가지로 공 트리 알고리즘은 데이터 점을 분할해 최근접 이웃 검색이 점의 부분집합(이 경우에 중첩된 초구체들)에서 수행될 수 있도록 한다. 최근접 이웃 검색 공간의 차원성이 높아짐에 따라 공 트리의 성능이 상당히 좋아졌다.[12] 편리하게도 사이킷런 구현인 sklearn.neybors.BallTree는 성능 최적화를 위해 사용하고 비교할 수 있는 다양한 거리 계량을 제공한다.

---

12 Ting Liu, Andrew W. Moore, and Alexander Gray, New Algorithms for Efficient High-Dimensional Nonparametric Classification, (2006) http://bit.ly/2GQL0io

마지막으로, 우리는 훈련된 변환기와 트리를 직렬화함으로써 우리의 요리법 추천 검색을 가속할 수 있다. 그래서 우리의 챗봇은 모든 검색에 대해 트리를 재구성하지 않고도 쿼리를 수행할 수 있다.

먼저, BallTreeRecommender 클래스를 생성한다. 이 클래스는 원하는 추천 개수(기본값은 3)를 의미하는 k로 초기화되고 피클 처리한 변환기 svd.pkl에 대한 경로와 맞는 공 트리 tree.pkl로 초기화된다. 모델이 이미 적합되어 있다면 이 경로가 존재하며, load 메서드는 사용하기 위해 디스크에서 적재한다. 그렇지 않으면 우리는 fit_transform 메서드에서 사이킷런의 joblib serializer를 사용해 적합하게 저장된다.

```python
import pickle

from sklearn.externals import joblib
from sklearn.pipeline import Pipeline
from sklearn.neighbors import BallTree
from sklearn.decomposition import TruncatedSVD
from sklearn.feature_extraction.text import TfidfVectorizer


class BallTreeRecommender(BaseEstimator, TransformerMixin):
    """
    입력한 용어들이 주어지면, k개의 요리법을 추천한다.
    """
    def __init__(self, k=3, **kwargs):
        self.k = k
        self.trans_path = "svd.pkl"
        self.tree_path = "tree.pkl"
        self.transformer = False
        self.tree = None
        self.load()

    def load(self):
        """
        피클 처리한 변환기와 트리가 디스크에 있다면 그것들을 불러와 적재한다.
        """
        if os.path.exists(self.trans_path):
            self.transformer = joblib.load(open(self.trans_path, 'rb'))
            self.tree = joblib.load(open(self.tree_path, 'rb'))
        else:
            self.transformer = False
            self.tree = None

    def save(self):
        """
        적합화하는 데 오랜 시간이 걸리므로 딱 한 번만 한다!
        """
        joblib.dump(self.transformer, open(self.trans_path, 'wb'))
        joblib.dump(self.tree, open(self.tree_path, 'wb'))
```

```
def fit_transform(self, documents):
    if self.transformer == False:
        self.transformer = Pipeline([
            ('norm', TextNormalizer(minimum=50, maximum=200)),
            ('transform', Pipeline([
                ('tfidf', TfidfVectorizer()),
                ('svd', TruncatedSVD(n_components=200))
            ])
            )
        ])
        self.lexicon = self.transformer.fit_transform(documents)
        self.tree = BallTree(self.lexicon)
        self.save()
```

sklearn.neighbors.BallTree 모델이 적용되면 tree.query 메서드를 사용해 가장 가까운 k개의 문서에 대한 거리와 인덱스를 반환할 수 있다. BallTreeRecommender 클래스의 경우 적합하게 된 변환기를 사용하는 래퍼인 query 메서드를 추가해, 들어오는 텍스트를 벡터화하고 변환한 다음 가장 가까운 레시피의 인덱스만 반환한다.

```
def query(self, terms):
    """
    식재료 용어가 입력 목록으로 주어지면 가장 일치하는 조리법을 k개 반환한다.
    """
    vect_doc = self.transformer.named_steps['transform'].fit_transform(terms)
    dists, inds = self.tree.query(vect_doc, k=self.k)
    return inds[0]
```

추천 정보 제공

BallTreeRecommender를 우리가 피클 처리한 요리법 말뭉치에 적용하고 모델 아티팩트를 저장했다고 가정하면 이제 Dialog라는 추상 기저 클래스의 맥락에서 요리법 추천을 구현할 수 있다.

우리의 새로운 클래스인 RecipeRecommender는 절여진 말뭉치 리더와 우리의 BallTreeRecommender와 같은 쿼리 메서드를 구현하는 추정기를 사용해 인스턴스화했다. 257쪽, **'영역 특정 말뭉치'**에서 언급한 corpus.titles() 메서드를 사용하면 블로그 게시물 제목을 이름으로 사용해 저장된 요리법을 참조할 수 있다. 추천 내용이 아직 적합하지 않으면 init 메서드가 적합하게 되었는지 그리고 변환되었는지를 확인한다.

```
class RecipeRecommender(Dialog):
    """
    요리법 추천기 대화상자
```

```
"""

def __init__(self, recipes, recommender=BallTreeRecommender(k=3)):
    self.recipes = list(corpus.titles())
    self.recommender = recommender

    # 말뭉치를 사용해 추천기를 적합시킨다.
    self.recommender.fit_transform(list(corpus.docs()))
```

그런 다음에 parse 메서드는 입력 텍스트 문자열을 목록으로 분할하고 품사 태깅을 수행한다.

```
def parse(self, text):
    """
    텍스트에서 식재료 정보를 추출한다.
    """
    return pos_tag(wordpunct_tokenize(text))
```

우리의 interpret 메서드는 구문분석된 텍스트를 취해 그것이 성분 목록인지 여부를 결정한다. 그렇다면 그것은 발화를 명사들의 모음으로 변환한 다음, 명사인 입력 텍스트의 백분율에 따라 confidence(신뢰도) 점수를 할당한다. 다시 말하지만, 우리는 여기에서 신뢰도를 계산하기 위해 순진한(naive) 메서드를 사용한다. 실제로, 신뢰도 점수 매기기 메커니즘을 검증하는 것이 중요하다. 예를 들어, 평가자(reviewer)가 주석이 달린 테스트 집합에서 성능을 평가함으로써 낮은 신뢰도 점수가 낮은 품질의 응답과 일치함을 확인한다.

```
def interpret(self, sents, **kwargs):
    # 피드백이 감지되면 모델을 갱신한다.
    if 'feedback' in kwargs:
        self.recommender.update(kwargs['feedback'])

    n_nouns = sum(1 for pos, tag in sents if pos.startswith("N"))
    confidence = n_nouns/len(sents)
    terms = [tag for pos, tag in sents if pos.startswith("N")]
    return terms, confidence, kwargs
```

마지막으로, respond 메서드는 interpret 메서드에서 추출된 명사 리스트와 confidence (신뢰도)를 취한다. interpret에서 충분한 수의 명사가 입력으로부터 성공적으로 추출된다면 confidence는 추천을 생성할 만큼 충분히 높을 것이다. 추출한 명사를 내부 추천기로 사용해 다음 추천을 검색한다.

```
def respond(self, terms, confidence, **kwargs):
    """
    신뢰도가 0.15보다 크면 추천 정보를 반환하고, 그렇지 않으면 None을 반환한다.
    """
    if confidence < 0.15:
        return None

    output = [
        "Here are some recipes related to {}".format(", ".join(terms))
    ]
    output += [
        "- {}".format(self.recipes[idx])
        for idx in self.recommender.query(terms)
    ]

    return "\n".join(output)
```

이제 우리는 새로운 RecipeRecommender를 테스트할 수 있다.

```
if __name__ == '__main__':
    corpus = HTMLPickledCorpusReader('../food_corpus_proc')
    recommender = RecipeRecommender(corpus)
    question = "What can I make with brie, tomatoes, capers, and pancetta?"
    print(recommender.listen(question))
```

결과는 다음과 같다.

```
('Here are some recipes related to brie, tomatoes, capers, pancetta
- My Trip to Jamaica
- Cookies and Cups
- Turkey Bolognese | Well Plated by Erin
- Cranberry Brie Bites', 0.2857142857142857)
```

1장에서 논의했듯이 머신러닝 모델은 피드백을 통해 더 효과적으로 결과를 산출할 수 있다. 요리법을 추천하는 주방용 챗봇이라는 맥락에서 볼 때 우리는 자연어 피드백에 대한 가능성을 창조할 수 있는 완벽한 기회를 얻은 셈이다. 그러므로 암묵적인 의견도 고려해 보자. 즉, 사용자가 '좋아, 크랜베리 브리 바이트 요리법를 보여줘'라고 응답한다면 이 정보를 사용하여 사용자의 선호도와 관련된 새로운 벡터 성분을 수정하여 추천 결과에서 느끼한 맛의 순위를 높일 수 있다. 또는 사용자와 대화를 시작하고 조리법에 대해 생각한 내용을 명시적으로 물을 수 있다. 이렇게 하면 챗봇은 현재의 클릭 스트림 기반 피드백 메커니즘에 존재하지 않는 사용자 피드백을 점점 더 자세하게 얻을 수 있는 기회를 얻게 될 것이다.

결론

효과적인 **과업 중심 프레임**(task-oriented frames)과 결합된 **영역 특정 말뭉치**(domain specific corpora)에 대해 유연한 언어 모델을 사용함으로써 우리는 챗봇이 어떤 방식보다 더 신속하고 직관적으로 정보를 찾게 할 수 있다. 자연어 이해 기술이 발전하고 챗봇의 세대가 교체되어 가면 챗봇과 채팅하는 경험이 사람과 채팅하는 경우보다 더 나아질 수도 있을 것이다.

이번 장에서는 추상 Dialog 객체를 중심으로 하는 대화형 에이전트를 위한 프레임워크를 제시했다. Dialog 객체들은 사람이 입력하는 내용을 듣고, 그것을 구문분석해 해석하고, 내부 상태를 갱신한 다음, 필요하다면 갱신된 상태를 기반으로 응답한다. Conversation은 특정 입력 내용을 해석하는 일을 각기 책임지는 대화상자들을 컴파일할 수 있는 방식으로 만들 수 있도록 한 대화상자 컬렉션이다. 모든 입력을 모든 내부 대화상자에 전달한 다음, 가장 높은 신뢰도로 해석하는 간단한 대화를 제공했다.

Dialog 프레임워크를 사용하면 대화식 컴포넌트를 쉽게 만들어 애플리케이션에 추가할 수 있다. 노력을 조금만 기울이고도 쉽게 확장할 수 있으며, 테스트하기 쉽게 분리할 수 있다. 이번 장에서는 다루지 않았지만, 깃허브 저장소(https://github.com/foxbook/atap/)에 있는 명령줄 채팅 애플리케이션이나 플라스크 기반 웹 애플리케이션 내에서 다음과 같은 대화를 구현하는 방법에 대한 예제가 있다.

우리의 주방 도우미는 들어오는 텍스트를 구문분석하고, 몇 가지 다른 유형의 질문을 탐지하고, 사용자의 질의에 따라 측정을 변환하거나 요리법을 추천할 수 있다. 여기서 더 나아가 우리는 챗봇의 능력을 넓혀 7장에서 논의했던 엔그램 언어 모델을 훈련함으로써 대화할 수 있게 하거나, 12장에서 토론할 연결주의자 모델을 대화형 음식 말뭉치상에서 훈련함으로써 대화할 수 있게 할 수도 있다. 다음 장에서는 더 우수한 언어 인식 데이터 제품을 구축할 수 있는 확장 기술을 살펴보고, 말뭉치를 처리하고 전처리하는 일에서 출발해 말뭉치를 변형하고 모델링하는 데 이르기까지, 텍스트 분석 작업흐름을 가속화하는 데 어떻게 적용할 수 있는지 살펴본다.

11

멀티프로세싱과 스파크를 사용한 텍스트 분석론 확장

언어 인식 데이터 제품이라는 맥락에서 보면, 텍스트 말뭉치란 정적으로 고정된 데이터셋이 아니라 끊임없이 성장하고 변화하여 살아 있는 것처럼 보이는 데이터셋이라고 할 수 있다. 예를 들어, 질의 응답 시스템은 그저 답변을 제공하는 애플리케이션일 뿐만 아니라 질문을 수집하는 애플리케이션이기도 하다. 즉, 상대적으로 수수한 질문 말뭉치로 시작해서 질의 응답을 반복하는 과정에서 심층적인 자산으로 빠르게 키울 수 있고, 나중에 더 나은 응답을 배울 수 있게 애플리케이션을 훈련할 수 있다.

불행하게도 텍스트 처리 기술은 공간(메모리 용량이나 디스크 용량 기준)과 시간(전산처리 속도 벤치마크 기준) 측면에서 비용이 많이 든다. 따라서 기업이 성장함에 따라 텍스트 분석에는 점점 더 많은 계산 자원이 필요하다. 어쩌면 여러분은 심지어 이 책을 읽는 동안에 보게 된 말뭉치들을 처리하는 데 얼마나 오래 걸렸는지를 이미 경험해 보았을 수도 있다. 대규모 데이터와, 갈수록 늘기만 하는 데이터셋의 문제점을 해결하려면 작업 부하를 분산하기 위해 여러 컴퓨터 자원(프로세서, 디스크, 메모리)을 사용하는 것을 주된 해법으로 삼아야 한다. 많은 자원들이 동시에 계산 작업의 다른 부분들을 맡아 작동할 때 우리는 그것들이 **병렬(parallel)**로 작동한다고 말한다.

병렬성(parallelism)을 그냥 병렬적(parallel)이라고 부르거나 분산 계산(distributed computation)이라고도 부르는데, 이에는 두 가지 기본 형식이 있다. **작업 병렬성(task parallelism, 작업 병렬 처리)[1]**은

---

1 [옮긴이] parallelism은 원래 철학에서는 '평행론'이나 '평행주의', 수학과 통계학에서는 '평행성'으로 번역되어 쓰이는 말이다. 그리고 '병렬 처리'로 번역해서 쓰는 사람들도 있는데, 이 책에서는 병렬성이라는 추상 개념을 중요하게 다루므로 이에 맞춰 '병렬성'으로 번역했다.

서로 다른 독립적인 작업이 동일한 데이터에서 동시에 실행됨을 의미한다. **데이터 병렬성(data parallelism, 데이터 병렬 처리)**은 동일한 연산이 많고도 서로 다른 입력에 동시에 적용되고 있음을 의미한다. 작업 병렬성과 데이터 병렬성은 연산을 빠르게 하기 위해 순차 형식(한 번에 한 개씩 연산하는 형식)에서 계산 속도를 높이는 일에 자주 사용된다.

속도가 무엇보다 중요하고, 병렬 처리 환경은 절충 대상이라는 점을 기억해야 한다. 용량이 큰 디스크를 소수만 사용하는 경우보다 용량이 작은 디스크를 다수 사용하는 편이 디스크에서 데이터를 빨리 읽어 오기에 더 좋지만, 이러려면 각 디스크별로는 저장을 적게 해야 하고 데이터를 디스크별로 따로따로 읽어 올 수 있어야 한다. 다른 사람의 작업이 완료될 때까지 계산을 지연시키지 않는 한은, 병렬로 계산한다는 것은 작업이 더 빨리 완료된다는 의미다. 병렬 계산을 수행하기 위해 리소스를 설정하는 데 시간과 노력이 많이 들므로 그런 노력이 속도를 늘리는 효과보다 더 많이 든다면 병렬 처리를 하는 의미가 없다(이 주제에 대해 자세한 내용을 알고 싶다면 **암달의 법칙(Amdahl's law)**[2]을 참조하자). 그 밖에도 병렬 처리 시에는 1개 처리 리소스만으로는 입력 내용 전체를 알 수가 없게 되므로, 속도를 늘리려면 계산이 완전하지 못하게 되어 정확한 게 아닌 근사적인 것을 결과로 얻게 되는 면이 생긴다.

이번 장에서는 병렬성과 그 절충에 대한 두 가지 다른 접근법을 설명한다. 첫 번째로 멀티프로세싱은 프로그램이 멀티코어 시스템을 사용하고 시스템 스레드를 운영할 수 있게 하며, 실행되는 시스템의 사양에 따라 제한을 받지만, 설치 및 진행 속도가 훨씬 빠르다. 두 번째로 스파크는 일반적으로 규모에 관계없이 새로운 작업흐름과 유지 관리가 필요한 클러스터를 사용한다. 이러한 두 가지 기술을 소개함으로써 여러분이 해당 기술들을 텍스트 분석 작업흐름에 신속하게 도입하게 하고, 한편으로 특정 상황에 맞춰 어떤 기술을 채택해야 하는지를 잘 결정하는 데 필요한 배경 지식을 충분히 제공하는 것이 이번 장의 목표다.

파이썬 멀티프로세싱

최신 운영체제는 멀티코어 프로세서에서 수백 개의 프로세스를 동시에 실행한다. CPU에서 프로세스 실행이 예약되면 프로세스만이 사용할 수 있는 메모리 공간이 할당된다. 파이썬 프로그램이 실행될 때면 운영체제는 파이썬 코드를 프로세스로서 실행한다. 프로세스는 독립적

---

2 Gene M. Amdahl, Validity of the single processor approach to achieving large scale computing capabilities, (1967)
http://bit.ly/2GQKWza

이며, 이것들 사이에서 정보를 공유하려면 디스크나 데이터베이스에 쓰거나 네트워크 연결을 사용하는 등의 외부 메커니즘이 필요하다.

메모리를 차지하고 나면 단일 프로세스가 여러 실행 스레드를 생성해 낼 수 있게 된다. 스레드(threads)는 CPU 스케줄러를 위한 가장 작은 작업 단위에 해당하며, 프로세서가 수행해야 하는 일련의 명령을 나타낸다. 운영체제가 프로세스를 관리하고, 반면에 프로그램 자체는 자체 스레드를 관리하며, 특정 프로세스 고유의 데이터는 외부와 통신할 필요 없이 프로세스의 스레드 간에 공유될 수 있다.

최신 프로세서에는 멀티코어 처리와 파이프라인 처리 및 스레드 실행을 최적화하도록 설계된 그 밖의 기술이 들어 있다. C 언어나 자바 및 Go와 같은 프로그래밍 언어는 운영체제 스레드를 활용해 **동시성**(concurrency)을 제공하고, 단일 프로그램 내에서 멀티코어로 처리한다면 **병렬성**(parallelism)을 제공할 수 있다. 불행하게도 파이썬에서는 **전역 인터프리터 잠금**(GIL, global interpreter lock) 기능을 써서 파이썬 바이트 코드가 안전하게 해석되고 실행되도록 보장하기 때문에 여러 코어를 이용할 수 없다. 따라서 Go 프로그램은 듀얼 코어 컴퓨터에서 CPU 사용률을 200%까지 달성할 수 있지만 파이썬은 듀얼 코어일지라도 단일 코어의 100%까지만 사용할 수 있다.

 파이썬은 asyncio 라이브러리와 같은 동시성을 위한 추가 메커니즘을 제공한다. 동시성은 병렬성과 관련이 있으면서도 서로 구별되는데, 병렬성은 연산이 동시에 실행된다는 점을 의미하는 반면에, 동시성은 자원을 최대한 사용할 수 있게 연산을 미리 정해 두기 위해 독립적으로 실행되게 구성된다는 점을 의미한다. 비동기 프로그래밍 및 **동시루틴**(coroutines)이라는 주제가 이 책의 범위를 벗어나지만, 이 두 가지는 텍스트 분석을 확장하기 위한 강력한 메커니즘으로, 데이터 처리 또는 데이터베이스 작업과 같은 I/O 바인딩 작업에 관한 주제다.

파이썬에는 병렬성을 위한 두 가지 기본 모듈인 threading(스레드 처리)과 multiprocessing(멀티프로세싱, 다중처리)이 있다. 두 모듈 모두 비슷한 기본 API를 사용한다(필요하다면 두 모듈을 쉽게 전환할 수 있다는 의미다). 근본적인 병렬 아키텍처는 근본적으로 다르다.

threading 모듈은 파이썬 스레드를 만든다. CPU(디스크 또는 네트워크) 이외의 시스템 리소스를 사용하는 데이터 처리 같은 작업이라면 스레드를 사용해 쉽게 동시성을 확보할 수 있다. 그러나 threading에서는 한 번에 하나의 스레드만 실행되며 병렬 실행은 발생하지 않는다.

파이썬에서 병렬성을 달성하려면 multiprocessing 라이브러리가 필요하다. 이 모듈은 유닉스 시스템에 **배치**(forking, 포크)하거나(OS는 현재 실행 중인 프로그램을 새로운 프로세스로 스냅), 윈도우에서 **생성(spawning)**하는 식으로(새로운 파이썬 해석기가 공유 코드로 실행됨), 상위 프로세스와 동일한 코드로 추가 하위 프로세스들을 생성한다. 각 프로세스는 자체 파이썬 인터프리터를 실행하고 자체 GIL을 지니게 되는데, 각 GIL은 CPU의 100%를 활용할 수 있다. 따라서 쿼드 코어 프로세서가 있고 네 개의 멀티 프로세스를 실행한다면 CPU의 400%까지 활용할 수 있다.

그림 11-1의 멀티프로세싱 아키텍처는 병렬 파이썬 프로그램의 일반적인 구조를 보여 준다. 이 프로그램은 부모(또는 주) 프로그램과 여러 개의 하위 프로세스로 구성된다(코어당 여러 개일 수 있지만, 일반적으로 코어당 하나다). 부모 프로그램은 자식 프로그램들에 대한 작업(입력을 제공)을 계획하고 결과를 소비한다(출력을 수집한다). 자식과 부모 간에 데이터는 `pickle` 모듈을 사용해 전달된다. 부모 프로세스가 종료되면 자식 프로세스도 일반적으로 종료되지만, 고아 프로세스가 되어 스스로 실행을 계속할 수도 있다.

그림 11-1에서 두 가지 다른 벡터화 작업이 병렬로 실행되며 `main` 프로세스는 병렬로 실행되는 맞춤 작업(예: 서로 다른 벡터화 방법의 두 모델)으로 이동하기 전에 모두 완료되기를 기다린다. 프로세스를 **포크(forking, 배치)**하게 되면 여러 개의 하위 과정이 인스턴스화되는 반면에, 프로세스를 **조인(joining, 결합)**하게 되면 하위 프로세스가 종료되고 제어가 기본 프로세스로 다시 전달된다. 예를 들어, 첫 번째 벡터화 작업 중에 세 가지 프로세스인 메인 프로세스와 하위 프로세스 A와 B가 있다고 하자. 벡터화가 완료되면 하위 프로세스가 종료되어 메인 프로세스로 다시 결합된다. 그림 11-1의 병렬 작업(job)은 벡터화가 완료된 후 적합화 작업들(fit tasks)이 시작되어야 한다는 점을 제외하고 각각 완전히 독립적인 6개의 병렬 작업이 있다.

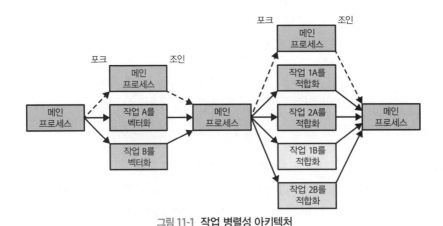

그림 11-1 작업 병렬성 아키텍처

다음 절에서는 `multiprocessing` 라이브러리를 사용해 이러한 유형의 **작업 병렬성**(task parallelism)을 수행하는 방법을 살펴보겠다.

병렬로 작업 실행

멀티프로세싱이 텍스트에 대한 머신러닝을 수행하는 방법을 설명하기 위해 여러 모델을 맞추고 교차검증해 디스크에 저장하려는 경우를 예로 들어 보자. **나이브 베이즈 모델**, **로지스틱 회귀** 및 **다층 퍼셉트론**을 생성하는 세 가지 함수를 작성해 시작하겠다. 각 함수는 지정된 경로에 있는 말뭉치에서 텍스트를 추출하는 파이프라인에 의해 정의된 세 가지 모델을 차례로 만든다. 각 작업은 또한 모델을 기록할 위치를 결정하고, 로깅 모듈을 사용해 결과를 보고한다(곧 자세한 내용을 다룬다).

```python
from transformers import TextNormalizer, identity

from sklearn.pipeline import Pipeline
from sklearn.naive_bayes import MultinomialNB
from sklearn.linear_model import LogisticRegression
from sklearn.feature_extraction.text import TfidfVectorizer
from sklearn.neural_network import MLPClassifier


def fit_naive_bayes(path, saveto=None, cv=12):

    model = Pipeline([
        ('norm', TextNormalizer()),
        ('tfidf', TfidfVectorizer(tokenizer=identity, lowercase=False)),
        ('clf', MultinomialNB())
    ])

    if saveto is None:
        saveto = "naive_bayes_{}.pkl".format(time.time())

    scores, delta = train_model(path, model, saveto, cv)
    logger.info((
        "naive bayes training took {:0.2f} seconds "
        "with an average score of {:0.3f}"
    ).format(delta, scores.mean()))


def fit_logistic_regression(path, saveto=None, cv=12):
    model = Pipeline([
        ('norm', TextNormalizer()),
        ('tfidf', TfidfVectorizer(tokenizer=identity, lowercase=False)),
        ('clf', LogisticRegression())
    ])

    if saveto is None:
        saveto = "logistic_regression_{}.pkl".format(time.time())
```

```
        scores, delta = train_model(path, model, saveto, cv)
        logger.info((
            "logistic regression training took {:0.2f} seconds "
            "with an average score of {:0.3f}"
        ).format(delta, scores.mean()))


    def fit_multilayer_perceptron(path, saveto=None, cv=12):
        model = Pipeline([
            ('norm', TextNormalizer()),
            ('tfidf', TfidfVectorizer(tokenizer=identity, lowercase=False)),
            ('clf', MLPClassifier(hidden_layer_sizes=(10,10), early_stopping=True))
        ])

        if saveto is None:
            saveto = "multilayer_perceptron_{}.pkl".format(time.time())

        scores, delta = train_model(path, model, saveto, cv)
        logger.info((
            "multilayer perceptron training took {:0.2f} seconds "
            "with an average score of {:0.3f}"
        ).format(delta, scores.mean()))
```

 간단히 말해서, fit_naive_bayes, fit_logistic_regression 및 fit_multilayer_perceptron의 파이프라인은 4장에서 설명한 텍스트 노멀라이저(normalizer, 정규화기) 및 벡터라이저를 사용해 처음 두 단계를 공유한다. 그러나 다른 모델에 대해 다른 특징추출 방법이 더 좋을 수 있다고 상상할 수 있다.

각 함수들은 개별적으로 수정하거나 사용자 정의를 할 수 있지만, 공통 코드를 공유해야 한다. 이 공유 기능은 지정된 경로에서 PickledCorpusReader를 만드는 train_model() 함수에 정의되어 있다. train_model() 함수는 이 리더를 사용해 인스턴스 및 레이블을 만들고, 사이킷런의 cross_val_score 유틸리티를 사용해 점수를 계산하고 모델을 맞추고 joblib(사이킷런에서 사용하는 특수화된 pickle 모듈)를 사용해 디스크에 기록한 다음, 점수를 반환한다.

```
from reader import PickledCorpusReader

from sklearn.externals import joblib
from sklearn.model_selection import cross_val_score


@timeit
def train_model(path, model, saveto=None, cv=12):
    # 분류를 위해 말뭉치 데이터 레이블들을 적재한다.
```

```
corpus = PickledCorpusReader(path)
X = documents(corpus)
y = labels(corpus)

# 교차검증 점수를 계산한다.
scores = cross_val_score(model, X, y, cv=cv)

# 전체 데이터상에서 모델을 적합시킨다.
model.fit(X, y)

# 디스크가 지정되어 있다면 지정된 디스크에 쓴다.
if saveto:
    joblib.dump(model, saveto)

# 점수와 훈련 시간을 데코레이터를 통해 반환한다.
return scores
```

 train_model 함수는 리더 객체를 전달하지 않고 말뭉치 리더 자체를 구성한다. 멀티프로세싱을 고려할 때, pickle 모듈을 사용해 기능뿐 아니라 반환 객체에 대한 모든 인수를 직렬화할 수 있어야 한다. CorpusReader가 하위 과정에서만 생성된다는 것을 알면 피클 처리를 한 다음에 앞뒤로 보낼 필요가 없다. 복잡한 개체는 피클 처리를 하기가 어려울 수 있으므로 CorpusReader를 함수에 전달할 수는 있지만, 문자열과 같은 단순한 데이터만 전달하는 것이 더 효율적이고 간단하다.

documents()와 labels()는 다음과 같이 말뭉치 리더로부터 메모리에 있는 리스트로 데이터를 읽어 들이는 도우미 함수다.

```
def documents(corpus):
    return [
        list(corpus.docs(fileids=fileid))
        for fileid in corpus.fileids()
    ]


def labels(corpus):
    return [
        corpus.categories(fileids=fileid)[0]
        for fileid in corpus.fileids()
    ]
```

성능 시간을 비교하는 데 사용할 단순한 디버깅 데코레이터인 @timeit 래퍼를 사용하여 실행 시간을 추적할 수 있다.

```
import time
from functools import wraps

def timeit(func):
    @wraps(func)
    def wrapper(*args, **kwargs):
        start = time.time()
        result = func(*args, **kwargs)
        return result, time.time() - start
    return wrapper
```

파이썬의 logging 모듈은 일반적으로 여러 스레드와 모듈에서 복잡한 로깅을 조정하는 데 사용된다. logging 구성은 함수 외부의 모듈 상단에 있으므로 코드를 가져올 때 실행된다. 구성에서 %(processName)s 지시문을 지정할 수 있다. 이렇게 하면 로그 메시지를 쓰는 과정을 결정할 수 있다. 로거는 모듈의 이름으로 설정되어 서로 다른 모듈의 로그 문을 명확하게 구분할 수 있다.

```
import logging

# 로깅을 구성한다.
logging.basicConfig(
    level=logging.INFO,
    format="%(processName)-10s %(asctime)s %(message)s",
    datefmt="%Y-%m-%d %H:%M:%S"
)
logger = logging.getLogger( __name__ )
logger.setLevel(logging.INFO)
```

 로깅은 단일 파일에 쓰기 위한 멀티프로세서에 안전하지 않다(스레드 세이프임에도 불구하고). 일반적으로 stdout 또는 stderr에 작성하는 것이 좋지만, 애플리케이션 문맥에서 멀티프로세스 로깅을 관리하는 더 복잡한 솔루션이 있다. 따라서 프로덕션 환경을 준비하기 위해 출력 명령문 대신 로깅을 시작하는 것이 좋다.

결국 우리는 run_parallel 함수를 사용해 실제로 코드를 병렬로 실행할 준비가 되었다. 이 함수는 모든 작업(task)이 공유하는 인수로서 말뭉치로 가는 경로를 취한다. 작업 목록이 정의된 다음, 작업 목록의 각 함수에 대해 mp.Process 객체를 생성하는데, 이 객체의 이름이 작업 이름이고, 대상이 호출 가능한 프로세스 개체이며, args와 kwargs는 각각 튜플과 딕셔너리로 지정된다. 프로세스들을 추적하기 위해 과정을 시작하기 전에 프로세스를 procs 리스트에 추가한다.

이 시점에서 아무것도 하지 않으면 run_parallel 함수가 완료되면서 메인 프로세스가 종료되어 자식 프로세스가 조기에 종료되거나 고아가 될 수 있다(즉, 종료되지 않을 수 있음). 이를 방지하기 위해 우리는 각 procs를 반복하고 결합(join)해 각 프로세스에 다시 참여시킨다. 그러면 프로세스의 join 메서드가 호출될 때까지 메인 함수가 차단(대기)된다. 각 프로시저를 순환하여 모든 프로세스가 완료될 때까지 계속되지 않도록 보장하며, 이 시점에서 프로세스의 총 소요 시간을 기록할 수 있다.

```
def run_parallel(path):
    tasks = [
        fit_naive_bayes, fit_logistic_regression, fit_multilayer_perceptron,
    ]

    logger.info("beginning parallel tasks")
    start = time.time()

    procs = []
    for task in tasks:
        proc = mp.Process(name=task. name , target=task, args=(path,))
        procs.append(proc)
        proc.start()

    for proc in procs:
        proc.join()

    delta = time.time() - start
    logger.info("total parallel fit time: {:0.2f} seconds".format(delta))


if __name__ == '__main__':
    run_parallel("corpus/")
```

이 세 가지 작업을 병렬로 실행하려면 모든 게 올바르게 설정되도록 약간의 생각과 약간의 작업이 필요하다. 그래서 어떻게 해야 빠져나갈 수 있는가? 표 11-1에는 작업과, 모두 해서 평균 10회의 실행 시간을 비교해 보여 준다.

표 11-1 **직렬 처리(순차 처리) 대 병렬 처리 적합 시간(평균 10회 이상)**

작업	직렬	병렬
나이브 베이즈 적합화 소요 시간	86.93초	94.18초
로지스틱 회귀 적합화 소요 시간	91.84초	100.56초
다층 퍼셉트론 적합화 소요 시간	95.16초	103.40초
전체 적합화 소요 시간	273.94초	103.47초

우리는 각 개별 작업이 병렬로 실행될 때 약간 더 오래 걸리는 것을 볼 수 있다. 잠재적으로 이 추가 시간은 멀티프로세싱을 설정하고 관리하는 데 필요한 최소한의 오버헤드를 나타낸다. 이렇게 시간이 조금 늘면서 총 실행 시간보다 길어졌는데, 적합화에 소요된 시간 중 가장 긴 시간(103.40초)보다 더 오래 걸리기는 했어도(103.47초), 각 적합화 작업을 직렬 처리를 해서 걸리는 총 시간(273.94초)에 비교하면 오히려 2.6배 빠르다. 상당한 수의 모델링 작업을 실행할 때 멀티프로세싱은 분명한 차이를 만들어 낸다!

이러한 multiprocessing.Process를 사용하다 보면 여러 가지 필수 개념들을 볼 수 있게 되지만, 프로세스 풀의 사용이 훨씬 더 일반적인데, 이 점을 다음 절에서 논의할 것이다.

특히 멀티프로세싱 맥락에서 메모리에 얼마나 많은 데이터가 적재되는지를 염두에 두는 것이 중요하다. 단일 머신에서 각 프로세스는 메모리를 공유해야 한다. 16GB 머신을 쓰는 경우에 네 가지 작업 프로세스에서 4GB 말뭉치를 적재하면 사용 가능한 메모리가 완전히 소비되어 전체 실행 속도가 느려진다. 이러한 문제를 피하기 위해 작업 병렬 실행을 비틀어서 더 오래 실행되는 작업을 먼저 시작한 다음, 더 빠른 작업을 시작하는 것이 일반적이다. 이것은 다음 절에서 보게 될 슬립(sleep)이나 프로세스 풀을 사용해 지연시키면 이렇게 할 수 있다.

프로세스 풀 및 큐

이전 절에서는 multiprocessing.Process를 사용해 개별 작업을 병렬로 실행하는 방법을 살펴보았다. Process 객체를 사용하면 개별 함수들을 독립적으로 정의해 함수가 완료될 때 함수를 닫는 일을 쉽게 정의할 수 있다. 더 발전된 사용법에서는 Process 객체의 하위 클래스를 사용할 수 있으며, 각 하위 클래스는 자신의 행태를 정의하는 run() 메서드를 구현해야 한다.

대규모 아키텍처에서는 개별 프로세스들과 그 인수(예: 독립적으로 이름 지정 또는 데이터베이스 연결 또는 기타 과정별 속성 관리)를 관리하기가 쉬우며, 일반적으로 작업 병렬 실행에 사용된다. **작업 병렬성(task parallelism)**을 사용하면 각 작업이 독립적인 입출력을 갖는다(또는 한 작업의 출력이 다른 작업의 입력일 수 있음). 대조적으로 **데이터 병렬성(data parallelism)**을 구현하려면 동일한 작업이 여러 입력에 **매핑(map)**되어야 한다. 입력이 독립적이기 때문에 각 작업을 병렬로 적용할 수 있다. 데이터 병렬성을 위해, multiprocessing 라이브러리는 풀과 큐의 형태로 간단한 추상화를 제공하는데, 이를 이번 절에서 살펴보겠다.

데이터 병렬성 및 작업 병렬성의 일반적인 조합은 두 개의 데이터 병렬 작업을 갖는 것이다. 첫 번째로 많은 데이터 입력에 연산을 매핑하고(maps), 두 번째로 총계의 집합으로 맵 연산을 줄인다(reduces). 이 병렬 계산 스타일은 하둡과 스파크에서 매우 인기가 있으므로 다음 절에서 논의할 것이다.

더 큰 작업흐름은 **유향 비순환 그래프**(DAG, Directed Acyclic Graph, 방향성 비순환 그래프)로 설명할 수 있다. DAG에서는 일련의 병렬 단계가 동기화 지점(synchronization points)과 함께 실행된다. 동기화 지점은 실행이 계속되기 전에 처리의 모든 부분이 완료되거나 포착되도록 한다. 데이터는 일반적으로 동기화 지점에서 교환되거나 주 작업에서 병렬 작업으로 보내지거나 주 작업에서 검색된다.

데이터 병렬 실행은 여전히 파이썬 멀티프로세싱 라이브러리에 적합하지만 몇 가지 추가 고려 사항이 필요하다. 첫 번째 고려 사항은 얼마나 많은 프로세스를 어떻게 사용할 것인가에 관한 점이다. 간단한 연산이라면 각 입력에 대해 프로세스를 실행한 다음 프로세스를 찢어 버리는 것은 비효율적이다(입력마다 하나의 프로세스를 실행해 운영체제 영역까지 침범하게 된다면 더 나쁜 경우다). 대신, 고정된 수의 프로세스가 multiprocessing.Pool에서 인스턴스화되는데, 각 인스턴스는 각기 입력 내용을 읽어 연산을 적용한 다음에 입력 데이터가 소진될 때까지 출력을 전송한다.

이는 두 번째 고려 사항으로 연결된다. 중복되거나 손상되지 않도록 프로세스에서 데이터를 안전하게 송수신하는 방법은 무엇인가? 이를 위해 multiprocessing.Queue를 사용해야 하는데, 이 자료구조는 한 번에 하나의 프로세스나 스레드만 큐에 액세스할 수 있도록 잠금 장치와 동기화되기 때문이다. 한 프로세스는 put(item)을 사용해 큐에 안전하게 항목을 배치할 수 있으며, 다른 프로세스는 get()을 사용해 큐에서 항목을 선입선출(FIFO) 방식으로 안전하게 가져올 수 있다.

이러한 유형의 처리를 위한 공통 아키텍처가 그림 11-2에 나와 있다. Pool은 각각 입력 대기열을 읽고 데이터를 출력 대기열로 보내는 작업을 수행하는 n 프로세스를 포크한다. 메인 프로세스는 입력 데이터를 입력 큐에 대기시키면 계속된다. 일반적으로 일단 입력 데이터를 큐에 넣고 나면, 메인 프로세스는 또한 프로세스 풀의 프로세스에 더 이상 데이터가 없으며 종료할 수 있음을 알리는 플래그인 n개의 세마포어를 큐에 넣는다. 그러면 메인 프로세스가 모든 프로세스가 완료되기를 기다리는 풀 또는 최종 처리를 위해 출력 큐에서 데이터를 즉시 가져오는 작업을 시작한다.

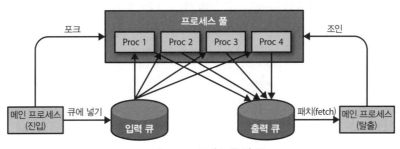

그림 11-2 프로세스 풀 및 큐

이 모든 것이 각 자료구조를 설정하고 큐에 넣고 처리하기 위한 코드를 유지하는 데 많은 일을 하는 것처럼 들리면 multiprocessing 라이브러리가 이 작업을 수행하기 위해 Pool 객체에 간단한 메서드를 제공하므로 걱정하지 않아도 된다. apply, map, imap, starmap 메서드는 각기 함수와 인수를 가져와서 처리를 위해 풀로 보내고 결과를 반환할 때까지 블로킹한다. 이러한 메서드에는 _async도 있다. 예를 들어, apply_async는 차단하지 않고 대신 작업 완료 시 채워진 AsynchronousResult 객체를 반환하거나 완료 시 성공을 호출하거나 오류 시 콜백을 호출할 수 있다. 다음 절에서 apply_async를 사용하는 방법을 살펴보겠다.

병렬 말뭉치 전처리

멀티프로세서를 사용하기 위해 말뭉치 리더를 적용하는 일은 각 문서가 대부분의 작업, 특히 빈도 분석, 벡터화 및 추정과 같은 작업에 대해 독립적으로 처리될 수 있다고 생각하면 상당히 간단하다. 이 경우 모든 멀티프로세싱 요구 사항은 인수가 디스크의 경로인 함수이며, 말뭉치에서 읽은 파일을 프로세스 풀에 매핑할 수 있다.

아마도 말뭉치에 적용되는 가장 흔하고 시간이 많이 걸리는 작업은 원시 텍스트에서 계산 가능한 형식으로 말뭉치를 전처리하는 것일 것이다. 3장에서 논의한 전처리는 문서를 취하여 이를 표준 데이터 구조로 변환하는데, 표준 데이터 구조란 문장 목록들이 모여 단락 목록을 이루고, 차례로 (토큰, 품사) 꼴로 된 튜플의 목록이 되는 꼴이다. 전처리의 최종 결과로 보통 문서를 피클로 저장한다. 이 피클은 원본 문서보다 일반적으로 압축되어 있으며 추가 처리를 위해 파이썬으로 쉽게 적재된다.

3장에서는 CorpusReader 객체를 래핑한 Preprocessor 클래스를 만들어 process라는 메서드를 말뭉치의 각 문서 경로에 적용했다. 전처리기를 실행하기 위한 주요 진입점은 말뭉치에서 문서를 변환하고 대상 디렉터리에 저장하는 변환 메서드다.

여기에서는 클래스를 확장해 apply_async에 콜백을 사용해 상태를 저장하는 기능을 제공한다. 이 경우에 process() 메서드에서 돌아올 때 결과를 저장하는 self.results 리스트를 만들지만, on_result()를 적용해 프로세스를 업데이트하거나 로깅하는 것이 쉽다.

다음으로, 변환 방법을 수정해 mp.cpu_count()를 사용해 로컬 시스템에서 사용 가능한 코어를 계산한다. 그런 다음에 프로세스 풀을 생성해 모든 fileids를 반복하고 풀에 적용해 작업을 큐에 넣는다(콜백 기능이 상태를 수정하기 위해 사용된다). 마지막으로, 풀을 닫는데(pool.

close()를 사용), 이는 추가 작업을 적용할 수 없으며, 자식 프로세스가 완료된 후에 자식 프로세스는 조인되고, 우리는 pool.join()을 사용해 완료될 때까지 기다린다.

```python
class ParallelPreprocessor(Preprocessor):

    def on_result(self, result):
        self.results.append(result)
    def transform(self, tasks=None):
        [...]
        # 결과를 재설정한다.
        self.results = []

        # 멀티프로세싱 풀을 만든다.
        tasks = tasks or mp.cpu_count()
        pool = mp.Pool(processes=tasks)

        # 멀티프로세싱 풀에서 작업을 큐에 넣고 조인한다.
        for fileid in self.fileids():
            pool.apply_async(
                self.process, (fileid,), callback=self.on_result
            )

        # 풀을 닫고 조인한다.
        pool.close()
        pool.join()

        return self.results
```

 멀티프로세싱의 결과는 중요하다. 한 가지 사례를 들자면, 약 150만 건의 문서로 구성된 Baleen 말뭉치의 부분집합에서 직렬 처리에는 약 30시간이 걸렸다. 이는 초당 약 13건의 비율이다. 16개 작업 병렬성과 데이터 병렬성을 조합했을 때는 전처리 작업에 필요한 시간이 두 시간 이내로 줄었다.

비록 스레드와 멀티프로세싱을 간단하게 추상적으로 소개했지만, 이로 인해 여러분이 병렬 처리로 얻을 수 있는 도전과 기회에 대한 감각을 지니게 되었기를 바란다. multiprocessing 모듈을 사용하고 이미 존재하는 코드를 적용함으로써 많은 텍스트 분석 작업을 신속하고 선형적으로 확장할 수 있다. 최신 노트북 컴퓨터에서 멀티프로세싱 코드를 실행하거나 대규모 컴퓨팅 최적화 클라우드 인스턴스를 사용하면 클러스터 설정에 따른 오버헤드 없이 멀티프로세싱을 활용하는 것이 상대적으로 간단하다. 클러스터 계산과 비교해 멀티프로세싱으로 작성된 프로그램은 추론하고 관리하기가 더 쉽다.

스파크를 사용한 클러스터 컴퓨팅

멀티프로세싱은 오늘날의 멀티코어 상용 하드웨어를 활용하는 간단하고 효과적인 방법이지만, 처리 작업이 커짐에 따라 단일 시스템에서 사용 가능한 코어 수에 물리적으로나 경제적으로 제한을 받게 된다. 어떤 시점에서 두 배의 코어를 가진 머신을 구입할 때 동일한 수의 프로세서를 사용하기 위해 두 대의 머신을 구입하는 경우보다 비용이 더 든다. 이 간단한 이유로 인해 특히 접근할 수 있는 클러스터 컴퓨팅 방법론이라고 하는 새 물결이 일었다.

클러스터 컴퓨팅은 예를 들어, 하나의 기계가 고장날 가능성이 높아져도 (많은 머신이 있을 때) 전체 클러스터는 고장나지 않는 등, 네트워크에 의해 함께 연결된 많은 개별 컴퓨터의 조정과 관련이 있다. 멀티프로세싱 맥락과 달리 리소스 및 데이터에 대한 단일 운영체제 액세스 스케줄링이 불필요하다. 대신 **분산 데이터 저장소**(distributed data storage), 많은 마디점에서의 데이터 저장 및 복제, **분산 컴퓨팅**(distributed computation), 네트워크 컴퓨터 간에 계산 작업을 조정하는 데 필요한 프레임워크가 필요하다.

 이 책의 범위를 벗어나지만, 분산 데이터 저장소는 클러스터 계산이 안정적으로 이루어지도록 하려면 클러스터 계산을 수행하기 전에 필요한 예비 단계다. 일반적으로 HDFS 또는 S3와 같은 클러스터 파일 시스템과 CAS-sandra 및 HBase와 같은 데이터베이스는 디스크의 데이터를 관리하는 데 사용된다.

이번 장의 나머지 부분에서는 텍스트 분석 작업을 위한 분산 계산 프레임워크로 아파치 스파크를 사용하는 방법을 살펴보겠다. 우리가 취급하는 방식은 간략히 소개하기 위한 것일 뿐이므로 방대한 주제를 다루기에 필요할 만큼 깊이 들어가지는 않는다. 스파크와 파이스파크를 설치하는 일은 독자인 여러분에게 맡긴다. 스파크 문서에서 자세한 정보를 찾을 수 있다.[3] 더 포괄적인 정보를 알려면 《Data Analytics with Hadoop》(O'Reilly)[4]을 추천한다.

스파크 작업의 해부학

스파크는 분산 프로그램을 위한 실행 엔진으로, 주요 장점은 **인메모리 컴퓨팅**(in-memory computing, 메모리 내재 계산)을 지원한다. 스파크 애플리케이션은 자바, 스칼라, 파이썬 및 R로 빠르게 작성될 수 있으므로 빅데이터를 다루는 데이터 과학과 동의어처럼 여겨진다. 스파크

---

3   The Apache Software Foundation, Apache Spark: Lightning-fast cluster computing, (2018) http://bit.ly/2GKR6k1
4   Bengfort and Jenny Kim, Data Analytics with Hadoop: An Introduction for Data Scientists, (2016) https://oreil.ly/2JHfi8V

SQL 및 DataFrames, MLlib 및 GraphX와 같은, 스파크 위에 구축된 여러 라이브러리는 클러스터에서 이 도구들을 사용해 노트북을 사용한 로컬 컴퓨팅에 익숙한 데이터 과학자가 매우 빠르게 편안함을 느낄 수 있음을 의미한다. 스파크는 이전에 범위나 크기로 인해 머신러닝에 접근할 수 없었던 데이터셋(이는 많은 텍스트 말뭉치가 속하는 범주에 해당한다)을 활용한 애플리케이션을 개발할 수 있게 해주었다. 사실 클러스터 컴퓨팅 프레임워크는 원래 웹에서 긁어 낸 텍스트 데이터를 처리하기 위해 개발되었다.

스파크는 클라이언트 모드와 클러스터 모드라는 두 가지 모드로 실행될 수 있다. 클러스터 모드에서 작업은 클러스터로 제출되고, 클러스터는 독립적으로 계산된다. 클라이언트 모드에서 로컬 클라이언트는 대화형 방식으로 클러스터에 연결한다. 작업이 클러스터로 보내지고 클라이언트는 작업이 완료되고 데이터가 반환되어 올 때까지 기다린다. 이를 통해 파이썬 셸(shell)과 유사한 대화식 인터프리터인 파이스파크 또는 주피터 노트북에서 클러스터와 상호작용할 수 있다. 동적 분석의 경우, 클라이언트 모드는 소규모 데이터셋 및 말뭉치에 대한 질문에 신속하게 응답하는 일에 알맞다. 일상적인 작업이나 장기간에 걸쳐 실행되는 작업의 경우라면 클러스터 모드가 이상적이다.

이번 절에서는 스파크의 버전 2.x API를 사용해 파이썬 프로그램을 작성하는 방법을 간단히 살펴보겠다. 이 코드는 파이스파크나 spark-submit 명령을 사용해 로컬에서 실행할 수 있다.

파이스파크를 이용한다면 다음과 같이 한다.

```
$ pyspark
Python 3.6.3 (v3.6.3:2c5fed86e0, Oct 3 2017, 00:32:08)
[GCC 4.2.1 (Apple Inc. build 5666) (dot 3)] on darwin
Type "help", "copyright", "credits" or "license" for more information.
Welcome to
      ____              __
     / __/__  ___ _____/ /__
    _\ \/ _ \/ _ `/ __/  '_/
   /__ / .__/\_,_/_/ /_/\_\   version 2.3.0
      /_/
Using Python version 3.6.3 (v3.6.3:2c5fed86e0, Oct 3 2017 00:32:08)
SparkSession available as 'spark'.
>>> import hello
```

spark-submit을 이용한다면 다음과 같이 한다.

```
$ spark-submit hello.py
```

실제로 위의 spark-submit 명령에서 일련의 플래그와 인수를 사용하여 클러스터의 URL(마스터 포함), 애플리케이션의 진입점(--class 포함), 배포 환경(--deploy-mode 포함)에서 실행할 드라이버의 위치 등을 알 수 있다.

SparkContext라고 하는, 클러스터에 대한 연결이 필요하다. 일반적으로 SparkContext는 전역 변수 sc에 저장되며, 노트북이나 터미널에서 파이스파크를 실행하면 변수를 즉시 사용할 수 있다. 스파크를 로컬에서 실행하면 SparkContext는 본질적으로 스파크 실행 환경(클러스터 또는 단일 시스템)에 대한 액세스 권한을 제공한다. 독립 실행형 파이썬 작업을 만들려면 SparkContext를 만드는 것이 첫 번째 단계이며, 스파크 작업의 일반 템플릿은 다음과 같다.

```python
from pyspark import SparkConf, SparkContext

APP_NAME = "My Spark Application"

def main(sc):
    # RDD를 정의하고 RDD에 연산과 동작을 적용한다.


if __name__ == " main ":
    # 스파크를 구성한다.
    conf = SparkConf().setAppName(APP_NAME)
    sc   = SparkContext(conf=conf)

    # 주 기능을 실행한다.
    main(sc)
```

스파크 작업을 실행하기 위한 기본 템플릿을 만들었으므로 다음 단계는 스파크에서 사용할 수 있는 방식으로 디스크에서 데이터를 적재하는 것이다. 다음 절에서 살펴보겠다.

말뭉치 배포

스파크 작업은 종종 **유향 비순환 그래프**, 즉 **비순환 데이터 흐름**(acyclic data flow)으로 설명된다. 이것은 하나 이상의 파티션에 적재된 데이터를 예상하고, 이후에 일부 최종 상태에 도달할 때까지 변환, 병합, 분할을 계획하는 프로그래밍 스타일을 나타낸다. 따라서 스파크 작업이 여러 머신에 분산되어 있는 데이터, 즉 **복원 분산 데이터셋**(RDD, Resilient Distributed Dataset)으로 시작하게 되므로 안전한 연산을 분산된 방식에 적용해 볼 수 있다.

RDD를 만드는 가장 간단한 방법은 문서 레이블이 있는 디스크 디렉터리에 말뭉치를 구성하는 방법과 디스크에 자체 파일로 각 문서를 구성하는 방법과 유사하게 데이터를 구성하는 것이다. 예를 들어, 182쪽, 'Yellowbrick 데이터셋 적재'에서 소개한 hobbies(취미) 말뭉치를 적재하려면 sc.wholeTextFiles를 사용해 RDD(파일 이름, 내용) 쌍을 반환한다. 이 메서드의 인수는 와일드 카드를 포함할 수 있는 경로이며, 파일 디렉터리와 단일 파일 및 압축 파일을 가리킨다. 이 경우, 'hobbies/*/*.txt' 구문은 다음과 같은 취미 디렉터리의 모든 디렉터리에서 .txt 확장자를 가진 파일을 찾는다.

```
corpus = sc.wholeTextFiles("hobbies/*/*.txt")
print(corpus.take(1))
```

take(1) 동작은 corpus RDD의 첫 번째 요소를 출력해 corpus가 문자열의 튜플 컬렉션을 볼 수 있게 한다. hobbies 말뭉치라면 첫 번째 요소는 다음과 같이 표시된다.

```
[('file:/hobbies/books/56d62a53c1808113ffb87f1f.txt', "\r\n\r\nFrom \n\n to \n\n,
Oscar voters can't get enough of book adaptations. Nowhere is this trend more obvious
than in the Best Actor and Best Actress categories.\n\n\r\n\r\nYes, movies have been
based on books and true stories since the silent film era, but this year represents a
notable spike...")]
```

디스크에 데이터를 저장해 구문분석하는 일을 JSON, CSV 및 XML과 같은 그 밖의 텍스트 형식 또는 Avro, Parquet, Pickle, Protocol Buffer 등과 같은 이진 형식을 비롯해 다양한 형식에 적용해 볼 수 있다. 그럼에도 불구하고 사전 처리가 적용되면(스파크에서 설명한 대로나 276쪽, '병렬 말뭉치 전처리'에서 설명한 대로), RDD.saveAssPickleFile 메서드(사전 처리된 말뭉치의 피클 파일을 저장하는 방법과 유사함)를 사용하여 데이터를 파이썬 객체로 저장한 다음에 sc.pickleFile을 사용하여 적재할 수 있다.

JSON을 사용하는 효율적인 저장소

클러스터에 작은 파일을 많이 저장하면 데이터 전송 문제가 생긴다거나 네임스페이스를 관리해야 하는 이유로 인해 복잡할 수 있는데, 말할 것도 없이 큰 파일을 압축하면 공간을 절약할 수 있다. 결과적으로, 작은 파일을 많이 두기보다는 큰 파일을 적게 두는 식으로 데이터를 저장하는 것이 일반적으로 좋다.

데이터를 큰 파일로 연결하는 일반적인 저장 방법 중 하나는 파일의 각 행이 전체 파일이 아닌 직렬화된 JSON 객체인 JSON 라인(JSONL이라고도 함)이다. JSON 라인은 다음과 같이 RDD에 적재하고 구문분석할 수 있다.

```
import json

corpus = sc.wholeTextFiles("corpus/*.jsonl")
```

```
corpus = corpus.flatMap(
    lambda d: [
        json.loads(line)
        for line in d[1].split("\n")
        if line
    ]
)
```

이 경우에 문서의 각 줄에서 구문분석된 JSON 객체의 배열을 반환하는 함수를 사상한다. flatMap을 사용하면 목록들의 리스트가 단일 리스트로 병합된다. 따라서 RDD는 파이썬 딕셔너리의 컬렉션이다. 각 파이썬 딕셔너리는 데이터셋의 모든 파일에서 한 줄로 구문분석된다.

우리가 hobbies(취미) 말뭉치를 RDD에 적재했으므로 다음 단계에서는 변환하고 동작을 적용할 차례이다. 자세한 내용은 다음 절에서 설명한다.

RDD 운영

스파크 프로그램에는 두 가지 기본 운영 유형이 있다. **변환**(transformation)과 **동작**(action)이 그것이다. 변환은 데이터를 조작해 기존 RDD에서 새로운 RDD를 작성하는 조작이다. 변환은 즉시 클러스터에서 실행되도록 하지는 않지만, 대신 하나 이상의 RDD에 적용되는 일련의 단계로 설명된다. 반면에 동작은 클러스터에서 실행을 유발하여 결과적으로 드라이버 프로그램(클라이언트 모드)이나 데이터를 디스크에 쓰거나 다른 방식으로 평가(클러스터 모드)하는 결과를 초래한다.

변환은 느리게 평가된다. 즉, 동작에 계산된 결과가 필요할 때만 적용되므로 스파크에서 RDD를 만들고 메모리에 저장하는 방법을 최적화할 수 있다. 사용자의 경우, 이로 인해 문제가 발생할 수 있다. 때로는 예외가 발생하는데, 어떤 연산 때문에 예외가 발생했는지를 알기 어렵다. 다른 경우에는 동작으로 인해 클러스터로 전송되는 매우 긴 실행 프로시저가 발생한다. 경험적으로 볼 때 전체 데이터셋의 표본을 바탕으로 클라이언트 모드로 개발한 다음 클러스터 모드로 제출된 애플리케이션을 작성하는 것이다.

map, filter 및 flatMap이라는 세 가지 가장 일반적인 변환은 각 함수를 기본 인수로 허용한다. 이 함수는 RDD의 각 요소에 적용되며 반환된 각 값은 새 RDD를 만드는 데 사용된다.

예를 들어, 우리는 파이썬 연산 모듈을 사용해 각 문서의 취미 하위 범주를 추출할 수 있다. 우리는 문서의 파일 경로에서 범주 이름을 추출할 수 있는 parse_label 함수를 작성한다. 앞서 살펴본 예제에서와 같이 (파일이름, 내용) 꼴로 된 키-값 쌍의 데이터 RDD는 지정된 말뭉치 경로에서 전체 텍스트 파일을 적재해 만들어진다. 그런 다음에 dataRDD의 각 요소에서 파일 이름만 선택하는 작업인 itemgetter(0)을 매핑해 labelRDD를 만든 다음 parse_label 함수를 각각에 매핑한다.

```python
import os
from operator import itemgetter

def parse_label(path):
    # 파일을 담고 있는 디렉터리의 이름을 반환한다.
    return os.path.basename(os.path.dirname(path))


data = sc.wholeTextFiles("hobbies/*/*.txt")
labels = data.map(itemgetter(0)).map(parse_label)
```

이 시점에서 우리는 변환을 정의했기 때문에 아무것도 실행되지 않는다. 각 하위 범주의 문서 수를 확인하고자 한다고 가정해 보자.

labels라는 RDD는 현재 문자열의 집합이지만, 많은 스파크 작업(예: groupByKey 및 limitByKey)은 키 값 쌍에서만 작동한다. 우리는 label_counts라는 새로운 RDD를 만들 수 있는데, 이것은 먼저 각 레이블을 키-값 쌍으로 사상해 변형되며, 여기서 키는 레이블 이름이고 값은 1이다. 그런 다음에 add 연산자를 사용해 reduceByKey를 수행할 수 있다. 이 연산자는 키별로 모든 1을 합계해 범주당 총 문서 수를 제공한다. 그런 다음에 collect 동작을 사용하여 클러스터 전체에서 변환을 실행하고, 데이터를 적재하고, 레이블과 label_count RDD를 생성하고, 클라이언트 프로그램에 출력할 수 있는 (label, count) 튜플 목록을 반환한다.

```python
from operator import add

label_count = labels.map(lambda l: (l, 1)).reduceByKey(add)
for label, count in label_count.collect():
    print("{}: {}".format(label, count))
```

결과는 다음과 같다.

```
books: 72
cinema: 100
gaming: 128
sports: 118
cooking: 30
```

다른 동작으로는 reduce(집합의 원소를 집계), count(집합의 원소 수를 반환함) 및 take와 first(집합에서 첫 번째 항목 또는 첫 번째 n개 항목을 각각 반환함)가 있다. 이러한 동작들은 인터랙티브 모드 및 디버깅에 유용하지만, 큰 RDD로 작업할 때는 주의해야 한다. 대형 데이터셋을 저장할 수 없는 컴퓨터의 메모리에 큰 RDD를 적재해 보려고 하기가 쉽기 때문이다. 큰 데이터셋에서 더 일반적인 경우는 컬렉션을 대체하지 않은 채로 무작위로 균일 표본 추출을 수행하는 takeSample을 사용하거나, 간단히 결과로 나온 데이터셋을 디스크에 다시 저장하는 경우다.

이전 절에서 설명한 것처럼 스파크 애플리케이션은 데이터 흐름 연산들에 의해 정의된다. 먼저, 데이터를 하나 이상의 RDD에 적재하고 해당 RDD에 변환을 적용한다.

RDD를 만들어 조인(join, 결합)하고 머지(merge, 병합)한 다음, 동작을 적용하고 결과 데이터를 디스크에 저장하거나 데이터를 집계해 드라이버 프로그램으로 다시 가져온다. 이는 데이터를 분산된 계산이 아닌 컬렉션으로 생각할 수 있게 해주는 강력한 추상화로, 분석가의 노력을 많이 들이지 않고도 클러스터 컴퓨팅을 가능하게 한다. 스파크의 데이터프레임(DataFrame)들과 그래프를 생성하는 일은 더 복잡하다. 다음 부분에서 살펴보겠다.

스파크를 이용한 자연어 처리

자연어 처리는 분산 시스템 커뮤니티의 특별한 관심사다. 이는 가장 큰 데이터셋 중 일부가 텍스트이기 때문(뿐만 아니라 하둡은 검색 엔진용 HTML 문서를 구문분석하기 위해 특별히 설계되었기 때문)이지만, 아주 큰 말뭉치들을 다뤄야 하는 최첨단 언어 인식 애플리케이션들에 더 효과적이기 때문이기도 하다. 결과적으로 스파크의 머신러닝 라이브러리인 MLLib[5]는 빈도 인코딩, 원핫 인코딩, TF-IDF 인코딩 및 word2vec 인코딩 유틸리티를 포함하고 있을 뿐만 아니라, 4장에서 논의한 것과 유사한 지능형 특징추출 및 텍스트 벡터화를 위한 많은 도구도 자랑스럽게 지니고 있다.

스파크를 사용한 머신러닝은 RDD, 스파크SQL DataFrame과 유사한 데이터 컬렉션으로 시작된다. 스파크의 데이터프레임들은 개념적으로 관계형 데이터베이스 테이블 또는 판다스의 카운터파트와 동일하며, 행과 열별로 데이터를 테이블로 조정한다. 그러나 스파크의 데이터프레임들은 스파크 SQL 실행 엔진을 활용하는 풍부한 최적화 기능을 보탬으로써 분산 데이터 과학의 표준이 되었다.

우리의 hobbies 말뭉치에 MLLib를 사용하기를 원한다면, 먼저 **SparkSession**을 사용해서 말뭉치 RDD를 변형해서 튜플 컬렉션에서 데이터프레임(DataFrame)을 만들고, 각 열을 이름으로 식별한다.

---

5 The Apache Software Foundation, MLlib: Apache Spark's scalable machine learning library, (2018) http://bit.ly/2GJQP0Y

```
# 데이터를 디스크에서 가져와 적재한다.
corpus = sc.wholeTextFiles("hobbies/*/*.txt")

# 텍스트 경로에서 레이블을 구문분석해 낸다.
corpus = corpus.map(lambda d: (parse_label(d[0]), d[1]))

# 열이 두 개인 데이터프레임을 만든다.
df = spark.createDataFrame(corpus, ["category", "text"])
```

SparkSession은 스파크SQL 및 스파크 2.x API의 시작점이다. 이것을 spark-submit 애플리케이션에서 사용하려면, 이전 절에서 SparkContext를 구성한 방식과 비슷하게 먼저 빌드해야 한다. 다음 코드 줄을 추가해 스파크 프로그램 템플릿을 적용하자.

```
from pyspark.sql import SparkSession
from pyspark import SparkConf, SparkContext

APP_NAME = "My Spark Text Analysis"

def main(sc, spark):
    # 데이터프레임들을 정의하고 머신러닝 추정기들과 변환기들을 반영한다.


if __name__ == " main ":
    # 스파크를 구성한다.
    conf = SparkConf().setAppName(APP_NAME)
    sc   = SparkContext(conf=conf)

    # SparkSQL 세션을 빌드한다.
    spark = SparkSession(sc)

    # 주된 기능을 실행한다.
    main(sc, spark)
```

스파크의 데이터프레임으로 구성된 말뭉치를 사용해 적합화 모델 및 변형 데이터셋에 대한 업무를 시작할 수 있다. 다행스럽게도 스파크의 API는 사이킷런 API와 매우 유사하므로 사이킷런에서 전환하거나 사이킷런과 스파크를 함께 사용하는 것이 어렵지 않다.

사이킷런에서 MLLib에 이르기까지

스파크의 MLLib는 급속도로 성장해 왔으며 분류, 회귀, 군집화, 협업 필터링, 패턴 마이닝 처리를 담당하는 추정기들이 들어 있다. 이러한 구현 중 많은 부분이 사이킷런 추정기에 의해 영감을 받았으며, 사이킷런 사용자라면 MLLib의 API와 사용 가능한 모델을 즉시 알아차릴 수 있다.

그러나 스파크의 핵심 목적은 클러스터의 매우 큰 데이터셋에 대한 계산을 수행하는 것임을 기억해야 한다. 그래서 스파크는 분산 계산 시에 최적화를 사용한다. 즉, 병렬화하기가 쉬운 알고리즘이라면 MLLib에서 사용해 볼 수 있지만, 병렬 방식으로 쉽게 구성할 수 없는 알고리즘은 그렇지 않을 수도 있다. 예를 들어, **랜덤 포레스트**(random forest, 임의의 숲)는 무작위로 데이터셋을 분할하고 의사 결정 트리를 데이터의 부분집합(subsets, 서브셋)에 맞추는 작업을 포함한다. 이 부분집합은 여러 시스템에 쉽게 분할될 수 있다. 반면에 **확률적 경사 하강**(stochastic gradient descent)은 각 반복 후에 업데이트되기 때문에 병렬 처리가 매우 어렵다. 스파크는 반드시 기본 모델이 아닌 클러스터 컴퓨팅을 최적화하는 전략을 선택한다. 사이킷런 사용자의 경우, 스파크의 근삿값으로 인해 덜 정밀한 모델이나 더 적은 수의 파라미터로 나타날 수 있다. 다른 모델들(예: k 최근접 이웃)은 효과적으로 분배될 수 없기 때문에 단순하게 이용할 수 없을 수도 있다.

사이킷런과 마찬가지로 스파크 ML API는 파이프라인이라는 개념을 중심으로 한다. 파이프라인을 사용하면 일련의 알고리즘을 함께 구성해 데이터에서 학습하고 예상 결과를 얻을 수 있는 단일 모델을 나타낼 수 있다.

스파크에서는 사이킷런과 달리, 추정기 또는 파이프라인을 적합하게 하면 단순히 추정기의 내부 상태를 수정하는 대신 완전히 새로운 모델 객체를 반환한다. 그 이유는 RDD가 이뮤터블(immutable, 변경 불능)이기 때문이다.

스파크의 Pipeline 객체는 **스테이지**(stages)로 구성되며, 각 스테이지는 Transformer(변환기) 또는 Estimator(추정기) 중 하나여야 한다. 변환기는 입력 데이터프레임에서 열을 읽고 transform() 메서드에 매핑한 다음, 데이터프레임에 새 열을 추가하여 한 데이터프레임을 다른 데이터프레임으로 변환한다. 즉, 모든 변환기는 일반적으로 고유해야 하는 입력 및 출력 열 이름을 지정해야 한다.

추정기는 데이터에서 학습한 다음 새 모델을 반환하는 fit() 메서드를 구현한다. 모델 자체가 변환기이기 때문에 추정기는 데이터프레임의 입력 열과 출력 열을 정의한다. **예측 모델**(predictive model)이 transform()을 호출하면 추정량이나 예측량이 출력 열에 저장된다. 이것은 predict() 메서드가 있는 사이킷런 API와는 약간 다르지만, transform() 메서드는 잠재적으로 매우 큰 데이터셋에 적용되고 있기 때문에 분산된 맥락에서 더 적절하다.

파이프라인을 이루고 있는 각 단계들은 컴파일 타임 검사와 기본 스파크 실행의 변형 및 동작 그래프인 비순환 그래프를 보장하기 위해 고유해야 한다. 즉, inputCol 및 outputCol 파라미터는 각 단계에서 고유해야 하며 인스턴스를 서로 다른 스테이지에서 두 번 사용할 수는 없다.

모델 저장 및 재사용이 머신러닝 작업흐름에 중요하기 때문에 스파크는 필요에 따라 모델을 내보내고 가져올 수도 있다. 많은 Transformer 객체 및 Pipeline 객체에는 모델을 디스크로 내보내는 save() 메서드와 저장된 load() 메서드가 있어 저장된 모델을 적재한다.

마지막으로, 스파크의 MLLib에는 하나의 추가 개념인 Parameter가 포함되어 있다. Parameter들은 독립형 문서가 있는 분산 데이터 구조(객체)다. 이러한 데이터 구조는 머신러닝에 필요하다. 왜냐하면 이러한 변수는 안전한 방식으로 클러스터의 모든 실행 프로그램에 **브로드캐스트(broadcast)**를 해야(즉, 퍼뜨려야) 하기 때문이다. 브로드캐스트 변수는 클러스터의 각 실행 프로그램에서 전역으로 절여지고 사용 가능한 읽기 전용 데이터다.

일부 파라미터는 fit 프로세스를 처리하는 중에 업데이트되어 **누산(accumulation)**이 필요할 수도 있다. 누산기(accumulators)는 연관성과 상호보완적인 연산을 병렬 안전 방식으로 적용할 수 있는 분산 데이터 구조다. 따라서 많은 파라미터는 특별한 Transformer 메서드들을 사용해 검색하거나 설정해야 하며, 가장 일반적인 파라미터는 getParam(param), getOrDefault(param) 및 setParams()다. explainParam() 메서드는 파이스파크 및 주피터 노트북에서 유용하고 일상적으로 사용되는 유틸리티다.

이제 우리는 스파크 MLLib API에 대해 기본적으로 이해했으므로 다음 절에서 몇 가지 예제를 자세히 살펴볼 수 있다.

특징추출

스파크로 자연어를 처리하는 첫 번째 단계는 텍스트에서 토픽을 추출하고, 토큰화하고, 발화와 문서를 벡터화하는 것이다. 스파크는 인덱싱(색인 처리) 및 불용어 제거나 엔그램 특징추출뿐만 아니라, 텍스트에 대한 다양한 특징추출 방법을 제공한다. 스파크는 또한 빈도 인코딩, 원핫 인코딩, TF-IDF 인코딩 및 word2vec 인코딩을 위한 벡터화 유틸리티를 제공한다. 이러한 모든 유틸리티는 입력을 토큰 목록으로 예상하므로 일반적으로 무엇보다도 먼저 토큰화를 해야 한다.

다음 코드에서는 몇 가지 파라미터로 스파크 RegexTokenizer 변환기를 초기화한다. inputCol 및 outputCol 파라미터는 변환기가 주어진 데이터프레임(DataFrame)에서 작동하는 방법을 지정하고, 정규 표현식 "\\w+"는 텍스트를 청크하는 방법을 지정하며, gaps=False는 이 패턴이 단어 사이의 공간을 매칭하는 대신 단어와 일치하도록 보장한다. 말뭉치 데이터프레임(여기서는 이미 데이터가 적재되었다고 가정)이 변환되면 데이터 형식이 문자열 배열인 '토큰(token)'이라는 새로운 열이 포함되며, 이 토큰은 대부분의 다른 특징추출에 필요한 데이터 유형이다.

```
from pyspark.ml.feature import RegexTokenizer

# RegexTokenizer를 만든다.
tokens = RegexTokenizer(
    inputCol="text", outputCol="tokens",
    pattern="\\w+", gaps=False, toLowercase=True)

# 말뭉치를 변환한다.
corpus = tokens.transform(corpus)
```

이 토크나이저는 구두점이나 하이픈으로 분류된 모든 단어를 제거한다. "\\w+|\$[\\
d\.]+|\\S+"와 같은 더 복잡한 패턴을 사용하면 구두점에 맞춰 분리만 하고 구두점을 삭제하
지 않을 수 있으며, 심지어 '$8.31'과 같은 화폐 표현까지 파악할 수 있다.

경우에 따라 스파크 모델에서 inputCol이나 putCol의 기본값으로 "features"나 "predictions"
등을 지니게 될 수 있는데, 이렇게 되면 오류가 발생하거나 작업흐름이 잘못될 수 있으므로, 각
변환기와 모델에서 이와 같은 파라미터들을 지정해 두는 게 가장 바람직하다.

문서를 특징 벡터로 변환하려면 여러 단계에 걸쳐서 조정해야 하므로 벡터화는 Pipeline으로
구성된다. 각 변환기에 대한 지역 변수를 생성한 다음, 파이프라인에 모으는 편이 아주 흔하지
만, 스파크 스크립트는 길어지게 되어 사용자 오류가 발생하기 쉽다. 한 가지 해결책은 말뭉치의
표준 벡터화를 Pipeline으로 반환하는 스크립트로 가져올 수 있는 함수를 정의하는 것이다.

make_vectorizer 함수는 Tokenizer와 HashingTFvectorizer가 있는 Pipeline을 만들
어 토큰의 Murmur3 해시를 계산하고 이를 숫자 기능으로 사용하는 해싱 트릭(hashing trick)을
사용해 토큰을 용어빈도에 대응시킨다(mapping). 이 함수는 필요하다면 불용어 제거 기능 및
TF-IDF 변환기를 Pipeline에 추가할 수 있다. 데이터프레임이 고유한 열(columns)로 변환되도
록 하기 위해 각 변환기는 고유한 출력 열 이름을 지정하고 stages[-1].getOutputCol()을
사용해 스테이지의 입력 열 이름을 결정한다.

```
def make_vectorizer(stopwords=True, tfidf=True, n_features=5000):
    # 토큰화로 시작하는 벡터화 파이프라인을 만든다.
    stages = [
        Tokenizer(inputCol="text", outputCol="tokens"),
    ]

    # 요청을 받는다면 불용어를 파이프라인에 추가한다.
    if stopwords:
        stages.append(
            StopWordsRemover(
```

```
                    caseSensitive=False, outputCol="filtered_tokens",
                    inputCol=stages[-1].getOutputCol(),
                ),
        )

    # 용어빈도(TF)를 해싱하는 벡터라이저인 HashingTF를 만든다.
    stages.append(
        HashingTF(
            numFeatures=n_features, ]
            inputCol=stages[-1].getOutputCol(),
            outputCol="frequency"
        )
    )

    # 요청을 받는다면 IDF 벡터라이저를 추가한다.
    if tfidf:
        stages.append(
            IDF(inputCol=stages[-1].getOutputCol(), outputCol="tfidf")
        )

    # 완성된 파이프라인을 반환한다.
    return Pipeline(stages=stages)
```

HashingTF 및 IDF 모델들 때문에 이 벡터라이저는 입력 데이터에 적합해져야 한다. make_vectorizer().fit(corpus)는 벡터가 데이터에 대해 변환을 수행할 수 있는 모델이 되도록 한다.

```
vectors = make_vectorizer().fit(corpus)
corpus = vectors.transform(corpus)
corpus[['label', 'tokens', 'tfidf']].show(5)
```

결과의 처음 다섯 행은 다음과 같다.

```
+-----+--------------------+--------------------+
|label|     tokens|     tfidf|
+-----+--------------------+--------------------+
|books|[, name, :, ian, ...|(5000,[15,24,40,4...|
|books|[, written, by, k...|(5000,[8,177,282,...|
|books|[, last, night,as...|(5000,[3,9,13,27,...|
|books|[, a, sophisticat...|(5000,[26,119,154...|
|books|[, pools, are, so...|(5000,[384,569,60...|
+------+--------------------+--------------------+
only showing top 5 rows
```

말뭉치가 변환되고 나면 말뭉치에는 여섯 개의 열(원래의 두 개의 열 및 변환 과정의 각 단계를 나타내는 네 개의 열)을 포함하게 된다. 우리는 DataFrame API를 사용해 검사 및 디버깅을 위해 세 가지를 선택할 수 있다.

이제 우리의 특징들이 추출되었으므로 모델 생성을 시작하고 군집화와 분류를 통해 모델 선택을 세 번 수행할 수 있다.

MLLib를 사용한 텍스트 군집화

이 글을 쓰는 시점에서 스파크는 토픽 모델링에 적합한 네 가지 군집화 기술인 **k 평균**(k-means) 및 **이분 k 평균**(bisecting k-means), **잠재 디리클레 할당**(LDA, Latent Dirichlet Allocation) 및 **가우스 혼합 모형**(GMM, Gaussian mixture model)을 구현한다. 이번 절에서 우리는 Word2Vec을 사용해 단어 주머니를 고정 길이 벡터로 변환한 다음 BisectingKMeans를 사용해 유사한 문서의 군집을 생성하는 군집화 파이프라인을 보여 줄 생각이다.

이분 k 평균은 k 평균을 사용해 군집을 재귀적으로 양분하는(예: k 평균이 k = 2인 계층의 각 군집에 적용되는) 위계적 군집화에 대한 하향식 접근법이다. 군집이 양분된 후에는 가장 높은 유사성을 갖는 분할부(split)가 예약되고, 나머지 데이터는 원하는 수의 군집에 도달할 때까지 계속 양분된다. 이 방법은 빠르게 수렴하고 k = 2의 반복을 여러 번 사용하기 때문에 k가 큰 k 평균보다 일반적으로 빠르지만, 기본 k 평균 알고리즘과는 다른 군집을 생성한다.

코드에서 우리는 입력 벡터와 출력 열을 정의하는 초기 Pipeline을 만들고, 변환기의 파라미터(예: 단어 벡터의 고정 크기 및 k 평균의 k)를 만들고 있다. 데이터에 대해 'fit'을 호출하면, 우리의 파이프라인에서 모델을 생산하게 되며, 그 모델을 차례로 사용하여 말뭉치를 변환할 수 있다.

```python
from tabulate import tabulate
from pyspark.ml import Pipeline
from pyspark.ml.clustering import BisectingKMeans
from pyspark.ml.feature import Word2Vec, Tokenizer

# 벡터/클러스터 파이프라인을 만든다.
pipeline = Pipeline(stages=[
    Tokenizer(inputCol="text", outputCol="tokens"),
    Word2Vec(vectorSize=7, minCount=0, inputCol="tokens", outputCol="vecs"),
    BisectingKMeans(k=10, featuresCol="vecs", maxIter=10),
])

# 모델을 적합하게 한다.
model = pipeline.fit(corpus)
corpus = model.transform(corpus)
```

군집의 성공 여부를 평가하려면 먼저 BisectingKMeans 및 Word2Vec 개체를 검색해 로컬 변수에 저장해야 한다. bkm은 모델의 마지막 단계(파이프라인 아님)에 액세스하며, wvec는 모델의 두 번째 단계(stages)에 액세스한다. computeCost 메서드를 사용해 각 문서의 지정된 중심에 대한 제곱 거리의 합을 계산한다(여기서도 문서가 이미 적재되었다고 가정함). 비용이 적을수록 우리에게 있는 군집이 더 강력하고 더 명확하게 정의된다. 또한, 각 군집이 구성하는 문서 수의 크기를 계산할 수 있다.

```
# 단계들을 검색한다.
bkm = model.stages[-1]
wvec = model.stages[-2]

# 군집화를 평가한다.
cost = bkm.computeCost(corpus)
sizes = bkm.summary.clusterSizes
```

각 중심의 텍스트 표현을 얻으려면 먼저, 군집 중심을 열거해 모든 군집 인덱스(ci)와 군집 중심(c)을 반복해야 한다. 각 중심에 대해 가장 가까운 일곱 개의 동의어, 즉 중심에 가장 가까운 단어 벡터를 찾은 다음, 중심 인덱스, 군집 크기 및 관련 동의어를 표시하는 테이블을 구성할 수 있다. 그런 다음에 테이블 라이브러리로 테이블을 예쁘게 출력할 수 있다.

```
# 각 군집의 텍스트 표현을 입수한다.
table = [["Cluster", "Size", "Terms"]]
for ci, c in enumerate(bkm.clusterCenters()):
    ct = wvec.findSynonyms(c, 7)
    size = sizes[ci]
    terms = " ".join([row.word for row in ct.take(7)])
    table.append([ci, size, terms])

# 결과를 출력한다.
print(tabulate(table))
print("Sum of square distance to center: {:0.3f}".format(cost))
```

출력 결과는 다음과 같다.

```
Cluster  Size  Terms
+------  ----  ------------------------------------------------------------
      0    81  the"soros caption,"bye markus henkes clarity. presentation,elon
      1     3  novak hiatt veered monopolists,then,would clarity. cilantro.
      2     2  publics. shipmatrix. shiri flickr groupon,meanwhile,has sleek!
      3     2  barrymore 8,2016 tips? muck glorifies tags between,earning
      4   265  getting sander countervailing officers,ohio,then voter. dykstra
      5   550  back peyton's condescending embryos racist,any voter. nebraska
      6   248  maxx,and davan think'i smile,i 2014,psychologists thriving.
      7   431  ethnography akhtar problem,and studies,taken monica,california.
```

```
    8    453  instilled wife! pnas,the ideology,with prowess,pride
    9    503  products,whereas attacking grouper sets,facebook flushing,
Sum of square distance to center: 39.750
```

우리의 군집 중 일부는 매우 크고 확산되는 것처럼 보일 수 있으므로 다음 단계는 적절한 모델이 달성될 때까지 k를 수정하기 위해 6장과 8장에서 설명한 평가를 수행하는 것이다.

MLLib를 사용한 텍스트 분류

스파크 분류 라이브러리에는 현재 로지스틱 회귀, 결정 트리, 랜덤 포레스트, 그레이디언트 부스팅, 다층 퍼셉트론 및 SVM 모델이 포함되어 있다. 이 모델들은 텍스트 분석에 적합하며, 일반적으로는 텍스트 분류에 사용된다. 분류는 군집화와 비슷하지만, 각 문서의 레이블을 인덱스화하고 모델의 정확도를 계산하는 평가 단계를 적용해야 하는 단계가 추가된다. 모델이 훈련되지 않은 테스트 데이터에 대한 평가가 이루어져야 하기 때문에 우리는 말뭉치를 훈련용 분할부와 테스트용 분할부로 분할해야 한다.

벡터화 단계가 끝나면 문자열의 데이터프레임(DataFrame) 열을 [0, len(column)]의 인덱스 열로 빈도 순으로 변환하는 StringIndexer를 사용해 문서 레이블을 인코딩한다(예: 가장 일반적인 레이블은 인덱스 0). 그런 다음에 데이터프레임을 무작위한 분할부들로 분할할 수 있다. 그런 다음에 우리는 데이터셋에 들어 있는 데이터 중에 80%를 무작위로 선택해 훈련용 데이터가 되게 하고, 20%를 무작위로 선택해 테스트용 데이터가 되게 할 수 있다.

```python
from pyspark.ml.feature import StringIndexer

# 벡터라이저를 만든다.
vector = make_vectorizer().fit(corpus)

# 분류 레이블들을 인덱스 처리한다.
labelIndex = StringIndexer(inputCol="label", outputCol="indexedLabel")
labelIndex = labelIndex.fit(corpus)

# 데이터를 훈련용 집합(훈련셋)과 테스트용 집합(테스트셋)으로 분리한다.
training, test = corpus.randomSplit([0.8, 0.2])
```

앞의 코드에서는 vector와 labelIndex 변환기들이 모든 인덱스와 용어를 인코딩했는지 확인하기 위해 분할 전 모든 데이터에 적합되었다. 실제 데이터에 대한 기대에 따라 실제 모델에 적합한 전략일 수도 있고 그렇지 않을 수도 있다.

LogisticRegression 모델에 예비적인 레이블 및 문서 인코딩 과정을 만들기 위해 Pipeline 을 생성할 수 있다.

```
from pyspark.ml.classification import LogisticRegression

model = Pipeline(stages=[
    vector, labelIndex, clf
]).fit(training)

# 예측을 형성한다.
predictions = model.transform(test)
predictions.select("prediction", "indexedLabel", "tfidf").show(5)
```

모델을 평가하려면 스파크의 분류 평가 유틸리티를 사용한다. 예를 들면, 다음과 같다.

```
from pyspark.ml.evaluation import MulticlassClassificationEvaluator

evaluator = MulticlassClassificationEvaluator(
    labelCol="indexedLabel",
    predictionCol="prediction",
    metricName="f1"
)

score = evaluator.evaluate(predictions)
print("F1 Score: {:0.3f}".format(score))
```

스파크에는 교차검증 및 모델 선택을 위한 다른 유틸리티가 있지만, 이러한 유틸리티는 대형 데이터셋에서 모델을 훈련한다는 사실을 알고 있다. 일반적으로 말하자면, 커다란 말뭉치들과 훈련 모델을 여러 번 분할해 총 점수를 얻는 데는 오랜 시간이 걸리기 때문에 캐시 작업과 능동적인 훈련은 중복된 작업 부하를 최소화하기 위한 모델링 과정의 중요한 부분이다. 머신러 닝에 분산된 접근 방식을 사용할 때의 절충 관계를 이해했다면 다음 주제로 넘어가 전역적 데 이터셋에서 지역적 계산을 사용한다.

지역적 적합화와 전역적 평가

여러분이 PySpark나 spark-submit을 사용하여 스파크 코드 조각들을 로컬에서(즉, 지역적으로) 실행하고 있다면, 스파크가 광고한 것만큼 빠르게 보이지 않는다는 것을 눈치챘을 것이다. 실제 로 스파크의 속도는 여러분의 로컬 머신에서 사이킷런 등을 사용해 모델링을 하는 경우보다 더 느렸을 것이다. 스파크는 오버헤드가 커서 작업을 모니터링하고 프로세스를 동기화하고 내결함 성을 보장하기 위해 프로세스 간 교신을 많이 주고 받는 프로세스를 생성한다. 즉, 데이터셋이 단일 컴퓨터에 저장할 수 있는 것보다 훨씬 커야 속도에 대한 이점을 얻을 수 있다는 말이다.

이를 처리하는 한 가지 방법은 데이터 전처리 및 벡터화를 클러스터에서 병렬로 수행하고 데이터 표본을 가져와서 지역적으로 적합하게 한 다음에 전체 데이터셋에서 전역적으로 평가하는 것이다. 이렇게 하면 대형 데이터셋에서 모델을 훈련할 때의 이점이 줄어들지만, 클러스터에서 좁은 모델이나 특수 모델을 생성하는 유일한 방법일 때가 많다. 이 기술을 사용하면 데이터셋의 부분별로 서로 다른 모델을 생성하거나 테스트 과정에서 빠르게 반복할 수 있다.

우리는 먼저 말뭉치를 벡터화한 다음 표본을 취한다. 클러스터에서 벡터화가 이루어짐으로써 우리가 사용하는 사이킷런 모델이 표본추출 과정에서 제외될 수 있는 용어나 다른 상태에 의존하지 않을 것이라는 것을 확신할 수 있다. 표본(sample)을 대체하는 대신에(첫 번째 False 인수) 데이터의 10%(0.1 인수)를 수집한다. 표본추출(sampling)을 할 데이터의 크기를 선택할 때는 주의하자. 말뭉치의 10%만으로도 너무 많은 데이터를 메모리에 쉽게 가져올 수 있다! collect() 동작은 표본추출 코드를 실행한 다음, 데이터셋을 로컬 컴퓨터의 메모리에 목록으로 가져온다. 그런 다음에 반환된 데이터에서 X와 y를 생성하고 모델에 맞출 수 있다.

```
# 클러스터상에서 말뭉치를 벡터화한다.
vector = make_vectorizer().fit(corpus)
corpus = vector.transform(corpus)

# 데이터셋에서 표본을 입수한다.
sample = corpus.sample(False, 0.1).collect()
X = [row['tfidf'] for row in sample]
y = [row['label'] for row in sample]

# 사이킷런 모델을 훈련한다.
clf = AdaBoostClassifier()
clf.fit(X, y)
```

모델을 평가하기 위해 이를 군집에 브로드캐스팅하고 정확도를 계산하기 위해 하나의 **누산기**(accumulator) 한 개를 사용해 예측 수를 계산하고, 다른 누산기는 잘못된 수를 계산한다.

```
# 클러스터로 사이킷런 모델을 브로드캐스트(송출)한다.
clf = sc.broadcast(clf)

# 정확한 경우와 부정확한 경우에 대비해 누산기를 다 만들어 둔다.
correct = sc.accumulator(0)
incorrect = sc.accumulator(1)
```

병렬 실행에서 이러한 변수를 사용하려면 이러한 변수를 데이터프레임(DataFrame) 작업으로 참조하는 방법이 필요하다. 스파크에서 우리는 **클로저**(colsure)를 보내 이 일을 한다. 이를 수행하는 한 가지 일반적인 방법은 필요에 따라 클로저를 반환하는 함수를 정의하는 것이다. 우리는 데이터에 분류기의 predict 메서드를 적용한 다음, 예측된 답안과 실제 레이블을 비교하여 정확하거나 부정확한 누산기의 값을 늘리는 정확도 클로저를 정의할 수 있다. 이 클로저를 생성하기 위해 make_accuracy_closure 함수를 다음과 같이 정의한다.

```python
def make_accuracy_closure(model, correct, incorrect):
    # model은 브로드캐스트 변수여야 한다.
    # correct와 incorrect는 누산기여야 한다.
    def inner(rows):
        X = []
        y = []

        for row in rows:
            X.append(row['tfidf'])
            y.append(row['label'])

        yp = model.value.predict(X)
        for yi, ypi in zip(y, yp):
            if yi == ypi:
                correct.add(1)
            else:
                incorrect.add(1)
    return inner
```

우리는 말뭉치 데이터프레임에서 foreachPartition 동작을 사용해 각 실행기(executor)가 데이터프레임의 일부를 accuracy 클로저로 보내어 누산기를 갱신하게 한다. 이 동작이 마무리되면 전역 데이터셋에 대한 모델의 정확도를 계산할 수 있다.

```python
# 정확도 클로저를 만든다.
accuracy = make_accuracy_closure(clf, incorrect, correct)

# 정확한 수와 부정확한 수를 계산한다.
corpus.foreachPartition(accuracy)

accuracy = float(correct.value) / float(correct.value + incorrect.value)
print("Global accuracy of model was {}".format(accuracy))
```

지역적으로 적합화하고 전역적으로 평가하는 전략을 통해 개발자는 여러 모델을 동시에 쉽게 작성하고 평가할 수 있으며, 특히 조사 및 실험 단계에서 스파크의 작업흐름 속도를 높일 수 있다. 중형 데이터셋에서 여러 모델을 더 쉽게 교차검증할 수 있으며, 부분 분산 구현(또는 구현이 전혀 없는 모델)을 더 완전하게 조사할 수 있다.

이것은 빅데이터 시스템에서 일반적인 '라스트 마일 컴퓨팅(last mile computing, 최종 국면 전산 처리)' 전략의 일반화다. 스파크를 사용하면 많은 양의 데이터에 적시에 액세스할 수 있지만, 클러스터 연산은 데이터를 사용하기 위해 일반적으로 데이터를 맥락으로 삼아 선별(필터링)하고 집계하고 요약하여 이를 메모리에 적합한 형태로 가져온다(클라우드 컴퓨팅 리소스를 사용하면 수십 또는 수백 기가 바이트가 될 수 있다). 이처럼 스파크를 상호작용 방식으로 실행하는 모델이 데이터 과학자들에 의해 매우 선호되는 이유 중 하나다. 이번 절에서 입증된 것처럼 스파크를 사용하면 로컬 컴퓨팅과 클러스터 컴퓨팅을 쉽게 조합해 볼 수 있다.

결론

정보화 시대에 텍스트 분석을 수행할 때 가장 좋은 점 중 하나는, 텍스트 분석 기능이 있는 애플리케이션의 선순환 구조를 쉽게 만들 수 있을 뿐만 아니라, 그런 후에 사람에게서 나온 응답을 바탕으로 더 많은 텍스트 데이터를 생성할 수 있다는 점이다. 이는 머신러닝 데이터가 단일 프로세스나 단일 시스템에서 계산을 감당하기 어려울 정도로 실제보다 훨씬 빠르게 늘어난다는 점을 의미한다. 분석을 수행하는 데 걸리는 시간이 길어지면 반복적인 작업흐름 또는 실험적 작업흐름의 생산성이 떨어지므로 모멘텀을 유지하기 위해 일부 확장 방법을 사용해야 한다.

멀티프로세싱 모듈은 분석 확장을 위한 첫 번째 단계다. 이 경우에 이미 분석을 위해 사용된 코드를 멀티프로세싱 문맥에 적용하거나 포함시켜야 한다. 멀티프로세싱 라이브러리는 멀티코어 프로세서를 활용하고 최신 기계에서 대량의 메모리를 사용해 코드를 동시에 실행한다. 데이터는 여전히 로컬에 저장되지만, 시스템이 충분하지 않아 많은 양의 작업을 관리할 수 있는 덩어리로 줄일 수 있다.

데이터의 크기가 단일 시스템에 더 이상 적합하지 않을 정도로 커지면 클러스터 컴퓨팅 방법론을 사용해야 한다. 스파크는 주피터 노트북에서 PySpark를 실행하는 로컬 컴퓨터와 데이터의 파티션에서 작동하는 많은 실행기를 실행하는 클러스터 간에 인터랙티브 컴퓨팅을 허용하는 실행 프레임 작업을 제공한다. 이 상호작용은 순차 및 병렬 컴퓨팅 알고리즘의 장점을 결합한다. 스파크를 사용하려면 코드 및 프로그래밍 문맥을 변경해야 하며 다른 머신러닝 라이브러리를 선택해야 할 수도 있다. 이로 인해 텍스트 분석 기술에서 사용할 수 없는 큰 데이터셋이 새로운 애플리케이션을 위한 풍부한 밑감이 될 수 있다.

절충점을 잘 이해하는 게 분산 컴퓨팅 시에 가장 중요하다. 작업이 컴퓨팅인지 I/O 바인딩인지 이해하면, 작업이 왜 오래 걸리는지 또는 너무 많은 리소스를 사용하는지를 진단할 수 있고, 작업과 데이터 병렬 처리 간에 균형을 유지할 수 있으므로, 여러 가지 두통을 줄일 수 있다. 게다가 병렬 실행을 하려면 오버헤드가 추가되므로 이에 따른 비용을 지불할 만한 가치가 따라야 한다. 이를 이해하면 방해받지 않고 실험 개발을 향상시키는 결정을 내릴 수 있다. 마지막으로, 분산된 상황에서 알고리즘을 근사하는 방법은 유의한 모델을 만들고 결과를 해석하는 데 중요하다. 스파크는 유의한 모델을 만들기 위해 점점 더 많은 데이터를 처리할 수 있게 해주는 현대 기술 물결의 시발점이다. 다음 장에서는 심층 모델이라고 하는, 여러 가지 은닉 계층이 있는 신경망을 훈련하기 위한 분산 기술을 살펴보겠다.

12

딥러닝과 그 이후

이 책에서 우리는 **실용적인**(practical) 애플리케이션을 지원하기에 충분할 만큼 강력한 기술과 도구를 도드라져 보일 수 있도록 노력했다. 이러자면 때때로 미처 완성되지 않은 라이브러리나 주로 개인 연구를 목적으로 삼아 누군가가 만들어 둔 라이브러리를 유망한 것으로 보아야 하기도 한다. 그렇지만 우리는 그렇게 하는 대신에 단일 시스템에 대한 특별한 분석에서부터 수천 명의 사용자를 위해 상호작용을 관리하는 대규모 클러스터에 이르기까지 쉽게 확장할 수 있는 도구를 선호한다. 바로 앞 장에서는 파이썬 멀티프로세싱 라이브러리에서 강력한 스파크에 이르기까지 여러 모델을 병렬로 실행하고 대규모 제품 수준 애플리케이션을 수행할 수 있을 만큼 신속하게 수행할 수 있는 몇 가지 도구를 살펴보았다. 이번 장에서는 자연어 처리에서 새로운 상태로 급속히 변화하고 있고, 마찬가지로 의미 있게 진화한 신경망을 논의할 것이다.

역설적이게도 신경망은 이 책에서 다루는 가장 '오래된' 기술 중 하나여서 신경망의 기원이 약 70년 전에 수행된 작업으로까지 거슬러 올라간다. 이 역사의 대부분의 기간 동안에 신경망은 실용적인 머신러닝 방법으로 간주될 수 없었다. 그러나 신경망은 지난 20년간에 걸쳐 이뤄진 세 가지 주요한 발전 덕분에 급속하게 변했다. 첫째, 2000년대 초반에 GPU 및 분산 컴퓨팅으로 인해 컴퓨팅 능력이 극적으로 높아졌다. 지난 10년 동안의 학습 속도 최적화에 대해서는 이번 장의 뒷부분에서 다룰 예정이다. 마지막으로, 파이토치, 텐서플로 및 케라스와 같은 오픈소스 파이썬 라이브러리가 지난 몇 년 동안 제공되었다.

이러한 발전 상황을 자세히 설명하는 건 이 책의 범위를 벗어나지만, 5장부터 9장에서 다루는 머신러닝 모델군과 관련된 신경망을 간단하게 요약해 볼 생각이다. 신경망 모델군에 특히 잘 맞는 정서 분류 문제에 대한 사례 연구를 통해 최종적으로 이 분야의 현재와 미래의 궤적을 논의할 것이다.

응용 신경망

애플리케이션 개발자는 논문으로는 잘 읽히지만 실제로 다루려고 하면 골칫거리가 될 수 있는 최첨단 기술에 대해 조심스럽게 낙관하는 경향이 있다. 그렇기 때문에 하필이면 이 책의 마지막 부분에 이르러서야 신경망을 다루는지를 설명하는 일로 이번 장을 시작해야 한다고 생각했다.

기존 모델과 신경망 간의 현재 절충점은 **모델 복잡성**(model complexity)과 **속도**(speed)라는 두 가지 요소에 관련된다. 신경망을 훈련하는 데 오랜 시간이 걸리기 때문에 5장에서 설명하는 작업흐름을 통해 빠른 반복과정을 방해할 수 있다. 또한, 신경망은 일반적으로 기존 모델보다 더 복잡하다. 즉, 하이퍼파라미터를 조정하기 어렵고 모델링 과정에서 발생하는 오차(error)를 진단하기는 더 어렵다.

그러나 신경망은 점점 실용적이 되어 갈 뿐 아니라 전통적인 모델에 비교한다면 결코 적지 않게 성능이 향상되리라는 점을 약속하고 있다. 데이터가 많아져도 더 이상 성능이 개선되지 않는 지점에 이르게 되는 기존 모델과 달리 신경 모델은 데이터가 많아질수록 한없이 개선될 수 있기 때문이다.

신경 언어 모델

7장에서 우리는 확률 모델을 사용해 충분히 크면서도 전문 영역에 특정된 말뭉치로부터 언어 모델을 배울 수 있다는 개념을 도입했다. 이것은 언어의 **기호 모델**(symbolic model)로 알려져 있다. 이번 장에서 우리는 다른 접근법인 **신경 언어 모델**(neural language model), 즉 **연결주의자 언어 모델**(connectionist language model)[1]을 고려해야 한다.

언어의 연결주의자 모델은 언어 단위가 반드시 순차적 문맥에 의해 인코딩되는 것이 아니라 유의한 방식으로 서로 상호작용한다고 주장한다. 예를 들어, 단어의 문맥적 관계는 순차적일 수 있지만, 그림 12-1에서 볼 수 있듯이 다른 구문으로 구분할 수도 있다. 첫 번째 예시문

---

1 옮긴이 연결주의 언어 모델(connectionism language model)을 저자는 연결주의자 언어 모델이라고 지칭하고 있다.

에서 성공적인 기호 모델은 빈 칸에 들어갈 말이 'heard'이거나 'listened to'이거나 'purchased'일 것이라는 점에 높은 확률을 할당한다. 그러나 두 번째 예시문이라면 우리 모델이 빈 칸에 무엇이 나올지를 결정하기는 어려울 것이다. 이는 이 문장의 앞부분에 나오는 'Yankee Hotel Foxtrot'이라는 앨범 이름을 아는지 여부에 따라 빈 칸에 채울 말이 달라지기 때문이다.

> "That was one of the worst albums I've ever _____."
>
> "Yankee Hotel Foxtrot is not cool enough for hipsters and non mainstream enough for soccer moms. Do not buy this _____."

그림 12-1 비순차적 문맥

신경망에서 이뤄지는 많은 상호작용을 직접 해석할 수 없기 때문에 연결을 기술하기 위해 중개 표현이 사용되어야 하고, 연결주의자 모델은 **인공 신경망**(ANN, artificial neural networks) 또는 **베이즈 망**(Bayesian networks)을 사용해 기본 관계를 학습하는 경향이 있다.

전통적인 기호 모델에서는 엔그램 평활화와 백오프를 관리하기 위해 상당한 공학적 노력을 기울여야 하며, 많은 엔그램을 보유하려면 RAM 용량이 반드시 커져야만 해서 어려움을 겪을 수 있다. 반면에 연결주의자 모델은 모델 복잡성을 확대해 문제에 접근한다. 사실 신경 모델 접근법의 주요 이점은 긴 신경망 모델이 큰 임의 입력으로부터 무한히 평활화된 함수들을 생성하기 때문에 특징공학에 필요한 시간을 상당히 줄여 준다.

다음 몇 절에서 우리는 신경망 유형을 논의하고, 신경망 구성 요소들을 낱낱이 살펴보고, 응용 상황에서 연결주의자 모델을 구현하는 방법을 보여 주려고 한다(이번 경우에서는 정서 분석을 수행함으로써 이렇게 한다).

인공 신경망

신경망의 범위는 아주 넓고 모델도 무척 다양하지만, 거의 코넬 대학의 프랭크 로젠블라트(Frank Rosenblatt)가 1950년대 후반에 인간 두뇌의 학습 행동을 모델로 개발한 선형 분류 기계인 퍼셉트론(perceptron)으로부터 진화했다.

신경망 모델군의 핵심에는 그림 12-2와 같이 벡터화된 데이터의 첫 번째 표현에 해당하는 **입력 계층**(input layer, 입력층), **뉴런**(neurons)과 **시냅스**(synapses)로 구성된 **은닉 계층**(hidden layer, 은닉층), 예측된 값을 포함하는 **출력 계층**(output layer, 출력층) 등의 여러 구성 요소가 있다. 은닉 계층 내에서 시냅스는 뉴런 간에 신호를 전송하는 역할을 담당하며, 뉴런은 비선형 활성 함수를 사용해 들어오는 신호를 버퍼링한다. 시냅스는 들어오는 값에 가중치를 적용하는 역할을 하며, 활성 함수에서는 가중 처리된 입력이 뉴런을 활성화하기에 충분한지, 즉 망(network)의 다음 계층으로 값을 전달하기에 충분히 높은지 여부를 결정한다.

피드포워드 망(feedforward network, 전방전달 신경망)에서 신호는 입력에서 출력 계층을 향해 단일 방향으로 이동한다. **재발 망**(recurrent networks, 재발 신경망) 및 **재귀 망**(recursive networks, 재귀 신경망)[2]과 같은 더 복잡한 아키텍처에서 신호 버퍼링은 계층 내의 마디점(node)[3] 간에 결합되거나 반복될 수 있다.

 활성 함수에는 많은 변형이 있지만, 일반적으로 신경망이 더 복잡한 의사 결정 공간을 모델링할 수 있도록 비선형 알고리즘을 사용하는 것이 좋다. 시그모이드 함수(S자형 함수)는 기울기가 거의 0일 때 경사 하강을 느리게 한다는 단점이 있음에도 불구하고 흔히 쓰인다. 이러한 이유 때문에 가중 입력의 합계를 출력하는 정류된 선형 단위, 즉 ReLU(합계가 음수라면 0)가 점차 대중화되었다.

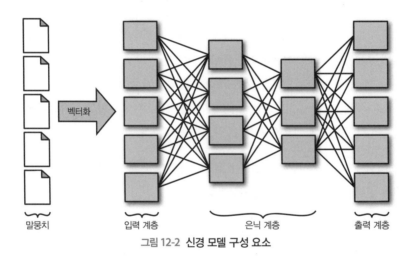

그림 12-2 신경 모델 구성 요소

역전파(back-propagation)는 신경망의 마지막 계층에서 계산된 오차를 계층을 거슬러 올라가며 다시 전달해 시냅스 가중치를 점진적으로 조정하고, 다음 훈련 반복의 정확도를 향상시키는 과정이다. 각 반복 후에 모델은 **손실 함수**(loss function)의 **경사도**(gradient)를 계산해 가중치를 조정할 방향을 결정한다.

2　옮긴이 이 책에서처럼 원래 '재발 망'과 '재귀 망'을 엄밀히 구분하는 것이 좋으나, 대체로 두 망을 구분하지 않고 '재귀 망'으로 부르는 경향이 있다.

3　옮긴이 연결주의 관점에서 보면 신경망은 잘 연결된 그래프에 다름없다. 실제로도 그래프 이론에 나오는 수학 개념과 공식 등이 쓰인다. 그러므로 node나 edge에 대해서 그래프 분야 용어인 마디점(node)과 변(edge)이라고 번역했다. 각기 정점(vertex)과 간선(edge)이란 말과 같다.

다층 퍼셉트론 훈련

다층 퍼셉트론(multilayer perceptrons)은 가장 단순한 형태의 피드포워드 인공 신경망 중 하나다. 이번 절에서는 사이킷런 라이브러리를 사용해 다층 퍼셉트론을 훈련할 것이다.

우리의 입력 데이터는 웹사이트 Pitch-fork.com[4]의 앨범에 대한 1만 8,000개의 감상평(review)이다. 각 감상평에는 감상문(review text)이 포함되어 있다. 이 감상평에서 음악 감상자는 앨범과 밴드의 상대적인 장점을 0에서 10 사이의 실수로 부여한다. 발췌문[5]을 그림 12-3에서 볼 수 있다.

우리는 감상문이라는 형식으로 주어진 감상평이 상대적으로 긍정(positive)인지 아니면 부정(negative)인지를 예측하고 싶다. 사이킷런의 신경망 모듈인 sklearn.neural_network를 사용하면 다층 퍼셉트론을 학습해 이제는 익숙한 fit 메서드와 predict 메서드를 사용해 분류하거나 회귀를 수행할 수 있다. 우리는 앨범의 실제 수치 점수를 예측하는 회귀와 앨범이 'terrible', 'okay', 'good', 'amazing' 중에 어느 것인지를 예측하는 분류를 시도한다.

> *"Ghost Stories* is unmistakably Coldplay's "breakup album,"
> a subdued work that finds Chris Martin and his band
> crisply moping through mid-tempo soundscapes and fuzzy
> electronic touches that have the visceral impact of a down
> comforter tumbling down a flight of stairs... Rating: 4.4"
>
>   - Larry Fitzmaurice
>   May 20, 2014

그림 12-3 **Pitchfork 감상평의 예**

먼저, 우리는 피클 처리를 한 품사 태그가 있는 documents(문서)를 말뭉치 리더 객체에서 검색하기 위한 함수, 각 앨범의 원래 숫자 등급을 얻기 위한 연속형(continuous) 함수, 그리고 NumPy의 digitize 메서드를 사용하여 등급을 네 가지 범주로 구분하는 범주형(categorical) 함수를 만든다.

```python
import numpy as np

def documents(corpus):
    return list(corpus.reviews())

def continuous(corpus):
    return list(corpus.scores())

def make_categorical(corpus):
```

---

4 Condé Nast, Pitchfork: The Most Trusted Voice In Music, (2018) http://bit.ly/2GNLO7F

5 Larry Fitzmaurice, Review of Coldplay's Ghost Stories, (2014) http://bit.ly/2GQL1ms

```
"""
형편 없음(terrible) : 0.0 < y <= 3.0
좋음(okay)          :  3.0 < y <= 5.0
훌륭함(great)        :  5.0 < y <= 7.0
놀라움(amazing)      :  7.0 < y <= 10.1
"""
return np.digitize(continuous(corpus), [0.0, 3.0, 5.0, 7.0, 10.1])
```

다음으로, 피클 처리를 한 말뭉치에 대한 경로, 사이킷런 추정기 및 레이블이 연속적인지 여부에 대한 키워드 인수, 적합 모델을 저장하는 선택적 경로 및 교차검증에 사용할 겹(fold) 수를 입력하는 train_model 함수를 추가한다.

우리 함수는 말뭉치 리더를 인스턴스화하고 문서 함수를 호출하거나 continuous 함수나 make_categorical 함수를 호출해 입력 값 X와 표적 값 y를 얻는다. 교차검증된 점수를 계산하고, 사이킷런의 joblib 유틸리티를 사용해 모델을 맞추고 저장한 다음, 점수를 반환한다.

```
from sklearn.externals import joblib
from sklearn.model_selection import cross_val_score

def train_model(path, model, continuous=True, saveto=None, cv=12):
    """
    지정된 경로에서 모델을 훈련하고, 교차검증 파라미터를 사용해 교차검증 점수를 구성한 다음,
    전체 데이터를 사용해 모델을 적합하게 한다. 그리고 점수를 반환한다.
    """
    # 분류할 수 있게 말뭉치 데이터에 레이블들을 적재한다.
    corpus = PickledReviewsReader(path)
    X = documents(corpus)
    if continuous:
        y = continuous(corpus)
        scoring = 'r2_score'
    else:
        y = make_categorical(corpus)
        scoring = 'f1_score'

    # 교차검증 점수들을 계산한다.
    scores = cross_val_score(model, X, y, cv=cv, scoring=scoring)

    # 디스크가 지정되어 있다면 이 디스크에 쓴다.
    if saveto:
        joblib.dump(model, saveto)

    # 전체 데이터셋상에서 모델을 적합시킨다.
    model.fit(X, y)

    # 점수들을 반환한다.
    return scores
```

다른 사이킷런 추정기와 마찬가지로 MLPRegressor 및 MLPClassifier는 NumPy 부동 소수점 값 배열을 기대하며 배열은 조밀하거나 희박할 수 있지만, 원핫 인코딩이나 표준화된 빈도 인코딩을 사용해 입력 벡터의 크기를 조정하는 것이 가장 좋다.

훈련용 모델을 만들려면 텍스트 정규화, 벡터화 및 모델링 단계를 능률화하기 위해 두 가지 파이프라인을 구축하자.

```python
if __name__ == '__main__':
    from transformer import TextNormalizer
    from reader import PickledReviewsReader

    from sklearn.pipeline import Pipeline
    from sklearn.neural_network import MLPRegressor, MLPClassifier
    from sklearn.feature_extraction.text import TfidfVectorizer

    # 후처리되고 품사 태깅을 한 감상평 말뭉치가 있는 경로.
    cpath = '../review_corpus_proc'
    regressor = Pipeline([
        ('norm', TextNormalizer()),
        ('tfidf', TfidfVectorizer()),
        ('ann', MLPRegressor(hidden_layer_sizes=[500,150], verbose=True))
    ])
    regression_scores = train_model(cpath, regressor, continuous=True)

    classifier = Pipeline([
        ('norm', TextNormalizer()),
        ('tfidf', TfidfVectorizer()),
        ('ann', MLPClassifier(hidden_layer_sizes=[500,150], verbose=True))
    ])
    classifer_scores = train_model(cpath, classifier, continuous=False)
```

 k 평균 군집화를 위해 k값을 선택하는 것과 마찬가지로 초기 신경망 프로토타입에서 은닉 계층의 최적 수와 크기를 선택하는 일은 과학이라기보다는 예술에 가깝다. 계층당 더 많은 마디점과 더 많은 간선이 있을수록 우리 모델은 더 복잡해지며, 더 복잡한 모델에는 더 많은 훈련 데이터가 필요하다. 경험 법칙에 따르면 간단한 모델로 시작하는 것이 좋다(우리의 초기 계층은 사례 수보다 더 많은 마디점을 포함해서는 안 되며, 두 개 이상의 계층으로 구성되어서는 안 된다). 그리고 k겹 교차검증을 사용하면서 과적합을 감지하기 위해 반복적으로 복잡성을 추가하자.

사이킷런은 신경망 조율을 위한 많은 특징들을 제공하며, 사용자가 지정할 여지를 두고 있다. 예를 들어, 기본적으로 MLPRegressor와 MLPClassifier는 activation 파라미터로 지정될 수 있는 ReLU 활성 함수와 확률적 경사 하강을 사용해 solver 파라미터로 지정할 수 있는 비용 함수(cost function)를 최소화한다.

```
Mean score for MLPRegressor: 0.27290534221341
Mean score for MLPClassifier: 0.7115215174722
```

MLPRegressor는 매우 약하며, R^2 점수에 설명된 대로 데이터에 대한 적합도(fitness)가 무척 낮다. 회귀 분석은 특히 사례(instance) 수와 관련해 차원 수를 줄이는 이점이 있다.[6] 우리는 차원에 대한 저주라는 렌즈를 통해 이것을 추론할 수 있다. Pitchfork 감상평은 길이가 평균 약 1천 단어이며, 각 단어는 의사 결정 영역에 또 다른 차원을 더한다. 우리 말뭉치는 총 1만 8천 건의 감상평만으로 구성되기 때문에 MLPRegressor는 점수를 부동 소수점 수치 정밀도로 예측할 수 있는 사례가 충분하지 않다.

그러나 MLPClassifier는 훨씬 더 나은 결과를 보여 주며, 추가 조율의 가치가 있을 것이다. MLPClassifier의 성능을 향상시키기 위해 복잡성을 추가하고 제거하는 방법을 실험할 수 있다. hidden_layer_sizes에 더 많은 계층과 뉴런을 추가해 복잡성을 추가할 수 있다. 우리는 또한, max_iter의 파라미터를 증가시켜 훈련 에포크 수를 늘리고 우리의 모델을 역전파로부터 학습할 수 있는 더 많은 시간을 줄 수 있다.

또한, 계층을 제거하거나 뉴런 수를 줄이거나 alpha 파라미터를 사용하여 손실 함수에 정규화 항을 추가함으로써 모델의 복잡성을 줄일 수 있는데, 이는 sklearn.linear_model. RidgeRegression과 유사하게 파라미터를 인위적으로 축소하여 과적합을 방지하는 데 도움이 될 것이다.

사이킷런 API를 사용해 신경 모델을 구성하면 간단한 모델에 매우 편리하다. 그러나 다음 절에서 볼 수 있듯이 텐서플로와 같은 라이브러리는 모델 아키텍처의 유연성과 조정 방법뿐만 아니라 속도, 대형 데이터셋에서 더 높은 성능을 위해 확장된 GPU 활용을 제공한다.

딥러닝 아키텍처

재귀 신경망(RNN, 순환 신경망), 장단기 기억망(LSTM, 장단기 기억 신경망), 재귀적 신경 텐서망(RNTN, recursive neural tensor network), 합성곱 신경망(CNN, convolutional neural networks 또는 ConvNets), 생성적 적대 망(GAN, generative adversarial networks, 생성적 적대 신경망) 등의 모델은 딥러닝 모델이라는 용어로 자주 묶이며 최근 몇 년 사이에 점점 더 인기를 얻고 있다.

---

6 옮긴이 데이터를 테이블에 담겨 있다고 가정한다면 여기에 나오는 '사례 수'는 행 개수, '차원 수'는 열 개수에 해당한다. 또한, '차원 수'는 '특징 수'이기도 하다. 예를 들어, 인사기록 데이터셋이 있을 때, 사번/이름/나이/…. 등과 같은 어떤 개인에 대한 특징을 나타내는 항목의 개수가 곧 특징 수이자 차원 수이고, 인사기록 데이터셋에 수록된 직원이 5천 명이라면 사례 수는 5천이다.

사람들은 일반적으로 심층 신경망을 은닉 계층이 여러 개인 신경망으로 정의하지만, '딥러닝'이라는 용어는 현대 인공 신경망(ANN)과는 의미가 크게 다르다. 그러나 서로 다른 아키텍처는 계층 내에서 매우 복잡한 데이터를 모델링할 수 있는 고유한 기능을 구현한다.

예를 들어, 합성곱 신경망(CNN)은 다중 특징과 중요한 특징을 추출하기 위한 지도(map)를 반복적으로 생성하는 합성곱 계층(convolutional layer)과, 특징의 차원을 줄이면서 가장 유익한 성분을 보존하는 풀링(pooling, 병합) 단계를 결합한다. CNN은 이미지 데이터를 모델링하고 분류 및 요약과 같은 작업을 수행하는 데 무척 효과적이다.

순차적 언어 데이터를 모델링하기 위해 장단기 기억(LSTM, long short-term-memory) 망과 같은 재귀 신경망(RNN)의 변형이 특히 효과적이었다. RNN의 아키텍처는 모델이 시퀀스의 단어 순서를 유지하고 장기 의존성을 추적할 수 있게 한다. 예를 들어, LSTM은 '기억(memory)' 및 '망각(forget)'과 같은 함수들을 허용하는 게이트 셀을 구현한다. 이 모델의 변형은 기계번역 및 자연어 생성 작업에 매우 널리 사용된다.

텐서플로: 딥러닝을 위한 프레임워크

텐서플로는 딥러닝을 위한 프레임워크를 제공하는 분산 컴퓨팅 엔진이다. GPU뿐만 아니라 많은 머신의 망 전반에서 모델을 병렬화할 목적으로 구글이 개발한 후에 2015년 11월에 소스가 공개되면서부터 누구나 이용할 수 있게 되었으며, 이로 인해 가장 인기 있는 딥러닝 라이브러리의 하나가 되었다.

텐서플로는 사용자가 신경망 아키텍처에 상당히 친숙하다는 것을 전제로 하며, 상당한 수준의 사용자 지정이 가능한 데이터 흐름 그래프를 작성하는 데 중점을 둔다. 텐서플로 작업흐름에서 각 계층과 모든 하이퍼파라미터를 지정한 다음 해당 단계를 정적 그래프로 컴파일한 다음 세션을 실행해 훈련을 시작한다. 이로 인해 딥러닝 모델은 복잡성이 증가함에 따라 제어 및 최적화가 쉬워지지만, 신속한 프로토타이핑은 훨씬 어려워진다.

본질적으로 딥러닝 모델은 함수들이 사슬처럼 연달아 이어져 있는 것일 뿐인데, 이를 통해 많은 딥러닝 라이브러리들이 기능적이며 장황하고 선언적인 유형을 띄는 경향이 있는지를 알 수 있다. 그렇기 때문에 케라스, TF-slim, TFLearn, SkFlow를 포함한 여러 라이브러리가 나와 생태계를 이루며 더 추상적이고 객체 지향적인 인터페이스를 제공함으로써 더 빠르게 진보할 수 있도록 돕고 있다. 다음 절에서는 케라스 API를 통해 텐서플로를 사용하는 방법을 보여 준다.

케라스: 딥러닝용 API

케라스(Keras)가 텐서플로, 카페, 씨애노(Theano, 테아노) 및 파이토치와 같은 딥러닝 프레임워크와 함께 묶이는 경우가 많지만, 케라스는 딥러닝용으로 더 일반화된 API 사양을 제공한다. 원래 케라스 인터페이스는 씨애노에 대한 백엔드용으로 작성되었지만, 텐서플로가 소스를 공개하고 극적으로 인기를 얻게 됨에 따라 얼마 있지 않아 다수의 사용자가 케라스 API를 기본 라이브러리로 삼기 시작했으며 2017년 초에는 텐서플로 코어로 편입되었다.

케라스에서는 모든 것이 객체이므로 프로토타이핑에 특히 유용한 도구다. 이전 절에서 사용한 다층 퍼셉트론 분류기를 대략적으로 다시 만들려면 케라스의 Sequential 모델을 인스턴스화하고, 두 개의 조밀한(**완전히 연결된**) 은닉 계층을 추가하는 build_network 함수를 만들면 된다. 첫 번째 계층에는 500개의 마디점이 있고, 두 번째 계층에는 150개의 마디점이 있는데, 두 계층에서는 모두 활성화 파라미터로 정류 선형 단위(ReLU)를 사용한다. 첫 번째 은닉 계층에서는 입력 계층의 모양에 대해 input_shape이라는 튜플을 전달해야 한다.

출력 계층에서는 이전 계층의 차원을 분류 문제의 계급(class) 수와 동일한 공간에 응축하는 함수를 지정해야 한다. 이 경우에 우리는 자연어 처리에 널리 사용되는 **softmax**를 사용한다. softmax는 말뭉치의 토큰과 정렬되는 범주형 분포를 나타내기 때문이다. build_network 함수는 경사 하강과 관련해서 사용하기 바라는 손실 함수를 loss로 지정하고 최적화 함수를 optimizer로 지정해 컴파일 메서드를 호출한 다음에 마지막으로 컴파일된 망을 반환한다.

```
from keras.layers import Dense
from keras.models import Sequential


N_FEATURES = 5000
N_CLASSES = 4


def build_network():
    """
    컴파일된 신경망을 반환하는 함수를 만든다.
    """
    nn = Sequential()
    nn.add(Dense(500, activation='relu', input_shape=(N_FEATURES,)))
    nn.add(Dense(150, activation='relu'))
    nn.add(Dense(N_CLASSES, activation='softmax'))
    nn.compile(
        loss='categorical_crossentropy',
        optimizer='adam',
        metrics=['accuracy']
    )
    return nn
```

keras.wrappers.scikit_learn 모듈은 사이킷런 인터페이스를 구현하는 두 개의 래퍼인 KerasClassifier와 KerasRegressor를 노출한다. 이는 Sequential이라는 케라스 모델을 사이킷런 파이프라인 또는 GridSearch의 일부로 통합할 수 있음을 의미한다.

우리의 작업흐름에서 KerasClassifier를 사용하기 위해 TextNormalizer(78쪽, **'맞춤형 텍스트 정규화 변환기 만들기'**에서 설명)와 사이킷런 TfidfVectorizer를 사용해 파이프라인을 시작한다. 우리는 벡터라이저의 max_features 파라미터를 사용해 N_FEATURES 전역 변수를 전달한다. 그러면 우리 벡터로 컴파일한 신경망의 input_shape와 동일한 차원이 보장된다.

 민감한 기본 하이퍼파라미터와 일치하는 사이킷런 추정기에 익숙한 우리에게는 딥러닝 모델을 구축하는 것이 처음에는 다소 실망스러울 수 있다. 케라스와 텐서플로는 들어오는 데이터의 크기와 모양을 거의 고려하지 않으며 결정 공간의 하이퍼파라미터를 이해하지 못한다. 그럼에도 불구하고 케라스 API를 통해 텐서플로 모델을 작성하는 방법을 배우면 적합 모델을 만들 수 있을뿐 아니라 sklearn.neural_network 모델을 다루는 중에 적합 모델을 훈련할 수 있다.

마지막으로, KerasClassifier를 파이프라인에 추가하고 신경망(network)의 빌드 함수, 원하는 에포크 수 및 선택적 배치 크기를 전달한다. 컴파일된 신경망의 인스턴스가 아닌 build_network를 함수로 전달해야 한다.

```
if __name__ == '__main__':
    from sklearn.pipeline import Pipeline
    from transformer import TextNormalizer
    from keras.wrappers.scikit_learn import KerasClassifier
    from sklearn.feature_extraction.text import TfidfVectorizer

    pipeline = Pipeline([
        ('norm', TextNormalizer()),
        ('vect', TfidfVectorizer(max_features=N_FEATURES)),
        ('nn', KerasClassifier(build_fn=build_network,
                               epochs=200,
                               batch_size=128))
    ])
```

이제 train_model 함수를 약간 수정한 버전을 사용해 파이프라인을 실행하고 평가할 수 있다. 이전 절에서와 마찬가지로 이 함수는 말뭉치 리더를 인스턴스화하고 documents 및 make_categorical을 호출해 입력 값 X와 표적 값 y를 얻고 교차검증 점수를 계산하고 모델을 적합화하고 저장한 다음 점수를 반환한다.

안타깝게도 이 글을 쓰는 시점에서 케라스에 특정되어 있는 save 메서드를 사용해 위계적 데이터 포맷(.h5)에 맞춰 신경망을 파일로 저장해야만 하므로, 사이킷런으로 래핑한 케라스 모델을 사용하는 경우에 파이프라인을 계속 연결해 나가기가 다소 어려울 수 있다. 이 문제를 해결하기 위해 우리는 Pipeline이라는 인덱싱을 사용해 훈련된 신경망부터 저장한 다음 joblib를 사용해 나머지 파이프라인을 저장한다.

```python
def train_model(path, model, saveto=None, cv=12):
    """
    지정된 경로에 있는 말뭉치에서 모델을 훈련하고 전체 데이터상에서 적합시킨다.
    저장할 딕셔너리가 지정된 경우에 Keras와 Sklearn의 파이프라인 컴포넌트들을
    디스크에 개별적으로 쓴다. 점수들을 반환한다.
    """
    corpus = PickledReviewsReader(path)
    X = documents(corpus)
    y = make_categorical(corpus)

    scores = cross_val_score(model, X, y, cv=cv, scoring='accuracy', n_jobs=-1)
    model.fit(X, y)

    if saveto:
        model.steps[-1][1].model.save(saveto['keras_model'])
        model.steps.pop(-1)
        joblib.dump(model, saveto['sklearn_pipe'])

    return scores
```

이제 if-main 문으로 돌아가서, 우리는 직렬화된 모델이 저장될 경로의 사전과 사전에 대한 경로를 제공한다.

```python
cpath = '../review_corpus_proc'
mpath = {
    'keras_model'  : 'keras_nn.h5',
    'sklearn_pipe' : 'pipeline.pkl'
}
scores = train_model(cpath, pipeline, saveto=mpath, cv=12)
```

신경망에 5천 개나 되는 입력 특징을 사용함으로써 우리의 예비 케라스 분류기는 꽤 잘 수행되었다. Pitchfork 감상평이 앨범을 'terrible', 'okay', 'great', 'amazing'한 것으로 간주하는지 여부를 평균적으로 예측할 수 있다.

```
Mean score for KerasClassifier: 0.70533893018807
```

사이킷런 분류기의 평균 점수가 약간 더 높기는 했지만, 케라스를 사용할 때는 사용 가능한 코어가 모두 있는 맥북 프로에서 훈련하는 데 두 시간이 걸렸는데, 이는 대략 사이킷런의 `MLPClassifier`를 훈련할 때 걸린 시간에 비하면 훈련 시간이 약 6분의 1에 불과했다. 이런 결과로 볼 때 케라스 모델을 조율하면(예: 은닉 계층과 마디점을 더 추가한다거나, 활성 함수나 비용 함수를 조정한다거나, '드롭아웃'[7]을 무작위로 시행한다거나, 과적합을 피하기 위해 입력 내용의 일부를 0으로 설정하는 등) 우리 모델을 더 빠르게 개선할 수 있음을 알 수 있다.

그러나 우리 모델의 주요 문제점 중 하나는 데이터셋의 크기가 작다는 점이다. 신경망은 일반적으로 그 밖의 머신러닝 모델보다 뛰어나지만, 사용 가능한 훈련 데이터의 한계점을 넘어서야 한다. 이에 대한 자세한 내용은 앤드류 응(Andrew Ng)의 〈Why Is Deep Learning Taking Off?(왜 딥러닝이 시작되는가?)〉[8]를 참조하자. 이번 장의 다음 절에서는 훨씬 더 큰 데이터셋을 살펴보고, 7장과 10장에서 보았던 종류의 구문 기능을 사용해 신호 대 잡음 비율을 향상시키는 방법을 실험한다.

정서 분석

지금까지 우리는 감상평(reviews)을 순수한 단어 주머니(bag-of-words)로만 취급했다. 이는 신경망에 일반적이지 않다. 활성 함수의 입력 값이 일반적으로 [0,1] 또는 [-1,1]의 불연속 범위에 있어야 하므로 벡터화 방법으로 쓰기에는 원핫 인코딩(one-hot encoding)이 더 편리하다.

그러나 단어 주머니 모델은 유의한 조정이나 수정을 설명하는 미세 신호를 포착하는 게 아니라 텍스트의 광범위하고 중요한 요소를 포착하기 때문에 더 미묘한 텍스트 분석 작업에 쓰기에는 문제가 있다. 7장과 10장에서 간략하게 살펴본 언어 생성에서 모아 놓은 단어만으로는 복잡한 인간 언어 패턴을 파악하기 어려운 경우가 종종 있다는 점을 알 수 있었다. 그러한 경우의 또 다른 예는 정서 분석인데, 여기서 진술의 상대적 긍정성이나 부정성은 긍정적이고 부정적으로 연관된 수식어와 빈정거림, 과장, 상징과 같은 비합리적인 요소 사이의 복잡한 상호작용의 함수다.

1장에서는 문맥 자질의 중요성을 기술하기 위해 간단하게 정서 분석(sentiment analysis, 감성 분석)을 도입했다. 성별과 같은 언어 자질(즉, 언어 특징)이 종종 언어 구조로 인코딩되지만, 정서

---

7 [옮긴이] 신경망의 기본 단위인 마디점을 훈련 도중에 소거하는 일.

8 Andrew Ng, Why is Deep Learning Taking Off?, (2017) http://bit.ly/2JJ93kU

는 토큰 수준에서 인코딩하기에는 너무 복잡한다. 예를 들어, 안뜰, 잔디 및 정원 장비에 대한 아마존 고객 사용기의 샘플 텍스트를 살펴보자.

> I used to use a really primitive manual edger that I inherited from my father. Blistered hands and time wasted. I decided there had to be a better way and this is surely it. Edging is one of those necessary evils if you want a great looking house. I don't edge every time I mow. Usually I do it every other time. The first time out after a long winter, edg– ing usually takes a little longer. After that, edging is a snap because you are basically in maintenance mode. I also use this around my landscaping and flower beds with equally great results. The blade on the Edge Hog is easily replaceable and the tell tale sign to replace it is when the edge starts to look a little rough and the machine seems slower.
>
> —Amazon reviewer

1장의 성별 단어와 마찬가지로 '긍정적' 및 '부정적' 감상평 단어의 수를 사용해 등급을 예측하면 어떤 점수를 볼 수 있는가? 부정적 단어(예: 'primitive', 'blistered', 'wasted', 'rough', 'slower')가 많지만, 이 텍스트는 있음직한 등급 중에서도 최고 등급인 별점 다섯 개짜리 사용기에 해당한다!

감상평의 단 한 문장이(예: 'Edging is one of those necessary evils if you want a great-looking house.') 때로는 그 정서를 뒤집거나 확대시키는 효과를 낼 수도 있기 때문에 우리는 이를 통해, 긍정적인 어구와 부정적인 어구가 서로를 얼마나 수정하는지 알 수 있다. 그림 12-4의 구문분석 트리는 이러한 구문 덩어리가 어떻게 결합되어 검토의 전체적인 감정에 영향을 미치는지 보여 준다.

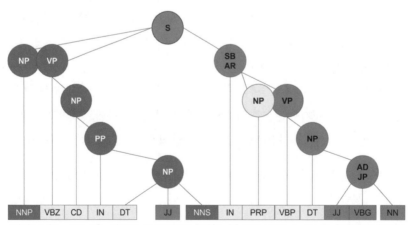

그림 12-4 **구문분석**

심층 구조 분석

정서 분석에 대한 **구문론적 청킹 접근법**(syntactic chunking approach)은 리처드 소쉬르(2013년)가 제안했다.[9] 소쉬르 등은 **트리 뱅크**(tree-bank) 즉, 구문 주석을 달았던 말뭉치를 사용한 정서 분류를 통해 발언의 전체 정서를 더욱 미묘하게 예측할 수 있다고 제안한다. 그들은 전체 발화가 아닌 **정서**를 각 구별로(phrase-by-phrase) 분류하는 편이 궁극적으로 어떻게 유의한 정확성을 향상시키는지를 보여 주었는데, 특히 그림 12-4에서 보았듯이 구별로 정서를 분류하는 게 **파스 트리**의 다양한 수준에서 부정의 영향을 복잡하게 모델링할 수 있기 때문이다.

소쉬르는 또한 신경망 모델링에 대한 새로운 접근 방식인 **재귀적 신경 텐서망**(recursive neural tensor network)을 도입했다. 표준 피드포워드 모델(feedforward models) 및 재발 모델(recurrent models)과는 달리 **재귀 망**(recursive networks, 귀납적 신경망, 되풀이 신경망)은 계층적 데이터와 트리의 양에 해당하는 훈련 과정을 예상한다. 이 모델은 4장에서 소개된 것과 같은 매장을 사용해 트리의 단어, 즉 '리프'를 표현하고 벡터화된 리프를 재귀적으로 결합해 구를 나타내는 방법을 결정하는 **합성성 함수**(compositionality function)를 사용한다.

이번 장에서 앞서 구축한 KerasClassifier와 마찬가지로 재귀 신경망은 은닉 계층의 활성 함수를 이용하여 비선형적으로 모델링할 뿐만 아니라 소프트맥스와 같은 계층의 수(일반적으로 정서 분석이라면 2개)와 일치하도록 최종 계층의 차원성을 축소하는 **압축 함수**(compression finction)를 이용한다.

 소쉬르(Socher) 모델의 효용성은 대규모 훈련 집합의 큰 부분을 차지할 것이라는 점도 중요하다. 소쉬르 팀은 수천 건의 rottentomatoes.com 영화 감상평에서 문법적으로 있음직한 모든 구를 추출해 훈련 데이터를 작성했으며, 레이블 검토 인터페이스를 통해 Amazon Mechanical Turk 작업기가 수동으로 점수를 매겼다. 그 결과로 원본 Matlab 코드 및 정서 분석 트리의 시각화는 Stanford Sentiment Treebank를 통해 사용할 수 있다.[10]

다음 절에서는 소쉬르의 작업 아이디어 중 일부를 빌려 신호 증폭 도구로 언어 구조를 활용하는 정서 분류기를 구현할 것이다.

---

9 Richard Socher, Alex Perelygin, Jean Y. Wu, Jason Chuang, Christopher D. Manning, Andrew Y. Ng, and Christopher Potts, Recursive Deep Models for Semantic Compositionality Over a Sentiment Treebank, (2013) http://bit.ly/2GQL2Xy

10 Jean Wu, Richard Socher, Rukmani Ravisundaram, and Tayyab Tariq, Stanford Sentiment Treebank, (2013) https://stanford.io/2GQL3uA

키프레이즈 주머니를 사용해 정서 예측하기

이전 절에서는 케라스를 사용해 Pitchfork 음악 비평(Pitchfork music critic)이 감상평에 포함된 단어를 기반으로 앨범을 평가하는 방법을 공정하게 성공적으로 예측할 수 있는 간단한 다층 퍼셉트론을 훈련했다. 이번 절에서는 더 큰 말뭉치와 **키프레이즈 주머니**(bag-of key-phrase) 접근 방식을 사용해 더 복잡한 모델을 만들려고 시도한다.

우리의 새로운 말뭉치에는 샌디에고에 자리 잡은 캘리포니아 대학의 율리안 맥컬리(Julian McAuley)가 작성한 아마존 제품 사용기 말뭉치의 부분집합(subset, 서브셋)을 사용할 것이다.[11] 전체 데이터셋에는 영화 및 TV에 대한 100만 건이 넘는 감상평(reviews)이 포함되어 있다(우리는 사용기 본문과 점수를 소중히 생각한다). 점수는 가장 낮은 1등급에서 가장 높은 5등급까지 범주화되어 있다.

우리 모델의 전제는 본문의 의미 정보 대부분이 문장 내에서 작은 구 하부 구조에 포함된다는 것이다. 단어 주머니 방식을 사용하는 대신 새로운 KeyphraseExtractor 클래스를 추가하여 감상평 텍스트의 **구문론적 구조**(syntactic structure, 통사 구조)를 활용하는 경량 방법을 구현할 것이며, 이 클래스는 7장에서 키프레이즈 추출 기법을 수정하여 문서 말뭉치의 벡터 표현으로 감상평 말뭉치 문서를 변환할 것이다.

특히, 정규 표현식을 사용해 부사구('without care')와 형용사구('terribly helpful')를 식별하기 위해 품사 태그를 사용하는 문법을 정의한다. 그런 다음에 NLTK RegexpParser를 사용해 텍스트를 키프레이즈(keyphrases, 핵심 구)로 청크할 수 있다. 우리는 미리 전체 특징 수(다른 말로 하자면 용어집)와 각 문서의 길이를 알아야 하는 신경망 모델을 사용할 것이며, 따라서 이러한 파라미터를 우리의 __init__ 함수에 추가하기로 한다.

최대 어휘 및 문서 길이 제한에 대해 하이퍼파라미터를 설정하는 일은 데이터에 따라 다르며, 반복적인 특징공학이 필요하다. 고유 키워드(keyword, 핵심어)의 총 개수를 계산하고 특성 파라미터를 그 수보다 작게 설정할 수 있다. 문서 길이라면 우리 말뭉치에서 각 문서의 키워드 수를 세어 평균을 취할 수 있다.

```
class KeyphraseExtractor(BaseEstimator, TransformerMixin):
    """
    부사구와와 형용사구를 추출하고,
    nfeatures 파라미터에 의해 제한된 전체 키프레이즈 용어집과
    doclen 파라미터로 제한되고 채워진 문서 길이를 사용해
```

---

11 Julian McAuley, Amazon product data, (2016) http://bit.ly/2GQL2H2

```
    문서들을 이러한 키프레이즈들의 리스트로 변환한다.
    """
    def __init__(self, nfeatures=100000, doclen=60):
        self.grammar = r'KT: {(<RB.> <JJ.*>|<VB.*>|<RB.*>)|(<JJ> <NN.*>)}'
        self.chunker = RegexpParser(self.grammar)
        self.nfeatures = nfeatures
        self.doclen = doclen
```

복잡성을 줄이기 위해 각기 토큰화된 태그가 있는 문장에서 구두점을 제거하고 단어를 소문자로 만드는 normalize 메서드를 추가하고, 각 문장에서 keyphrases를 추출하기 위해 우리의 문법을 사용하는 extract_candidate_phrasest를 추가한다.

```
...
    def normalize(self, sent):
        is_punct = lambda word: all(unicat(c).startswith('P') for c in word)
        sent = filter(lambda t: not is_punct(t[0]), sent)
        sent = map(lambda t: (t[0].lower(), t[1]), sent)
        return list(sent)

    def extract_candidate_phrases(self, sents):
        """
        문서에 대해서는, 우리 문법에 맞게 만든 청커를 사용해 문장들을 구문분석하면서
        파스 트리를 태그를 지정한 시퀀스 한 개로 전환한다.
        구들을 추출하고, 공백을 사용해 다시 결합하고,
        키프레이즈들로 이뤄진 리스트로 표현되는 문서를 만들어 낸다(yield).
        """
        for sent in sents:
            sent = self.normalize(sent)
            if not sent: continue
            chunks = tree2conlltags(self.chunker.parse(sent))
            phrases = [
                " ".join(word for word, pos, chunk in group).lower()
                for key, group in groupby(
                        chunks, lambda term: term[-1] != 'O'
                ) if key
            ]
            for phrase in phrases:
                yield phrase
```

입력 계층의 크기를 신경망에 전달하기 위해 get_lexicon 메서드를 사용해 각 사용기에서 키프레이즈를 추출하고 원하는 수의 특징으로 용어집을 작성한다. 마지막으로, 클립 메서드는 각 문서가 용어집의 키프레이즈만을 포함하도록 한다.

```
...
    def get_lexicon(self, keydocs):
```

```
    """
    크기가 nfeatures인 용어집을 구축한다.
    """
    keyphrases = [keyphrase for doc in keydocs for keyphrase in doc]
    fdist = FreqDist(keyphrases)
    counts = fdist.most_common(self.nfeatures)
    lexicon = [phrase for phrase, count in counts]
    return {phrase: idx+1 for idx, phrase in enumerate(lexicon)}

def clip(self, keydoc, lexicon):
    """
    용어집에 들어 있지 않은 키프레이즈들을 문서들에서 제거한다.
    """
    return [lexicon[keyphrase] for keyphrase in keydoc
            if keyphrase in lexicon.keys()]
```

우리의 `fit` 메서드는 아무런 연산도 하지 않으므로(즉, no-op여서) 단순히 self를 반환하기만 하는 데 비해 `transform` 메서드는 키프레이즈를 추출하고, 용어집을 만들고, 문서를 자른 다음, 케라스의 sequence.pad_sequences 함수를 사용하여 각각 채우는(padding) 식으로 막중한 임무를 수행한다.

```
from keras.preprocessing import sequence

...
    def fit(self, documents, y=None):
        return self

    def transform(self, documents):
        docs = [list(self.extract_candidate_phrases(doc)) for doc in documents]
        lexicon = self.get_lexicon(docs)
        clipped = [list(self.clip(doc, lexicon)) for doc in docs]
        return sequence.pad_sequences(clipped, maxlen=self.doclen)
```

이제 우리는 신경망을 구축하는 함수를 작성할 것이다. 이번 경우에 우리는 장단기 기억 (LSTM) 신경망을 구축할 것이다.

우리의 LSTM은 키프레이즈 문서로부터 내장되는 벡터를 만드는 매장 계층(embedding layer)으로 시작할 것이며, 세 가지 파라미터인 특징의 전체 개수(예: 키프레이즈 용어집의 전체 크기), 내장형 문서의 원하는 차원, 각 키프레이즈 문서의 'input_length'를 명시한다. 200개 마디점으로 된 우리의 LSTM 계층은 두 개의 드롭아웃 계층 사이에 중첩되어 있으며, 입력 장치의 일부를 각 훈련 주기 동안 무작위로 0으로 설정하여 과적합을 방지한다. 최종 계층은 정서 분류를 위한 예상 표적(target, 목표) 수를 지정한다.

```
N_FEATURES = 100000
N_CLASSES = 2
DOC_LEN = 60
def build_lstm():
    lstm = Sequential()
    lstm.add(Embedding(N_FEATURES, 128, input_length=DOC_LEN))
    lstm.add(Dropout(0.4))
    lstm.add(LSTM(units=200, recurrent_dropout=0.2, dropout=0.2))
    lstm.add(Dropout(0.2))
    lstm.add(Dense(N_CLASSES, activation='sigmoid'))
    lstm.compile(
        loss='categorical_crossentropy',
        optimizer='adam',
        metrics=['accuracy']
    )
    return lstm
```

우리는 정서 모델을 이진 분류 문제(그의 구현에서 소쉬르가 했던 것처럼)로 훈련할 것이므로 train_modelfunction에서 사용할 두 가지 범주로 binarize 함수를 추가할 것이다. 두 계급은 대략 '좋아한다' 또는 '싫어한다'와 일치할 것이다.

```
def binarize(corpus):
    """
    싫어한다 : 0.0 < y <= 3.0
    좋아한다 : 3.0 < y <= 5.1
    """
    return np.digitize(continuous(corpus), [0.0, 3.0, 5.1])

def train_model(path, model, cv=12, **kwargs):
    corpus = PickledAmazonReviewsReader(path)
    X = documents(corpus)
    y = binarize(corpus)
    scores = cross_val_score(model, X, y, cv=cv, scoring='accuracy')
    model.fit(X, y)

    ...

    return scores
```

마지막으로, 우리는 Pipeline 입력과 컴포넌트들을 지정하고 train_model 함수를 호출해 교차검증 점수를 얻을 것이다.

```
if __name__ == '__main__':
    am_path = '../am_reviews_proc'
    pipeline = Pipeline([
```

```
        ('keyphrases', KeyphraseExtractor()),
        ('lstm', KerasClassifier(build_fn=build_nn,
                                      epochs=20,
                                      batch_size=128))
    ])

    scores = train_model(am_path, pipeline, cv=12)

Mean score: 0.8252357452734355
```

우리의 모델의 예비 결과는 놀랍게도 효과적이며, 키프레이즈 추출은 구문론적 구조로 인코딩된 의미 정보를 완전히 버리지 않고 텍스트 데이터의 차원을 줄이는 데 유용한 방법임을 시사한다.

미래가 바로 눈앞에

텍스트용 머신러닝을 위한 많은 새로운 산업 애플리케이션뿐만 아니라 이러한 애플리케이션을 지원할 수 있는 급성장 기술 덕분에 텍스트 분석이 흥미로워졌다. 지난 수십 년 동안 하드웨어가 발전하고 지난 수년간에 걸쳐 사용할 수 있는 오픈소스들이 구현되면서 신경망이 학술 및 연구 단계에 머무르지 않고 실제로 응용해 볼 만한 분야가 되었다. 그러므로 응용 텍스트 분석을 현시대적 흐름에 맞게 하고 관련성을 유지하려면 기존의 코드 기반에 대한 학술 연구뿐만 아니라 새로운 하드웨어를 통합할 준비가 되어 있어야 한다. 언어가 변할수록 언어 처리 역시 중요해진다.

자연어 처리(기계번역, 요약, 말을 바꿔 말하기, 질의 응답 및 대화)에서 가장 큰 과제 중 하나는 현재 신경망으로 해결되고 있다. 점차적으로 언어 데이터에 대한 딥러닝 모델 연구가 언어 처리 수준을 넘어 언어를 이해하는 방향으로 옮겨 가고 있다.

현재의 상업용 애플리케이션에서는 언어를 매우 잘 인식하지만, 이러한 애플리케이션들의 수가 여전히 상대적으로 적다. 아마존의 알렉사 음성 인식 기술, 구글 번역 앱의 기계번역 기술, 시각 장애인을 위한 페이스북의 이미지 캡션 기술과 같은 것들은 텍스트, 사운드 및 이미지를 혁신적인 방법으로 점차 연결하고 있다. 알고리즘 개선 기능, 예를 들어 이미지 분류를 자연어 생성과 결합할 수 있는 하이브리드 모델, 기계번역을 통한 음성 인식 등과 같은 다양한 기능이 향후 몇 년 동안 등장할 것이다.

그러나 텍스트 자동 완성이라든가 대화형 에이전트 또는 개선된 제품 추천 기능처럼, 일상적인 애플리케이션의 사용자 환경을 미묘하게 개선하기 위해 개발된, 더 작은 규모의 텍스트 분석 기능도 볼 수 있게 될 것이다. 그러한 애플리케이션은 대규모 데이터셋이 아니라 특정 사용 사례에 맞춘 맞춤형 영역별 말뭉치(또는 독점적으로)에 의존할 것이다.

현재 적용된 신경망을 실용적이고 비용 효율적으로 만들 수 있는 충분한 데이터와 직원 및 고성능 컴퓨팅 성능을 갖춘 회사는 거의 없지만, 이 역시 변화하고 있다. 하지만 대다수의 데이터 과학자와 애플리케이션 개발자에 대해서, 응용 텍스트 분석의 미래는 알고리즘 혁신에 관한 것이 아니라 야생에서 흥미로운 문제를 찾아내고, 작고 확장 가능한 도구와 기법을 적용하여 이전 세대의 것과 우리의 애플리케이션을 차별화하는 고부가가치 기능을 구축하는 것에 관한 것이 될 것이다.

용어 해설

고유벡터 중심성

고유벡터 중심성(eigenvector centrality)은 N이 연결된 마디점의 차수에 따라 그래프 G에서 마디점 N의 중심을 측정한다. N의 이웃들이 많지 않고 이 이웃들의 차수가 아주 크다면 N의 고유벡터 중심성이 이웃들 중 일부를 능가할 수 있다. 고유벡터 중심성은 카츠 중심성 및 페이지랭크와 같은 여러 변형의 기본이다.

과소적합

과소적합(underfitting)은 일반적으로 적합화된 모델이 매번 동일한 예측을 수행한다거나(즉, 분산이 낮음), 정확한 응답과 비교해 보았을 때 상당히 벗어나는(즉, 편향성이 높은) 시나리오를 말한다. 과소적합은 데이터 점이 충분하지 않거나 복잡한 모델을 충분히 훈련하지 못할 때 나타나는 증상이다.

과적합

지도학습의 맥락에서 모델의 과적합(overfitting, 과대적합)이란 모델이 학습 데이터를 기억함으로 인해 이전에 본 적이 있는 데이터에 대해서는 높은 정확도를 달성하지만, 이전에 본 적이 없는 데이터에 대해서는 정확도가 크게 낮춰진다는 점을 의미한다.

교차검증/k겹 교차검증

교차검증(cross-validation) 또는 k겹 교차검증(k-fold cross-validation)은 데이터셋의 k번째 조각(훈련용 및 테스트용 분할부)에 지도학습 모델을 따로따로 결합해 보는 과정으로, 보이지 않는 데이터에 대해서도 좋은 성능을 발휘해야 할 모델의 예측을 비교해 볼 수 있게 한다. 교차검증으로 편향과 분산 간의 균형을 맞출 수 있다.

구문론

구문론(syntax, 통사론)은 문법에 의해 정의된 문장 형성 규칙을 설명하는 방법이다.

구문분석

텍스트 분석론의 맥락에서 볼 때 구문분석(parsing)은 발화를 복합체(composite) 조각들로 분해(예: 문서를 단락으로, 단락을 문장으로, 문장을 토큰으로 분해)한 다음, 계산할 수 있는 구문론적 구조나 의미론적 구조로 작성하는 과정이다.

군집화

비지도학습 방식인 군집화(clustering)는 레이블이 없는 데이터에서 숨겨진 구조를 발견하는 방법이다. 군집화 알고리즘은 데이터 사례들을 서로 의미가 다른 군(群, group)별로 구성하는 기능을 사용해 레이블이 지정되지 않은 데이터의 잠재적 패턴을 발견하는 것을 목표로 한다.

그래프

망 그래프(network graph, 즉 '네트워크 그래프')는 변(edge, 간선)들로 연결된 마디점(node, 정점)으로 구성된 데이터 구조이며, 텍스트 및 상호 텍스트 관계를 포함해 복잡한 관계를 모델링하는 데 사용된다.

그래프 분석론

텍스트 분석에 대한 그래프 분석론(graph analytics) 기법에서는 엔터티나 그 밖의 텍스트 요소 간의 관계를 이해하기 위해 그래프 구조와 그래프 이론의 계산 측정을 활용한다.

근접 중심성

근접 중심성(closeness centrality)은 그래프 G의 마디점 N에서 그래프의 크기로 표준화된 다른 모든 마디점까지의 평균 경로 거리를 계산한다. 근접 중심성은 N에서 발원한 정보가 G로 얼마나 빠르게 퍼지는지를 설명한다.

기호 언어 모델

기호 언어 모델(symbolic language models, 즉 '기호 언어 모형')은 텍스트를 출현 가능성이 있는 토큰들의 이산적인 시퀀스로 취급한다.

긴꼬리

긴꼬리 분포(long tail distribution), 즉 지프 분포(Zipfian distribution)는 빈도분포(frequency distribution, 도수분포)의 중심 부분에서 멀리 떨어진 많은 수의 발생을 표시한다.

단락 벡터

단락 벡터(paragraph vector)는 가변 길이 문서에서 고정 길이 형상을 학습하는 비지도학습 알고리즘으로, word2vec을 문서 길이 사례로 확장할 수 있다.

단어 주머니(BOW)/연속 단어 주머니(CBOW)

단어 주머니(BOW, bag-of-words)는 텍스트 인코딩의 한 방법으로, 말뭉치의 모든 문서가 말뭉치의 어휘와 길이가 같은 벡터로 변환된다. 단어 주머니 표현의 기본 통찰력은 의미와 유사점이 어휘로 인코딩된다는 것이다.

담론

담론(discourse, 담화)은 문서로 하는 의사소통, 다시 말하자면 공식적으로 하는 의사소통을 말하며, 일반적으로 비공식 서면으로 하는 의사소통이나 대화로 하는 의사소통보다 정형화되어 있다.

대화 시스템

챗봇이라는 맥락에서 보면 대화 시스템(dialog system)은 입력을 인터럽트하고, 내부 상태를 유지하며, 응답을 생성하는 내부 컴포넌트다.

데이터 제품

데이터 제품(data products)은 데이터에서 가치를 끌어 내고 새로운 데이터를 생성하는 소프트웨어 애플리케이션이다.

드롭아웃

신경망의 맥락에서, 각 훈련주기 동안 무작위로 입력 단위의 일부를 0으로 설정해 과적합을 방지하는 드롭아웃(dropout, 중도탈락) 계층이 설계되었다.

딥러닝

딥러닝(deep learning, 심층학습)은 여러 개의 상호작용 은닉 계층이 포함된 대규모 신경망 아키텍처를 광범위하게 설명한다.

레코드 연계

레코드 연계(record linkage)는 엔터티 확인과 관련된 세 가지 주요 작업 중 하나이며, 서로 다른 원본에서 동일한 엔터티를 참조하는 레코드를 식별해야 한다.

마디점/정점

그래프 데이터 구조의 맥락에서 마디점(node)은 데이터의 기본 단위다. 마디점은 변(edge)으로 연결되어 망(network)을 형성한다.

말뭉치 리더

말뭉치 리더(corpus reader)는 문서를 읽고, 검색하고, 스트림하고 필터링하는 프로그래밍 방식의 인터페이스이며, 말뭉치 내의 데이터에 액세스해야 하는 코드의 인코딩 및 전처리와 같은 데이터 가공 기법을 노출한다.

말뭉치/말뭉치들

말뭉치(corpus, 복수형은 corpora)는 자연어가 포함된 관련 문서 모음 또는 발화 모음이다.

망

망(network, 네트워크)은 변(edge)으로 연결된 마디점(node)들로 구성된 데이터 구조이며, 텍스트 및 문자 간 관계를 비롯한 복잡한 관계를 모델링하는 데 사용할 수 있다.[1] '그래프'를 참조하자.

매개 중심성

매개 중심성(betweenness centrality)은 G를 포함하는 G의 최단 경로와, G의 최단 경로의 총수의 비율로 계산된다.

머신러닝

머신러닝(machine learning, 기계학습)은 기존 데이터에서 유의한 패턴을 추출하고 이러한 패턴을 적용해 향후 데이터에 대한 의사 결정 또는 예측을 수행하는 광범위한 방법을 설명한다.

멀티프로세싱

멀티프로세싱(multiprocessing, 다중처리)이란 한 번에 둘 이상의 중앙처리장치(CPU)를 사용하는 것과 한 번에 둘 이상의 프로세서 간에 작업을 지원하거나 할당하는 시스템의 기능을 의미한다.

문법

문법(grammar)은 언어로 구조화된 문장의 구성 요소를 지정하는 규칙 집합이다.

문서

텍스트 분석의 맥락에서 보면 문서(document, 문헌)란 담론의 단일 사례다. 말뭉치들은 많은 문서로 구성된다.

문장 경계

대문자나 특정 문장 부호와 같은 문장 경계(sentence boundaries)는 문장의 시작과 끝을 나타낸다. 대부분의 자동화된 구문분석 및 품사 태깅 도구는 문장 경계가 있어야 작동한다.

발화

발화(utterance)란 말로 하는 발언(spoken speech) 또는 글로 하는 발언(written speech)들이 짧

1 　[옮긴이] 이 책에서는 독자가 이해하기 쉽도록 이 '망'을 그래프 이론에서는 '망'으로, 신경망 이론에서는 '신경망'으로 번역했다. 그렇지 않은 경우에는 그냥 '망'으로 표현했다.

으면서도 자체 충족되는 연쇄다. 발언 분석(speech analysis) 시에 발화는 일반적으로 명백한 쉼(pause, 끊어 읽기)을 기준으로 묶인다. 텍스트 분석에서, 발화는 일반적으로 쉼을 전달하기 위한 문장 부호로 묶여 있다.[2]

벡터화

벡터화(vectorize/vectorization)는 숫자가 아닌 데이터(예: 텍스트, 이미지 등)를 머신러닝 방법을 적용할 수 있는 벡터 표현으로 변환하는 과정이다.

변/연결선

그래프 G에서 마디점 N과 마디점 V 사이의 변(edge) E는 N과 V 사이의 연결선(link)을 의미한다.

변환기

변환기(transformer)는 적합화 프로세스에서 배운 규칙에 따라 이전 데이터 집합을 새로 생성하는 특수한 유형의 추정기다.

병렬성

병렬성(parallelism, 병렬주의)은 멀티프로세싱 계산을 말하며, 작업 병렬성(동일한 데이터에서 서로 다른 독립적인 연산이 동시에 실행되는 경우)과 데이터 병렬성(동일한 연산이 여러 입력에 동시에 적용되는 경우)을 포함한다.

복잡도

복잡도(perplexity)는 언어 모델의 확률분포의 엔트로피(불확실성 또는 놀랄 정도)를 평가함으로써 텍스트가 얼마나 예측 가능한지를 측정한 것이다.[3]

부분 군집화

텍스트 분석과 관련해 부분 군집화(partitive clustering) 방법들은 문서를 중심 벡터(즉, 중심)로 표시되거나 군집당 문서 밀도로 설명되는 그룹으로 분할한다. 중심(centroid)은 모든 구성원 문서의 집계된 값(예: 평균 또는 중앙값)을 나타내며 해당 군집의 문서를 설명하는 편리한 방법이다.

---

2 **옮긴이** 보통은 구두점(., !, ?)이 이러한 역할을 한다.

3 **옮긴이** 본문에 대한 각주에서 이미 설명한 바 있지만 다시 설명하자면, 언어학에 '언어 복잡도' 등의 용례가 이미 있어 복잡도로 번역했지만, 그 개념을 제대로 나타내고자 한다면 '혼탁도'가 적절한 번역어다.

분류

분류(classification)는 독립 변수(independence variable)로 구성된 사례(instance)와 주어진 범주형 표적 변수(target variable, 목표 변수)와의 관계를 학습하려고 하는 지도학습 방식 머신러닝의 한 유형이다. 분류기는 훈련 데이터에서 예측 범주와 실제 범주 간의 오류를 최소화하도록 훈련될 수 있으며, 일단 적합하게 되면 훈련 중에 발견된 패턴을 기반으로 범주형 레이블을 새 사례에 할당할 수 있다.

분류 보고서/분류 열지도

분류 보고서(classification report)는 주요 분류 기준(정밀도, 재현율, F1 점수)을 계급별로 표시한다.[4]

분산

분산(variance)이란 지도학습 문제의 두 가지 오류 원인 중 하나로, 각 점에서 평균까지의 거리를 제곱한 다음에 평균을 낸 것이다. 낮은 분산은 특징이 무엇이든지 간에 매번 동일한 예측을 하는 과소적합 모델이라는 점을 가리킨다. 높은 분산은 추정기가 훈련 데이터를 기억한 후에, 본 적이 없는 데이터(즉, 신규 데이터)에 대해 일반화가 잘 안 된 과적합 모델이라는 점을 가리킨다.

분산 표현

분산 표현(distributed representation, 분포 표현)은 연속적인 척도에 맞춰 텍스트를 인코딩하는 방법이다. 이것은 결과 문서 벡터가 토큰 위치에서 토큰 점수로의 단순 사상이 아니라 단어 유사성을 나타내기 위해 내장된 특징공간(feature space, 자질 공간)이라는 점을 의미한다.

분열

분열 군집화(divisive clustrering)는 데이터를 점진적으로 나눠서(dividing) 군집을 생성하는 위계적 군집화의 일종으로, 모든 사례를 포함하는 군집에서 시작하여 단일 사례를 포함하는 군집으로 마무리한다.

분할

텍스트 분석의 맥락에서 볼 때 분할(segmentation)이란 단락을 문장으로 쪼갬으로써 더 세분화된 담론 단위에 도달하는 과정을 말한다.

---

4 [옮긴이] 원문에 분류 열지도(classification heatmap)에 대한 내용이 빠져 있어 덧붙이자면 '분류 열지도란 주요 분류 기준을 일종의 지도 같은 그림 위에 분류 강도를 색의 농도로 표현한 것이다'라고 할 수 있다.

불용어

불용어(stopwords)는 텍스트 모델에서 수작업을 거쳐 제거할 단어다. 말뭉치를 이루는 모든 문서에서 너무 자주 출현하기 때문이다.

비주얼라이저

비주얼라이저(visualizer, 시각화기)는 시각적인 진단 툴로서 특징분석, 모델 선택, 하이퍼파라미터 조율(즉, 3중 모델 선택)이라는 과정을 사람이 조향할 수 있도록 추정기를 확장한다.

비지도학습

비지도학습(unsupervised learning), 즉 군집화란 레이블이 없는 데이터에서 숨겨진 구조를 발견하는 방법이다. 군집화 알고리즘은 사례를 의미가 다른 그룹으로 구성하는 기능을 사용해 레이블이 지정되지 않은 데이터의 잠재적 패턴을 발견하는 것을 목표로 한다.

빈도분포

빈도분포(frequency distribution, 도수분포)는 주어진 표본에서 결과(예: 토큰, 키프레이즈, 엔터티)의 상대빈도(즉, 상대도수)를 표시한다.

사례

머신러닝에서 사례(instance)는 알고리즘이 연산할 대상으로 삼는 점(point)이다.[5] 텍스트 분석의 맥락에서 볼 때 전체 문서 또는 완전한 발화가 사례의 일종이다.

속성 그래프

망 그래프의 맥락에서 볼 때 속성 그래프(property graph)는 레이블과 가중치가 그래프의 마디점과 변에 대한 추가 정보로 저장되도록 함으로써 그래프에 정보를 매장(embedding)한다.

수집

데이터 과학의 맥락에서 보면 수집(ingestion)이란 우리가 데이터를 모아 저장하는 과정을 말한다.

순회

그래프의 문맥에서 볼 때 순회(traverse, 횡단)란 변을 따라 마디점 간에 이동하는 과정이다.

---

5 [옮긴이] 여기서 사례란 하나의 관측치(또는 실측치)를 말한다. 동의어는 **example**이다. 이 관측치가 데이터셋에서는 한 줄(또는 파일에서는 한 레코드, 스프레스 시트에서는 한 행)을 이루는 경우가 보통이다. 그리고 이것이 바로 데이터 점(data point), 즉 연산 대상인 수학 공간(벡터 공간 등)상의 점(point)이다. 우리가 보통 객체 지향 프로그래밍에서 지칭하는 인스턴스(instance)와는 다른 말이다(물론, 온톨로지라는 학문에서 보면 같은 말이기는 하다). 그래서 원서에서는 둘 다 instance로 표현했지만, 번역할 때는 그 맥락에 맞춰 '사례'와 '인스턴스'로 구분했다. 계급(class)과 클래스(class)도 이런 원칙에 맞춰 번역한 경우에 해당한다.

스크래핑

스크래핑(scraping, 긁어 모으기)은 웹에서 데이터 저장소로 정보를 수집하고 복사하는 과정(자동화, 반자동 또는 수동)을 의미한다.

신경망

신경망(neural networks, 신경 네트워크)은 입력 계층(입력 데이터의 벡터화된 표현), 뉴런과 시냅스로 구성된 은닉 계층, 예측된 값을 갖는 출력 계층으로 정의되는 모델을 나타낸다. 은닉 계층 내에서 시냅스는 뉴런 사이에서 신호를 전달하며, 들어오는 신호를 활성 함수를 사용해 버퍼링한다. 시냅스는 들어오는 값에 가중치를 적용하고, 활성 함수는 가중 입력이 뉴런을 활성화하고 신경망의 다음 계층으로 값을 전달하기에 충분히 높은지 여부를 결정한다.

실루엣 점수

실루엣 점수(silhouette score)는 중심 군집 모델링에 의해 생성된 군집이 밀집된 정도와 분리된 정도를 정량화하는 방법이다. 점수는 각 표본(sample)에 대한 실루엣 계수(밀도)를 평균하여 계산되며, 평균 군집내 거리(average intracluster distance)와 각 표본에 대한 평균 최근접 군집 거리(mean nearest-cluster distance) 간의 차이로 계산되며, 최댓값으로 정규화된다.

어감

어감(word sense, 단어 감각)은 특정 단어의 의도된 의미를 가리키며, 문맥이 주어지면 많은 단어가 여러 가지 의미, 해석 및 용도를 갖는다고 가정한다.[6]

언어 모델

언어 모델(language model)은 불완전한 구를 입력으로 사용해 다음 단어를 추론함으로써 발화를 완성할 가능성을 높인다.

엔그램

엔그램(n-gram)은 문자나 단어가 n개만큼 순서대로 배열된 시퀀스다.

엔터티

엔터티(entity)는 어떤 존재(entity)를 설명하는 속성(예: 이름, 주소, 모양, 제목, 가격 등) 집합이 있는 고유한 것(예: 사람, 조직, 제품)이다. 엔터티는 서로 다른 두 개의 이메일 주소를 가진

---

6 [옮긴이] 이 어감 즉, 단어(에 대한) 감각이 문맥에 따라 달라질 수 있으므로 단어는 중의성을 띠게 된다. 그래서 word sense를 보통 '단어 중의성'이라고 부르는 경향이 있다. 그런데 단어 중의성은 사실 word ambiguity의 번역어로도 쓰이고 있으므로 적절치 않아 보인다. 또한, '단어 의미'라고 부르기도 하는데, 이 또한 word meaning의 번역어로도 쓰이고 있으므로 적절치 않다. 이런 면을 고려해 이 책에서는 일반인들이 흔히 쓰는 단어인 '어감'으로 번역했다. 이것이 이 책에서 설명하는 개념을 가장 잘 나타내기도 한다.

사람, 두 개의 전화 번호가 있는 회사 또는 서로 다른 두 개의 웹사이트에 있는 제품과 같이 데이터 소스에서 여러 참조를 가질 수 있다.

엔터티 분해

엔터티 분해(ER, entity resolution)는 데이터셋 전반 및 내부의 실제 엔터티에 해당하는 레코드를 명확하게 하는 작업이다.

엔트로피

엔트로피(entropy)로는 언어 모델에 대한 확률분포의 불확실성(uncertainty), 즉 언어 모델에 대한 확률분포의 의외성(surprisal)을 측정한다.

엘보 곡선

엘보법(elbow method)은 k에 대해 다른 값을 갖는 여러 k 평균 군집화 모델을 시각화한다. 모델 선택은 곡선에 엘보(elbow, 팔꿈치)가 있는지 여부에 따라 결정된다. 곡선이 곡선의 한 부분에서 다른 부분으로 명확한 변화가 있어서 마치 팔꿈치 모양인 것처럼 보일 때, 이때 팔꿈치가 꺾여 들어간 자리인 변곡점이 k에 대한 최적 값이다.

연결주의자 언어 모델

언어의 연결주의자 모델(connectionist model)[7]은 언어 단위가 유의한 방식으로 서로 상호작용하며, 순차적인 맥락에 의해 반드시 인코딩되지는 않지만, 신경망 접근법으로 학습될 수 있다고 주장한다.

온톨로지

온톨로지(ontology)는 담론의 특정 영역에서 개념과 범주의 속성과 관계를 명시함으로써 의미를 창출하는 데이터 구조다.[8]

용어빈도-역문서빈도

용어빈도-역문서빈도(TF-IDF, term frequency-inverse document frequency)는 나머지 말뭉치와 관련해 문서에서 토큰의 빈도를 정규화하는 인코딩 방법이다. TF-IDF는 전체 말뭉치에서 용어의 척도 구성 빈도(scaled frequency)의 역수로 정규화된, 문서에서 용어의 출현 빈도를 기준으로 토큰의 문서에 대한 관련성을 측정한다.

---

7 옮긴이 즉, 연결주의 모델(connectionism model).

8 옮긴이 여기서는 '온톨로지'를 데이터 구조의 일종이라고 말하고 있지만, 원래는 '존재론'이라는 철학 용어다. 존재론이란 각 존재의 개념과 범주와 속성과 관계 등을 따져 보는 학문 분야다. 여기서 class(우리말로는 컴퓨터 과학의 '클래스', 수학과 통계학의 '계급'), property(속성), attribute(특성), object(객체), instance(컴퓨터 과학의 '인스턴스', 데이터 과학의 '사례') 등의 다양한 개념들이 정밀하게 다뤄진다.

용어집

텍스트 분석의 맥락에서 용어집(lexicon)[9]은 말뭉치의 고유한 어휘 단어들의 집합이다. 때때로 이 집합에서 어감, 동의어 집합 또는 음성 표현과 같은 다른 유틸리티로의 사상도 용어 자원(lexical resources)으로 보기도 한다.

원핫 인코딩

원핫 인코딩(one-hot encoding)은 부울 벡터로 인코딩(encoding, 부호화)하는 방법을 말하며 토큰이 문서에 존재하면 특정 벡터 인덱스를 참(true 또는 1)으로 표시하고, 그렇지 않으면 거짓(false 또는 0)으로 표시한다.

위계적 군집화

위계적 군집화(hierarchical clustering)[10]는 트리 구조에서 미리 정해진 순서로 군집을 생성해 각 수준에서 다양한 수의 군집이 존재하는 일종의 학습 방법이다. 위계적 모델은 응집(아래에서 위로)되거나 분열(위에서 아래로)되는 모양을 띤다.[11]

유의어 집합

단어 W의 유의어 집합(synset)은 W와 관련된 뚜렷한 개념을 표현하는 인지적 동의어 모음집(collection of cognitive synonyms)이다.

은닉 계층

신경망에서 은닉 계층(hidden layer, 은닉층)은 입력 계층(input layer, 입력층)과 출력 계층(output layer, 출력층)을 연결하는 뉴런과 시냅스로 구성된다. 시냅스(이 시냅스에서는 활성 함수가 입력 신호를 버퍼링한다)가 신호를 뉴런 사이에서 전달함으로써 모델이 학습된다.

응용 프로그래밍 인터페이스

응용 프로그래밍 인터페이스(API, Application Programming Interface)는 소프트웨어 구성 요소가 통신하는 방법을 공식적으로 정의한다. 데이터 API는 사용자가 인터넷에서 정보를 읽거나 가져올 수 있는 방법을 체계적으로 제공할 수 있다. 사이킷런 API는 클래스 상속을 통해 구현된 머신러닝 알고리즘에 대해 일반화된 액세스를 제공한다.

---

9 [옮긴이] 언어학에서는 '어휘집'이라고 부르는 경향이 있어 보이지만, vocabulary가 '어휘집'에 해당하고, lexicon은 그 의미로 보아 '용어집'이 적당하다. 전자는 아무런 목적 없이 단어를 모아 놓은 것(또는 알고 있는 단어들), 후자는 특정 목적에 맞게 단어를 모아 놓은 것(또는 특정 주제에 맞춰 알게 된 단어들)이라는 개념상의 차이가 있다. 영미권 원서를 보면 이 두 가지 개념을 서로 엄밀히 구분하는 경우가 있다.

10 [옮긴이] 어떤 이는 이를 '계층 군집화' 또는 '계층적 군집화'라고 부르는데, 계층과 위계의 개념은 다르다. 예를 들어, 트리는 계층별로는 구조화되어 있지 않지만(즉, 각 층을 구분하기 어렵지만) 위계적으로는 구조화되어 있다(즉, 위/아래 순서가 있다).

11 [옮긴이] 트리 구조를 생각하면 된다. 트리의 루트 마디점 쪽으로 갈수록 선들이 한 곳으로 모이고(즉, 응집되고), 그 반대쪽으로 갈수록(위에서 아래로 향할수록) 각 선은 갈라진다(즉, 분열된다).

응집

응집적 군집화(agglomerative clustering)는 모든 사례가 1개 군(群, group)에 속하게 될 때까지 유사성이라는 기준에 맞춰 단일 사례부터 시작해서 반복해서 집계해 나감으로써 군집을 생성하는 유형의 위계적 군집화(hierarchical clustering)를 말한다.

의미론

의미론(semantics)이란 언어의 의미(meaning)를 다루는 분야를 말한다(예: 문서의 의미, 문장의 의미).

이웃

망 그래프 G와 주어진 마디점 N이라는 맥락에서 볼 때 N의 이웃(neighborhood)은 N에 인접한(즉, 변을 통해 연결된) 마디점들을 모두 포함하는 G의 부분 그래프 F다.

일반화 가능

일반화 가능(generalizable) 모델은 보이지 않는 데이터에 유의한 예측을 하기 위해 편향과 분산의 균형을 맞춘다.

자연어 이해

자연어 이해(natural language understanding)는 자연어의 해석을 근사화하는 데 사용되는 계산 기술을 가리키는 자연어 처리 분야의 하위 주제다.

자연어 처리

자연어 처리(natural language processing)는 형식 언어(formal languages)와 자연어 사이의 사상을 위한 컴퓨터 기술 모음을 의미한다.

잠재 디리클레 할당

잠재 디리클레 할당(LDA, Latent Dirichlet Allocation)은 주어진 용어 집합이 발생할 확률로 토픽을 표현하는 토픽 발견 기법이다. 문서를 이러한 토픽들의 혼합체로 표현할 수도 있다.

잠재 의미 분석

잠재 의미 분석(LSA, Latent Semantic Analysis)은 동일한 단어를 사용하는 문서 그룹을 찾고 희박한 용어-문서 행렬을 생성하는 토픽 모델링 방법으로 사용할 수 있는 벡터 기반 접근 방식이다.

재현율

재현율(recall)은 분류기의 모든 양성 사례를 찾는 능력이다. 각 계급에 대해, 재현율은 참 양성과 거짓 음성의 합에 대한 참 양성의 비율로 정의된다. 다른 말로 하면 '실제로는 양성인 모든 사례에 대해 정확히 몇 퍼센트만큼 정확히 분류했는가?'라는 질문에 대한 답인 셈이다.

정밀도

정밀도(precision)란 실제로는 음성인 사례에 변환기가 양성 레이블을 지정하지 않는 능력이다. 각 계급에 대해 참 양성과 거짓 양성의 합에 대한 참 양성의 비율로 정의된다. 다른 말로 하면, '양성으로 분류된 모든 사례에 대해 몇 퍼센트만큼 정확한가?'라는 뜻이다.

정서 분석

정서 분석(sentiment analysis)은 말로 표현된 감정적인 극성을 계산해 식별하고 범주화하는 과정을 말한다. 예를 들어, 작가나 연사가 지닌 감정이 상대적으로 부정적인지 아니면 긍정적인지를 결정한다.

정준화

정준화(canonicalization)는 엔터티 해석과 관련된 세 가지 주요 작업 중 하나이며, 하나 이상의 가능한 표현이 있는 데이터를 표준 형식으로 변환해야 한다.

조향

조향(steering)은 머신러닝 프로세스(기계학습 과정)를 이끌어 가는 일을 말한다. 예를 들어, 어떤 적합 모델이 가장 성능이 좋은지를 결정하기 위해 일련의 서로 다른 분류 보고 열 지도를 시각적으로 평가하거나 특정 하이퍼파라미터의 서로 다른 값을 따라 편향과 분산 간의 균형을 검사하는 식이다.

주성분 분석

주성분 분석(PCA, principal component analysis)은 가능한 한 많은 데이터의 변동을 포착하는 새로운 좌표계로 특징을 변환하는 방법이다. PCA는 조밀한 데이터에 대한 차원성 축소 기술로 자주 사용된다.

중복 제거

중복 제거(deduplication)는 엔터티 해석과 관련된 세 가지 주요 작업 중 하나로 반복되는 데이터의 중복된 사본(정확한 사본 또는 가상 사본)을 제거하는 일을 말한다.

중심성

망 그래프에서 중심성(centrality)은 마디점의 상대적 중요성을 측정한 것이다. 중요한 마디점은 대부분의 마디점에 직접 또는 간접적으로 연결되므로 높은 중심성을 갖는다.

지름

그래프 G의 지름은 G의 가장 먼 두 마디점 사이의 최단 경로에서 가로 지르는 마디점의 수다.

차

망(network) 그래프 G와 관련해 G의 차(order)는 G의 마디점 수로 정의된다.

차수

그래프에서 마디점(node)의 차수(degree)란 마디점 N에 접촉하는 마디점 G의 변(edge)의 개수다.

차수 중심성

차수 중심성(degree centrality, 연결 중심성)은 그래프 G에서 각 마디점의 이웃 크기(차수)를 측정하고 G의 총 마디점 수로 정규화한다.

챗봇

챗봇(chatbot)은 차례차례 대화에 참여하고 입력 텍스트 또는 음성을 해석하고 적절하고 유용한 응답을 출력하는 것을 목표로 하는 프로그램이다.

최단 경로

마디점 N과 마디점 V를 포함하는 망 그래프 G가 주어지면 N과 V 사이의 최단 경로(shortest path)는 가장 적은 변을 포함하는 경로다.

추이성

망 그래프에서 추이성(transitivity)이란 공통 연결을 가진 두 마디점이 이웃 마디점일 가능성을 측정한 값이다.

추정기

추정기(estimator)란 사이킷런 API의 맥락에서 볼 때 데이터로부터 무엇인가를 학습할 수 있는 모든 객체를 말한다.[12] 예를 들어, 머신러닝 모델이나 벡터라이저 또는 변환기가 모두 추정기에 해당한다.

크기

그래프 G에서 G의 크기(size)는 G가 포함하는 변의 개수로 정의된다.

---

12 [옮긴이] 이렇게 배워서 얻은 정보가 추정량이다. 추정량도 영어로는 estimator이다.

토큰

토큰(token)은 텍스트 분석에서 데이터의 최소 단위다. 의미 정보를 나타내는 인코딩된 바이트 문자열이지만 다른 정보(예: 어감)는 포함하지 않는다.

토큰화

토큰화(tokenization)는 토큰을 분리해 문장을 구분하는 과정이다.

토픽 모델링

토픽 모델링(topic modeling)은 문서 모음에서 토픽을 추출하기 위한 비지도 머신러닝 기법이다. '군집화'를 참조하자.

특잇값 분해

특잇값 분해(SVD, singular value decomposition)는 원래의 특징공간을, 부분 공간을 설명하는 특잇값의 대각 행렬을 포함해 세 개의 행렬로 변환하는 행렬 인수분해 기술이다. 특잇값 분해는 희박 데이터에 널리 사용되는 차원 축소 기법이며 잠재 의미 분석에서 사용된다.

특징

머신러닝에서 데이터는 숫자 표현 공간으로 표현되며, 여기서 벡터 표현의 각 속성이 특징(feature)이다.[13]

특징결합

특징결합(feature union)을 사용하면 여러 데이터 변환을 독립적으로 수행한 다음, 복합 벡터로 연결할 수 있다.

특징추출

텍스트 분석 파이프라인과 관련해 특징추출(feature extraction)은 문서를 벡터 표현으로 변환해 머신러닝 방법을 적용할 수 있는 과정이다.

파이프라인

텍스트 분석의 맥락에서 볼 때 모델 파이프라인(pipeline)은 정규화, 벡터화 및 특징분석을 단일의 잘 정의된 메커니즘으로 결합하는 일련의 변환기를 함께 연결하는 방법이다.

---

13 [옮긴이] 쉽게 설명하자면 엑셀 같은 스프레드시트로 작성한 시트 한 장이 숫자 표현 공간(시트는 여러 벡터들로 이뤄진 행렬에 해당하므로 행렬 공간이라고도 할 수 있음)에 해당되고, 각 행이 1개 벡터를 이루고, 벡터 안에 기입된 숫자들은 벡터 표현에 해당하며, 1개 행을 이루는 여러 열(column)들이 속성(property)에 해당한다. 그러므로 이 속성이 곧 특징이다. 그리고 열 이름이 속성 이름이고 특징 이름이다. 그리고 언어학에서는 주로 '자질'이라고 부르는데, 컴퓨터 과학이나 통계학 및 데이터 과학에서 칭하는 특징과는 조금 다른 면도 있다.

편향

편향(bias)은 지도학습 문제에서 발생하는 두 가지 오차의 원인 중 하나이며, 예상 값과 실제 값의 차이로 계산된다. 높은 편향은 추정기의 예측이 정답에서 상당 부분 벗어나는 것을 나타낸다.

품사

문장이라는 맥락에서 볼 때 품사(part-of-speech)란 토큰이 어떻게 작동하는지를 나타내는 구문분석된 텍스트에 할당된 계급(class)이다. 품사의 예를 들면, 명사, 동사, 형용사 및 부사 등이 있다.

하이퍼파라미터

머신러닝에서 하이퍼파라미터(hyperparameters)는 모델 작동 방식을 정의하는 파라미터다. 하이퍼파라미터들은 적합화를 하는 중에 직접 학습되지는 않으므로 모델을 인스턴스화할 때에 정의해 두어야 한다. 예를 들면, 정칙화를 위한 알파(페널티), 서포트 벡터 머신의 핵함수, 결정 트리의 리프의 수 또는 깊이의 수, 최근접 이웃 분류기에 사용된 이웃 수 및 k 군집화를 의미한다.

하팍스/하팍스 레고메나

하팍스(hapax)는 말뭉치에 한 번만 나타나는 용어를 일컫는 말이다.[14]

형태론

형태론(morphology)은 개별 단어나 토큰과 같은 사물의 형태를 다루는 분야다. 형태론적 분석을 통해 단어가 어떻게 구성되고 어떻게 단어 형식이 그들의 품사에 영향을 미치는지 이해하는 과정을 설명할 수 있다.

혼동 행렬

혼동 행렬(confusion matrix)은 분류기의 정확도를 평가하는 한 가지 방법이다. 분류기를 채운 후에는 예측 행렬 각각에 대한 개별 테스트 값이 실제 계급과 비교되는 방식에 대한 보고서다.

---

14 [옮긴이] 하팍스 레고메나(hapax legomena)는 '한 번 언급된', '한 번(만) 말해진'이라는 뜻이다.

회귀

회귀(regression)는 독립 변수로 구성된 사례와 연속적인 표적 변수(target variable, 목표 변수)와의 관계를 학습하려는 지도학습 기법이다. 회귀는 훈련 데이터를 바탕으로 예측한 값과 실제 값 사이의 오차를 최소화하도록 훈련하는 방법이며, 일단 모델이 적합하게 되면 훈련 중에 검출된 패턴에 기초해 예측된 표적 값을 새로운 경우에 할당하도록 전개될 수 있다.

훈련용 분할부 및 테스트용 분할부

지도학습 방식 머신러닝에서는 데이터를 훈련용으로 분할한 부분(training splits)과 테스트용으로 분할한 부분(test splits)으로 나누고, 이를 바탕으로 각기 독립적으로 적합하게 함으로써 모델을 비교(교차검증)하고 나아가서 신규 데이터에 대해서 어느 모델이 가장 좋은 성능을 내게 될 것인지를 추정한다. 데이터를 훈련용 분할부와 테스트용 분할부로 나누면 모델이 과적합되지 않게 하는 데 도움이 될 뿐만 아니라, 훈련에 사용된 적이 없는 데이터에 대해서도 모델이 일반화되도록 하는 데 도움이 된다.

3중 모델 선택

3중 모델 선택(model selection triple, '모형 선택 세 짝')은 일반적인 머신러닝 작업흐름을 설명한다. 특징공학, 모델 선택, 하이퍼파라미터 조율이라는 3중항(triple)을 반복해 가장 정확하고 일반화 가능 모델에 도달한다.

Baleen

Baleen은 블로그에서 자연어 처리 연구를 수행할 수 있게 하는 오픈소스 자동화 서비스다.

doc2vec

doc2vec(word2vec의 확장판)은 가변 길이 문서에서 고정 길이 특징 표현을 학습하는 비지도 알고리즘이다.

F1 점수

F1 점수(F1 score)는 정밀도의 가중 조화 평균이다. 가장 좋은 점수는 1.0이고 최악은 0.0이다. 일반적으로 말하자면 F1 점수는 정확도를 포함하고 계산을 재현하기 때문에 정확도 측정치보다 더 낮다. 경험상 F1의 가중 평균을 전역적인 정확도로 여겨서는 안 되고 분류기 모델을 비교하는 데만 사용해야 한다.

RSS

RSS는 표준화되고 컴퓨터가 읽을 수 있는 형식으로 온라인 콘텐츠에 대한 업데이트를 게시하는 웹 기반 피드의 범주다.

t 분포 확률적 이웃 매장

t 분포 확률적 이웃 매장(t-SNE, t-distributed stochastic neighbor embedding)은 비선형 차원성 축소 방법이다. t-SNE는 원래의 차원과 분해된 차원의 확률분포를 사용해 고차원 문서 벡터를 2차원으로 분해함으로써 유사한 문서를 묶는 데 사용할 수 있다.

word2vec

word2vec 알고리즘은 단어가 자신의 상황에 따라 비슷한 단어와 함께 공간에 매장되도록 텍스트의 분산된 표현을 생성하는 단어 매장 모델(word embedding models, 단어 임베딩 모델)을 구현한다.

WORM 저장장치

WORM(write-once read many) 저장장치는 추출, 변환 또는 모델링 단계에서 원본 데이터가 수정되는 일 없이 원래대로 유지할 수 있게 하는 역할을 한다.

찾아보기